“四个全面”战略布局研究

朱炳元　等◎著

科学出版社
北京

内 容 简 介

"四个全面"战略布局确立了在新的历史条件下党和国家各项工作的战略目标和战略举措，是中国共产党在新时代治国理政的总方略，是事关党和国家长远发展的总战略，是推进中国式现代化、实现中华民族伟大复兴的总抓手。本书阐述了"四个全面"战略布局的形成过程、科学内涵和理论精髓，提炼了"四个全面"战略布局阐发的一系列新思想、新论断、新要求，揭示了"四个全面"战略布局各个要素之间的内在联系、内在逻辑和客观规律，归纳了"四个全面"战略布局的科学价值和深远意义，是一部全面、系统介绍"四个全面"战略布局的学术性著作。

本书适合马克思主义研究工作者、马克思主义理论专业本科生和研究生、广大党政干部，以及对当代中国马克思主义、21 世纪马克思主义感兴趣的读者阅读。

图书在版编目（CIP）数据

"四个全面"战略布局研究 / 朱炳元等著. —北京：科学出版社，2023.11

ISBN 978-7-03-076253-5

Ⅰ. ①四…　Ⅱ. ①朱…　Ⅲ. ①社会主义建设模式-研究-中国　Ⅳ. ①D616

中国国家版本馆 CIP 数据核字（2023）第 163502 号

责任编辑：刘英红　夏水云 / 责任校对：贾娜娜
责任印制：师艳茹 / 封面设计：润一文化

科 学 出 版 社 出版
北京东黄城根北街 16 号
邮政编码：100717
http://www.sciencep.com
北京中科印刷有限公司 印刷
科学出版社发行　各地新华书店经销
*
2023 年 11 月第　一　版　开本：720×1000　B5
2023 年 11 月第一次印刷　印张：27 1/4
字数：473 000

定价：198.00 元

（如有印装质量问题，我社负责调换）

国家社科基金重大项目“‘四个全面’战略布局研究”（15AZD006）最终成果
苏州大学人文社科优秀学术专著出版资助计划资助项目
江苏省优势学科第三期项目

“‘四个全面’战略布局研究”课题组主要成员

朱炳元　张李军　赖　风
张兴亮　王帆宇　张雪薇

导　论

党的十八大以来，以习近平同志为核心的党中央以强烈的使命担当、高远的格局站位和鲜明的问题意识，不断完善治国理政方略，奋力推进中国特色社会主义伟大事业，在实现中华民族伟大复兴的历史征程中写下了浓墨重彩的光辉篇章。“四个全面”战略布局确立了在新的历史条件下党和国家各项工作的战略目标和战略举措，是中国共产党在新时代治国理政的总方略，是事关党和国家长远发展的总战略，是实现“两个一百年”奋斗目标、实现中华民族伟大复兴的总抓手。

从坚持和发展中国特色社会主义、推进马克思主义中国化和时代化、以中国式现代化全面推进中华民族伟大复兴的历史视野和理论高度，结合江苏的具体实践，研究“四个全面”战略布局的形成过程、科学内涵和深远意义，阐述“四个全面”战略布局提出的一系列新思想、新论断和新要求，是本书的研究内容；通过对“四个全面”战略布局形成脉络的仔细梳理，揭示“四个全面”战略布局的内在联系、内在逻辑和客观规律，提炼“四个全面”战略布局的理论精髓，阐释“四个全面”战略布局的重大意义，结合江苏贯彻落实“四个全面”战略布局的具体实践探讨协调推进“四个全面”战略布局的重大问题，是本书的研究目的。

一、本书的主要内容

本书正文由 5 篇 21 章组成，第一篇是对“四个全面”战略布局的总论，即引领中华民族伟大复兴的战略布局；第二篇为“四个全面”战略布局的形成脉络；第三篇为“四个全面”战略布局的逻辑展开；第四篇为“四个全面”战略布局的深化拓展；第五篇为“四个全面”战略布局的深远意义。具体内容如下。

1.“四个全面”战略布局的思想脉络

“四个全面”战略布局是在中华民族世世代代对美好生活的期盼中孕育而生的，是在近代以来中国对实现现代化的追求中呼唤而出的，是党领导全国人民在推进中国特色社会主义伟大事业的实践中逐步形成的。从党的十六大提出“全面建设惠及十几亿人口的更高水平的小康社会”，到党的十八大把“全面建设小康社会”调整为“全面建成小康社会”，这是“一个全面”。党的十八大还统一提出了“全面建成小康社会和全面深化改革开放的目标”[①]，从而将“一个全面”扩展为“两个全面”。在党的十八届四中全会上，习近平总书记指出，会议通过的《中共中央关于全面推进依法治国若干重大问题的决定》要“体现全面建成小康社会、全面深化改革、全面推进依法治国这‘三个全面’的逻辑联系”[②]。这样，就把“两个全面”进一步扩展为“三个全面”。2014 年 12 月，习近平总书记在江苏调研时指出，“协调推进全面建成小康社会、全面深化改革、全面依法治国、全面从严治党，推动改革开放和社会主义现代化建设迈上新台阶”[③]。“四个全面”战略布局最终形成。[④]2015 年 2 月，习近平总书记在省部级主要领导干部学习贯彻十八届四中全会精神全面推进依法治国专题研讨班开班式上，首次把“四个全面”确定为党中央的战略布局。2020 年 10 月，党的十九届五中全会提出了将“全面建设社会主义现代化国家”作为“四个全面”的进阶型战略目标，进一步扩展了“四个全面”的思想。

2.“四个全面”战略布局的精髓要义

“四个全面”战略布局是中国特色社会主义进入新时代以后，更加注重发展和治理的系统性、整体性、协同性的必然选择，更加需要科学理论指引发展方向的必然结果。“四个全面”内涵丰富、意蕴深远，每一个全

---

① 中共中央文献研究室：《十八大以来重要文献选编》（上），中央文献出版社 2014 年版，第 13 页。

② 中共中央文献研究室：《十八大以来重要文献选编》（中），中央文献出版社 2016 年版，第 144 页。

③ 中共中央文献研究室：《习近平关于协调推进“四个全面”战略布局论述摘编》，中央文献出版社 2015 年版，第 12 页。

④ 中共中央文献研究室：《习近平关于协调推进“四个全面”战略布局论述摘编》，中央文献出版社 2015 年版，第 17 页。

面都具有重大的战略意义；而且是一个统一的整体，相互联系、相互贯通、相辅相成、同步同向，具有宏大的全局性、科学的系统性、深刻的理论性和严密的逻辑性。

在党的坚强领导下，我国如期打赢了脱贫攻坚战，全面建成小康社会，为实现社会主义现代化和民族复兴奠定了坚实的基础。党的二十大开启了新征程的篇章，“全面建成社会主义现代化强国，总的战略安排是分两步走：从二〇二〇年到二〇三五年基本实现社会主义现代化；从二〇三五年到本世纪中叶把我国建成富强民主文明和谐美丽的社会主义现代化强国。”①在全面建设现代化国家的过程中，就是要通过全面深化改革推进国家治理体系和治理能力的现代化；通过全面依法治国建设中国特色社会主义法治体系、建设社会主义法治国家；通过全面从严治党实现党的自我净化、自我完善、自我革新、自我提高，保持党的先进性和纯洁性。

3.“四个全面”战略布局的鲜明特色

“四个全面”有着明确的战略目标。在“四个全面”中，始终有一个明确的目标发挥着统领作用。这个目标最初是“全面建设小康社会”，十八大将其调整为“全面建成小康社会”。在“全面建成小康社会”这一目标顺利实现后，我们乘势而上开启了全面建设社会主义现代化国家的新征程。

“四个全面”有着清晰的战略路径。全面建设社会主义现代化国家规定着解决各种矛盾、推动社会发展进步的根本路径。全面深化改革要求注重各个领域改革的关联性和改革举措的耦合性。全面依法治国勾勒出了中国特色社会主义法治国家的新愿景。全面从严治党保证了我们党始终在中国特色社会主义现代化建设事业发展中发挥好领导核心作用。

“四个全面”有着深远的战略思维。“四个全面”统筹了国内各方面事业的发展，不是片面地强调某些方面，而是把“四个全面”整合在一起，立足国际大势和我国的历史机遇，组成了我国新时期主动适应新形势的战略布局。

“四个全面”有着深厚的为民情怀。“四个全面”战略布局是党在新

① 习近平：《高举中国特色社会主义伟大旗帜　为全面建设社会主义现代化国家而团结奋斗——在中国共产党第二十次全国代表大会上的报告》，《人民日报》2022年10月26日，第1版。

时代治国理政的顶层设计，本身就反映了人民群众的强烈愿望，以人民群众的根本利益为出发点和落脚点，集中体现了中国共产党人的执政理念、思想感情和价值追求。

“四个全面”有着强烈的担当精神。“四个全面”战略布局体现了中国共产党人对民族复兴、国家富强和人民幸福的强烈追求，展现了当代中国共产党人敢于啃硬骨头、闯难关、涉险滩的勇气和担当，彰显了以习近平同志为核心的党中央的巨大政治勇气和强烈的历史使命感。

4.“四个全面”战略布局的时代意义

“四个全面”战略布局是新时代党治国理政的长期法宝。“四个全面”战略布局的最初形成是在全面建设小康社会时期，但其作用的长效发挥并不局限于小康社会的建设和建成时期，而是贯穿于实现现代化和民族复兴伟大梦想的全过程。从本质上来看，“四个全面”战略布局立足于我国在社会主义初级阶段的基本国情和社会主要矛盾，从生产力和生产关系的辩证关系、经济基础和上层建筑的辩证关系等唯物史观基本原理出发，确立了新形势下党和国家各项工作的战略目标和战略举措，为实现“两个一百年”奋斗目标，以中国式现代化全面推进中华民族伟大复兴提供了理论和实践上的指引。

“四个全面”战略布局在“两个一百年”奋斗目标的交汇中起到了承前启后的作用。中国共产党治国理政明显区别于西方多党派轮流执政的一个显著优势就是能够一张蓝图绘到底，一年接着一年干。“四个全面”战略布局是以习近平同志为核心的党中央在统筹国内国际两个大局，战略性地把握社会发展基本趋势的基础上提出来的。全面建成小康社会是我们实现社会主义现代化的阶段性目标，全面建设社会主义现代化国家是“四个全面”战略布局的进阶奋斗目标，全面深化改革、全面依法治国、全面从严治党则是实现目标的战略举措和根本保证。全面建成小康社会目标的如期实现，为建成富强民主文明和谐美丽的社会主义现代化强国，实现中国梦夯实了基础。正是在“四个全面”与时俱进搭建起的战略布局中，我们顺利完成了从第一个百年奋斗目标向第二个百年奋斗目标的交汇，在全面建成小康社会的基础上开启了全面建设社会主义现代化国家的新篇章。

二、本书的基本观点

1.“四个全面”战略布局扭住了“五位一体”总体布局的根本性要求

“五位一体”是中国特色社会主义事业的总体布局，“四个全面”是中国特色社会主义事业的战略布局，两者相互促进、统筹联动，具有内在的统一性，都体现着中国共产党人对社会主义建设规律的认识和把握。统筹推进“五位一体”总体布局和协调推进“四个全面”战略布局又有不同的侧重点。“五位一体”总体布局注重的是经济、政治、文化、社会、生态文明的整体推进，这是对人的全面发展和社会主义现代化建设全面推进的客观要求的反映；“四个全面”战略布局则扭住了“五位一体”总体布局这个整体中的一系列根本性要求。全面建设社会主义现代化国家是“五位一体”总体布局的奋斗目标；全面深化改革是“五位一体”总体布局的强大动力；全面依法治国是“五位一体”总体布局的法治保障；全面从严治党是“五位一体”总体布局的政治保证。显然，“四个全面”战略布局扭住了“五位一体”总体布局的根本性要求。

2.“四个全面”战略布局为发展马克思主义作出了原创性贡献

“四个全面”战略布局丰富了辩证唯物主义和历史唯物主义新内涵。“四个全面”战略布局从辩证唯物主义根本原理出发，实事求是，根据中国特色社会主义进入新的发展阶段后的新变化和新特点，指出全党当前面临的主要任务是在全面建成小康社会的基础上，再奋斗 15 年，基本实现社会主义现代化。基于我国当前各种利益关系十分复杂的现状，“四个全面”战略布局要求正确处理局部和全局、当前和长远、重点和非重点的关系；坚持发展地而不是静止地、全面地而不是片面地、系统地而不是零碎地、普遍地而不是孤立地观察事物，准确把握客观实际，妥善处理好各种重大关系；强调要突出改革的系统性、整体性、协同性，使改革成果更多、更公平地惠及全体人民。“四个全面”战略布局根据历史唯物主义关于社会基本矛盾的学说，在生产力与生产关系、经济基础与上层建筑的矛盾运动中，从整体上把握整个社会的基本面貌和发展方向，这是对历史唯物主义基本原理的科学把握和自觉运用。“四个全面”战略布局的核心要义是“全面”和“协调推进”。物质生产是社会历史发展的最终决定因素，全面建设社会主义现代化国家最终还是需要依靠生产力的发展和提高。促进生产力的发展，就要不断进行改革，要改变生产关系和上层建筑中不适合生产力和经济基础发展的环节。但是生产力与生产关系、经济基础与上层建筑不是一个完全单向直线式的决定或者被决定的关系，而是一个作用和反作用的关系，要注意它们之间的关联性、系统性和协同性。这样就要不断推进全面依法治国和全面从严治党。只有既解决好生产关系中不适应的问题，又解决好上层建筑中不适应的问题，才能产生综合效应，才能促进社会的全面发展和进步。

“四个全面”战略布局谱写了马克思主义政治经济学新篇章。人民立场是马克思主义政治经济学最根本的价值取向。“四个全面”战略布局是以人民为中心的发展思想的具体化和实践化。发展仍然是解决我国所有问题的关键，是满足人民群众对美好生活向往的前提和基础。改革注重的是解决发展的动力问题，法治注重的是解决发展中的法治保障问题，党的领导是中国进一步发展的政治保证。这些思想，丰富和发展了马克思主义政治经济学原理，深化了对社会主义经济发展规律的认识。经济制度是马克思主义政治经济学的研究对象。“四个全面”战略布局坚持和完善以公有制为主体、多种所有制经济共同发展，以按劳分配为主体、多种分配方式并存，以及社会主义市场经济体制的中国特色社会主义基本经济制度，这是我国社会主义在初级阶段的基本经济制度，也是我国经济社会发展的重要基础。世界市场是马克思主义政治经济学研究的逻辑归宿。因此，全面建设社会主义现代化国家提出了建设更高水平开放型经济新体制。这丰富和发展了中国特色社会主义政治经济学的内涵，为推动我国经济高质量发展提供了有效的制度保障。

“四个全面”战略布局开拓了科学社会主义新境界。“四个全面”战略布局全面分析了当今世界的时代特点和中国特色社会主义所处的历史方位，科学把握了中国特色社会主义与科学社会主义之间的内在逻辑，从理论和实践的结合上深刻地回答了什么是中国特色社会主义、怎样坚持和发展中国特色社会主义的一系列重大问题，丰富和发展了科学社会主义理论体系。协调推进“四个全面”战略布局，归根结底是为了坚持和发展中国特色社会主义。中国特色社会主义是科学社会主义理论逻辑和中国社会发展历史逻辑的辩证统一，是根植中国大地、反映人民意愿、适应中国和时代发展进步要求的科学社会主义。“四个全面”战略布局科学地回答了马克思主义政党长期执政面临的一系列重大问题。全面从严治党提出了新时代党的建设的总要求，强调党是最高政治领导力量，中国特色社会主义最本质的特征是中国共产党的领导，中国特色社会主义制度的最大优势也是中国共产党的领导。这些重要思想，丰富和发展了科学社会主义的执政党建设理论，把科学社会主义推向了一个新的发展阶段。

3.“四个全面”战略布局为中国特色社会主义注入了新内涵

“四个全面”战略布局开辟了中国道路新阶段。中国仅仅用几十年时间就走完了某些发达国家上百年时间才能走完的发展历程。现在，我们前所未有地靠近世界舞台中心，前所未有地接近实现中华民族伟大复兴的目标，前所未有地具有实现这个目标的能力和信心。这三个“前所未有”，勾画出了中国道路目前所处的历史方位。现在我们面临的任务，就是在这个基础上实现“关键的一跃”，在全面建成小康社会的基础上，协调推进全面建设社会主义现代化国家、全面深化改革、全面依法治国、全面从严治党，为实现中华民族伟大复兴中国梦不懈奋斗。“四个全面”战略布局正是中国“发展起来以后”更加注重发展和治理的全面性、系统性、整体性、协同性的必然选择，更加需要提升治理水平和治理能力的必然结果。“四个全面”战略布局的基本特点就是“全面”和“协调”。我们所建成的小康社会是“全面”的小康，在全面小康的基础上对建设社会主义现代化国家的要求同样是“全面”，对改革的要求是“全面深化”，对法治的要求是“全面推进”，对党建的要求是“全面从严”。四个方面的“全面”不是“单打一”，而是把四个方面有机统一起来、和科学联系起来，从全局上强调“四个全面”的协调推进和整体布局。这也是马克思主义关于人的全面发展理论在当代中国的具体实现。在“四个全面”战略布局中，每一个“全面”都与中国道路第二阶段的基本要求相联系，都是为解决第二阶段的主要问题而提出的应对方略，最终目的都是促进人的全面发展和社会的全面进步。

“四个全面”战略布局丰富了中国理论新内涵。实践在变化，理论也必定相应提升和深化，这是马克思主义理论与时俱进的必然要求。“四个全面”战略布局立足当代中国的实践与现实需要，有针对性地探索了新的历史时期和新的历史阶段遇到的新矛盾，抓住了党和国家事业发展中具有根本性、全局性的重大问题，原创性地提出了一系列新思想、新观点、新论断，赋予了中国理论新的时代内涵，标志着中国共产党对共产党执政规律、社会主义建设规律和人类社会发展规律的认识有了新的升华，是新时代党的创新理论和治国理政的新方略，是马克思主义中国化的最新成果，是当代中国的马克思主义。

“四个全面”战略布局为繁荣中国文化提供了新动力。文化软实力是衡量一个国家综合实力的关键因素，具有深沉而持久的力量。中国文化绵延五千多年，生生不息，既有优秀传统文化源头，也有不同历史阶段新鲜实践的活水。中华人民共和国成立以来，特别是改革开放以来，中国文化在党领导人民进行社会主义建设的实践中不断完善，在世界上的影响力持续扩大。在马克思主义理论的指导下，我国社会主义核心价值体系建设也取得了显著成效，文化市场和文化事业繁荣发展，学科体系、学术体系、话语体系更具中国特色。“四个全面”战略布局作为新时代党的创新理论的重要组成部分，既符合中国文化的传统价值追求，也给中国文化带来了新的“活水”。随着我国社会主义现代化建设新高潮的到来，一个中华民族历史上规模空前的文化大发展、大繁荣的新高潮也正在到来！

三、本书的学术价值和应用价值

1. 阐述了“四个全面”战略布局的科学内涵

“四个全面”战略布局从坚定中国自信、立足中国实际、总结中国经验、解决中国问题的高度，廓清了治国理政的全貌，抓住了改革发展稳定的关键，拎起了中国发展的总纲，确立了党和国家各项工作的重点领域、主要矛盾、主攻方向。随着中国特色社会主义进入新时代，当前的中国已经站在更高的历史起点上，我们面临的发展机遇前所未有，面临的风险也是前所未有。全面建设社会主义现代化国家本质上是发展问题。在经济进入新常态以后，发展的主要内涵是提质增效，促进人的全面自由发展。全面深化改革，推进了国家治理体系和治理能力现代化。全面深化改革，开启了生产力、创造力和社会活力迸发的闸门。如何让这喷薄的洪流涌向既定的河道？这就需要在法治上提供可靠的保障。全面依法治国，推进社会主义法治国家建设，从法治上为推动全面建设社会主义现代化国家提供了制度化的保障。法律是治国之重器，法治是国家治理体系和治理能力的重要依托，全面依法治国，是确保党和国家长治久安的根本要求。面对复杂多变的国际形势和艰苦繁重的国内改革发展任务，面对许多具有新的历史特点的伟大斗争，必须加强和改善党的领导。离开了中国共产党这个坚强的领导核心，全面深化改革和全面依法治国将失去最根本的依托，全面建设社会主义现代化国家的宏伟目标也会落空。在“四个全面”战略布局中，全面从严治党体现了伟大事业和伟大工程的统一。党的领导是“四个全面”之魂，为协调推进“四个全面”战略布局提供了方向指引和领导保证。

2. 揭示了“四个全面”战略布局的内在逻辑

“四个全面”战略布局的历史逻辑。“四个全面”战略布局是我党坚持和完善中国特色社会主义道路，回应时代关切、增进人民福祉、建设现代中国的基本方略。“四个全面”战略布局的关键就在于坚持中国道路，争创中国优势。中国道路不是凭空产生的，它有深厚的历史渊源。中国道路是在改革开放的新的历史时期开创的，是在中华人民共和国成立七十多年的持续探索中开创的，是在中国共产党一百多年艰苦奋斗的基础上开创的，是在对中国近代以来中华民族一百八十多年的发展过程的深刻总结中开创的，也是在对中华民族五千多年悠久文明的历史传承中开创的，具有深厚的历史渊源和广泛的现实基础。“四个全面”战略布局承继着中华民族优秀传统文化的思想原料，承继着中国共产党领导中国人民实践探索所创造的精神、物质、制度成果和总结的正反两方面经验，承载着近代以来中国人民奋斗探索的光荣与梦想，有着深厚的思想基础、物质基础、制度基础和广泛的群众基础。我们要把“四个全面”战略布局放在坚持和发展中国特色社会主义、实现中华民族伟大复兴中国梦的历史大背景下，放在中华民族历史发展的长时段、全过程中去深入理解和把握它的重大意义。

“四个全面”战略布局的现实逻辑。“四个全面”战略布局集中体现了时代和实践发展对党和国家工作的新要求。首先，“四个全面”战略布局反映了中国当前发展的现实需要。当前，我国仍然处于大有可为的战略机遇期，同时，面临的各种风险和挑战也在不断增加。“时”和“势”总体有利，“艰”和“险”正在增多。“四个全面”战略布局是站在时代前沿进行的战略思考、战略谋划和战略部署。其次，“四个全面”战略布局顺应了人民群众的愿望和期盼。人民群众期待各项改革举措能够顺利推进，期盼经济更有活力，生活更有保障，社会更加和谐，生态环境更加美好。“四个全面”战略布局回应了人民群众对美好生活的向往。最后，“四个全面”战略布局是为解决当前社会面临的突出矛盾和问题而提出的。当前，我国发展中不充分、不平衡、不协调、不可持续的问题依然突出，居民收入分配差距依然较大，有法不依、执法不严、违法不究等问题依然存在，党风廉政建设和反腐败斗争形势依然严峻复杂。“四个全面”战略布局是不断解决问题、化解挑战、攻坚克难的强大思想武器。

“四个全面”战略布局的理论逻辑。党的十一届三中全会以后，以邓小平同志为核心的党的第二代中央领导集体，重新确立了解放思想、实事求是的思想路线，第一次比较系统地初步地回答了在中国这样一个经济文化比较落后的国家如何建设社会主义、如何巩固和发展社会主义的一系列基本问题，开启了改革开放的新的伟大革命，开创了中国特色社会主义道路。以江泽民同志为核心的党的第三代中央领导集体，继续推进中国特色社会主义的伟大事业，创立了“三个代表”重要思想，在进一步回答什么是社会主义、怎样建设社会主义这一问题的过程中，创造性地回答了建设什么样的党、怎样建设党的问题，成功地把中国特色社会主义事业推向 21 世纪。进入新世纪新阶段，以胡锦涛同志为总书记的党中央领导中国人民继续推进经济建设、政治建设、文化建设、社会建设和生态文明建设，提出了科学发展观的重大战略思想，继续回答了什么是社会主义、怎样建设社会主义和建设什么样的党、怎样建设党的问题，创造性地回答了实现什么样的发展、怎样发展的问题，在新的历史起点上坚持和发展中国特色社会主义道路。进入新时代后，以习近平同志为核心的新一届中央领导集体面临的时代课题是“坚持和发展什么样的中国特色社会主义、怎样坚持和发展中国特色社会主义，建设什么样的社会主义现代化强国、怎样建设社会主义现代化强国，建设什么样的长期执政的马克思主义政党、怎样建设长期执政的马克思主义政党”。“四个全面”战略布局是在科学回答时代之问、人民之问、历史之问的过程中，在解决重大理论和现实问题的过程中创立的。它彰显了马克思主义与时俱进的理论品质，是科学社会主义理论观点的最新概括，是继承党的思想理论建设优良传统的必然成果，是实现民族复兴中国梦的共同思想基础，是从胜利走向新的胜利的行动指南。

“四个全面”战略布局的思维逻辑。“四个全面”战略布局有着内在的思维逻辑和辩证统一关系，从而构成一个不可分割、相互依赖、相互支撑的有机统一体。在“四个全面”战略布局中，发展是时代主题和世界各国的共同追求，改革是社会进步的动力和时代潮流，法治是国家治理体系和治理能力现代化的重要依托，从严治党是执政党加强自身建设的现实要求。“四个全面”战略布局第一次将全面建成小康社会定位为“实现中华民族伟大复兴中国梦的关键一步”；第一次将全面深化改革的总目标确定为“完善和发展中国特色社会主义制度、推进国家治理体系和治理能力的现代化”；第一次将全面依法治国表述为全面深化改革的“姊妹篇”，是“鸟之两翼、车之双轮”；第一次为从严治党标出清晰路径，要求“增强从严治党的系统性、预见性、创造性、实效性”，为国家和人民的事业锻造更加坚强的领导核心。这些精辟的论述，清晰地标出了“四个全面”之间的内在逻辑联系。如果把中国比作一列正在驶向社会主义现代化强国的列车，那么全面深化改革就是发动机，全面依法治国就是稳压器，党的领导就是火车头。四者不是简单的并列关系，而是有机联系、相互贯通的顶层设计。实现社会主义现代化是我们的目标，全面深化改革是动力，全面依法治国是保障，共同支撑和推动奋斗目标的实现。中国共产党是伟大事业的领导核心，只有全面从严治党，才能为前面三个全面提供坚强的政治保证。“四个全面”相辅相成、相互促进、相得益彰。

3. 实现了对“四个全面”战略布局的科学定位

“四个全面”战略布局是对当代中国发展阶段性特征的科学把握。历史唯物主义不仅把人类历史看作是一个运动和发展的过程，而且把人类历史上不同的社会形态也看作是一个运动和发展的过程，各种社会形态在运动和发展的过程中呈现出从低级到高级的不同的发展阶段，这些不同的阶段面临不同的矛盾和问题，呈现出不同的阶段性特征。唯物史观要求人们用严格的科学态度去分析和整理这些不同社会发展阶段的社会现象，探索各个不同发展阶段的阶段性特征。中国特色社会主义事业是需要几代人、十几代人接力奋斗才能实现的宏伟事业，在各个不同的阶段会产生不同的矛盾和问题，需要我们与时俱进地提出符合各个不同阶段的治国理政的战略思想、战略部署、战略目标和战略布局。“四个全面”战略布局准确地把握了当代中国发展的阶段性特征，从理论与实践相结合、历史与现实相交汇、国内与国际相关联的高度，科学回答了如何发展、如何改革、如何治国、如何管党等一系列重大问题，是对现阶段中国特色社会主义事业发展的科学总结，也是发展中国特色社会主义事业的有效指南。

“四个全面”战略布局是中国特色社会主义事业发展的重要航标。中国特色社会主义是不断发展、不断前进，需要一代又一代共产党人带领人民接续奋斗的伟大事业。我们已经在这条道路上积累了宝贵经验，取得了巨大成就。在“四个全面”中，每一个“全面”都与中国特色社会主义历史进程中的基本要求相联系，都具有重大的战略意义。“全面建成小康社会”是坚持和发展中国特色社会主义的阶段性目标，目前已经完成，“全面建设社会主义现代化国家”则是我们“全面建成小康社会”之后新的奋斗目标；“全面深化改革”是改革开放的强国之路和中国发展的根本动力，强调现在要在“全面”和“深化”的基础上进行改革开放；“全面依法治国”是在坚持依法治国这一基本方略的基础上发展这一确保党和国家长治久安的治国方略；“全面从严治党”坚持和发展了新时期党的建设新的伟大工程。“四个全面”战略布局相辅相成、相互促进、相得益彰，提升了“两个一百年”奋斗目标的全面性、整体性和协同性。

“四个全面”战略布局是马克思主义中国化的最新成果。马克思主义是不断发展着的理论，与时俱进是马克思主义最重要的理论品质。“四个全面”战略布局有针对性地探索我国进入新的历史时期和新的历史阶段遇到的新矛盾和新问题，抓住了新时代党和国家事业发展中根本性、全局性、紧迫性的重大问题，创造性地提出了一系列新思想、新观点、新论断，是党在新时代治国理政的新方略，原创性地赋予了马克思主义新的时代内涵。“四个全面”战略布局的形成和演进集中体现了党和国家对现代化建设的顶层设计和战略举措，标志着党对中国特色社会主义建设规律的把握不断达到新高度，是马克思主义中国化的最新成果，是当代中国的马克思主义。

“四个全面”战略布局是实现“两个一百年”奋斗目标和民族复兴中国梦的战略举措。“四个全面”战略布局牢牢抓住发展这一执政兴国的第一要务，尊重经济规律、自然规律、社会规律，准确把握改革发展稳定的平衡点、经济社会发展和改善人民生活的结合点，聚焦新常态下的科学发展、可持续发展、包容性发展，切实解决发展中的突出矛盾和问题，为我国的社会主义现代化建设提供了强大动力。“四个全面”战略布局指明了坚持和发展中国特色社会主义的前进方向。只有坚持“四个全面”战略布局，才能站稳政治立场，把好政治方向、增强政治定力，不被任何困难所吓倒、不被任何干扰所迷惑，坚定不移地沿着中国特色社会主义道路前进，让中国特色社会主义道路越走越宽广。“四个全面”战略布局顺应历史潮流，紧扣时代脉搏，为实现“两个一百年”奋斗目标和中华民族伟大复兴中国梦提供了时间表、路线图和任务书，为民族复兴的宏伟大业打下了坚实基础，提供了根本保证。“四个全面”进一步增强了我们的道路自信、理论自信、制度自信和文化自信，增强了我们克服前进道路上各种各样困难的信心和决心。

4. 使用了马克思主义的科学研究方法

马克思说：“分析经济形式，既不能用显微镜，也不能用化学试剂。二者都必须用抽象力来代替。”①所谓抽象力或抽象法，就是指在实践的基础上，利用分析等手段，通过逻辑思维的生动建构和复杂机制，把认识对象中的非本质、非主流的因素撇开，从中分解出一般的、本质的、必然的因素，并以概念、范畴等思维方式把这些抽象出来的成果表达出来，从而实现从感性认识到理性认识的转化，使人们能深刻而确切地把握事物的本质。以马克思主义的科学方法论研究“四个全面”战略布局，其路径大体上可以用“三个过程”来概括：从具体到抽象，从抽象到具体，再从具体到抽象。

从具体到抽象。所谓从具体到抽象，就是“从实在和具体开始，从现实的前提开始”②理解“四个全面”。首先要认清和分析国内外的历史背景、中国的具体国情、中国特色社会主义发展进程中的阶段性特征，从而看到“四个全面”战略布局提出的必然性、针对性和科学性。这一过程从思维的规律来讲，是使“完整的表象蒸发为抽象的规定”③，是从抽象上升到具体的思维进程的前提和条件。

从抽象到具体。从中国特色社会主义发展的阶段性特征出发提出的“四个全面”，还是一个比较抽象的概念，用马克思的话来说是一个非常“稀薄的抽象”概念和非常“简单”的规定④。我们要通过对“四个全面”

---

①《马克思恩格斯选集》（第 2 卷），人民出版社 2012 年版，第 82 页。
②《马克思恩格斯选集》（第 2 卷），人民出版社 2012 年版，第 700 页。
③《马克思恩格斯选集》（第 2 卷），人民出版社 2012 年版，第 701 页。
④《马克思恩格斯选集》（第 2 卷），人民出版社 2012 年版，第 700 页。

内涵和外延的全面阐释和深入解读，使这个概念越来越丰满、越来越具体。这样就使“抽象的规定在思维行程中导致具体的再现”①，也就是说要把“四个全面”战略布局具体化为经济、政治、文化、社会、生态、国防、外交和党的建设等各个方面的理论，具体化为江苏和其他各个地方与各个领域的实践，才能真正实现从理论到实践的飞跃。随着“四个全面”战略布局与“五位一体”总体布局的结合，把“四个全面”战略布局与“两个一百年”奋斗目标联系起来，与我国人的全面发展和人的现代化紧密结合起来，这样的“四个全面”战略布局就是一个非常具体和非常人性化的概念，是看得见摸得着的、与每一个人的梦想和追求融为一体的概念。概念发展到这个时候，“已不是关于整体的一个混沌的表象，而是一个具有许多规定和关系的丰富的总体了”②。

再从具体到抽象。人们对“四个全面”的理解已经从抽象上升到具体，但是这个“具体”和前文提到的从具体到抽象的“具体”是不一样的。前文提到的“具体”是客观具体，无论人们是否认识到，它都是客观存在的；而此处的“具体”是思维“具体”，是客观事物在人们头脑中的反映，当然这个反映通过从抽象上升到具体这个逻辑进程，是比较符合客观现实的，但是决不可以用来代替客观的“具体”。马克思说：“从抽象上升到具体的方法，只是思维用来掌握具体、把它当做一个精神上的具体再现出来的方式。但决不是具体本身的产生过程”，“具体总体作为思想总体、作为思想具体，事实上是思维的、理解的产物；但是，决不是处于直观和表象之外或驾于其上而思维着的、自我产生着的概念的产物，而是把直观和表象加工成概念这一过程的产物”③。既然“四个全面”这个概念作为思想具体，是思维、理解的产物，那么这个思维具体是否具有长远和普遍的意义，还要经过进一步地抽象、概括和提炼。通过归纳“四个全面”的理论特色、概括“四个全面”的内在规律，并在这一基础上提炼“四个全面”战略布局的价值、意义这些普遍性、共同性的东西，这个过程又是一个从具体到抽象的过程。“四个全面”战略布局产生于中国特色社会主义的历史进程中，因此是实践的和客观的，但是对“四个全面”战略布局的研究、理解和叙述却是理论的和思维的。因此，研究

①《马克思恩格斯选集》（第 2 卷），人民出版社 2012 年版，第 701 页。
②《马克思恩格斯选集》（第 2 卷），人民出版社 2012 年版，第 700 页。
③《马克思恩格斯选集》（第 2 卷），人民出版社 2012 年版，第 701 页。

“四个全面”战略布局的路径，必须符合理论的思路。通过从具体到抽象，从抽象到具体，再从具体到抽象这样三个环节，可以全面科学地揭示“四个全面”战略布局的深刻内涵、内在逻辑、基本特点和深远意义，从而对“四个全面”战略布局进行全方位、立体式、多角度的理解和展示。

目　录

第五篇　“四个全面”战略布局的深远意义

第一篇　引领中华民族伟大复兴的战略布局

本篇是全书的总论，阐述了战略和战略布局的含义，全面系统地梳理了“四个全面”战略布局的提出过程，阐释了“四个全面”战略布局的基本内涵、精髓要义、内在逻辑、鲜明特色和科学价值，揭示了“四个全面”战略布局对马克思主义的独创性贡献，论述了“四个全面”战略布局在中国化马克思主义和中国特色社会主义实践中的地位。

第一章　“四个全面”战略布局是新时代治国理政的总方略

2014 年 12 月，习近平总书记在江苏调研时首次提出了全面建成小康社会、全面深化改革、全面依法治国、全面从严治党的战略布局。这决不是几句随意使用的话语和在一般情况下所作的普通讲话，而是面向时代、面向现实、面向未来和面向人民的深邃思考和庄严承诺。“四个全面”战略布局的提出，使党和国家事业的战略方向、重点领域、主攻目标更加清晰，内在逻辑更加严密，标志着以习近平同志为核心的党中央治国理政的总体框架更加完整，日臻成熟。“四个全面”战略布局确立了在新的历史条件下党和国家各项工作的战略目标和战略举措，是中国共产党在新时代治国理政的总方略，是事关党和国家长远发展的总战略，是实现“两个一百年”奋斗目标、实现中华民族伟大复兴的总抓手。

一、战略和战略布局

战略，指对战争全局方略的筹划和指导。《中国大百科全书》的解释是：“指导战争全局的方略。通常指军事战略，即战争指导者为达成战争的政治目的，依据战争规律所制定和采取的准备和实施战争的方针、策略和方法。”[①]战略所要研究和解决的问题主要包括以下几个方面：对国内外形势的估计和对敌对双方军事、政治、经济、地理、科学技术等因素的分析；对战争可能爆发的时机，对战争的性质、特点和发展趋势的判断；对战略方针、战略任务、战略阶段和主要战争形势的确定；战区划分；战场准备；武装力量的建设；军事思想和军事技术的研究；等等。现代战略

① 《中国大百科全书》总编委会、《中国大百科全书》编辑部：《中国大百科全书》（精粹本），中国大百科全书出版社 2002 年版，第 1800 页。

涉及的范围日趋扩大，一些国家陆续提出了发展战略、国家战略、全球战略等一系列概念。当代，战略一词已经在各个领域广泛使用，如政治战略、经济战略、科技战略、外交战略、人口战略、资源战略、体育战略等。《辞海》认为，在当代，战略“泛指对全局性、高层次的重大问题的筹划与指导”①。至于布局，最初指军事、体育等活动中的总体和全局的安排，后来特指某一棋局的棋手于比赛开始时在棋盘上布设的棋子，现在则引申为人们对事物的整体结构进行的规划和安排。战略布局是对全局性、整体性的重大问题进行的设计、谋划和安排。所谓“运筹于帷幄之中，决胜于千里之外”说的就是这个意思。

习近平总书记说：“战略问题是一个政党、一个国家的根本性问题。战略上判断得准确，战略上谋划得科学，战略上赢得主动，党和人民事业就大有希望。”②治理一个有 5000 多年文明史、56 个民族、14 亿多人口和约 960 万平方千米陆地面积的东方大国，没有战略眼光和战略思维是不行的。战略包含了战略眼光、战略思维、战略定力、战略目标、战略部署、战略举措、战略布局等。其中，战略眼光、战略思维、战略定力是基础性的东西，是涉及科学的思想方法和工作方法的根本性问题，是辩证唯物主义和历史唯物主义的世界观和方法论的具体体现。战略眼光是指能够洞察国内外大势，着眼于整体事业的长远发展，视野开阔、胸襟博大，善于从全局上考虑问题，善于在关键时刻作出科学的决策。战略眼光要求决策者思想敏锐、目光远大、多谋善断、举要驭繁，在事物的相互联系中审视发展的趋势和问题。战略思维就是高瞻远瞩、统揽全局、善于把握事物发展总体趋势和规律的能力。战略思维要求决策者具有大局意识，善于从大局看问题，放眼世界、放眼未来，也放眼当前，放眼一切方面；善于观大势、谋大事，把握工作的主动权；能够科学地认识和判断形势，透过复杂的表面现象把握事物的本质和发展规律。战略定力是指决策者在实现自己的战略目标时所具有的战略意志的坚定性。对于业已确定的战略方针，决策者应高度自觉、充满自信、坚定不移。保持战略定力，就能赢得主动、赢得未来，使自己的事业立于不败之地；缺乏战略定力，就容易出现心理上的患得患失，行动上的犹豫不决，决策上的摇摆不定，从而错失宝

① 辞海编辑委员会：《辞海》，上海辞书出版社 2002 年版，第 2138 页。

② 中共中央文献研究室：《十八大以来重要文献选编》（中），中央文献出版社 2016 年版，第 45—46 页。

贵的机遇。在政治上保持战略定力，就是要在道路、方向、立场等重大原则问题上立场坚定、旗帜鲜明，不能有丝毫的含糊；要咬定青山不放松，坚持独立自主，既不走封闭僵化的老路，也不走改旗易帜的邪路，而是坚定不移地走中国特色社会主义道路。党的十八大以来，以习近平同志为核心的党中央高瞻远瞩、统揽全局，注重运用战略思维治国理政，从确立战略目标到构建战略布局，从谋划战略部署到坚持战略定力，环环相扣，形成了科学系统的战略思想。

习近平总书记在党的十九大报告中指出，“明确中国特色社会主义事业总体布局是‘五位一体’、战略布局是‘四个全面’，强调坚定道路自信、理论自信、制度自信、文化自信”①。这就提出了“四个全面”战略布局与“五位一体”总体布局之间的关系。“五位一体”总体布局和“四个全面”战略布局具有内在的统一性，它们都是事关党和国家发展的总战略，相互促进、统筹联动，是中国共产党人对社会主义建设规律的认识和把握。坚持和发展中国特色社会主义，必须统筹推进“五位一体”总体布局、协调推进“四个全面”战略布局，保持战略定力，坚持实干兴邦。但是它们相互之间又有不同的侧重点。首先，二者是整体与根本的关系。“五位一体”总体布局注重的是经济、政治、文化、社会、生态文明的整体推进，这是对人的全面发展和社会主义现代化建设全面推进的客观要求的反映；“四个全面”战略布局则扭住了“五位一体”总体布局这个整体中的一系列根本性要求。全面建成小康社会和全面建设社会主义现代化国家是“五位一体”总体布局的奋斗目标；全面深化改革是“五位一体”总体布局的强大动力；全面依法治国是“五位一体”总体布局的法治保障；全面从严治党是“五位一体”总体布局的政治保证。显然，“四个全面”战略布局抓住了“五位一体”总体布局的根本性要求。其次，是内容与形式的关系。“五位一体”总体布局是“四个全面”战略布局的具体体现。“四个全面”战略布局内在要求对中国特色社会主义进行总体布局，“五位一体”总体布局就是对“四个全面”战略布局的具体体现。“四个全面”战略布局是“五位一体”总体布局的内容和本质，即是实现“五位一体”总体布局的目标、动力、保障和保证。最后，是全面推进与重点抓手的关系。“五位一体”总体布局要实现的目标，就是全面建成小康社会、

① 中共中央党史和文献研究院：《十九大以来重要文献选编》（上），中央文献出版社 2019 年版，第14页。

全面建设社会主义现代化国家；“五位一体”总体布局的全面推进，要紧紧依靠全面深化改革这个动力；“五位一体”总体布局的胜利实现，要靠法治来加以保障；推进“五位一体”总体布局事业，就要紧紧抓住党的建设新的伟大工程。“五位一体”总体布局和“四个全面”战略布局，统一于实现中华民族复兴的伟大梦想，统一于中国特色社会主义的伟大事业，统一于推进中国式现代化的伟大实践，统一于在新的历史条件下的伟大斗争，统一于党的建设新的伟大工程。

二、“四个全面”战略布局的提出

“四个全面”战略布局是从我国发展的现实需要中提出来的，是从人民群众的热切期待中提出来的，是为解决当前社会所面临的突出矛盾和问题而提出来的，是在领导和推进中国特色社会主义伟大事业的实践中逐步形成的。2002 年党的十六大提出“全面建设惠及十几亿人口的更高水平的小康社会”，即“一个全面”。2007 年党的十七大对实现“全面建设小康社会”的宏伟目标作出全面部署。2012 年召开的党的十八大把“全面建设小康社会”调整为“全面建成小康社会”，提出了“全面建成小康社会和全面深化改革开放的目标”[①]，从而把十六大和十七大提出的全面建设小康社会的一个全面扩展为“两个全面”。2013 年，党的十八届三中全会通过的《中共中央关于全面深化改革若干重大问题的决定》把“全面深化改革开放”简化为“全面深化改革”[②]。2014 年在党的十八届四中全会上，审议通过了《中共中央关于全面推进依法治国若干重大问题的决定》。该决定提出“全面建成小康社会、实现中华民族伟大复兴的中国梦，全面深化改革、完善和发展中国特色社会主义制度，提高党的执政能力和执政水平，必须全面推进依法治国”[③]。这样，就把“两个全面”进一步扩展为“三个全面”。2014 年，习近平总书记在江苏调研时指出：

① 中共中央文献研究室：《十八大以来重要文献选编》（上），中央文献出版社 2014 年版，第 13 页。

② 中共中央文献研究室：《十八大以来重要文献选编》（上），中央文献出版社 2014 年版，第 511 页。

③ 中共中央文献研究室：《十八大以来重要文献选编》（中），中央文献出版社 2016 年版，第 155 页。

“协调推进全面建成小康社会、全面深化改革、全面依法治国、全面从严治党，推动改革开放和社会主义现代化建设迈上新台阶。”[①]“四个全面”战略布局最终形成。最初，“四个全面”还不是作为战略布局提出来的，而是作为全面完成党的十八大提出的任务以解决好当前发展中的主要矛盾提出来的。2015年1月23日，习近平总书记在主持十八届中央政治局第二十次集体学习时指出：“党的十八大以来，我们提出要协调推进全面建成小康社会、全面深化改革、全面依法治国、全面从严治党，这‘四个全面’是当前党和国家事业发展中必须解决好的主要矛盾。”[②]2015年2月，习近平总书记在省部级主要领导干部学习贯彻党的十八届四中全会精神全面推进依法治国专题研讨班的开班式上，首次把“四个全面”确定为党中央的战略布局。他说：“党的十八大以来，党中央从坚持和发展中国特色社会主义全局出发，提出并形成了全面建成小康社会、全面深化改革、全面依法治国、全面从严治党的战略布局。这个战略布局，既有战略目标，也有战略举措，每一个‘全面’都具有重大战略意义。”[③]2015年4月28日，在庆祝“五一”国际劳动节暨表彰全国劳动模范和先进工作者大会上的讲话中，习近平总书记又进一步指出，“四个全面”战略布局“为实现‘两个一百年’奋斗目标、实现中华民族伟大复兴的中国梦提供了理论指导和实践指南”[④]，对“四个全面”战略布局进行了理论和实践定位。党的十九届五中全会根据全面建成小康社会以后面临的新形势，对“四个全面”战略布局作出了“全面建设社会主义现代化国家、全面深化改革、全面依法治国、全面从严治党”[⑤]的新表述，赋予了“四个全面”战略布局最新的时代内涵，使“四个全面”战略布局不仅是全面建成小康社会的战略布局，而且是全面建设社会主义现代化国家的战略布局。

“四个全面”战略布局言简意赅、精辟深刻，既有战略目标又有战略

① 中共中央文献研究室：《习近平关于协调推进“四个全面”战略布局论述摘编》，中央文献出版社2015年版，第12页。

② 中共中央文献研究室：《习近平关于协调推进“四个全面”战略布局论述摘编》，中央文献出版社2015年版，第15页。

③ 中共中央文献研究室：《习近平关于协调推进“四个全面”战略布局论述摘编》，中央文献出版社2015年版，第17页。

④ 中共中央文献研究室：《习近平关于协调推进“四个全面”战略布局论述摘编》，中央文献出版社2015年版，第18页。

⑤ 中共中央党史和文献研究院：《十九大以来重要文献选编》（中），中央文献出版社2021年版，第790页。

举措，每一个“全面”都蕴含着重大的意义。“四个全面”之间紧密联系，有机统一，具有严密的内在逻辑，是一个整体战略部署的有序展开，共同支撑起中国特色社会主义的伟大事业。强调“四个全面”战略布局协调推进，在我们党的历史上是第一次，它表明了我党不断坚持和发展中国特色社会主义的历史自觉，彰显了马克思主义执政党勇于开拓创新的实践品质。我党必将开辟中国特色社会主义道路的新境界。

当今世界正面临百年未有之大变局。大国之间的竞争既表现为综合国力的直接较量，更表现为国家战略思维、战略决策和战略能力的深度角逐。“四个全面”战略布局集中体现了当代中国共产党人的全局视野和战略眼光，反映了中国共产党人对当今世界发展大势的科学判断，对中国发展方略的深邃思考，对人民利益的深切关怀，标志着中国共产党对共产党执政规律、社会主义建设规律和人类社会发展规律的认识进入了一个新的境界。

三、“四个全面”战略布局的精髓要义

马克思说：“理论在一个国家实现的程度，总是取决于理论满足这个国家的需要的程度。”①“四个全面”战略布局，正是中国“发展起来以后”，更加注重发展和治理的系统性、整体性、协同性的必然选择，更加需要科学理论指引发展方向的必然结果。全面建成小康社会为实现现代化和民族复兴奠定了坚实的基础。全面建设社会主义现代化国家，必须牢牢把握坚持和加强党的全面领导、坚持中国特色社会主义道路、坚持以人民为中心的发展思想、坚持深化改革开放、坚持发扬斗争精神这五个重大原则。全面深化改革，就是以经济体制改革为重点，以处理好政府和市场的关系为核心，全面推进经济、社会、生态、国防和军队、党的建设领域的改革，完善和发展中国特色社会主义制度，推进国家治理体系和治理能力的现代化。全面依法治国，就是坚持走中国特色社会主义法治道路、建设中国特色社会主义法治体系、建设社会主义法治国家，实现科学立法、严格执法、公正司法、全民守法。全面从严治党，就是要落实从严治党责任，坚持思想建党和制度建党紧密结合，严肃党内政治生活，从严管理干

①《马克思恩格斯选集》（第1卷），人民出版社2012年版，第11页。

部，持续深入改进作风，严明党的纪律，发挥人民的监督作用，深入把握从严治党规律，实现党的自我净化、自我完善、自我革新、自我提高，保持和发展党的先进性和纯洁性。

“四个全面”战略布局兼具宏大的全局性和严密的协同性，不仅是一个统一的整体，而且其中的每一个“全面”都具有重大的战略意义，它们之间相互联系、相互贯通、相辅相成。全面建设社会主义现代化国家是奋斗目标；全面深化改革是推进实现全面建设社会主义现代化国家目标的根本动力；全面依法治国是推进实现全面建设社会主义现代化国家目标的根本法治保障；全面从严治党是推进实现全面建设社会主义现代化国家目标的政治保证。

四、“四个全面”战略布局的鲜明特色

（1）明确的目标指向。在“四个全面”战略布局中，全面建成小康社会和全面建设社会主义现代化国家发挥着明确的目标导向作用。全面深化改革、全面依法治国、全面从严治党都是发展中国特色社会主义事业的根本要求，为全面建成小康社会和全面建设社会主义现代化国家分别发挥提供发展动力、营造有序环境、巩固领导核心的作用。全面建成小康社会是我们党确定的第一个百年奋斗目标，也是全面建成社会主义现代化强国、实现中华民族伟大复兴中国梦进程中的关键一步，实现了这个目标，将为第二个百年奋斗目标奠定坚实的基础。这一目标指向，深刻体现了我们党站在历史的新高度把握发展机遇、应对诸多挑战、顺应人民期盼、开创美好未来的雄伟胆略。

（2）清晰的战略路径。全面建成小康社会和全面建设社会主义现代化国家的目标导向，规定着解决各种矛盾、推动社会发展进步的根本路径。全面深化改革要求关注改革领域的每一个方面、要素和层次，注重各个领域改革的关联性和改革举措的耦合性。全面依法治国勾勒出了中国特色社会主义法治国家的新愿景。全面从严治党保证了我们党在全面建成小康社会、全面建设社会主义现代化国家、全面深化改革、全面依法治国中始终发挥好领导核心作用。

（3）深远的战略思维。“四个全面”战略布局统筹了国内各方面的发

展，每一个“全面”都是一整套结合实际、继往开来、勇于创新、独具特色的系统思想。“四个全面”整合在一起，成为新时期我党主动适应新常态、完成新时代历史使命的战略布局。“四个全面”战略布局统筹了国际大势，有助于全国各族人民和世界各国全方位了解中国的发展战略，有利于延长和抓住我国发展的历史机遇期。“四个全面”战略布局统筹治党、治国与治军，统筹内政、国防与外交，贯通历史、现实与未来，使中国特色社会主义伟大事业与党的建设新的伟大工程相互依存、融为一体，是新时期我党治国理政的总方略。

（4）深厚的为民情怀。人民群众是历史的创造者。党把全心全意为人民服务作为根本的宗旨，把群众路线作为党的根本路线。党的十八大以来，习近平同志反复强调“坚持以人民为中心的发展思想”①。“四个全面”战略布局的提出，本身就反映了人民群众的强烈愿望，每个“全面”的出发点和落脚点都是为了人民群众。全面建成小康社会和全面建设社会主义现代化国家着眼于人民对美好生活的期待、实现人的全面发展；全面深化改革是为了更好地调动人民群众的积极性、让发展的成果更多地惠及人民；全面依法治国是为了促进社会公平正义，保障广大人民群众的基本权益；全面从严治党是为了始终保持党同人民群众的血肉联系，做到立党为公、执政为民。“四个全面”战略布局集中体现了中国共产党人的执政理念、思想感情和价值追求。

（5）强烈的担当精神。有位外国政治家指出，当今世界，最为稀缺的是果断和勇于担当的领导者，而习近平就是这样一位领导者。“四个全面”战略布局展示了中国共产党人对民族复兴、国家富强和人民幸福的强烈追求，彰显了以习近平同志为核心的党中央的巨大政治勇气和强烈的历史使命感。谋复兴大业、扬改革风帆、行法治正道、筑执政之基，这是一场具有许多新的历史特点的伟大斗争，也是一次意气风发的豪迈进军，其视野之开阔、手笔之恢宏，对问题的把握之精准、措施之扎实，实乃前乏古人、后启来者。“四个全面”展现了当代中国共产党人敢于啃硬骨头、闯难关、涉险滩的勇气和担当，展现了以习近平同志为核心的党中央强烈的爱国精神和深厚的为民情怀。

---

① 中共中央文献研究室：《习近平关于社会主义经济建设论述摘编》，中央文献出版社 2017 年版，第 30 页。

五、“四个全面”战略布局的科学价值

（1）“四个全面”战略布局是马克思主义中国化的最新成果。我们党在领导人民进行革命、建设和改革的各个历史阶段，始终坚持将马克思主义同中华优秀传统文化相结合，同中国具体实际相结合，形成了毛泽东思想、中国特色社会主义理论体系等一系列具有鲜明时代特征的马克思主义中国化的具体成果。“四个全面”战略布局立足新时代新阶段，直面新矛盾新问题，是马克思主义中国化的最新成果。“四个全面”战略布局以促进社会公平正义、增进人民福祉为目的，体现了马克思主义的基本价值立场；“四个全面”战略布局立足社会主义初级阶段的基本国情和我国社会面临的主要矛盾，体现了辩证唯物主义的世界观和实事求是的思想路线；“四个全面”战略布局以经济社会发展为目标，同时重视改革、法治和党的建设，体现了对生产力和生产关系的辩证关系、经济基础和上层建筑的辩证关系等唯物史观基本原理的深刻理解和自觉把握。“四个全面”战略布局确立了新形势下党和国家各项工作的战略目标和战略举措，为实现“两个一百年”奋斗目标、实现中华民族伟大复兴中国梦提供了理论指导和实践指南。

（2）“四个全面”是实现国家治理体系和治理能力现代化的必然要求。国家治理体系和治理能力是一个国家的制度和制度执行能力的集中体现。党的十八届三中全会确定的“全面深化改革的总目标是完善和发展中国特色社会主义制度，推进国家治理体系和治理能力现代化”①。这个大目标的确立，不仅规定了国家治理体系和治理能力现代化的政治方向，而且确立了国家治理体系和治理能力现代化的内在逻辑。党的十九届四中全会又对这个目标提出了明确和具体的要求：“到我们党成立一百年时，在各方面制度更加成熟更加定型上取得明显成效；到二〇三五年，各方面制度更加完善，基本实现国家治理体系和治理能力现代化；到新中国成立一百年时，全面实现国家治理体系和治理能力现代化，使中国特色社会主义制度更加巩固、优

① 中共中央文献研究室：《十八大以来重要文献选编》（上），中央文献出版社 2014 年版，第 512 页。

越性充分体现。”[①]国家治理体系和治理能力现代化首先要有完善的、成熟的制度。“四个全面”战略布局能够推进中国特色社会主义制度更加成熟，必然能促进形成一套保证国家长治久安的更完备、更稳定、更管用的制度体系，从而进一步增强人们对中国特色社会主义的制度自信。

（3）“四个全面”战略布局是实现“两个一百年”奋斗目标和中华民族伟大复兴中国梦的必由之路。“四个全面”战略布局是新一届中央领导集体在历史地、辩证地把握社会发展规律，战略性地把握社会发展基本趋势的基础上提出来的，是在习近平同志担任总书记以后，经过反复酝酿、深思熟虑之后形成的。其中的每一个“全面”，既是总结过去的，又是面向未来的；并且都是一整套结合实际、继往开来、勇于创新、独具特色的成熟思想，闪耀着辩证唯物主义和历史唯物主义的光辉。全面建成小康社会这一社会主义现代化的阶段性目标已经实现了，全面建设社会主义现代化国家是“四个全面”战略布局的进阶目标，全面深化改革、全面依法治国、全面从严治党是实现这一目标的战略举措和根本保证。只有在全面建成小康社会的基础上，才能建成富强民主文明和谐美丽的社会主义现代化强国，才能为实现中国梦奠定坚实的基础。当前，我国在实现第一个百年奋斗目标的基础上，开启了以中国式现代化实现民族复兴的新征程，前途十分光明，困难也非常严峻。必须以更大的政治勇气和智慧，不失时机地深化重要领域的改革，坚决破除一切妨碍科学发展的思想观念和体制机制弊病，构建起系统完备、科学规范、运行有效的制度体系，使各方面的制度更加成熟和定型，这就需要大视野和大战略。“四个全面”战略布局吹响了中华民族走向伟大复兴的进军号和冲锋号。现在，我们比历史上任何时候都更加接近中华民族伟大复兴的目标，比历史上任何时候都更有信心、有能力实现中华民族的这个百年梦想。

六、“四个全面”战略布局与“强、富、美、高”新江苏建设

“四个全面”战略布局是习近平总书记在江苏调研时首次提出来的，

①《中共中央关于坚持和完善中国特色社会主义制度 推进国家治理体系和治理能力现代化若干重大问题的决定》，《人民日报》2019年11月6日，第1版。

也是首先对江苏人民提出来的。“春江水暖鸭先知”，江苏人民深切感受到以习近平同志为核心的党中央对江苏的高度信任和殷切期待。广大江苏人民认真学习贯彻习近平总书记考察江苏重要讲话指示精神，统筹推进“五位一体”总体布局，协调推进“四个全面”战略布局，决心在推动经济发展、现代农业建设、文化建设、民生建设、全面从严治党五个方面迈上新台阶，努力建设经济强、百姓富、环境美、社会文明程度高的新江苏，完成习近平总书记提出的“两个率先”的光荣使命。

全面建成小康社会和全面建设社会主义现代化国家在不同的阶段上明确了建设“强、富、美、高”新江苏的目标方向。党的二十大明确了全面建成社会主义现代化强国的战略安排，也使建设“强、富、美、高”新江苏的基本要求得到进一步明确。江苏省委、省政府以习近平总书记对江苏工作的重要讲话和重要指示批示精神为引领，主动把握和适应经济发展的新常态，贯彻稳中求进的工作总基调，牢固树立并且自觉践行创新、协调、绿色、开放、共享的新发展理念，统筹推进经济、政治、文化、社会、生态文明“五位一体”建设和党的建设，着力建设经济强、百姓富、环境美、社会文明程度高的新江苏，积极探索开启现代化建设的新征程，谱写中华民族伟大复兴的江苏篇章。截至 2022 年，江苏的社会经济发展取得了一系列可喜的成就：“全省地区生产总值五年跨越四个万亿元台阶、年均增长 5.5%，居民人均可支配收入五年增长 42.3%，生态环境保护发生根本性变化，文化强省建设跃上新的台阶，‘强富美高’新江苏现代化建设迈出坚实步伐。”①

全面深化改革为建设“强、富、美、高”新江苏提供了不竭动力。全面深化改革是实现中华民族伟大复兴的“关键一招”，也是建设“强、富、美、高”新江苏的活力之源。没有改革开放，就没有江苏的今天，也就没有江苏的明天。江苏的现代化建设之所以取得如此成就，靠的就是坚持不懈的改革开放。改革开放只有进行时，没有完成时。“强、富、美、高”新江苏的未来仍然需要坚持改革开放。十八届三中全会通过的《中共中央关于全面深化改革若干重大问题的决定》在新的历史起点上为江苏的改革开放提供了基本遵循。“四个全面”战略布局提出以来，江苏全面深化改革开放，发展动力和活力不断增强。以经济领域的改革为主轴，重点

① 许昆林：《政府工作报告——二〇二三年一月十五日在江苏省第十四届人民代表大会第一次会议上》，《新华日报》2023 年 1 月 28 日，第 1 版。

领域和关键环节的改革有序推进。简政放权力度不断加大，相对集中行政许可权和综合行政执法权的改革试点稳步推进。国有企业改革重组取得新进展，民营经济比重得到提高。新一轮财税改革全面推开，政府债务风险得到有效控制，地方金融改革进一步深化。国家科技创新、综合医改、高等教育综合改革、新型城镇化、农村土地制度改革等扎实推进。不动产统一登记全面推开。认真实施“一带一路”倡议及长江经济带发展等。各类开放平台建设不断加强，企业、城市、人才国际化水平显著提高。只有全面深化改革，才能进一步创新社会发展模式，完善社会制度体系，释放社会体制活力，化解社会利益矛盾，助推社会文明进步。

全面依法治国为建设“强、富、美、高”新江苏提供了制度保障。全面依法治国，事关党执政兴国，事关人民幸福安康，也事关国家长治久安。党的十八届四中全会围绕“建设中国特色社会主义法治体系，建设社会主义法治国家”的总目标，坚持党的领导、人民当家作主、依法治国的有机统一，坚持依法治国、依法执政、依法行政共同推进，坚持法治国家、法治政府、法治社会一体建设，进一步拓展了中国特色社会主义法治道路，也为建设“强、富、美、高”新江苏明确了法治要求。江苏省委、省政府大力推进“法治江苏”建设，科学立法成果显著，法治政府建设路径明确，司法体制改革深入推进，执法水平不断提升；合理界定政府和社会多元治理的界限，推动社会治理重心下移，充分发挥社会组织作用；创新社会矛盾预防和化解机制，提升社会治理水平；构建立体化、现代化社会治安防控体系，依法惩治各类违法犯罪；严肃查处损害群众利益的行为，切实维护群众合法权益；强化基层法律服务，推动法律援助惠及全部低保人群并且逐步向低收入人群延伸。法律是治国之重器，是国家治理体系和治理能力的重要体现。只有做到全面依法治省，努力加强法治建设，做到科学立法、严格执法、公正司法、全民守法，才能为建设“强、富、美、高”新江苏提供制度保障。

全面从严治党为建设“强、富、美、高”新江苏提供了政治保证。全面从严治党是实现民族复兴的关键所在，也是建设“强、富、美、高”新江苏的关键所在。党的领导是中国特色社会主义最本质的特征，也是建设“强、富、美、高”新江苏的根本保证。协调推进“四个全面”战略布局最根本和最关键的就是坚持党的领导不动摇。在新的历史条件下，党的建设面临长期执政、改革开放、市场经济和外部环境“四大考验”；党内面临精神懈怠、能力不足、脱离群众、消极腐败“四种危险”。全面从严治党，就是要落实从严治党责任，坚持思想建党和制度建党紧密结合，严肃党内政治生活，从严管理干部，持续深入改进作风，严明党的纪律，发挥人民群众的监督作用，深入把握从严治党规律，实现党的自我净化、自我完善、自我革新、自我提高，保持和发展党的先进性和纯洁性，为建设“强、富、美、高”新江苏提供坚强的领导核心和巩固的政治保证。中共江苏省委把严肃认真的党内政治生活作为全面从严治党的重要基础，认真落实十八届六中全会通过的《关于新形势下党内政治生活的若干准则》，把加强思想教育作为根本，把端正用人导向作为切入点，认真落实好干部标准，提高精准科学识人水平，加强对干部的日常管理，净化选人用人风气。把严明纪律规矩作为关键，坚持抓早抓小，推动党员干部筑牢为政清廉的防线。把严格组织生活作为着力点，认真落实党的组织生活各项制度，用好批评和自我批评的有力武器，切实增强党的组织生活活力。把解决实际问题作为落脚点，着力解决党内存在的突出矛盾和问题，始终保持党的先进和纯洁。坚持用制度管权管事管人，强化权力运行的制约和监督，加快形成不敢腐、不能腐、不想腐的体制机制。把党的领导机关和领导干部特别是主要领导干部作为监督重点，构建严密的党内监督体系。把全面从严的要求落实到党的思想、组织、作风、反腐倡廉和制度建设各方面。坚持不懈抓好作风建设，切实加强基层基础工作，始终保持严惩腐败高压态势，以全面从严治党的实际成效取信于民。

总之，自习近平总书记在江苏提出“四个全面”战略布局以来，江苏省委、省政府认真贯彻习近平总书记系列重要讲话精神，把“四个全面”战略布局贯穿于建设新江苏的全过程，努力做到在现代化建设中不遗余力，全面深化改革不留例外，全面依法治国不留空白，全面从严治党不留死角，锲而不舍推进，勇于实践创新，争取在践行“四个全面”战略布局上创造特色、走在前列。

第二章　“四个全面”战略布局的科学内涵

“协调推进全面建成小康社会、全面深化改革、全面依法治国、全面从严治党”[①]，这是“四个全面”的原初内涵。过上“小康”日子，是中国人几千年来孜孜以求的美好梦想。改革开放以后的 40 多年里，“小康之家”“小康水平”“总体小康”“全面小康”，在各个时期成为中国人民努力奋斗的目标。2015 年 2 月，习近平总书记首次把“四个全面”确定为党中央的战略布局。到 2020 年，在全党全国各族人民的砥砺奋进中，我们如期实现了“四个全面”战略布局的第一个目标，在中华大地上全面建成了小康社会。党的十九届五中全会提出“协调推进全面建设社会主义现代化国家、全面深化改革、全面依法治国、全面从严治党”[②]，赋予了“四个全面”战略布局崭新的时代内涵。

从历史的发展脉络上来看，“四个全面”战略布局的内涵是与时俱进地发展着的。全面建设社会主义现代化国家是我国全面建成小康社会之后的进阶战略目标，是“四个全面”在现阶段的最新内涵要义。同时，要强调的是：全面建成小康社会没有被排除在“四个全面”战略布局的整体内涵之外，全面建成小康社会是全面建设社会主义现代化国家的坚实基础，党带领人民全面建设小康社会直至全面建成小康社会的这一段奋斗时期是不能被主观忽视或跨越的历史阶段。对“四个全面”战略布局的认识应当采取发展的眼光，不可孤立地、静止地、片面地“喜新厌旧”，更不能守着过去的框架不接受变化发展，犯教条主义的错误。

---

① 中共中央文献研究室：《习近平关于协调推进“四个全面”战略布局论述摘编》，中央文献出版社 2015 年版，第 12 页。

②《中共中央关于制定国民经济和社会发展第十四个五年规划和二〇三五年远景目标的建议》，《人民日报》2020 年 11 月 4 日，第 1 版。

一、在全面建成小康社会的基础上全面建设社会主义现代化国家

2021 年 7 月 1 日，习近平总书记在庆祝中国共产党成立 100 周年大会上代表党和人民向全世界庄严宣告：“经过全党全国各族人民持续奋斗，我们实现了第一个百年奋斗目标，在中华大地上全面建成了小康社会，历史性地解决了绝对贫困问题，正在意气风发向着全面建成社会主义现代化强国的第二个百年奋斗目标迈进。这是中华民族的伟大光荣！这是中国人民的伟大光荣！这是中国共产党的伟大光荣！”[①]全面建成小康社会的胜利是我们开启全面建设社会主义现代化国家新征程的起点，因此，要想全面、科学地理解全面建设社会主义现代化国家的战略目标，必须对我们已经建成的全面小康社会有正确的把握。

1. 全面建成小康社会的客观标准

中国全面建成小康社会不是意识层面的“主观臆断”，而是达到了一套客观标准的历史事实。党的十八大从经济、政治、文化、社会、生态文明五个方面明确了全面建成小康社会的目标要求，党的十九届四中全会又从国家治理体系和治理能力方面对全面建成小康社会提出了目标要求。正是因为达到了这些要求，我们才交出了这份全面建成小康社会的优秀答卷，这些标准主要包括以下五个方面。

（1）经济持续健康发展。进入经济发展新常态后，我国经济一直保持中高速增长。2020 年，我国经济总量首次突破 100 万亿元大关，稳居世界第二，经济总量几乎 3 倍于日本。根据世界银行 2022 年公布的报告，从 2013 年到 2021 年中国对世界经济增长的平均贡献率为 38.6%，超过 G7（即七国集团）国家贡献率的总和。通过对产业结构的不断优化升级，我们建立起了门类齐全、独立完整的现代工业体系。在高新技术领域不断取得突破性成果，由中国制造向中国智造转型升级。特别值得一提的是，在全面建成小康社会的决胜冲刺时期，我国经济发展突遭双重冲击，

① 习近平：《在庆祝中国共产党成立 100 周年大会上的讲话》，人民出版社 2022 年版，第 3 页。

一是美国悍然发动对华的经济战、贸易战；二是全球性疫情的大暴发。在如此动荡的国内外条件下，我国经济依旧坚挺，成为 2020 年全球唯一实现经济正增长的主要经济体。中国经济彰显出了超强的发展潜力和发展后劲，为全面建设社会主义现代化国家奠定了坚实的经济基础，不得不说是创造了经济发展的奇迹。

（2）人民民主不断扩大。在坚持党的领导、人民当家作主、依法治国的有机统一中，在以人民代表大会制度为根本政治制度的中国特色社会主义政治制度的安排下，我国人民民主事业取得了举世瞩目的成就，以铁的事实向世界证明了民主不是资本主义国家的特产和专利。对比西方人民在选举时得到盛大许诺而在平常则多被政府冷待，中国人民可以通过民主选举、民主协商、民主决策、民主管理、民主监督参与治国理政的各个环节，中国特色的全过程人民民主模式的优势得到了进一步彰显。对比西方国家在新冠疫情期间一盘散沙、不得民心的摆烂式管理，我国从中央到基层、从党内到人民呈现出一呼百应、团结一致的抗疫决心，中国特色社会主义制度的独特优势得到了有效发挥。长期来看，对比西方国家令人担忧的社会治安，中国在经济快速发展的同时成功保持了人民社会生活的长期稳定，成了世界上最安全的国家之一，“中国之治”的优势得到了有力证明。

（3）文化软实力显著增强。我们全面建成的小康社会，是物质文明和精神文明全面发展的小康社会。中国特色社会主义进入新时代以来，在全社会范围内，社会主义核心价值体系深入人心，公民文明素质和社会文明程度明显提高，向善向美向上的正能量成为人们内心的普遍追求。中华优秀传统文化的国内认可度和国际影响力显著提升，伴随着文化市场和文化产业的繁荣发展，我们的文化自信进一步增强，中华文化迈出去的步伐更大、更有力。

（4）人民生活水平全面提高。让老百姓过上好日子是检验中国共产党一切工作的出发点和归宿，也是检验全面建成小康社会的重要标准。在全党全国各族人民的艰苦奋斗中，我们历史性地打赢了脱贫攻坚战，做到了“现行标准下 9899 万农村贫困人口全部脱贫，832 个贫困县全部摘帽，12.8 万个贫困村全部出列”①，提前十年完成了《联合国 2030 年可持续发展议程》的减贫目标。人民生活水平得到全面和普遍提高，“全国居民人

① 习近平：《在全国脱贫攻坚总结表彰大会上的讲话》，《人民日报》2021 年 2 月 26 日，第 2 版。

均年可支配收入从 1978 年的 171 元增加到 2020 年的 32 189 元。城乡居民恩格尔系数分别从 1978 年的 57.5%、67.7%下降到 2020 年的 29.2%、32.7%”①。全民受教育程度和创新人才培养水平明显提高；就业更加充分，民生之本能够得到充分保障；收入分配差距缩小，中等收入群体持续扩大；社会公平正义不断凸显，社会保障和基本的卫生医疗服务全民覆盖，住房保障体系更加完善；社会和谐稳定，人民安居乐业。

（5）生态环境建设取得重大进展。全面建成小康社会，不仅包括经济建设、政治建设、文化建设、社会建设，还包括生态文明建设。党的十八大以来，在党中央的坚强领导下，我们按照人与自然和谐发展的要求，在生产力布局、城镇化发展、重大项目建设中充分考虑自然条件和资源环境的承载能力，把生态文明放在更加突出的位置上，融入经济建设、政治建设、文化建设、社会建设的各个方面和各个领域，制定实施严格的生态环境制度，进一步形成健全国土空间开发、资源节约、生态环境保护的体制机制，推动形成人与自然和谐发展的现代化建设新格局。

所以，我们建成的小康社会，是经济发展、政治清明、文化昌盛、社会公平、生态良好的“全面”的小康社会，它所体现的正是马克思主义关于人的全面发展和社会主义内涵的本质要求。这五个方面的全面建成小康社会的标准，对应着社会主义现代化建设的“五位一体”总体布局，既是全面建成小康社会已经达成的条件，又是向全面建设社会主义现代化国家更高目标迈进的基础。

2. 全面建成小康社会的鲜明特点

我们成功建成的全面小康社会，最重要、最关键的特点就是“全面”。“小康”讲的是发展水平，“全面”讲的是发展的平衡性、协调性和可持续性。

全面建成小康社会覆盖的领域是全面的，是“五位一体”的全面小康。它要求经济持续健康发展，人民民主不断扩大，文化软实力显著增强，人民生活水平全面提高，资源节约型、环境友好型社会建设取得重大进展，各方面的制度更加成熟定型，国家治理体系和治理能力现代化取得重大进展。这是一个整体性的目标要求，它们相互之间紧密联系、不可分

---

① 中华人民共和国国务院新闻办公室：《中国的全面小康》，《人民日报》2021 年 9 月 29 日，第 10 版。

割。一个方面的短板，会影响其他方面的发展。全面建成小康社会构成中国特色社会主义的有机整体，为社会主义现代化和民族复兴的实现开辟了前进道路。

全面建成小康社会覆盖的人群是全面的。坚持以人民为中心的发展思想，发展为了人民、发展依靠人民、发展成果由全体人民共享。没有全民的小康，就没有全面的小康。全面小康是惠及全体人民的小康，没有少哪一个中华人民共和国公民，没有落下哪一个城乡家庭，没有让中国境内的哪一个民族掉队。当然，全面小康也不是人人都过没有任何差别的平均主义生活，而是指在社会中消除了绝对的贫困。当前，脱贫攻坚顺利经过了最后的冲刺阶段，我们彻底实现了全面小康的任务，实现了中国共产党向全体中国人民作出的庄严承诺。脱贫攻坚的目标实现以后，要持续加大社会保障力度和民生改善力度，注重社会公平，并且不断提高人民的生活水平，使全体人民都能够过上现代化的幸福生活。

全面建成小康社会覆盖的区域是全面的，是城乡协调发展、区域共同发展的小康。习近平总书记说：“全面建成小康社会，最艰巨最繁重的任务在农村、特别是在贫困地区。没有农村的小康，特别是没有贫困地区的小康，就没有全面建成小康社会。”①在全面小康社会的建设和建成过程中，我们始终坚持统筹城乡发展和区域发展，逐步缩小城乡差别和区域差别，不仅缩小了国内各区域城乡生产总值的总量差别和增长速度的差别，还缩小了人民生活水平方面的差距，更缩小了不同区域在基础设施建设水平、共同服务均等化水平等方面的差距。全面小康的建成为全面建设社会主义现代化国家撑起了平稳的区域格局。

3. 中华民族伟大复兴的接续追求：从全面建成小康社会到全面建设社会主义现代化国家

实现中华民族的伟大复兴，是全体中华儿女的心声。从全面建成小康社会到全面建设社会主义现代化国家，体现了中华民族在复兴之路上的接续追求。小康社会作为中国共产党的社会理想和奋斗目标，最早见于1979年12月6日邓小平同志会见日本首相大平正芳的谈话中。此后，邓小平同志又多次提及这一相关概念，如“小康之家”“小康水平”等。

① 中共中央文献研究室：《习近平关于社会主义经济建设论述摘编》，中央文献出版社2017年版，第209页。

1987 年，邓小平同志把小康社会与国家发展战略目标结合起来，提出了著名的“三步走”发展战略。第一步，在 20 世纪 80 年代实现国民生产总值翻一番；第二步，到 20 世纪末再翻一番；第三步，到 21 世纪中叶再翻两番。其中，第一步意味着人民的温饱问题得到基本解决，第二步意味着中国进入小康社会；第三步意味着中国实现社会主义现代化。[①]

进入 21 世纪以来，中国共产党已经成功地实现了“三步走”战略的前两步，人民生活水平总体上已经达到了小康水平。为了顺利完成第三步的奋斗目标，以江泽民同志为主要代表的中国共产党人提出了“新三步走”的战略目标。“第一个十年实现国民生产总值比二〇〇〇年翻一番，使人民的小康生活更加宽裕，形成比较完善的社会主义市场经济体制；再经过十年的努力，到建党一百年时，使国民经济更加发展，各项制度更加完善；到世纪中叶建国一百年时，基本实现现代化，建成富强民主文明的社会主义国家。”[②]党的十六大以来，以胡锦涛同志为总书记的党中央将“新三步走”战略进一步具体化。党的十七大报告从“五位一体”的战略高度部署了全面建成小康社会的目标要求：实现经济又好又快发展，不断扩大社会主义民主，加强文化建设，发展社会事业，建设生态文明。[③]党的十八大报告在明确了全面建成小康社会新要求的基础上，进一步提出了我国发展战略的新部署，即加快完善社会主义市场经济体制和加快转变经济发展方式，坚持走中国特色社会主义政治发展道路和推进政治体制改革，扎实推进社会主义文化强国建设，在改善民生和创新管理中加强社会建设，大力推进生态文明建设。[④]这五个方面的目标与“五位一体”总体布局相衔接，与五个方面的全面建成小康社会相配套，使全面建成小康社会的目标变得明确和具体。

党的十九大在坚持“两个一百年”奋斗目标的基础上划分了第二个百年奋斗目标的两个阶段：第一个阶段，从 2020 年到 2035 年，在全面建成小康社会的基础上再奋斗 15 年，基本实现社会主义现代化，把我党在十

---

①《邓小平文选》（第 3 卷），人民出版社 1993 年版，第 226 页。

② 中共中央文献研究室：《十五大以来重要文献选编》（上），中央文献出版社 2011 年版，第 4 页。

③ 中共中央文献研究室：《十七大以来重要文献选编》（上），中央文献出版社 2009 年版，第 15—16 页。

④ 中共中央文献研究室：《十八大以来重要文献选编》（上），中央文献出版社 2014 年版，第 15—32 页。

三大提出的在21世纪中叶实现基本现代化的目标提前到2035年；第二个阶段，从2035年到21世纪中叶，在基本实现现代化的基础上，再奋斗15年，在新中国成立一百年时把我国建成富强民主文明和谐美丽的社会主义现代化强国，使中华民族以更加昂扬的姿态屹立于世界民族之林。[①]新时代“两步走”的战略安排，提出了建成社会主义现代化强国的更高目标，把基本实现现代化的时间提前了15年，丰富和发展了十八大提出的“两个一百年”奋斗目标，发出了实现中华民族伟大复兴中国梦的时代强音。党的二十大把高质量发展作为全面建设社会主义现代化国家的首要任务，明确了党在新时代新征程的使命任务。

从全面建成小康社会到基本实现现代化，再到全面建成社会主义现代化强国，是以习近平同志为核心的党中央综合分析国际国内形势和我国面临的发展条件作出的战略安排。“两个一百年”奋斗目标之间，以及第二个百年奋斗目标的两个阶段之间相互衔接、相互联系，一步一个台阶、一步一个脚印，不断发展、不断深化，向世人清晰地描绘了我国实现现代化和走向民族复兴的任务书、时间表、路线图。

二、全面深化改革的科学内涵

全面深化改革是推进全面建成小康社会和全面建设社会主义现代化国家的重大战略举措，在“四个全面”战略布局中具有举足轻重的地位。党的十八大以来，习近平围绕全面深化改革作出了一系列论述，深刻回答了为什么要全面深化改革、怎样全面深化改革的一系列重大理论和现实问题。党的十八届三中全会深刻分析了我国经济社会发展面临的重大理论和实践问题，阐明了全面深化改革的重要性和紧迫性，提出了全面深化改革的指导思想、目标任务、重大原则和基本方法，描绘了全面深化改革的宏伟蓝图，成为我党在新时代全面深化改革的理论指南和行动纲领。

1. 全面深化改革是实现中华民族伟大复兴中国梦的关键一招

习近平总书记说：“改革开放是发展中国、发展社会主义、发展马克

① 中共中央党史和文献研究院：《十九大以来重要文献选编》（上），中央文献出版社 2019 年版，第20—21页。

思主义的强大动力。现在，解决我国进一步发展面临的一系列突出矛盾和挑战，必须深化改革开放。改革开放是决定当代中国命运的关键一招，也是决定实现‘两个一百年’奋斗目标、实现中华民族伟大复兴的关键一招。”[①]改革开放是我党在新的历史条件下进行的新的伟大革命，是当代中国最鲜明的特色，是决定当代中国命运的关键抉择，是党和人民大踏步赶上时代的重要法宝。这四个“是”，充分表明了我党对于改革开放战略作用的深刻认识，是我们当前和今后全面深化改革的基本依据。

我国 40 多年的改革开放有其自身的历史逻辑和发展逻辑。习近平总书记说：“改革开放以来历次三中全会都研究讨论深化改革问题，都是在释放一个重要信号，就是我们党将坚定不移高举改革开放的旗帜，坚定不移坚持党的十一届三中全会以来的理论和路线方针政策。”[②]1978 年召开的十一届三中全会，决定把党和国家的工作重心转移到经济建设上来，标志着改革开放在我国正式启动。1984 年党的十二届三中全会通过了《中共中央关于经济体制改革的决定》，标志着我国经济体制改革的全面展开。1993 年召开的党的十四届三中全会，审议并通过了《中共中央关于建立社会主义市场经济体制若干问题的决定》，标志着改革开放进入了制度创新的新阶段。1998 年召开的十五届三中全会，对农业和农村工作进行了部署，确立了我国农业和农村跨世纪发展的战略方针。2003 年召开的党的十六届三中全会审议通过了《中共中央关于完善社会主义市场经济体制若干问题的决定》，标志着我国经济体制改革的深化。2008 年召开的党的十七届三中全会通过了《中共中央关于推进农村改革发展若干重大问题的决定》，标志着社会主义新农村建设的全面展开和经济体制改革的不断深化。顺着这个改革开放的发展逻辑和制度变迁的历史逻辑，党的十八届三中全会通过了《中共中央关于全面深化改革若干重大问题的决定》，标志着我国进入了全面深化改革的新时代。

新时代的全面深化改革，关键在“全面”。习近平总书记说：“全面深化改革，全面者，就是要统筹推进各领域改革，就需要有管总的目标，也要回答推进各领域改革最终是为了什么、要取得什么样的整体结果这个

---

① 中共中央文献研究室：《习近平关于全面深化改革论述摘编》，中央文献出版社 2014 年版，第 3 页。

② 中共中央文献研究室：《习近平关于全面深化改革论述摘编》，中央文献出版社 2014 年版，第 7 页。

问题。”[①]1978 年至今，中国的改革开放经历了一个由浅入深、由局部到整体、由量变到质变的发展过程，发生了阶段性、累积性和历史性的变化。过去，我们也提出过不少改革的目标，但是由于发展的阶段不同，面临的问题不同，因此这些设定的目标大都带有具体性和单一性的特征。比如，改革开放初期实行联产承包责任制的目的是调动广大农民的积极性；政治体制改革的目标是发扬社会主义民主、实行社会主义法制；经济体制改革的目标是建立社会主义市场经济体制；等等。党的十八届三中全会提出的全面深化改革的总目标是完善和发展中国特色社会主义制度、推进国家治理体系和治理能力现代化。在这个总目标的统领下，改革经济体制、政治体制、文化体制、社会体制、生态文明体制和党的建设制度，为党和国家事业发展、为人民幸福安康、为社会和谐稳定、为国家长治久安提供一套更完备、更稳定、更管用的制度体系。“这项工程极为宏大，零敲碎打调整不行，碎片化修补也不行，必须是全面的系统的改革和改进，是各领域改革和改进的联动和集成，在国家治理体系和治理能力现代化上形成总体效应、取得总体效果。”[②]这一论述深刻揭示了全面深化改革的阶段性特征，体现了我们党对新时代改革开放认识的深化和发展。

2. 坚持全面深化改革的基本原则和正确方向

习近平总书记说：“我们的改革开放是有方向、有立场、有原则的。”[③]全面深化改革怎么改？这就涉及改革的原则和方向问题。摆在我们前面的有两条道路：一条是走资本主义市场经济的改革道路；一条是放弃市场经济体制的改革方向，走计划经济的老路。世界在发展，社会在进步。社会主义制度产生以来的实践证明，社会主义国家如果不实行改革开放就是死路一条，搞否定社会主义的改革开放也是死路一条。中国是一个大国，不能在方向性的问题上犯颠覆性的错误，如果犯了颠覆性的错误，就无法挽回、无法弥补。全面深化改革的方向就是不断推动社会主义制度自我完善和自我发展，而不是对社会主义制度改弦易辙。全面深化改革是

① 中共中央文献研究室：《习近平关于全面深化改革论述摘编》，中央文献出版社 2014 年版，第 26 页。

② 中共中央文献研究室：《习近平关于全面深化改革论述摘编》，中央文献出版社 2014 年版，第 27 页。

③ 中共中央文献研究室：《习近平关于全面深化改革论述摘编》，中央文献出版社 2014 年版，第 14 页。

在坚持四项基本原则前提下的改革，即既坚持四项基本原则的立国之本，又通过改革开放赋予四项基本原则以崭新的时代内涵。中国特色社会主义是社会主义，而不是其他什么主义。无论怎么改革、怎么开放，我们都要坚持中国特色社会主义道路、中国特色社会主义理论体系、中国特色社会主义制度、中国特色社会主义文化。马克思、恩格斯提出了资本主义必然灭亡、社会主义必然胜利的基本原理，揭示了人类社会发展的趋势和规律。中国特色社会主义坚持这一科学社会主义的基本原理，坚持辩证唯物主义和历史唯物主义的世界观和方法论，坚持共产主义的最高纲领和中国特色社会主义的基本纲领，坚持无产阶级政党的领导和人民当家作主，坚持共同富裕和人的全面发展的目标，这些都体现了科学社会主义的精髓和本质。改革开放是对中国特色社会主义的坚持、完善和发展，而不是丢掉中国特色社会主义这个根本。我们既不能走封闭僵化的老路，也不能走改旗易帜的邪路，而是要坚定不移地走中国特色社会主义道路。

在确定了正确原则和方向的前提下，还必须明确全面深化改革的总目标。党的十八届三中全会通过的《中共中央关于全面深化改革若干重大问题的决定》指出：“全面深化改革的总目标是完善和发展中国特色社会主义制度，推进国家治理体系和治理能力现代化。”[①]党的十八届三中全会以来，习近平总书记在不同场合反复强调这个总目标，从制度、改革、现代化三个维度，给出了推动中国可持续发展的总方向。习近平总书记认为，《中共中央关于全面深化改革若干重大问题的决定》中的这两句话是一个不可分割的整体，“前一句，规定了根本方向”“后一句，规定了在根本方向指引下完善和发展中国特色社会主义制度的鲜明指向”，“只讲第二句，不讲第一句，那是不完整、不全面的”[②]。两句话都讲，才是我们全面深化改革的总目标。

制度和治理，是决定一个国家性质和竞争力的根本问题。制度在社会发展中具有根本性、全局性、稳定性和长期性的特点。改革开放不仅不断推动理论创新、实践创新，而且不断推动制度创新。在改革开放的历史进程中，我们党深刻总结社会主义建设的经验，不断推进社会主义制度的自我完善和发展，逐步形成并确立了具有独特特点和显著优势的中国特色社

① 中共中央文献研究室：《十八大以来重要文献选编》（上），中央文献出版社 2014 年版，第 512 页。

② 中共中央文献研究室：《习近平关于全面深化改革论述摘编》，中央文献出版社 2014 年版，第 21 页。

会主义制度。从总体上说，中国特色社会主义制度是特色鲜明、富有效率的，但还不是尽善尽美、成熟定型的。随着改革开放的深化和发展，中国特色社会主义制度也需要得到不断完善。习近平总书记指出：“我们要坚持以实践基础上的理论创新推动制度创新，坚持和完善现有制度，从实际出发，及时制定一些新的制度，构建系统完备、科学规范、运行有效的制度体系，使各方面制度更加成熟更加定型，为夺取中国特色社会主义新胜利提供更加有效的制度保障。”①

治理水平和治理能力是体现一个国家竞争力的重要标志。怎样治理中国特色社会主义社会这样一个全新形态的社会，是一项前无古人的事业，就是像马克思、恩格斯这样伟大的人物，也没有给我们提供现成的答案。中国共产党执政 70 多年的实践，积累了关于治理一个社会主义国家的全新经验，也吸取了这方面的深刻教训。环顾世界，有的国家在这方面发生了失误，造成社会动荡、政亡人息。因此，形成一套有效的治理体系和提高治理能力，不仅是为了克服制约党和国家事业发展的体制机制障碍，更是为了给党和国家的长治久安奠定坚实基础。

3. 全面深化改革的根本目的

全面深化改革的根本目的，就是要促进社会公平正义，让改革发展成果更多和更公平地惠及全体人民。习近平总书记说：“全面深化改革必须以促进社会公平正义、增进人民福祉为出发点和落脚点。这是坚持我们党全心全意为人民服务根本宗旨的必然要求。全面深化改革必须着眼创造更加公平正义的社会环境，不断克服各种有违公平正义的现象，使改革发展成果更多更公平惠及全体人民。如果不能给老百姓带来实实在在的利益，如果不能创造更加公平的社会环境，甚至导致更多不公平，改革就失去意义，也不可能持续。”②由此可见，全面深化改革是人民性的改革，必须以人民为中心，改革的出发点是为了增进人民的福祉，改革的落脚点是实现人民的根本利益。

中国共产党从诞生之日起，就把马克思主义写在了自己的旗帜上，就牢牢把握了无产阶级政党人民性的鲜明特征。在革命、建设和改革的各个

① 中共中央文献研究室：《十八大以来重要文献选编》（上），中央文献出版社 2014 年版，第 76 页。

② 中共中央文献研究室：《习近平关于全面深化改革论述摘编》，中央文献出版社 2014 年版，第 96 页。

历史时期，中国共产党始终与人民同呼吸、共命运，以全心全意为人民服务作为自己的根本宗旨，把实现好、维护好、落实好、发展好最广大人民群众的根本利益作为自己的根本出发点和归宿。党的十八大以来，以习近平同志为核心的党中央不忘初心、牢记使命，坚守人民立场，回应人民愿望，解决了许多长期想解决而没有解决的难题，办成了许多过去想办而没有办成的大事，切实增强了人民群众的获得感、安全感和幸福感，人民群众的积极性和主动性空前高涨，中华民族迎来了从站起来、富起来到强起来的伟大飞跃，十四亿多中国人民已经凝聚起了全面建成社会主义现代化强国、实现中华民族伟大复兴中国梦的磅礴力量。

人民群众是历史的创造者，是推动全面深化改革的根本力量。没有人民群众的参与和支持，任何改革都不可能获得成功。随着我国经济社会的发展和人民生活水平的提高，人民群众的公平意识、民主意识、权利意识越来越强烈。人民有所呼，改革就要有所应。我们要把促进社会公平正义、增进人民福祉作为改革的出发点和落脚点，以这个为标准，全面审视我们的体制和机制、政策和主张是否公平和合理。哪里有不符合社会公平正义的问题，哪里就需要改革；哪个领域哪个环节问题突出，哪个领域哪个环节就是改革的重点。改革还要紧紧抓住经济建设这个中心，通过进一步完善我国的社会主义市场经济体制，不断把蛋糕做大，为保障社会公平正义奠定坚实的物质基础。通过全面深化改革的制度创新，创造更加公平正义的社会环境，保证人民群众的平等参与，实现好、维护好、发展好最广大人民群众的根本利益。

三、全面依法治国的科学内涵

全面依法治国是中国共产党在深刻总结国内外治国理政正反两方面的经验和教训、清醒认识我国法治建设所处的历史阶段、有效应对国内外面临的新形势和新挑战、热切回应广大人民群众的新期待、站在党和国家工作全局的新高度上提出来的，是“四个全面”战略布局的重要组成部分，是实现全面建设社会主义现代化国家战略目标的战略举措，是中国共产党从坚持和发展中国特色社会主义的全局提出的重大战略任务。在“四个全面”战略布局的总体设计中，习近平总书记把全面深化改革和全面依法治国比喻为“鸟之两翼、车之双轮”。全面依法治国开阔了法治的格局、丰富了法治的内涵、拓展了法治的外延，标志着中国共产党治国理政实践进入了一个新的历史阶段。

1. 全面依法治国的深远意义

全面依法治国是我们党对历史经验的深刻总结。在新民主主义革命时期，我们党颁布了《中华苏维埃共和国宪法大纲》和《中华苏维埃共和国土地法》，运用法律手段巩固了根据地的革命政权。1949 年 9 月 21 日，中国人民政治协商会议第一届全体会议在北平隆重开幕，会议通过了《中国人民政治协商会议共同纲领》，为中华人民共和国的成立奠定了法律基础。1954 年第一部宪法的颁布，开辟了我国社会主义法治建设的新纪元。后来，我国的社会主义法治建设也走过一段弯路，特别是在“文化大革命”中，社会主义法治遭到严重破坏。党的十一届三中全会，深刻总结了我国法治建设的经验教训，在确定把全党工作重心转移到经济建设上来的同时，提出了加强法制建设的要求，开启了法治建设的新时期。邓小平同志指出：“为了保障人民民主，必须加强法制。必须使民主制度化、法律化，使这种制度和法律不因领导人的改变而改变，不因领导人的看法和注意力的改变而改变。现在的问题是法律很不完备，很多法律还没有制定出来。往往把领导人说的话当做‘法’，不赞成领导人说的话就叫做‘违法’，领导人的话改变了，‘法’也就跟着改变。所以，应该集中力量制定刑法、民法、诉讼法和其他各种必要的法律”，“做到有法可依，有法必依，执法必严，违法必究”①。党的十五大把依法治国纳入社会主义初级阶段的“基本纲领”，强调“这个纲领，是邓小平理论的重要内容，是党的基本路线在经济、政治、文化等方面的展开，是这些年来最主要经验的总结”②。第九届全国人大二次会议通过的宪法修正案把“实行依法治国，建设社会主义法治国家”③写入宪法，上升为国家意志。党的十六大提出：“推进政治体制改革，发展民主，健全法制，依法治国，建设社会

---

①《邓小平文选》（第 2 卷），人民出版社 1994 年版，第 146—147 页。

② 中共中央文献研究室：《十五大以来重要文献选编》（上），中央文献出版社 2011 年版，第 17 页。

③ 中共中央文献研究室：《十五大以来重要文献选编》（上），中央文献出版社 2011 年版，第 711 页。

主义法治国家，保证人民行使当家作主的权利。”[①]党的十七大提出：“全面落实依法治国基本方略，加快建设社会主义法治国家。”[②]党的十八大以来，以习近平同志为核心的党中央更加重视法治在国家治理中的引领作用和规范作用。十八大从法律的制定、遵守和执行等各个环节为社会主义法治建设指明了方向。在党的十八届四中全会上，习近平总书记强调：“坚持依法治国、依法执政、依法行政共同推进，坚持法治国家、法治政府、法治社会一体建设。”[③]我国社会主义法治建设的成功经验和深刻教训证明，法律是治国之重器，良法是善治之前提，中国特色社会主义建设必须高度重视法治建设，必须注重发挥法治在国家治理中的引领和规范作用，这是我们党对共产党执政规律、社会主义建设规律和人类社会发展规律认识的深化。

全面依法治国是推进国家治理体系和治理能力现代化的现实要求。在当代中国，推进国家治理体系和治理能力现代化，是完善和发展中国特色社会主义制度的主要内容，而完善和发展中国特色社会主义制度，又是推进国家治理体系和治理能力现代化的主要方向。随着中国社会从传统到现代的转变，国家治理方式也面临着从人治到法治的转变。传统的国家治理体系，是建立在人治型统治方式基础之上的，而现代国家治理体系与法治之间存在着不可分割的内在联系。国家治理的现代化总是同法治相联系而存在的。只有在法治成为国家治理体系基础的情况下，才有可能谈得上构建现代国家治理体系。因此，完善和发展中国特色社会主义制度、推进国家治理体系和治理能力现代化与全面依法治国、建设社会主义法治国家，是同一个目标的两个不同方面，它们相辅相成、不可分割。正是在这个意义上，习近平总书记提出：“法治和人治问题是人类政治文明史上的一个基本问题，也是各国在实现现代化过程中必须面对和解决的一个重大问题。综观世界近现代史，凡是顺利实现现代化的国家，没有一个不是较好解决了法治和人治问题的。相反，一些国家虽然也一度实现快速发展，但并没有顺利迈进现代化的门槛，而是陷入这样或那样的‘陷阱’，出现经

---

① 中共中央文献研究室：《十六大以来重要文献选编》（上），中央文献出版社 2011 年版，第 7 页。

② 胡锦涛：《高举中国特色社会主义伟大旗帜　为夺取全面建设小康社会新胜利而奋斗》，《人民日报》2007 年 10 月 25 日，第 1 版。

③ 中共中央文献研究室：《习近平关于全面依法治国论述摘编》，中央文献出版社 2015 年版，第 5—6 页。

济社会发展停滞甚至倒退的局面。后一种情况很大程度上与法治不彰有关。”[①]因此，通过全面深化改革，把国家治理纳入法治轨道，是全面推进依法治国、加快建设社会主义法治国家的必然要求，也是实现国家治理体系和治理能力现代化的必然选择。

全面依法治国是确保党和国家长治久安的必然选择。全面依法治国，既是解决我国改革发展稳定中的矛盾和问题的现实考量，也是着眼于长远的战略谋划。当前我国改革发展稳定的总体形势是好的，但是发展过程中不平衡不充分的问题突出，经济环境、党风政风、社会风气中也存在一些不容忽视的问题，其中大量问题与有法不依、执法不严、违法不究有关。新时代下，人民群众对法治的要求越来越高，依法治国在党和国家工作全局中的地位和作用越来越突出。在中国这样一个历史悠久、幅员辽阔、人口众多、国情复杂的发展中大国，中国共产党如何跳出“历史周期率”而实现长期执政？如何确保党和国家的长治久安？这就要坚定不移地走中国特色社会主义法治道路，全面推进依法治国，从而为中国特色社会主义事业发展提供根本性、全局性和长期性的制度保障。法治体现了人类文明的制度变迁与发展目标，反映了社会主体从事社会变革的价值理想。法治是以和平理性的方式实现国家治理的最佳途径，也是维护社会和谐稳定、实现国家长治久安的根本保证。习近平总书记说：“推进国家治理体系和治理能力现代化，必须坚持依法治国，为党和国家事业发展提供根本性、全局性、长期性的制度保障。我们提出全面推进依法治国，坚定不移厉行法治，一个重要意图就是为子孙万代计、为长远发展谋。”[②]

正是基于对上述情况的深刻把握，以习近平同志为核心的党中央以高度的历史主动性和使命感，在作出了全面深化改革重大决策的基础上，又作出了全面依法治国的重大战略部署。党的十八届四中全会对全面依法治国进行了顶层设计，形成了更加完整的全面依法治国基本思路、更加清晰的全面依法治国总体框架和更加明确的全面依法治国重点任务，为全党、全军和全国各族人民展现了一幅全面推进依法治国的路线图，为全面建成小康社会第一个百年奋斗目标实现以后，继续向第二个百年奋斗目标迈进打下了坚实的法治基础。

---

① 中共中央文献研究室：《习近平关于全面依法治国论述摘编》，中央文献出版社 2015 年版，第 12 页。

② 中共中央文献研究室：《习近平关于全面依法治国论述摘编》，中央文献出版社 2015 年版，第 12—13 页。

2. 全面依法治国的基本内涵

坚持依法治国、依法执政、依法行政共同推进。依法治国是中国共产党人领导人民治理国家的基本方略，旨在将国家事务和社会事务纳入法治化的轨道。依法执政是中国共产党治国理政的基本方式，党的各级组织都要在宪法和法律的范围内活动，要善于运用法律手段处理国家和社会的各种事务。依法行政是运用法律手段规范政府行为，把政府权力关进制度的笼子。推进依法治国，就是要在党的领导下，按照宪法和法律的规定，通过各种形式和途径管理国家事务，保证国家各项工作都能够依法进行，实现社会主义民主的制度化、法律化，使制度和法律不因领导人的改变而改变，不因领导人看法和注意力的改变而改变。推进依法执政，就是说执政党必须以法律手段治理国家事务，用法律手段解决社会矛盾、协调利益关系、促进生产力发展和引领社会进步。坚持依法执政，必须处理好党的领导和依法治国的关系，坚持党领导立法、带头守法和保证执法，从制度上、法律上保证党的路线方针政策能够得到贯彻落实。推进依法行政，要求国家机关及其工作人员必须根据宪法和法律赋予的职责，在法律规定的职权范围内，对国家的政治、经济、文化、教育、科技等各项社会事务依法进行管理，并且对行政行为的后果承担相应责任。依法行政的基本要求是合法行政，法定职责必须为，法无授权不可为。依法治国、依法执政、依法行政是一个有机联系的整体：依法治国是从国家层面提出的要求；依法执政是从政党层面提出的要求；依法行政是从政府层面提出的要求。依法治国本身就包含了依法执政和依法行政的内容，并且需要以依法执政的方式来体现；依法行政是依法执政的重要表现方式，是依法执政的日常体现和具体落实，是依法治国和依法执政的保障。三者之间具有内涵的统一性、目标的一致性和成效的相关性，必须相互协调、共同推进、形成合力。因此，全面依法治国必须着眼于全局，进行全面部署，努力确保依法治国与依法执政、依法行政齐头并进。

坚持法治国家、法治政府、法治社会一体建设。习近平总书记指出：“建设法治中国，必须坚持依法治国、依法执政、依法行政共同推进，坚持法治国家、法治政府、法治社会一体建设。”[①]法治国家、法治政府、

① 中共中央文献研究室：《习近平关于全面依法治国论述摘编》，中央文献出版社 2015 年版，第 5—6 页。

法治社会是法治建设的三大支柱，缺少任何一个，全面依法治国的总目标都无法实现。法治国家是现代社会文明进步的重要标志，建设法治国家是全面依法治国的总目标。法治国家要求国家权力由宪法和法律赋予、按照法律的程序履行、接受法律的监督，不当行使公权力的行为要承担相应的法律责任。法治政府是法治国家建设是否成功的重要标志，也是社会主义法治建设的重点。法治政府是依法设立的，其职权来自法律的赋予，同时也要承担法律责任。《中共中央关于全面推进依法治国若干重大问题的决定》指出：“各级政府必须坚持在党的领导下、在法治轨道上开展工作，创新执法体制，完善执法程序，推进综合执法，严格执法责任，建立权责统一、权威高效的依法行政体制，加快建设职能科学、权责法定、执法严明、公开公正、廉洁高效、守法诚信的法治政府。”[①]法治社会是我国法治建设的基础。在法治社会中，公民、法人和其他各种社会组织依法行使权利、履行义务，依法承担社会责任，依法办事和解决社会纠纷，依法进行社会治理。建设法治社会要弘扬社会主义法治精神，繁荣社会主义法治文化，增强全社会厉行法治的积极性和主动性，形成守法光荣、违法可耻的社会氛围，使全体人民成为社会主义法治的忠实崇尚者、自觉遵守者和坚定捍卫者。法治国家、法治政府、法治社会是一个统一体，法治国家由法治政府、法治社会构成和体现，法治政府是法治国家建设的一部分，法治社会是法治政府建设的重要依托和支撑。因此，全面依法治国，必须坚持法治国家、法治政府、法治社会同步规划、同步实施和一体建设。

实现科学立法、严格执法、公正司法、全民守法。全面依法治国的总目标是建设中国特色社会主义法治体系，建设社会主义法治国家。在这个总目标下，要“实现科学立法、严格执法、公正司法、全民守法，促进国家治理体系和治理能力现代化”[②]。这一论述，是全面落实依法治国基本方略的新方针，是建设法治国家的基本要求，也是实现法治国家的基本标准。科学立法是建设法治国家的前提，建设法治国家必须坚持立法先行，坚持以人为本、立法为民的理念，构建科学的立法体制，设定科学的立法程序，进行严谨细致的立法论证，实现科学立法、民主立法。严格执法是建设法治国家的关键，实现严格执法，必须深化行政执法体制改革，加强

① 中共中央文献研究室：《十八大以来重要文献选编》（中），中央文献出版社 2016 年版，第 164—165 页。

② 中共中央文献研究室：《十八大以来重要文献选编》（中），中央文献出版社 2016 年版，第 157 页。

执法队伍的建设，坚持严格的、规范的、公正的、文明的执法。公正司法是社会公正的最后一道防线，《中共中央关于全面推进依法治国若干重大问题的决定》指出：“公正是法治的生命线。司法公正对社会公正具有重要引领作用，司法不公对社会公正具有致命破坏作用。”[①]公正司法必须完善司法管理体制和司法权力运行机制，规范司法行为，加强对司法活动的监督，努力让人民群众在每一个司法案件中都感受到公平正义。全民守法是指任何组织或者个人都必须在宪法和法律的范围内活动，都必须按照宪法和法律行使权力或权利、履行职责或义务。实现全民守法，要健全法律服务体系，党员干部必须以身作则，营造良好的法治环境。

3. 全面依法治国的基本特点

1）全面依法治国开阔了法治格局

党的十八届四中全会通过的《中共中央关于全面推进依法治国若干重大问题的决定》把全面依法治国的总目标确定为“建设中国特色社会主义法治体系，建设社会主义法治国家”[②]，与此同时，提出了实现这个总目标必须坚持的五项原则，即坚持中国共产党的领导、坚持人民主体地位、坚持法律面前人人平等、坚持依法治国和以德治国相结合、坚持从中国实际出发。[③]这个总目标和五项原则，坚持从中国道路认识依法治国，着眼于民族复兴的大业统筹依法治国，从参与全球治理的视角谋划依法治国，开阔了中国特色社会主义法治的格局，为推进中国特色社会主义法治建设提供了基本遵循和行动指南。党的领导是中国特色社会主义最本质的特征，是区别于社会主义法治和资本主义法治的根本标志。在法治建设中坚持党的领导，是全面推进依法治国的题中应有之义。人民群众是依法治国的主体和力量源泉，必须坚持法治建设为了人民、依靠人民、造福人民、保护人民的根本宗旨。平等是社会主义法律的基本属性，任何组织和个人都必须尊重宪法和法律的权威，都必须在宪法和法律的范围内活动，不得有超越宪法和法律的特权。国家和社会治理需要法律和道德共同发挥作

① 中共中央文献研究室：《十八大以来重要文献选编》（中），中央文献出版社 2016 年版，第 168 页。

② 中共中央文献研究室：《十八大以来重要文献选编》（中），中央文献出版社 2016 年版，第 157 页。

③ 中共中央文献研究室：《十八大以来重要文献选编》（中），中央文献出版社 2016 年版，第 157—159 页。

用，必须一手抓法治、一手抓德治，强化道德对法治的支撑作用，实现法律和道德相辅相成、相得益彰。法治建设必须从我国的国情出发，必须符合中国实际、具有中国特色、充分体现中国社会的发展规律，要借鉴国外的有益经验，但是绝不能照搬和照抄。

2）全面依法治国丰富了法治内涵

习近平总书记指出，“全面推进依法治国，总目标是建设中国特色社会主义法治体系，建设社会主义法治国家”①。中国特色社会主义法治体系包括完备的法律规范体系、高效的法治实施体系、严密的法治监督体系、有力的法治保障体系、完善的党内法规体系。这“五大法治体系”从立法、执法、司法、守法和党内法规五个方面丰富了社会主义法治的内涵，反映了社会主义法治所具有的系统性特征，是促进国家治理体系和治理能力现代化的有力武器。这“五大法治体系”对社会主义法治内涵的丰富主要体现在以下三个方面：一是明确了全面推进依法治国的总目标。党的十八届四中全会向国内外鲜明宣示中国将坚定不移走中国特色社会主义法治道路，这条道路是社会主义法治建设成就和法治建设经验的集中体现，是建设社会主义法治国家的唯一正确道路。这就向全社会发出了明确信号，为全面依法治国指明了正确方向。二是明确了全面推进依法治国的总抓手。全面推进依法治国涉及很多方面，在实际工作中必须有一个总揽全局、牵引各方的总抓手，这个总抓手就是建设中国特色社会主义法治体系，依法治国的各项工作都要围绕这个总抓手来谋划、推进。三是明确了全面推进依法治国的必然性。建设中国特色社会主义法治体系、建设中国特色社会主义法治国家，有利于在法治轨道上推进国家治理体系和治理能力现代化，有利于在全面深化改革的总体框架内全面推进依法治国各项工作，有利于在法治轨道上不断深化改革。因此，建设社会主义法治体系、建设社会主义法治国家，是实现国家治理体系和治理能力现代化的必然要求，是全面深化改革的必然要求。

3）全面依法治国拓展了法治外延

党的十八届四中全会通过的《中共中央关于全面推进依法治国若干重大问题的决定》指出：“在中国共产党领导下，坚持中国特色社会主义制度，贯彻中国特色社会主义法治理论，形成完备的法律规范体系、高效的

---

① 中共中央文献研究室：《十八大以来重要文献选编》（中），中央文献出版社 2016 年版，第 147 页。

法治实施体系、严密的法治监督体系、有力的法治保障体系，形成完善的党内法规体系，坚持依法治国、依法执政、依法行政共同推进，坚持法治国家、法治政府、法治社会一体建设，实现科学立法、严格执法、公正司法、全民守法，促进国家治理体系和治理能力现代化。"[①]这一论述，拓展了社会主义法治的外延，反映了社会主义法治的系统性和协调性特征，勾勒出了全面推进依法治国的实施方略和现实路径。只有把全面依法治国放到当代中国发展进步的大趋势中，才能领会这一战略部署的重大现实意义和深远历史意义。党的十八大以来，改革稳定发展、治党治国治军、内政外交国防都是以法治为框架，用法治作支撑，由法治来贯穿。从简政放权的不断深入，到民生事业的不断完善；从经济改革的大刀阔斧，到党的建设的抓铁有痕；从对外开放的引进来和走出去，到高水平开放和"一带一路"建设，法治都提供了可靠的制度保障。党和国家建设的各个领域和各个层次，都在前所未有的广度和深度上，向着法治化的方向不断前进。我国的法治建设，一方面是理论上的梳理，另一方面是实践中的探索，二者相辅相成、相得益彰，把全面依法治国推向了一个前所未有的广度和深度。在治理体系中，依法治国是关键的一环；在治理能力中，依法治国是重要内容。法律是治国之重器，全面依法治国书写了中国特色社会主义法治的新篇章，开启了中国特色社会主义的新征程。

四、全面从严治党的科学内涵

中国共产党是中国特色社会主义事业的领导核心，党要发挥坚强的领导核心作用，就必须实行党要管党，从严治党，不断推进党的建设新的伟大工程。习近平总书记说："党的十八大强调，我们党担负着团结带领人民全面建成小康社会、推进社会主义现代化、实现中华民族伟大复兴的重任。党坚强有力，党同人民保持血肉联系，国家就繁荣稳定，人民就幸福安康。形势的发展、事业的开拓、人民的期待，都要求我们以改革创新精神全面推进党的建设新的伟大工程，全面提高党的建设科学化水平。治国

① 中共中央文献研究室：《十八大以来重要文献选编》（中），中央文献出版社 2016 年版，第157页。

必先治党，治党务必从严。”[①]全面从严治党作为“四个全面”战略布局的重大举措，体现了伟大事业与伟大工程的统一、党的建设与治国理政的统一，其立足点是把党锻造成为坚强的领导核心，坚定成为中华民族和中国人民的主心骨，从而为全面建设社会主义现代化国家和实现中华民族伟大复兴提供坚强的组织保证。习近平总书记指出：“党的十八大以来，我们把全面从严治党纳入‘四个全面’战略布局，这是新的历史条件下我们党应对世情国情党情变化的必然选择。”[②]

1. 全面从严治党的深远意义

在党的十八届六中全会上，习近平总书记对全面从严治党的紧迫性和必要性作出了精辟阐述：“当前，我国已进入全面建成小康社会决胜阶段，中华民族正处于走向伟大复兴的关键时期。改革进入深水区，经济发展进入新常态，各种矛盾叠加，风险隐患集聚。当今世界，国际力量对比发生新的变化，世界经济进入深度调整，我国发展面临的国际环境更加复杂严峻。我们前进的道路上有各种各样的‘拦路虎’、‘绊脚石’。在这样的国内外形势下，我们要赢得优势、赢得主动、赢得未来，就必须把党建设得更加坚强有力，使我们党能够团结带领人民有力应对重大挑战、抵御重大风险、克服重大阻力、解决重大矛盾。”[③]之后，很快中美贸易战发生了，新冠疫情蔓延了，西方敌对势力对中国的污名化出现了。我国面临的国内外压力空前增加。在这种情况下，只有把我们党建设得更加坚强有力，才能有效应对各种风险和挑战，领导人民不断从胜利走向新的胜利。因此，全面从严治党在当前具有特别重要的意义。

全面从严治党是党完成执政使命的迫切要求。党的十九大报告指出，“中国共产党一经成立，就把实现共产主义作为党的最高理想和最终目标，义无反顾肩负起实现中华民族伟大复兴的历史使命”[④]。党团结带领

---

① 中共中央文献研究室：《习近平关于全面从严治党论述摘编》，中央文献出版社 2016 年版，第 3 页。

② 中共中央文献研究室：《习近平关于全面从严治党论述摘编》，中央文献出版社 2016 年版，第 16 页。

③ 中共中央文献研究室：《习近平关于全面从严治党论述摘编》，中央文献出版社 2016 年版，第 18—19 页。

④ 中共中央党史和文献研究院：《十九大以来重要文献选编》（上），中央文献出版社 2019 年版，第 10 页。

人民进行具有许多新的历史特点的伟大斗争，推进党的建设新的伟大工程，推进中国特色社会主义伟大事业，归根结底是为了实现民族复兴的伟大梦想。伟大斗争、伟大工程、伟大事业、伟大梦想紧密相连、息息相关，但是其中起决定性作用的还是党的建设新的伟大工程。与党要实现的历史目标相比，当前我们的领导水平、执政能力和组织状况，还存在着不小的差距，难以适应新形势和新任务的要求。例如，有的基层党组织整体作用发挥得不够，本领不强；有的基层党组织贯彻民主集中制不力，不能够有效地开展批评和自我批评；有的地方和部门高高在上，搞形式主义和官僚主义，脱离群众，不关心群众的疾苦；有的基层组织软弱涣散，不能发挥先锋模范作用和战斗堡垒作用；一些领导干部中存在享乐主义，奢靡之风和腐败现象仍然存在；等等。习近平总书记说：“我们的责任，就是同全党同志一道，坚持党要管党、从严治党，切实解决自身存在的突出问题，切实改进工作作风，密切联系群众，使我们党始终成为中国特色社会主义事业的坚强领导核心。”①党兴则国兴，党强则国强。只有始终坚持人民立场，以坚定的意志、顽强的毅力进行自我革命，解决好自身存在的问题，才能保证党的先进性和纯洁性，使我们党始终成为坚持和发展中国特色社会主义、实现中华民族伟大复兴的当之无愧的领导核心。

全面从严治党是中国共产党的一场自我革命。勇于自我革命是我党最鲜明的品格，也是我党最大的政治优势。要坚持和发展中国特色社会主义，就必须勇于进行党的自我革命。中国共产党是中国工人阶级的先锋队，也是中华民族和中国人民的先锋队。除了国家、民族和人民的利益，中国共产党没有任何自己的特殊利益。不谋私利才能谋大利，没有自己的特殊利益才有资格和底气直面问题，才能够勇于开展自我革命。在领导中国革命、建设和改革一百多年的奋斗历程中，中国共产党为什么能够在同各种政治力量的较量中脱颖而出？根本原因就在于中国共产党始终保持自我革命的精神，一次次拿起“手术刀”革除自身的病症，一次次依靠自身的力量和与广大人民群众相结合的力量解决自身的问题。这样，中国共产党才能够始终走在时代前列，成为中国人民和中华民族的主心骨，成为领导中国人民不断从胜利走向新的胜利的核心力量。习近平总书记指出，“勇于自我革命，是我们党最鲜明的品格，也是我们党最大的优势。中国

① 中共中央文献研究室：《十八大以来重要文献选编》（上），中央文献出版社 2014 年版，第 70 页。

共产党的伟大不在于不犯错误，而在于从不讳疾忌医，敢于直面问题，勇于自我革命”[①]。中国共产党在领导中国人民进行斗争的过程中取得的成就是伟大的，所以赢得了中国人民的衷心拥护和爱戴。但是，中国共产党人不能在一片赞扬声和喝彩声中失去自我革命精神，陷入一种安于现状、不思进取、贪图享乐的精神状态。如果是这样，那就意味着极大的危险。因此，不忘初心、牢记使命，就包含了永葆革命精神、不忘自我革命的重大命题。

全面从严治党是党应对前所未有的新挑战的必然选择。“我们党拥有近八千九百万名党员、四百四十多万个基层党组织，是世界第一大党。”[②]这样一个世界最大的政党，又处于执政地位、掌握执政资源，因此世界上没有任何力量能够轻易颠覆中国共产党的领导。但是堡垒最容易在内部被攻破，在党员内部和领导干部中，很容易出现在执政业绩光环的照耀下，忽略自身不足、忽视自身问题的现象。这就需要党实事求是地认识和把握自己，以勇于自我革命的精神打造和锤炼自己。中国特色社会主义进入新时代，一方面，民族复兴和现代化建设的繁重任务对中国共产党提出了前所未有的挑战；另一方面，党内存在的影响党的先进性、弱化党的纯洁性的消极因素具有很强的危险性和破坏性。在新的历史条件下，中国共产党面临的长期执政考验、改革开放考验、市场经济考验、外部环境考验是长期的和复杂的；面临的精神懈怠危险、能力不足危险、脱离群众危险、消极腐败危险是尖锐的和严峻的；党内存在的思想不纯、政治不纯、组织不纯、作风不纯等突出问题尚未得到根本解决。无论在什么时候、什么地方，问题总是客观存在的，自我革命本身就是对着问题去的，怕就怕对问题视而不见，结果小问题变成大问题，“小管涌”变成“大塌方”。习近平总书记说：“对那些影响党的先进性和纯洁性的问题，对那些党内政治生活和党内监督方面存在的问题，对那些人民群众反映强烈的突出问题，必须拿出义无反顾、动真碰硬的勇气去解决，以永远在路上的劲头去解决，以实际成效取信于民。”[③]中国共产党只有勇于直面问题，消除一切损害党

① 中共中央党史和文献研究院：《十八大以来重要文献选编》（下），中央文献出版社 2018 年版，第 589 页。

② 中共中央党史和文献研究院：《十八大以来重要文献选编》（下），中央文献出版社 2018 年版，第 591 页。

③ 中共中央党史和文献研究院：《十八大以来重要文献选编》（下），中央文献出版社 2018 年版，第 592 页。

的先进性和纯洁性的因素，清除一切腐蚀党的健康肌体的病毒，不断增强党的自我净化、自我完善、自我革新、自我提高的能力，才能确保党拥有旺盛的生命力和强大的战斗力，为党和国家的事业发展提供坚强的政治保证。

2. 全面从严治党的基本内涵

全面从严治党不是一个简单的提法和口号，而是一个具有明确目标和扎实行动、内涵丰富的战略举措。习近平总书记深刻地阐明了全面从严治党的丰富内涵：“全面从严治党，核心是加强党的领导，基础在全面，关键在严，要害在治。‘全面’就是管全党、治全党，面向八千七百多万党员、四百三十多万个党组织，覆盖党的建设各个领域、各个方面、各个部门，重点是抓住‘关键少数’。‘严’就是真管真严、敢管敢严、长管长严。‘治’就是从党中央到省市县党委，从中央部委、国家机关部门党组（党委）到基层党支部，都要肩负起主体责任，党委书记要把抓好党建当作分内之事、必须担当的职责；各级纪委要担负起监督责任，敢于瞪眼黑脸，勇于执纪问责。”[①]全面从严治党，就是要使管党治党从“宽、松、软”走向“严、紧、硬”。

全面从严治党的核心是加强党的领导。习近平总书记指出：“全面从严治党，核心是加强党的领导。”[②]党的十九大报告也强调：“坚持党对一切工作的领导。党政军民学，东西南北中，党是领导一切的。”[③]中国特色社会主义最本质的特征是中国共产党的领导，中国特色社会主义制度的最大优势也是中国共产党的领导。全面从严治党，必须牢牢抓住坚持和加强中国共产党的领导这个根本原则。当前，国内外敌对势力否定我们取得的成就和进步，攻击我们的社会主义制度，夸大我们工作中的问题和不足，矛头都是指向中国共产党的领导。另外，在一些领域中也出现了党的领导弱化的现象，甚至出现了严重破坏党的集中统一领导，严重违反党的政治纪律、政治规矩的问题。因此，党的领导弱化是我们当前面临的主要

---

① 中共中央文献研究室：《习近平关于全面从严治党论述摘编》，中央文献出版社 2016 年版，第 11—12 页。

② 中共中央文献研究室：《习近平关于全面从严治党论述摘编》，中央文献出版社 2016 年版，第 9 页。

③ 中共中央党史和文献研究院：《十九大以来重要文献选编》（上），中央文献出版社 2019 年版，第 14 页。

挑战，不改变这种局面，就会削弱党的执政能力，动摇党的执政基础，甚至会断送党和人民长期奋斗取得的光辉成就和美好前程。在当代中国，没有任何政治力量能够像中国共产党那样，使中国实现政治稳定、推动经济发展、促进民族团结、保持社会稳定。全面从严治党的核心，就是要加强党的领导，在这个问题上，要立场坚定、旗帜鲜明。

全面从严治党的基础在全面。全面从严治党是党的建设的全面和系统的改革、改进，是党的建设各个领域的联动和集成，只有“全面”才能提升党的建设的科学化水平。首先是对象全覆盖。全面从严治党是对所有党员的严格要求、严格管理和严格监督，所有党员在纪律面前一律平等，特别是要抓住党员领导干部这个“关键少数”，不存在不受党的纪律约束的特殊党员。其次是领域全覆盖。全面从严治党坚持问题导向，对党的思想建设、组织建设、作风建设、反腐倡廉建设、制度建设进行从严设计、从严推进、从严考核，做到没有死角、不留空白。以自我革命的政治勇气，着力解决上述领域存在的问题。再次是责任全覆盖。全面从严治党是全党的共同任务，从党中央到党的各级地方组织，再到基层党支部，各级党组织都是全面从严治党的主体，都对全面从严治党负有政治责任。党委（党组）落实包括党风廉政建设在内的党的建设主体责任，党委（党组）书记落实第一责任人的责任，党的纪律检查部门落实党的建设的监督责任，党员领导干部落实做好分管工作和党的建设的双重责任，普通党员也要按照党规党纪的要求严格规范自己的行为。最后是环节全覆盖。全面从严治党永远在路上，但是全面从严治党存在不同的阶段和环节，在不同的阶段和环节中，对全面从严治党的要求也是不一样的。环节全覆盖要求现实问题发展到哪个阶段哪个环节，全面从严治党就跟进到这个阶段和这个环节。

全面从严治党的关键在严。习近平总书记说：“坚持严字当头，把严的要求贯穿管党治党全过程，以自我革命的政治勇气着力解决党内存在的突出问题，做到管党有方、治党有力、建党有效。”[①]严字当头，从严要求，是全面从严治党的关键。全面从严治党是中国共产党向中国人民立下的军令状，要说到做到，立竿见影。真正做到要求严、措施严、对上严、对下严、对事严、对人严，要把全面从严治党贯穿于改革开放和现代化建设的全过程，贯穿于党的建设和党内生活的各个方面。只要真管真严、敢

① 中共中央文献研究室：《习近平关于全面从严治党论述摘编》，中央文献出版社 2016 年版，第13页。

管敢严、长管长严，就没有解决不了的问题。最怕的是管一阵防一阵、严一阵松一阵，这样不仅解决不了问题，而且会使小问题演变成为大问题，使矛盾积重难返。党的十八大以来，管党治党的一个重要特点，就是突出一个严字，严不仅是严格和严厉，而且是要求的程度达到最严。习近平总书记反复强调，要以最严格的标准、最严厉的举措抓党的政治建设、思想建设、组织建设、作风建设、纪律建设和制度建设。党的十八大以来，全面从严治党的实践已经得到了人民的真心拥护和坚决支持，已经试出了人心向背，我们必须坚持不懈地抓下去，使管党治党真正从“宽、松、软”走向“严、紧、硬”。

全面从严治党的要害在治。全面从严治党，既要管又要治，但是要害在治。治就是医治，人的身体有了毛病，就要看医生，就要打针吃药，严重的情况下还要动手术。人的思想和作风有了毛病，也必须抓紧医治。如果不及时医治，就有可能小病拖成大病，最终发展到病入膏肓而无药可治。习近平总书记说：“治治病，主要是坚持惩前毖后、治病救人方针，区别情况、对症下药，对作风方面存在问题的党员、干部进行教育提醒，对问题严重的进行查处，对不正之风和突出问题进行专项治理。”[①]党的各级组织要采取有力措施，帮助有问题的党员干部找准病症，对症下药，该吃药的吃药，该打针的打针，该动手术的动手术，或者各种手段相结合进行综合治理，切实体现全面从严治党的要求。

3. 全面从严治党的重点任务

全面从严治党要以党的政治建设为统领。旗帜鲜明讲政治是对马克思主义执政党的根本要求。党的十九大报告指出：“党的政治建设是党的根本性建设，决定党的建设方向和效果。”[②]加强党的政治建设，首要任务是保证全党服从中央，坚决维护党中央权威，坚决维护党中央集中统一领导。要增强“四个意识”、坚定“四个自信”、做到“两个维护”，坚定执行党的政治路线，严格遵守党的政治纪律和政治规矩，在政治立场、政治原则、政治路线上同以习近平同志为核心的党中央保持高度一致。严格

① 中共中央文献研究室：《十八大以来重要文献选编》（上），中央文献出版社 2014 年版，第 316 页。

② 中共中央党史和文献研究院：《十九大以来重要文献选编》（上），中央文献出版社 2019 年版，第 44 页。

执行新形势下党内政治生活的若干准则，坚持民主集中制原则，勇于开展批评和自我批评，营造风清气正的良好政治生态。坚决防止和反对个人主义、分散主义、自由主义、本位主义、好人主义，坚决防止和反对搞宗派主义、圈子文化、码头文化，坚决不做两面派、当两面人。全党同志特别是高级干部必须不断提高政治能力，把握政治方向，保持政治定力，驾驭政治局面，防范政治风险。为了提高政治能力，领导干部特别是高级干部必须牢固树立政治理想，提高政治觉悟，加强政治历练，努力做到信念过硬、政治过硬、责任过硬、能力过硬、作风过硬，确保党和国家的事业始终沿着正确的政治方向胜利前进。

全面从严治党要以党的思想建设作为基础性建设。重视思想建设，强调从思想上建党，是中国共产党对马克思主义建党学说的一个创造性发展，是中国共产党始终保持先进性和纯洁性，不断提高战斗力、凝聚力的重要保证。因此，全面从严治党的首要任务就是全面从严进行思想教育，加强思想建设，而党的思想建设的首要任务是必须坚定党员干部的理想信念。习近平总书记说：“坚定理想信念，坚守共产党人精神追求，始终是共产党人安身立命的根本。对马克思主义的信仰，对社会主义和共产主义的信念，是共产党人的政治灵魂，是共产党人经受住任何考验的精神支柱。”①理想信念是共产党人精神上的“钙”，理想信念坚定，骨头就硬，没有理想信念，就会得“软骨病”，就会在风雨面前摇摇摆摆。历史和现实都充分证明，有了坚定的理想信念，站位才能高远，眼界才能宽广，心胸才能开阔，才能在逆境和困难中不动摇不消沉，经受住各种风险和困难的考验，自觉抵御各种腐朽思想的侵蚀，永葆共产党人的政治本色。衡量一个党员干部是否具有理想信念，是有客观标准的。在革命战争年代，检验一个党员干部是否具有理想信念，就是看他能不能为党和人民的事业舍生忘死、冲锋在前；在和平建设时期，就主要看他是否能够在重大政治考验面前保持政治定力，是否树立起牢固的全心全意为人民服务的宗旨意识，是否能够吃苦在前、享受在后，是否能够勇挑重担，在各种各样的诱惑面前经得起考验。崇高的理想、坚定的信念不会自发产生，要炼就“金刚不坏之身”，必须用科学理论武装自己的头脑，不断培植自己的精神家园。要认真学习马克思主义基本原理特别是习近平新时代中国特色

---

① 中共中央文献研究室：《习近平关于全面从严治党论述摘编》，中央文献出版社 2016 年版，第 57 页。

社会主义思想，学会运用马克思主义的立场观点方法观察问题、分析问题和解决问题，把理想信念建立在对客观规律的认识和把握的基础之上。要牢记党全心全意为人民服务的宗旨，解决好世界观、人生观、价值观这个“总开关”问题，自觉做共产主义远大理想和中国特色社会主义共同理想的坚定信仰者和实践者。

作风建设永远在路上。作风问题从根本上说是党性问题，它反映了党的形象，体现了人心向背，关系到党和事业的成败，关系到执政党的生死存亡。党的十八大以来，以习近平同志为核心的党中央把作风建设作为全面从严治党的切入点，持之以恒正风肃纪、切切实实加强党风廉政建设，不断厚植党执政的群众基础。习近平总书记认为，“我们党作为马克思主义执政党，不但要有强大的真理力量，而且要有强大的人格力量；真理力量集中体现为我们党的正确理论，人格力量集中体现为我们党的优良作风”[①]。中国共产党作为在中国长期执政的马克思主义政党，在任何时候都不能对作风问题掉以轻心。作风建设的核心问题是始终保持党同人民群众的血肉联系。全心全意为人民服务是中国共产党的根本宗旨，人民立场是中国共产党的根本政治立场。这个立场要求中国共产党始终坚持以人民为中心，不断交出让人民满意的答卷，始终坚持把增进人民福祉、促进人的全面发展作为经济发展的出发点和落脚点，始终与人民心心相印，与人民同甘共苦、团结奋斗。依靠人民创造历史伟业，既是对马克思主义根本政治立场的完整继承，又是对中国共产党全心全意为人民服务宗旨的发扬光大，具有强烈的时代性和鲜明的针对性。党的十八大以来，管党治党以作风建设开局起步：在思想认识上，把作风建设提升到关系党生死存亡的高度；在内容上，制定中央八项规定，从反对“四风”抓起；在态度上，以踏石留印、抓铁有痕的意志抓作风建设；在举措上，从中央领导同志开始，从上到下改进思想作风、工作作风、领导作风、生活作风，以转变党风带动转变政风和社会风气。经过多年的不懈努力，部分领导干部中间存在的享乐主义和奢靡之风在面上得到了总体遏制，群众反映强烈的突出问题的解决取得了明显成效，作风建设成为以习近平同志为核心的党中央治国理政的一张金色名片。当然，我们也要清醒地认识到，作风问题具有顽固性和反复性，形成优良作风不可能一劳永逸，克服不良作风不可能一蹴

---

① 中共中央文献研究室：《习近平关于全面从严治党论述摘编》，中央文献出版社 2016 年版，第 157 页。

而就，不能有任何松口气、歇歇脚的念头，要锲而不舍、持之以恒，坚决打好作风建设的持久战、攻坚战。

保持反腐败的高压态势。人民群众对腐败现象深恶痛疾，腐败是中国共产党面临的最大威胁。近年来，腐败导致了一些国家民怨载道、社会动荡、政权垮台。大量事实证明，腐败现象如果得不到遏制，最终必然导致国家的灭亡。对于腐败现象，不能等闲视之，必须同腐败分子进行坚决的斗争。如果不敢得罪少数腐败分子，就要得罪十四亿多中国人民。习近平总书记说：“党风廉政建设和反腐败斗争永远在路上。开弓没有回头箭，党风廉政建设和反腐败斗争是一场输不起的斗争，必须决战决胜。”[①]党的十八大以来，中国共产党以零容忍的态度重拳反腐败，坚定不移地“打虎”“拍蝇”“猎狐”，不敢腐的目标已经初步实现，不能腐的笼子越扎越紧，不想腐的堤坝正在构筑，反腐败的压倒性态势已经形成。整治腐败成为十八大以来管党治党的突出亮点和鲜明特色。实践证明，反腐败斗争是党心民心所向。反腐败不是在抹黑我们的党，而是还党以清白，为党旗增光添彩。只有反腐败才能兴党兴国。与此同时，我们也要看到，当前党内滋生腐败的土壤依然存在，反腐败斗争的形势依然复杂严峻。在一些领域、地方、部门和单位，干部的不正之风和腐败问题依然存在，影响恶劣的重大违纪案件时有发生，一些腐败分子仍在作恶。特别是腐败问题和政治问题相互交织，区域性腐败和领域性腐败相伴而生，用人腐败和用权腐败相互交织，官商勾结和上下勾连交织，等等。全面从严治党的任务依然任重道远。因此，反腐败斗争要持续保持高压态势，决不能半途而废、功亏一篑。必须在巩固已有成果的基础上，坚定不移，深化标本兼治，实现精准反腐，更加有效地遏制增量，更加有力地削减存量，推动反腐败斗争从压倒性态势向压倒性胜利转化。

把纪律和规矩挺在前面。习近平总书记说：“党要管党、从严治党，靠什么管，凭什么治？就要靠严明纪律。”[②]中国共产党不是自由松散的资产阶级政党和一般的群众组织，而是靠革命理想和铁的纪律组织起来的马克思主义政党。严明的组织纪律是中国共产党的光荣传统和独特优势。目前，中国共产党有 9000 多万名党员，在这样一个幅员辽阔、人口众多

① 中共中央文献研究室：《习近平关于全面从严治党论述摘编》，中央文献出版社 2016 年版，第 186 页。

② 中共中央文献研究室：《习近平关于全面从严治党论述摘编》，中央文献出版社 2016 年版，第 98 页。

的发展中大国执政，如果没有铁的纪律，根本无法完成党面临的使命和任务。只有把纪律挺在前面，用纪律管住全体党员，才能使全党步调一致，克服前进道路上的一切艰难险阻，不断从胜利走向新的胜利。党的十九大把纪律建设纳入党的建设总体布局，并且在党章中充实和完善了纪律建设的相关内容，是党建理论、实践和制度的重大创新。严格执行党的纪律，就要使全体党员干部明确哪些事情是能做的，哪些事情是不能做的；哪些事情是应该这样做的，哪些事情是应该那样做的；哪些事情是可以以个人对组织或者组织对个人做的，哪些事情是必须组织对组织做的；哪些事情是可以简化程序的，哪些事情是不能简化程序的；哪些事情是应该发扬民主的，哪些事情是应该坚持集中的；哪些事情是可以自己决定的，哪些事情是必须向上级请示报告的。党员干部对这些问题都必须了解得清清楚楚、明明白白，并且坚决贯彻执行。各级党组织都必须受到党纪和党规的约束。全面从严治党，就是要用严格的党纪和党规管住全体党员和干部。习近平总书记在强调加强党的纪律时，还强调了遵守党内规矩的问题。纪律是成文的规矩，而党在长期实践中形成的一些优良传统和工作惯例则是不成文的纪律。纪律是刚性的规矩，一些没有明文列入纪律的规矩是自我约束的纪律。例如，忠诚公正、实事求是、群众路线、艰苦奋斗、勤俭节约等，虽然这些没有明文确定为党的纪律，但却是党的优良传统和工作惯例，需要像遵守党的纪律一样遵守它们。遵守党的纪律和党的规矩的重点有哪些？一是维护党中央的权威，二是维护党的团结，三是遵循组织程序，四是服从组织决定，五是管好亲属和身边的工作人员。其中，政治纪律和政治规矩是维护党的团结统一的根本保证，是党的纪律和规矩建设的重点。

把权力关进制度的笼子。制度建设是全面从严治党的重要保障。制度具有稳定性、长期性和全局性的特征，全面从严治党必须让思想建党和制度治党同向发力，加快形成覆盖党的领导和党的建设各方面的党内法规制度体系，全方位扎牢制度的笼子。习近平总书记指出：“把权力关进制度的笼子里，首先要建好笼子。笼子太松了，或者笼子很好但门没关住，进出自由，那是起不了什么作用的。”[①]党的十八大以来，以习近平同志为核心的党中央坚持依法依规治党，一方面领导人民制定和执行宪法、法

① 中共中央文献研究室：《习近平关于全面从严治党论述摘编》，中央文献出版社 2016 年版，第 200 页。

律，确保党自身必须在宪法和法律的范围内活动，真正做到党领导立法、保证执法、支持司法、带头守法；另一方面不断深化党的制度建设和制度改革，注重党内法规和国家法律的衔接和协调，不断把管党治党的理论创新和实践创新的成果转化为党内法规制度，先后组织制定了上百部党内法规，制度的笼子越扎越紧。同时也要看到，当前滋生腐败的土壤依然存在，反腐败斗争的形势依然严峻复杂。党的制度建设还要继续加大力度，要继续完善党的领导制度，巩固核心地位；要继续改革和完善一些基础制度和具体制度，如干部任用制度、权力运行制度、民主监督制度、联系群众制度、干部考核制度等；要继续健全完善制度的运行机制，严格制度落实，体现制度成效。

五、“四个全面”战略布局的内在逻辑

“四个全面”战略布局包含了一个战略目标、三大战略举措，四个方面虽然内容各不相同，分别指向不同的领域，但组合在一起就构成了一个相辅相成、密不可分的有机整体。它们相互联系、相互贯通、相辅相成、同步同向，具有宏大的全局性、科学的系统性、深刻的理论性和严密的逻辑性。全面建成小康社会和全面建设社会主义现代化国家是奋斗目标；全面深化改革是推进实现全面建成小康社会和全面建设社会主义现代化国家目标的一个根本动力；全面依法治国是推进实现全面建成小康社会和全面建设社会主义现代化国家目标的根本法治保障；全面从严治党是推进实现全面建成小康社会和全面建设社会主义现代化国家目标的政治保证。“四个全面”是战略目标和战略举措之间的关系。目标决定举措，举措成就目标。没有全面建成小康社会和全面建设社会主义现代化国家的目标，全面深化改革、全面依法治国、全面从严治党就会迷失方向；没有全面深化改革、全面依法治国、全面从严治党的战略举措，全面建成小康社会和全面建设社会主义现代化国家的目标就会落空。在全面深化改革、全面依法治国、全面从严治党三大战略举措中，全面从严治党是核心、关键，如果全面从严治党搞不好，那么全面深化改革就不可能成功，全面依法治国就不可能实现，从而导致全面建成小康社会和全面建设社会主义现代化国家的目标也同样不可能实现。

1.“四个全面”战略布局的历史逻辑

历史唯物主义不仅把整个人类历史看作一个运动和发展的过程，而且把人类历史上不同的社会形态也看作一个运动和发展的过程。各种社会形态在运动发展的过程中呈现出从低级到高级的不同发展阶段，这些不同发展阶段面临不同的矛盾和问题，呈现出不同的阶段性特征。这样，人类社会就不再是乱七八糟的各种偶然现象的堆积，而“是一幅由种种联系和相互作用无穷无尽地交织起来的画面”①。科学的任务，就是指出这种内在联系，揭示这种内在规律。以往人们对社会历史的研究至多是记载历史现象，收集反映这些现象的素材，不仅不会寻找社会历史现象和其发展变化的深层原因，而且不会去划分人类社会发展经历的不同社会形态和各个社会形态呈现的不同的发展阶段。历史唯物主义能够使人们用科学的态度去分析和整理这些不同社会发展阶段的社会现象，把人类社会的发展过程分成各个不同的社会形态，把每个社会形态产生发展的演变过程又分成各个不同的发展阶段，每个阶段都有自己的阶段性特征。这样，就能够使人们用严谨的科学态度去分析和整理这些不同社会发展阶段的社会现象。唯物史观把纷繁复杂的社会现象“整理得井然有序”，使丰富多彩的社会形态得到了“生动描绘”。因此，唯物史观“是唯一科学的历史观”②。中国特色社会主义事业是需要几代人、十几代人接力奋斗才能完成的宏伟事业，在各个不同的阶段会产生不同的矛盾和问题，需要我们与时俱进地提出符合各个不同阶段要求的治国理政的战略思想、战略目标和战略布局。

从历史唯物主义的大视野出发来审视“四个全面”战略布局，我们可以发现，“四个全面”战略布局是在中国现代化建设发展的关键时刻，更加注重顶层设计和协同创新的必然选择，更加需要科学理论指引发展方向的必然结果。“四个全面”战略布局的主题和主线就在于坚持和发展中国特色社会主义。马克思说过：“人们自己创造自己的历史，但是他们并不是随心所欲地创造，并不是在他们自己选定的条件下创造，而是在直接碰到的、既定的、从过去承继下来的条件下创造。”③“四个全面”战略布局也是这样，它承继着中华民族优秀传统文化的思想基础，承继着中国共产党在新民主主义革命、社会主义革命和社会主义建设实践探索中所形成

①《马克思恩格斯文集》（第9卷），人民出版社2009年版，第23页。
②《列宁选集》（第1卷），人民出版社2012年版，第10页。
③《马克思恩格斯选集》（第1卷），人民出版社2012年版，第669页。

的主客观条件和正反两方面的经验教训，承载着近代以来中国历代仁人志士奋斗探索的光荣与梦想，具有广泛和深厚的理论基础、历史基础和现实基础。

2. “四个全面”战略布局的现实逻辑

“四个全面”战略布局从坚定中国自信、立足中国实际、总结中国经验、针对中国难题的高度，厘清了中国现阶段存在的基本情况和基本问题，抓住了中国转型发展过程中的主要矛盾和关键问题，提出了中国现阶段治国理政的总体纲领，明确了当前工作的重点领域和主攻方向。当前，中国已经站在更高的历史起点上，我们面临的发展机遇前所未有、面临的风险也是前所未有。全面建设社会主义现代化国家在本质上是发展问题。在经济进入新常态以后，发展的主要内涵是提质增效，促进人的自由全面发展。党的二十大清晰描绘了全面建设社会主义现代化国家的路线图，要到 21 世纪中叶把我国建设成为综合国力和国际影响力领先的社会主义现代化强国。要实现这一目标，就要全面深化改革，坚决破除一切妨碍全面建设社会主义现代化国家的思想观念和体制机制弊端，完善和发展中国特色社会主义制度，推进国家治理体系和治理能力的现代化。全面深化改革解放和发展了生产力，增强了社会活力，如何让这一强大的社会力量沿着既定的方向前进，这就需要由法治来提供可靠的保障。全面依法治国，推进社会主义法治国家建设，从法治上为实现全面建设社会主义现代化国家的目标提供了制度保障。法律是治国之重器，法治是国家治理体系和治理能力的重要依托，全面依法治国是确保党和国家长治久安的根本要求。面对复杂多变的国际形势和艰苦繁重的国内改革发展任务，面对许多具有新的历史特点的伟大斗争，必须加强和改善党的领导。离开中国共产党这个坚强的领导核心，全面深化改革和全面依法治国将失去最根本的依托，全面建设社会主义现代化国家的宏伟目标也会落空。在“四个全面”的战略布局中，全面从严治党体现了中国特色社会主义伟大事业和党的建设新的伟大工程的统一。中国共产党的领导是中国特色社会主义最本质的特征，为协调推进“四个全面”战略布局提供了方向指引的领导保证。现在我们面临的新任务是要全面建设社会主义现代化国家，使中华民族早日跻身于世界富强民族之林，为人类的文明进步事业作出更大的贡献。但是，我们也应该看到，中国现阶段的基本国情仍然是人口多、底子薄、发展不平衡。我们已经取得的成绩是巨大的，但是前面的路仍然很长，正如党的十九大报告所说：“行百里者半九十。中华民族伟大复兴，绝不是轻轻松松、敲锣打鼓就能实现的。全党必须准备付出更为艰巨、更为艰苦的努力。”[①]“四个全面”战略布局是坚持和发展中国特色社会主义的战略布局。在“四个全面”战略布局中，每一个“全面”都与中国特色社会主义历史进程中的基本要求相联系，都具有重大的战略意义。全面建成小康社会和全面建设社会主义现代化国家是坚持和发展中国特色社会主义的阶段性目标；全面深化改革为坚持和发展中国特色社会主义提供活力之源；全面依法治国为坚持和发展中国特色社会主义提供法治保障；全面从严治党为坚持和发展中国特色社会主义提供政治保障。因此，“四个全面”战略布局就是我们今天坚持和发展中国特色社会主义伟大事业的重要战略抓手，它们相辅相成、相互促进、相得益彰，提升了“两个一百年”奋斗目标的全面性、整体性和协同性。

3.“四个全面”战略布局的理论逻辑

以毛泽东同志为主要代表的中国共产党人，通过农村包围城市、武装夺取政权的中国革命道路，推翻了“三座大山”，建立了中华人民共和国；通过社会主义革命和建设道路，确立了社会主义基本制度，并且对什么是社会主义、怎样建设社会主义进行了初步探索，为当代中国的一切发展进步奠定了根本的政治前提和制度基础。党的十一届三中全会以后，以邓小平同志为主要代表的中国共产党人重新确立了解放思想、实事求是的思想路线，以亿万人民的社会实践作为检验真理的唯一标准，在坚持和继承毛泽东思想的基础上，纠正了毛泽东晚年的错误，围绕什么是社会主义、怎样建设社会主义的基本问题，开启了改革开放的伟大征程，创立了中国特色社会主义理论，开辟了中国特色社会主义的崭新道路。以江泽民同志为主要代表的中国共产党人，在继承和继续推进中国特色社会主义伟大事业的进程中，结合新的历史环境和特点，创立了“三个代表”重要思想，创造性地回答了建设一个什么样的党、怎样建设这个党的伟大问题，成功地把中国特色社会主义事业推向 21 世纪。进入新世纪新阶段，以胡锦涛同志为主要代表的中国共产党人面对发展与环境、发展不可持续等问

---

① 中共中央党史和文献研究院：《十九大以来重要文献选编》（上），中央文献出版社 2019 年版，第 11 页。

题，提出了科学发展观的重大战略思想，在继续回答什么是社会主义、怎样建设社会主义和建设什么样的党、怎样建设党的问题时，创造性地回答了实现什么样的发展、怎样发展的问题，在新的历史起点上丰富和发展了中国特色社会主义理论体系。党的十八大以来，以习近平同志为主要代表的中国共产党人，以巨大的政治勇气和强烈的责任担当，进行伟大斗争、建设伟大工程、推进伟大事业、实现伟大梦想，提出了一系列具有开创意义的新理念、新思想、新战略，出台了一系列重大方针政策，推出了一系列重大举措，推进了一系列重大工作，解决了许多长期想解决而没有解决的难题，办成了许多过去想办而没有办成的大事，中国特色社会主义道路发展到新阶段，改革开放进入新时代。中国特色社会主义是需要一代又一代共产党人接力奋斗的伟大事业，中国特色社会主义理论体系是与时俱进和不断发展的理论。改革开放以来，中国共产党沿着什么是马克思主义、怎样坚持和发展马克思主义，什么是社会主义、怎样建设社会主义，什么是中国特色社会主义、怎样坚持和发展中国特色社会主义的思想脉络，在民族复兴的道路上不断进行实践探索和理论创新，不断丰富中国特色社会主义理论体系的内容，使中国特色社会主义道路越走越宽广。

“四个全面”战略布局彰显了马克思主义与时俱进的理论品质，它坚持从中国当前的实际出发，有针对性地探索了新的历史时期和新的历史阶段遇到的新矛盾、新问题，如发展的不平衡、经济下滑、社会治理失范及党内腐败等问题，回答了关系党和国家事业发展全局的发展质量、发展动力、发展秩序和发展保证等战略性、前瞻性问题，升华了对社会主义发展规律、改革开放和现代化建设规律、共产党执政规律的认识，赋予了马克思主义新的时代内涵，体现了马克思主义中国化的最新成果，是当代中国马克思主义、21 世纪马克思主义。

4.“四个全面”战略布局的思维逻辑

“四个全面”战略布局有着内在的思维逻辑和统一关系，构成了一个不可分割、相互依赖、相互支撑的有机统一体。在“四个全面”战略布局中，全面建成小康社会和全面建设社会主义现代化国家本质上是发展问题，发展是当今世界的时代主题之一，并且是世界各国人民的共同追求。全面深化改革是当今世界的时代潮流，是坚持和发展中国特色社会主义的根本动力。全面依法治国为坚持和发展中国特色社会主义提供了法治保障，法治是国家治理体系和治理能力现代化的重要依托。全面从严治党是当前中国共产党加强自身建设的现实要求，是坚持和发展中国特色社会主义的政治保证。习近平总书记在“四个全面”战略布局的阐述中，将全面建成小康社会确定为“实现中华民族伟大复兴中国梦的关键一步”；将全面建设社会主义现代化国家归纳为党在新时代新征程的使命任务；将全面深化改革的总目标确定为“完善和发展中国特色社会主义制度、推进国家治理体系和治理能力的现代化”；将全面依法治国表述为全面深化改革的“姊妹篇”，二者是“鸟之两翼、车之双轮”；为全面从严治党标出清晰路径，要求“增强从严治党的系统性、预见性、创造性、实效性”，为中国特色社会主义伟大事业锻造更加坚强的领导核心。这些精辟的论述，清晰地标出了“四个全面”战略布局之间的内在逻辑联系。全面建设社会主义现代化国家是当前新的阶段性奋斗目标；全面深化改革和全面依法治国作为动力和保障，共同支撑和推动全面建设社会主义现代化国家的实现；中国共产党是伟大事业的领导核心，只有全面从严治党，才能为前面三个全面提供坚强的政治保证。“四个全面”既相互联系、相互贯通、相辅相成，又同步同向、相互促进、相得益彰，具有宏大的全局性、科学的系统性、严密的逻辑性、强烈的现实针对性。

第三章　“四个全面”战略布局的独创性贡献

党的十八大以来，以习近平同志为核心的党中央在领导全国各族人民坚持和发展中国特色社会主义伟大事业的过程中，提出了全面建成小康社会、全面深化改革、全面依法治国、全面从严治党的“四个全面”战略布局，确定了我党在新的历史时期治国理政的总方略。“四个全面”战略布局坚持了马克思主义基本原理和科学社会主义的基本原则，同时又不是从文本、概念和抽象的原则出发，而是立足于实践，实事求是、与时俱进、求真务实，赋予了中国特色社会主义新的时代内涵。“四个全面”战略布局充分体现了党中央在新的历史条件下的重大理论与实践创新。

一、科学性：谱写了马克思主义哲学、政治经济学和科学社会主义新篇章

恩格斯在《在马克思墓前的讲话》中强调了马克思生前的“两个发现”，即唯物史观和剩余价值理论。前者“发现了人类历史的发展规律”，后者“发现了现代资本主义生产方式和它所产生的资产阶级社会的特殊的运动规律”①。这两个发现，不仅使社会主义从空想变成科学，而且奠定了马克思主义全部理论的基础。在《反杜林论》中，恩格斯从总体上说明了马克思主义哲学、政治经济学和科学社会主义这三个马克思主义组成部分的基本观点，并且揭示了这三个组成部分之间的逻辑关系，构建起了科学的马克思主义理论体系。列宁在《马克思主义的三个来源和三个组成部分》一文中，把马克思主义三个组成部分概括为：一是“完备的哲学唯物主义”，即辩证唯物主义和历史唯物主义；二是揭示人与人之间的关系、阶级与阶级之间的关系的政治经济学，其剩余价值学说被称为“马

①《马克思恩格斯选集》（第3卷），人民出版社2012年版，第1002页。

克思经济理论的基石”；三是社会主义学说，即无产阶级反对资产阶级的阶级斗争理论。此后，以马克思主义理论作为指导思想的各国共产党和工人阶级组织，基本上都是遵循恩格斯、列宁的论述，把马克思主义的科学理论分成三个组成部分来理解和认识的。我们说马克思主义是科学的理论，它的科学性大体体现在哲学、政治经济学、科学社会主义三个组成部分之中，并且包含在马克思主义经典作家的著作之中。

1.“四个全面”战略布局赋予了辩证唯物主义和历史唯物主义新内涵

马克思主义哲学是人们认识自然界、人类社会和人的思维发展规律的科学，它包括辩证唯物主义和历史唯物主义。这两者的有机统一，构成了马克思主义的世界观和方法论。马克思主义哲学是马克思、恩格斯在参加革命实践、继承人类优秀科学文化成果、批判地吸收黑格尔辩证法和费尔巴哈唯物主义“合理内核”的基础上创立的科学理论体系。马克思主义哲学以科学的实践观为基础，实现了哲学在对象、内容和方法上的伟大变革，回答了思维和存在、主观和客观的关系问题；它克服了旧哲学中唯物主义和辩证法相分离的状态，实现了唯物论和辩证法的高度统一；它把唯物主义和辩证法贯穿到人类社会历史领域，创立了唯物主义历史观这一“唯一的科学的历史观”。毛泽东指出：“马克思主义的哲学辩证唯物论有两个最显著的特点：一个是它的阶级性，公然申明辩证唯物论是为无产阶级服务的；再一个是它的实践性，强调理论对于实践的依赖关系，理论的基础是实践，又转过来为实践服务。”①科学性、实践性和阶级性是马克思主义哲学的显著特点。马克思主义哲学既是完整的科学体系，也是不断发展的理论。它随着社会经济、政治和科学文化的发展而不断发展，不断改变自己的形态和充实新的内容。

辩证唯物主义是共产党人的世界观和方法论。“四个全面”战略布局充分体现了共产党人的世界观和方法论。在全面建成小康社会的基础上全面建设社会主义现代化国家，实现“两个一百年”奋斗目标、实现中华民族伟大复兴中国梦，必须不断接受马克思主义哲学智慧的滋养；要赢得优势、赢得主动、赢得未来，必须把马克思主义哲学作为自己的看家本领。

①《毛泽东选集》（第1卷），人民出版社1991年版，第284页。

学习和运用辩证唯物主义，就要掌握世界统一于物质、意识是由物质决定的原理，坚持从客观实际出发制定政策、推动工作，就要掌握事物矛盾运动的基本原理，不断强化问题意识，积极化解和解决前进中的矛盾和问题。世界物质统一性原理是马克思主义哲学的基石，一切从实际出发是这一原理在现实生活中的体现，实事求是是马克思主义哲学灵魂的中国化表达，坚持具体问题具体分析是辩证唯物主义的根本方法。“四个全面”战略布局从这些根本原理出发，根据中国特色社会主义进入了新的发展阶段，指出全党面临的最大国情和最大实际并没有改变，即我国仍处于并将长期处于社会主义初级阶段。在新征程上，党面临的主要任务是全面建设社会主义现代化国家。我们党领导人民干革命、搞建设、抓改革，从来都是为了解决中国的现实问题，必须坚持以经济建设为中心，全面深化改革，不断解决人民日益增长的美好生活需要和不平衡不充分的发展之间的矛盾。要准确把握我国不同发展阶段的新变化和新特点，使主观认识更好地符合客观实际，按照实际情况制定工作方针。全面建设社会主义现代化国家的战略目标强调要着力解决发展的不平衡不充分问题，大力提升发展的质量和效益，更好地满足人民在经济、政治、文化、生态等方面日益增长的需要，更好地实现人的全面发展和社会的全面进步。基于我国当前各种利益关系十分复杂的现状，习近平总书记提出要善于处理局部和全局、当前和长远、重点和非重点的关系；强调要突出改革的系统性、整体性、协同性，使改革成果更多、更公平地惠及全体人民。他坚决反对形而上学的思想方法，要求在工作时不能盲人摸象、坐井观天、揠苗助长、削足适履、画蛇添足，强调要加强调查研究，坚持发展地而不是静止地、全面地而不是片面地、系统地而不是零碎地、普遍地而不是孤立地观察事物，准确把握客观实际，妥善处理好各种重大关系。

历史唯物主义是马克思、恩格斯对人类社会发展作出的最伟大的理论贡献，是整个马克思主义理论体系的基石。在历史唯物主义看来，人类社会是一个从低级向高级的发展过程，这个过程由无数不同的发展阶段组成。以往的社会历史研究，由于没有划分社会发展的不同阶段，因此总是难以分清重要现象和次要现象，难以找到社会历史现象变化的深层次原因，也就不能发现人类社会现象中的规律性。唯物史观产生以前，人们对自身的认识只是靠记载一些社会历史现象，只是去收集反映这些现象的素材，而不是去提炼这些现象后面隐藏的社会历史原因，所以找不到人类社会历史发展的本质，当然也就不能科学地划分人类社会发展经历的不同的社会形态和各个社会形态经历的不同发展阶段。唯物史观强调以严格的科学态度去分析和整理这些社会现象，并且通过科学的抽象方法，透过现象看本质，揭示这些现象产生的客观经济条件和社会历史原因。恩格斯认为，通过这样的方法，人类社会就不再是各种偶然现象的堆积，而是“一幅由种种联系和相互作用无穷无尽地交织起来的画面”[①]。科学的任务，就是找出各种各样社会现象之间的内在联系，揭示社会现象之后隐藏的客观规律。列宁对唯物史观有高度的评价：唯物史观把纷繁复杂的社会现象“整理得井然有序”，使丰富多彩的社会形态得到了“生动描绘”，因此唯物史观“是唯一科学的历史观”[②]。“四个全面”战略布局以历史唯物主义的远见卓识，科学地把握了人类历史发展的大趋势，全面地揭示了历史发展的总规律，牢牢地把握了中国特色社会主义的前进方向。习近平总书记强调：“在革命、建设、改革各个历史时期，我们党运用历史唯物主义，系统、具体、历史地分析中国社会运动及其发展规律，在认识世界和改造世界过程中不断把握规律、积极运用规律，推动党和人民事业取得了一个又一个胜利。”[③]社会历史发展的最终决定因素是生产力，全面建设社会主义现代化国家在根本上还是要依靠生产力的发展和提高。要改变生产关系和上层建筑中不适合生产力和经济基础发展的环节，促进生产力的发展，就要不断进行改革。但是生产力与生产关系，经济基础与上层建筑不是一个完全单向直线式的决定或者被决定的过程，而是一个作用和反作用的过程，要注意它们之间的关联性、系统性和协同性。这样就要求不断推进全面依法治国和全面从严治党。只有既解决好生产关系中不适应生产力的问题，又解决好上层建筑中不适应生产关系的问题，才能产生综合效应，才能促进社会的全面发展和全面进步。“四个全面”战略布局准确把握了当代中国发展的阶段性特征，从理论与实践结合、历史与现实交汇、国内与国际关联上科学地回答了如何发展、如何改革、如何治国、如何管党等一系列重大问题，是对现阶段中国特色社会主义事业发展的科学总结，也是对历史唯物主义在当代中国具体形态的科学创新。

---

①《马克思恩格斯文集》（第9卷），人民出版社2009年版，第23页。

②《列宁选集》（第1卷），人民出版社2012年版，第10页。

③《习近平在中共中央政治局第十一次集体学习时强调：推动全党学习和掌握历史唯物主义 更好认识规律更加能动地推进工作》，《人民日报》2013年12月5日，第1版。

2.“四个全面”战略布局实现了马克思主义政治经济学新发展

政治经济学是马克思主义的重要组成部分。列宁高度评价了政治经济学在马克思主义理论体系中的地位，认为“使马克思的理论得到最深刻、最全面、最详尽的证明和运用的是他的经济学说”[①]。《资本论》深刻地揭示了资本主义生产方式的运行特点和基本规律，得出了由于资本发展的内在逻辑及自身的局限性，资本主义必然灭亡、社会主义和共产主义必然在全世界实现的“两个必然”的结论。《资本论》《哥达纲领批判》等经典著作还对未来社会的基本特点和运行方式提出了设想和主张，从而为社会主义政治经济学的创立奠定了基础。中华人民共和国成立以后，我国经济理论界就开始探索社会主义政治经济学的基本原理。毛泽东同志在 20 世纪 50 年代末 60 年代初认真研究和深入思考了苏联社会主义经济问题和中国社会主义经济问题，对中国社会主义政治经济学的构建提出了一系列独创性的观点。改革开放的伟大实践和社会主义市场经济体制的发展和完善，为中国特色社会主义政治经济学的建立提供了丰厚的土壤。党的十八大以来，习近平总书记把马克思主义政治经济学原理与中国特色社会主义经济建设的具体实践结合起来，提炼和总结中国经济发展实践的规律性成果，把实践经验上升为系统性的经济理论，形成“四个全面”战略布局，实现了对马克思主义政治经济学的原创性发展。

人民立场是马克思主义政治经济学最根本的价值取向。习近平总书记指出，“‘四个全面’的战略布局是从我国发展现实需要中得出来的，从人民群众的热切期待中得出来的”[②]。党的十八大刚结束，习近平总书记就在同中外记者的见面会上强调：“人民对美好生活的向往，就是我们的奋斗目标。”[③]在之后的一系列讲话和工作重心中，习近平总书记始终强调把增进人民福祉、促进人的全面发展作为经济发展的出发点和落脚点；实施精准扶贫、精准脱贫，坚决打赢脱贫攻坚战；始终与人民心心相印、与人民同甘共苦、与人民团结奋斗，依靠人民创造历史伟业。这些思想，是对马克思主义政治经济学关于社会主义本质与生产目的的创新和发展。

经济制度是马克思主义政治经济学的研究对象。“四个全面”战略布局坚持和完善中国特色社会主义基本经济制度和分配制度。以公有制为主

①《列宁专题文集·论马克思主义》，人民出版社 2009 年版，第 17 页。

②《习近平谈治国理政》（第 2 卷），外文出版社 2017 年版，第 24 页。

③《习近平谈治国理政》（第 1 卷），外文出版社 2018 年版，第 4 页。

体、多种所有制经济共同发展的经济制度，以按劳分配为主体、多种分配方式并存的分配制度，不仅是我国社会主义初级阶段的基本经济制度，也是我国经济社会发展的重要基础。党的十九大报告指出，“必须坚持和完善我国社会主义基本经济制度和分配制度，毫不动摇巩固和发展公有制经济，毫不动摇鼓励、支持、引导非公有制经济发展”①。坚持公有制的主体地位和国有经济的主导地位，积极发展混合所有制经济，促进非公有制经济健康发展；完善社会主义基本分配制度，坚持按劳分配原则，完善按要素分配的体制机制，逐步缩小收入分配差距，最终实现共同富裕；等等。这些思想丰富和发展了社会主义政治经济学的内涵，为推动我国经济高质量发展提供了有效的制度保障。

经济体制是马克思主义政治经济学研究的重要内容。习近平总书记指出：“为了实现我们的奋斗目标，必须全面深化改革，推进国家治理体系和治理能力现代化，现在改革正在稳步向前推进。”②全面深化改革必须充分发挥市场在资源配置中的决定性作用，更好地发挥政府的作用。习近平总书记指出：“坚持社会主义市场经济改革方向，核心问题是处理好政府和市场的关系，使市场在资源配置中起决定性作用和更好发挥政府作用。这是我们党在理论和实践上的又一重大推进。”③我们是在中国共产党领导和社会主义制度的大前提下发展市场经济，什么时候都不能忘记“社会主义”这个定语，要继续在社会主义基本制度和市场经济体制的结合上下功夫，既要“有效的市场”，也要“有为的政府”，既发挥“看不见的手”的作用，又发挥“看得见的手”的作用，形成政府与市场的有机统一、相互补充、相互协调、相互促进。在市场与政府有机结合的前提下，根据我国经济发展的阶段性特征，党中央作出了经济发展新常态的战略判断，进一步提出了实现经济高质量发展、建设现代经济体系、推进供给侧结构性改革、推进城乡发展一体化等一系列战略举措，为我国经济发展提供了有效的体制和政策保障。

世界市场是马克思主义政治经济学研究的逻辑归宿。全面建设社会主义现代化国家提出了建设更高水平开放型经济新体制。习近平总书记强

---

① 中共中央党史和文献研究院：《十九大以来重要文献选编》（上），中央文献出版社 2019 年版，第 15 页。

②《习近平谈治国理政》（第 2 卷），外文出版社 2017 年版，第 27 页。

③ 中共中央文献研究室：《十八大以来重要文献选编》（上），中央文献出版社 2014 年版，第 551 页。

调：“中国开放的大门不会关上……中国将在更大范围、更宽领域、更深层次上提高开放型经济水平。”①高水平全面开放的基本内容是：更加积极主动地扩大对外开放，把开放作为发展的内在要求；把引进来与走出去相结合，拓展经济发展的空间；推动形成东西双向、内外联动的开放格局；构建公平竞争的内外资发展环境，推动经济全球化朝着互利共赢的方向发展；探索求同存异、开放包容的国际经济合作新路径；等等。

3.“四个全面”战略布局开拓了科学社会主义新境界

科学社会主义在马克思主义理论体系中处于核心地位，是马克思、恩格斯通过深入揭露资本主义基本矛盾、深刻阐述人类社会发展规律，并且在指导工人运动的实践中逐步形成的，在《共产党宣言》《资本论》等一系列著作中得到了充分的展开和深入的论证，在《哥达纲领批判》《反杜林论》等著作中进行了更加完整和系统的论述。科学社会主义理论的产生，标志着社会主义从空想到科学的发展。列宁、斯大林在领导俄国十月革命和苏联社会主义建设的过程中，把科学社会主义从理论变为实践，丰富和发展了科学社会主义理论体系。中国共产党人在领导中国人民进行革命、建设和改革的实践中，不断把科学社会主义的基本原理和中国具体实际相结合，深入探索了经济文化落后的国家如何夺取政权、如何巩固政权，如何建设社会主义、如何发展社会主义等一系列科学社会主义问题，创立了中国特色社会主义这一科学社会主义的最新形态。“四个全面”战略布局科学把握了中国特色社会主义与科学社会主义两者的内在统一逻辑，在深刻回答什么是中国特色社会主义、怎样坚持和发展中国特色社会主义的一系列重大问题的理论与实践过程中，丰富了科学社会主义理论体系。

科学社会主义让我们坚定对“两个必然”的信念认同。马克思、恩格斯提出了资本主义必然灭亡、社会主义必然胜利的基本原理，揭示了人类社会发展的趋势和规律。全面从严治党是党的建设的一贯要求和根本方针，首先要解决的就是广大党员和干部的理想信念问题。习近平总书记指出：“对马克思主义的信仰，对社会主义和共产主义的信念，是共产党人的政治灵魂，是共产党人经受住任何考验的精神支柱。”②理想信念是共

① 杜尚泽、赵成：《中国经济保持持续健康发展 中国将提高开放型经济水平》，《人民日报》2013年4月9日，第1版。

②《习近平谈治国理政》（第1卷），外文出版社2018年版，第15页。

产党人精神上的“钙”，如果精神上“缺钙”，就会得“软骨病”。人有意识、有目的的活动只能在一定程度上延长或缩短历史发展的进程，增加或者减轻历史发展给人类带来的苦难，而不能消灭和取消规律本身。尽管当代资本主义仍然具有一定的生命力，但是并没有改变资本剥削和压迫广大劳动人民的本质，没有消除生产的社会化和生产资料的私人占有之间的矛盾与难题，经济危机、金融危机将不可避免，政治危机、社会危机将日益加剧，资本主义必然灭亡的趋势是不可改变的。社会主义中国迎来了民族复兴的光辉前景，意味着科学社会主义在 21 世纪的中国焕发出了强大的生机和活力。中国在世界上高高举起了社会主义的伟大旗帜，也证明了“两个必然”论断的科学性和真理性。

科学社会主义强调中国特色社会主义的科学社会主义性质。协调推进“四个全面”战略布局，归根结底是为了坚持和发展中国特色社会主义。习近平总书记指出：“党的十八大以来，党中央从坚持和发展中国特色社会主义全局出发，提出并形成了全面建成小康社会、全面深化改革、全面依法治国、全面从严治党的战略布局。”①在新进中央委员会的委员、候补委员学习贯彻党的十八大精神研讨班上的讲话中，习近平又进一步指出：“中国特色社会主义是社会主义而不是其他什么主义，科学社会主义基本原则不能丢，丢了就不是社会主义。”②近年来，国内外一些舆论提出中国现在搞的究竟还是不是社会主义的疑问，有人说是“资本社会主义”，有人说是“国家资本主义”，还有人干脆说是“新官僚资本主义”，这些都是完全错误的。中国特色社会主义是社会主义而不是其他什么主义。一些人企图通过抹黑我国在长期的实践过程中形成的行之有效的制度，动摇人们对中国特色社会主义的信心，迫使我们放弃已经被实践证明的成功道路和制度。可见，所谓“国家资本主义”之类的论调是别有用心的歪曲。中国特色社会主义是科学社会主义的理论逻辑和中国社会发展的历史逻辑的辩证统一，是根植中国大地、反映人民意愿、适应中国和时代发展进步要求的科学社会主义。

科学社会主义科学地回答了马克思主义政党长期执政面临的一系列重大问题。马克思、恩格斯在《共产党宣言》中指出：“共产党人为工人阶

①《习近平谈治国理政》（第 2 卷），外文出版社 2017 年版，第 25 页。

② 中共中央文献研究室：《十八大以来重要文献选编》（上），中央文献出版社 2014 年版，第 109 页。

级的最近的目的和利益而斗争，但是他们在当前的运动中同时代表运动的未来。”[①]全面从严治党强调中国特色社会主义最本质的特征是中国共产党的领导，中国特色社会主义制度的最大优势也是中国共产党的领导，党是最高的政治领导力量；提出了新时代党的建设的总要求；明确了政治建设在党的建设中的重要地位；坚持立党为公、执政为民，践行全心全意为人民服务的宗旨，把党的群众路线贯彻到治国理政全部活动之中，把人民对美好生活的向往作为奋斗目标，依靠人民创造历史伟业；强调坚定道路自信、理论自信、制度自信、文化自信；明确全面深化改革的总目标是完善和发展中国特色社会主义制度、推进国家治理体系和治理能力现代化，全面推进依法治国的总目标是建设中国特色社会主义法治体系、建设社会主义法治国家。这一系列重要思想，丰富和发展了科学社会主义的执政党建设理论，把科学社会主义推向了一个新的发展阶段。

二、人民性：始终如一地坚守中国共产党人的初心和使命

人民性是马克思主义的根本属性，马克思主义第一次创立了能够指导人民实现自身解放的思想体系。马克思主义认为，人民群众不仅是物质财富和精神财富的创造者，而且是社会变革的决定性力量。社会基本矛盾是推动人类历史发展的动力，人民群众的社会实践是决定社会历史发展的最终动力。恩格斯认为，构成历史的真正的最后动力的动力，与其说是个别人物，不如说是广大群众。[②]马克思主义以实现人的自由全面发展和全人类的解放为自己的历史使命。始终同人民在一起，为人民的利益而奋斗，是马克思主义政党与其他政党的根本区别。

1. “四个全面”战略布局坚持把人民立场作为根本的政治立场

“四个全面”战略布局的主题体现的是人民立场。坚持和发展中国特色社会主义，是改革开放以来党的全部理论和实践的主题，也是“四个全

①《马克思恩格斯选集》（第1卷），人民出版社2012年版，第434页。

②《马克思恩格斯选集》（第4卷），人民出版社2012年版，第255—256页。

面”战略布局的主题。新时代坚持和发展中国特色社会主义，就是为人民谋幸福、为民族谋复兴、为世界谋大同，这是深入理解和全面把握新思想的“金钥匙”。国家、民族和世界的主体都是人民。因此，中国共产党在全心全意为中国人民服务的同时，也要充分考虑全世界人民的整体利益。党的十八大以来，以习近平同志为核心的党中央围绕为中国人民谋幸福、为中华民族谋复兴的初心使命，协调推进“四个全面”战略布局，不断深化对中国特色社会主义的认识和思考，提出了实现中华民族伟大复兴中国梦的重大战略思想，提出了构建人类命运共同体、共建“一带一路”等一系列新理念新举措，丰富了中国特色社会主义的内涵与外延。

“四个全面”战略思想本身体现的是人民立场。根据党的十九大报告，习近平新时代中国特色社会主义思想的主体内容体系可以概括为“八个明确”和“十四个坚持”。“八个明确”侧重从理论层面对习近平新时代中国特色社会主义思想进行概括和凝练，集中反映了党在当今时代对马克思主义的理论思考和理论贡献。“十四个坚持”在实践层面和方略层面概括了党的基本纲领、基本经验和基本要求。“八个明确”和“十四个坚持”有机统一、有机融合，是习近平新时代中国特色社会主义思想的核心内容和“四梁八柱”，其中包含的坚持人民立场，既是对马克思主义根本政治立场的完整继承，又是对中国共产党全心全意为人民服务宗旨的发扬光大，具有强烈的时代性和鲜明的针对性。“四个全面”战略布局在习近平新时代中国特色社会主义思想中占据很重要的地位，是习近平新时代中国特色社会主义思想的重要支撑。“八个明确”和“十四个坚持”，始终坚持把增进人民福祉、促进人的全面发展作为经济发展的出发点和落脚点；始终坚持人民主体地位，不断实现好、维护好、发展好最广大人民群众的根本利益。“八个明确”和“十四个坚持”，不仅深刻而鲜明地回答了“我是谁、依靠谁、为了谁”的根本问题和原则问题，而且彰显了中国共产党热爱人民、服务人民，与人民同呼吸、共命运的政治立场和思想感情。

2.“四个全面”战略布局坚持以人民为中心的发展思想

一切为了人民。“四个全面”战略布局最根本的是不忘人民，以人民为中心。习近平总书记说：“中南海要始终直通人民群众，我们要始终把人民群众放在心中脑中。中央政治局的同志必须做到以人民忧乐为忧乐、以人民甘苦为甘苦，牢固树立以人民为中心的发展思想，始终怀着强烈的忧民、爱民、为民、惠民之心，察民情、接地气，倾听群众呼声，反映群众诉求。”[①]习近平总书记反复告诫全党同志，在新时代的征途上一定要抓住人民最关心最直接最现实的利益问题，坚持把人民群众关心的事情作为自己的大事，从人民群众关心的事情做起，多谋民生之利，多解民生之忧。党的十八大以来，我国民生事业在幼有所育、学有所教、劳有所得、病有所医、老有所养、住有所居、弱有所扶上不断取得新进展，不断促进社会公平正义，不断促进人的全面发展、全体人民的共同富裕。以人民为中心的发展思想，对马克思主义的群众观和我党的群众路线作出了重要的发展，生动地诠释了习近平新时代中国特色社会主义思想的政治立场、根本宗旨和价值追求。

一切依靠人民。人民是真正的英雄，是决定党和国家前途命运的根本力量。协调推进“四个全面”战略布局，建设伟大的社会主义现代化强国，必须紧紧依靠人民群众。党的根基在人民、力量在人民、血脉在人民。谋划改革，最了解情况的是人民；推动发展，最大的依靠力量是人民。习近平总书记说：“老百姓是天，老百姓是地。忘记了人民，脱离了人民，我们就会成为无源之水、无本之木，就会一事无成。”[②]建成伟大的社会主义现代化强国，不是敲锣打鼓、轻轻松松就能够实现的，我们面临着许多艰难险阻，必须进行许多具有新的历史特点的伟大斗争。只要紧紧依靠人民群众，尊重人民群众的首创精神，始终保持同人民群众的血肉联系，就没有克服不了的困难，没有越不过的坎。依靠人民创造历史伟业，是中国共产党之所以能够始终立于不败之地，并且不断地从胜利走向新的胜利的根本原因。

不断交出让人民满意的答卷。党的执政水平和执政成效不是由自己说了算的，必须而且只能由人民来评判。协调推进“四个全面”战略布局是回答时代课题、解决时代问题的伟大实践，它的结果如何，最终必须看人民认同不认同。在治国理政的过程中，历史和时代是出卷人，中国共产党人是答卷人，人民是阅卷人。中国共产党成立一百多年来，中国共产党人不忘初心、牢记使命，以实现中华民族伟大复兴为己任，团结带领全国人民进行了艰苦卓绝的斗争，经历了一次又一次惊心动魄的严峻考验，谱写

---

① 习近平：《对照贯彻落实党的十八届六中全会精神 研究加强党内政治生活和党内监督措施》，《人民日报》2016年12月28日，第1版。

② 中共中央文献研究室：《习近平关于全面从严治党论述摘编》，中央文献出版社 2016 年版，第170—171页。

了一篇又一篇彪炳史册的壮丽史诗，交出了一份又一份让人民满意的答卷。中国特色社会主义进入新时代，中国人民开启了民族复兴的新征程，历史和时代为中国共产党人出了新的试题。当下，世界正在经历百年未有之大变局，国内外形势正在发生复杂和深刻的变化，中国仍然处于重要的战略机遇期，前途十分光明，挑战也前所未有。中国共产党人要继续向人民交出合格的答卷，就要经得住长期执政的考验、改革开放的考验、市场经济的考验、外部环境的考验，这“四大考验”都是长期的和复杂的；就要不断克服党面临的精神懈怠的危险、能力不足的危险、脱离群众的危险、消极腐败的危险，这“四种危险”是严峻的和尖锐的。习近平总书记强调：“这场考试还没有结束，还在继续。今天，我们党团结带领人民所做的一切工作，就是这场考试的继续。”[①]要弘扬西柏坡时期的“赶考”精神，把人民拥护不拥护、赞成不赞成、答应不答应作为衡量一切工作成败得失的根本标准，努力向人民交出新的更加优异的答卷。

3.“四个全面”战略布局贯彻了新发展理念

创新、协调、绿色、开放、共享的新发展理念是人民立场的具体化和实践化，也是“四个全面”战略布局的题中应有之义。发展是人类社会的永恒主题，中国是一个有十四亿多人口的发展中国家，发展仍然是解决我国所有问题的关键，是满足人民群众对美好生活向往的前提和基础。协调推进“四个全面”战略布局，其根本目的，就是解决中国的发展问题。“这五大发展理念相互贯通、相互促进，是具有内在联系的集合体，要统一贯彻，不能顾此失彼，也不能相互替代。”[②]

创新发展注重的是解决发展的动力问题。只有让发展的动力源源不断，才能不断满足人民群众对美好生活的向往。创新能力不强，科技发展水平总体不高，科技对经济社会发展的支撑能力不足是制约我们今后发展的重要障碍。树立创新发展理念，就是要把创新作为引领发展的第一动力，不断推进理论创新、制度创新、科技创新、文化创新等各个方面的创新，让创新在全社会蔚然成风。党的十八届五中全会把创新作为五大发展

① 中共中央党史和文献研究院：《十八大以来重要文献选编》（下），中央文献出版社 2018 年版，第 359 页。

② 中共中央文献研究室：《十八大以来重要文献选编》（中），中央文献出版社 2016 年版，第 827 页。

理念之首，说明我们党对现状的清醒认识和对创新的深刻把握。

协调发展注重的是解决发展的不平衡问题。人民群众对美好生活的向往是多方面的，人的全面发展要求我国经济社会的协调发展。我国经济社会发展的不协调突出表现在区域、城乡、经济和社会、物质文明和精神文明、经济建设和国防建设等关系问题上。我国发展的不协调、不平衡和不充分问题已经成为影响人民生活水平的主要矛盾。如果不注意调整关系，就会影响人民群众的生活质量，带来一系列社会矛盾。为此，必须牢牢把握中国特色社会主义事业的总体布局，不断增强发展的整体性和协同性。

绿色发展注重的是解决人与自然的和谐问题。只有保护好人类赖以生存的自然环境，才能使人民群众过上幸福美满的生活。坚持以良好的生态环境是最普惠的民生福祉为宗旨。“环境就是民生，青山就是美丽，蓝天也是幸福。”①我们既要创造更多的物质和精神财富来满足人民群众日益增长的美好生活的需要，也要创造更好的生态环境来满足人民群众对美好环境的需要。坚持生态惠民、生态利民、生态为民，重点解决危害人民利益的突出生态问题，让人民群众充分享受优美的生态环境，造福子孙后代。

开放发展注重的是解决内外联动问题。只有发展更高层次的开放型经济、建成更高水平的现代化强国，才能保证全体人民过上富强民主文明和谐美丽的现代化生活。改革开放的实践告诉我们，想要不断地发展壮大，就必须主动顺应经济全球化的时代潮流，坚持对外开放不动摇。要不断提高对外开放的质量和水平，主动参与和推动经济全球化进程，积极参与全球治理和公共产品的供给，提高我国在全球治理中的话语权，实行高水平的对外开放，增强我国的经济实力和综合国力。

共享发展注重的是解决社会公平正义问题。让人民群众共享发展成果，是社会主义的本质要求，是中国共产党全心全意为人民服务根本宗旨的集中体现，同时也能够充分调动人民群众参与经济社会发展的积极性，从而为我国发展提供源源不断的强大动力。当前，我国发展的“蛋糕”正在不断做大，但是分配不公的问题依然比较突出。在共享发展成果上，无论是实际情况还是制度设计，都还有不够完善的地方。树立共享发展理念，必须坚持发展为了人民、发展依靠人民、发展成果由人民共享，使全体人民有更多的获得感、幸福感、安全感，朝着共同富裕和全面发展的方向稳步前进。

---

① 习近平：《推动我国生态文明建设迈上新台阶》，《奋斗》2019年第3期，第9页。

三、实践性：在解决中国问题的伟大实践中不断推进理论创新

实践性是马克思主义理论区别于其他形形色色理论的最显著特征。马克思主义不是书斋里的学问，而是为了解决人类面临的问题而创立的理论。就马克思主义的理论任务而言，它不仅在于科学地说明世界，更在于要实践地改变世界。它是在人民求解放的实践中形成的，也是在人民求解放的实践中丰富和发展起来的。马克思指出：“全部社会生活在本质上是实践的。”[①]实践的观点、生活的观点是马克思主义认识论的基本观点，这一观点科学地揭示了物质与精神、人与人、人与自然、国家与国家之间相互关系的本质和规律。马克思主义不仅研究人与人之间的关系，也研究人与自然之间的关系，还研究世界市场、世界历史及国家与国家之间的关系，为人类社会认识世界、改造世界的实践提供了强大的思想武器。

中国革命、建设和改革的实践是不断发展和前进的，指导这种实践的理论也要不断与时俱进。以毛泽东同志为主要代表的中国共产党人，把马克思主义的普遍真理与中国革命的实践结合起来，在创造性地解决中国人民站起来的实践问题中形成了毛泽东思想这个马克思主义中国化的理论成果。改革开放以来，以邓小平同志、江泽民同志、胡锦涛同志为主要代表的一代又一代中国共产党人，在创造性地解决中国富起来的实践中形成了中国特色社会主义理论体系这一马克思主义中国化的又一理论成果。党的十八大以来，以习近平同志为主要代表的中国共产党人，统筹推进“五位一体”总体布局，协调推进“四个全面”战略布局，推动党和国家的事业发生历史性变革，中华民族迎来了从站起来、富起来到强起来的伟大飞跃，在这一实践中形成了习近平新时代中国特色社会主义思想这一马克思主义中国化的最新成果。“四个全面”战略布局在实践中丰富和发展了马克思主义关于人与人、人与自然、国家与国家之间关系的理论。

---

①《马克思恩格斯选集》（第1卷），人民出版社2012年版，第135页。

1. “四个全面”战略布局关于人与人的关系的理论发展

马克思主义认为，“现在的社会不是坚实的结晶体，而是一个能够变化并且经常处于变化过程中的有机体”[①]。人类社会的整体结构是由人们的物质生活关系、政治生活关系、精神生活关系、社会生活关系的总和构成的，“不同要素之间存在着相互作用。每一个有机整体都是这样”[②]。以马克思主义社会有机体理论为基础，“四个全面”战略布局关于全面建设社会主义现代化国家的战略目标创造性地把经济建设、政治建设、文化建设、社会建设并列起来，与生态文明建设一起形成了中国特色社会主义事业发展的“五位一体”总体布局。经济建设是根本，政治建设是保证，文化建设是灵魂，社会建设是条件，生态文明建设是基础，它们相互协调、相互促进，构成了中国特色社会主义事业实践的基本内容。

以经济建设为中心，发展社会主义市场经济，建设社会主义物质文明，坚持走中国特色社会主义新型工业化、信息化、城镇化、农业现代化道路，全面深化经济体制改革，扎实推进创新驱动发展战略，全面提高开放型经济的水平等，这些战略思想丰富和发展了马克思主义关于人与人之间物质生活关系的内涵。以保证人民当家作主为根本，以调动人民积极性为目的，以加强党的领导为保证，以全面推进依法治国为保障，发展社会主义民主，建设社会主义政治文明，这些战略思想丰富和发展了马克思主义关于人与人之间政治生活关系的内涵。以满足人民群众的精神文化需求为出发点和落脚点，以建设社会主义核心价值体系为根本任务，全面提高公民道德文化素质，丰富人们精神文化生活，发展社会主义先进文化，建设社会主义文化强国，这些战略思想丰富和发展了马克思主义关于人与人之间精神文化生活关系的内涵。以保障和改善民生为重点，更加注重社会建设，发展社会事业，加快健全基本公共服务体系，解决好人民最关心最直接最现实的利益问题，在幼有所育、学有所教、劳有所得、病有所医、老有所养、住有所居、弱有所扶上持续取得新进展，使发展的成果更多更公平地惠及全体人民，努力让人民过上好日子，推动构建社会主义和谐社会，努力建设社会主义社会文明，这些战略思想丰富和发展了马克思主义关于人与人之间社会生活关系的内涵。

---

①《马克思恩格斯文集》（第 5 卷），人民出版社 2009 年版，第 10—13 页。

②《马克思恩格斯选集》（第 2 卷），人民出版社 2012 年版，第 699 页。

2. “四个全面”战略布局关于人与自然的关系的理论发展

当我们考察任何一种社会时，展现在人们面前的似乎是杂乱无章、千奇百怪，使人眼花缭乱的画面。但是只要深入进去，实际上就只有这两大类关系：一是人与人之间的关系；一是人与自然之间的关系。国家与国家的关系是人与人之间关系的发展和延伸。在上述的两大类关系中，人与自然的关系是最基本的关系。自然界是人类社会产生、存在和发展的基础。人类以劳动为中介，同自然界进行物质变换。在劳动过程中，人们使自然物质变换成为人类所需要的产品，用来满足人类自身的需要。马克思主义与费尔巴哈旧唯物主义的主要区别就在于马克思主义不把自然界看作直观和感性的对象，而是看作人类劳动的对象。马克思强调可以通过生产劳动，使自然界表现为人的“作品”。“他不仅使自然物发生形式变化，同时他还在自然物中实现自己的目的。”[①]我们可以从马克思关于人与自然关系的论述中，看到人与动物的本质区别。动物本身就是自然的一部分，自然界规定了动物的活动范围，并且动物从不试图超越这一范围。但人则处于能动的创造者的地位，人类不仅可以能动地改造自然，还可以人为地破坏自然。随着人类生产水平的提高，人类不断扩大自己的活动范围，迫使自然界不断收缩自己的范围。“产业越进步，这一自然界限就越退缩。”[②]因此，人类可以通过社会实践活动有目的地利用自然、改造自然，但是人类归根结底是自然的一部分，不能盲目地凌驾于自然之上，人类社会利用和改造自然的行为方式必须符合自然规律，否则就会受到客观规律的惩罚。恩格斯曾告诫道，人类不要过分陶醉于对自然界的胜利，因为每一次这样的胜利之后，自然界都对人类进行了报复。“我们每走一步都要记住：我们决不像征服者统治异族人那样支配自然界，决不像站在自然界之外的人似的去支配自然界——相反，我们连同我们的肉、血和头脑都是属于自然界和存在于自然界之中的；我们对自然界的整个支配作用，就在于我们比其他一切生物强，能够认识和正确运用自然规律。”[③]

从马克思、恩格斯所处时代的发展状况来说，人类社会工业化所造成的生态危机，在广度上还没有扩张到全世界，在深度上还没有达到危害人类社会生存的程度。马克思、恩格斯把主要精力放在分析资本主义社会人

①《马克思恩格斯文集》（第5卷），人民出版社2009年版，第208页。

②《马克思恩格斯文集》（第5卷），人民出版社2009年版，第589页。

③《马克思恩格斯选集》（第3卷），人民出版社2012年版，第998页。

与人之间的关系上，尽管他们也十分关心人与自然的关系，但是并没有将其作为一门系统的、专门的科学来进行深入研究。经过中华人民共和国70多年的工业化进程，特别是改革开放40多年的发展，我国虽然在经济建设上取得了历史性成就，但也积累了大量的生态环境问题，这些生态环境问题成为我国社会发展十分明显的短板。党的十八大以来，以习近平同志为核心的党中央在领导全国人民推进中国特色社会主义事业的建设实践中，把生态文明建设纳入“五位一体”总体布局和“四个全面”战略布局中，开展了一系列根本性、开创性和长远性的工作，在推动生态环境发生历史性、转折性变化中深刻地回答了为什么建设生态文明、建设什么样的生态文明、怎样建设生态文明的重大理论和实践问题，形成了习近平生态文明思想，这一思想以系统完整、全面深刻的理论体系，对马克思主义生态思想作出了原创性贡献。

坚持把人与自然的和谐共生作为奋斗目标。“人与自然是生命共同体。生态环境没有替代品，用之不觉，失之难存。”[①]人类对自然的伤害最终会伤及自身。在人类发展史上，发生过无数破坏自然环境的事件，酿成了惨痛的教训。因此，在整个发展过程中，不能只讲索取不讲投入，只讲发展不讲保护，只讲利用不讲修复。我们要像保护眼睛一样保护生态环境，像对待生命一样对待生态环境，还自然以宁静、和谐、美丽。

坚持绿水青山就是金山银山的理念。习近平关于金山银山、绿水青山的比喻[②]，生动形象地揭示了经济发展与环境保护之间的辩证关系。“既要绿水青山，也要金山银山”，说明了经济发展与环境保护之间不是对立的关系；“宁要绿水青山，不要金山银山”，强调了环境破坏对经济发展和人民生活的影响；“绿水青山就是金山银山”，阐明了生态环境既是自然财富，又是社会财富和经济财富，坚持保护生态环境，可以使绿水青山持续发挥生态效益和经济社会效益。

坚持“山水林田湖草是生命共同体”的系统生态思想。人类生存和发展的自然环境，是一个普遍联系的有机整体。它们互相依存、互为条件，形成了一个环环相扣的紧密链条。“人的命脉在田，田的命脉在水，水的命脉在山，山的命脉在土，土的命脉在林和草，这个生命共同体是人类生

---

① 习近平：《推动我国生态文明建设迈上新台阶》，《奋斗》2019年第3期，第7页。

② 中共中央文献研究室：《习近平关于社会主义生态文明建设论述摘编》，中央文献出版社2017年版，第21页。

存发展的物质基础。”[①]必须按照生命共同体的整体性、系统性要求，统筹兼顾、综合施策，在对生态环境进行整体保护、综合治理、系统修复时要考虑方方面面的因素。不能头痛医头、脚痛医脚，因小失大，顾此失彼。

建立起“用最严格制度最严密法治保护生态环境”的制度保障。我国生态环境中存在的突出问题，大多同体制不健全、执行不到位、惩处不得力有关。深化生态文明体制改革，必须建立生态文明制度的“四梁八柱”，尽快把生态文明建设纳入制度化、法治化的轨道。在新的历史阶段，必须加快制度创新，不断完善环境保护的法规体系，强化制度执行，不得作选择、搞变通、打折扣，要让制度成为刚性的约束和不可触碰的高压线，而不是“没有牙齿的老虎”。

3.“四个全面”战略布局关于中国与世界的关系的理论发展

马克思对资本主义生产方式的研究把劳动价值论作为自己理论的逻辑起点，把世界市场作为自己理论的逻辑归宿，把资本主义生产方式的产生、发展与必然灭亡的趋势作为世界历史来进行考察。马克思认为：“资产阶级社会的真实任务是建立世界市场和以这种市场为基础的生产。”[②]世界历史的形成，主要是由生产力的发展及由此产生的交往的普遍化而引起的。生产力的发展带来了社会分工的扩大，然后引起了交往的发展；交往的发展使商业贸易普遍繁荣，进而冲破国内市场走向世界市场；世界市场的出现，使各个国家、民族都卷入普遍的竞争，而普遍竞争又大大促进了大工业的发展。大工业“首次开创了世界历史，因为它使每个文明国家以及这些国家中的每一个人的需要的满足都依赖于整个世界，因为它消灭了各国以往自然形成的闭关自守的状态”[③]。世界历史就其直接表现来说，是世界贸易和世界市场的建立。资产阶级为了使自己的资本实现增值，就要不断扩大自己产品的销路，于是资产阶级被驱使着奔走于世界各地，到处安家落户，到处建立联系。这样一来，各个国家、各个民族原有的孤立和闭塞状态就逐步被冲破了，世界的各个部分越来越紧密地联系在一起，最终成为一个互相依存、不可分割的整体。马克思、恩格斯指出：“过去那种地方的和民族的自给自足和闭关自守状态，被各民

① 习近平：《推动我国生态文明建设迈上新台阶》，《奋斗》2019年第3期，第9页。
②《马克思恩格斯全集》（第29卷），人民出版社1972年版，第348页。
③《马克思恩格斯选集》（第1卷），人民出版社2012年版，第194页。

族的各方面的互相往来和各方面的互相依赖所代替了。物质的生产是如此，精神的生产也是如此。”[①]这样就形成了全球化的趋势。马克思主义关于世界市场和世界历史的理论告诉人们，尽管全球化是由资本的运动引起的，但却是不可抗拒的历史潮流。今天，人和人之间的联系比任何时候都要深入和广泛，一体化的世界是一个客观存在，谁拒绝它，这个世界就会拒绝谁。在一个各国经济联系日趋密切的世界，根本不能想象孤立于世界之外能获得发展，也找不出闭关自守的国家能走上现代化道路的例子。

“四个全面”战略布局把中华民族伟大复兴的战略全局与世界百年未有之大变局统一起来，在推进中国特色社会主义大国外交的实践中，深刻回答了新时代如何做好外交工作的重大理论和实践问题。当今世界正面临百年未有之大变局，新一轮科技革命和产业变革方兴未艾，各种制度模式、发展道路之间的交流和交锋空前激烈，新兴市场国家和发展中国家群体崛起速度之快前所未有。尽管和平与发展仍然是当今时代主题，但是影响和制约和平与发展的战争因素也在不断增加，人类社会面临严重的治理赤字、信任赤字、和平赤字和发展赤字，不稳定性和不确定性日益突出。这个世界怎么了，我们应该怎么办？习近平总书记提出了构建人类命运共同体的理念和答案。这一理念把中华民族伟大复兴的战略布局和世界百年未有之大变局有机统一起来，坚持以实现中华民族伟大复兴为使命，推进中国特色大国外交；坚持以维护世界和平、促进共同发展为宗旨，推动构建人类命运共同体。人类命运共同体的理念站在全人类整体利益的高度，超越了发展阶段的差异和社会制度的差别，为人类社会的共同发展和长治久安指明了方向。

中国特色社会主义进入新时代，中国前所未有地接近中华民族伟大复兴的目标，前所未有地具有了实现这个目标的信心和能力，前所未有地走近世界舞台的中央，中国与世界的关系也正在发生前所未有的变化。在这种背景下，中国在国际上扮演什么角色？发挥什么作用？习近平提出中国特色大国外交要推动构建新型国际关系，构建人类命运共同体，实现共同繁荣和共同发展；强调中国坚持走和平发展道路，始终做世界和平的建设者，全球发展的贡献者，国际秩序的维护者；提出以共商共建共享为原则的“一带一路”建设，走出一条相互尊重、合作共赢的国际关系新路子；

① 《马克思恩格斯选集》（第 1 卷），人民出版社 2012 年版，第 404 页。

打造全方位、多层次、立体化的全球伙伴关系，通过对话沟通增进互信，减少猜疑；以公平正义的理念推动全球国际治理体系改革，积极推动国际关系民主化，国家不分大小、强弱、贫富都是国际社会的平等成员。这些论述，充分体现了中国共产党人为人民谋幸福、为民族谋复兴、为世界谋大同的价值追求和使命担当。

四、时代性：开辟了当代中国马克思主义、21 世纪马克思主义的新境界

马克思主义是彰显时代性的理论，它不仅始终站在时代前列，反映时代的声音，而且随着时代的发展而不断发展，是观察时代、解读时代、引领时代的时代精神和人类精神的精华。马克思主义的时代性，根本的就在于把理论和现实结合起来，不断探索时代发展提出的新问题，回应人类社会面临的新挑战，在回答和解决时代问题的过程中不断丰富和发展自己。与时代同步伐，与人民共命运，是马克思主义永葆生机和活力的根本原因。马克思主义是科学的理论体系，它所阐述的一般原理不会随着时间的推移而过时，而且它会随着时代的变化不断丰富自己的理论内容，不断赋予自己以新的时代内涵。

马克思主义自从传入中国，就开启了马克思主义中国化的进程。我们党在革命、建设和改革开放的各个历史进程中，都以开放的眼光和宽广的胸怀，紧跟时代的步伐，坚持把马克思主义与中国的具体实践紧密结合起来，形成了毛泽东思想、中国特色社会主义理论体系等一系列具有鲜明时代特征的马克思主义中国化的具体成果。习近平总书记指出：“马克思主义是不断发展的开放的理论，始终站在时代前沿。”[①]习近平新时代中国特色社会主义思想，以我们正在做的事情为中心，顺应时代潮流、回应时代关切，科学地回答了坚持和发展中国特色社会主义的一系列时代课题，是时代精神的精华，是当代中国马克思主义、21 世纪马克思主义。

① 中共中央党史和文献研究院：《十九大以来重要文献选编》（上），中央文献出版社 2019 年版，第 424 页。

1. 明确时代方位

习近平总书记指出：“我们要学习邓小平同志‘放眼世界，放眼未来，也放眼当前，放眼一切方面’的世界眼光和战略思维，学习他善于抓住关键、纲举目张的思想方法和工作方法，站在时代前沿观察思考问题，把党和人民事业放到历史长河和全球视野中来谋划，以小见大、见微知著，在解决突出问题中实现战略突破，在把握战略全局中推进各项工作。”[①]习近平还进一步指出：“经过长期努力，中国特色社会主义进入了新时代，这是我国发展新的历史方位。”[②]这一重要判断，深刻地揭示了当代中国发展的阶段性特征，科学地赋予了现阶段中国特色社会主义的时代内涵。

中国特色社会主义进入了新的发展阶段。党的十八大以来，以习近平同志为核心的党中央科学把握当今世界和当代中国的发展大势，顺应实践要求和人民意愿，推出了一系列重大战略举措，出台了一系列重大方针政策，推进了一系列重大工作，解决了许多长期想解决而没有解决的问题，办成了许多过去想办而没有办成的大事，推动党和国家事业发生历史性变革。2020 年，党领导人民在决胜全面建成小康社会取得决定性成就之际，开启了全面建设社会主义现代化国家的新征程；全面深化改革，推动改革呈现全面发力、多点突破、纵深推进的崭新局面；全面依法治国，显著增强了党运用法律手段领导和治理国家的能力；全面从严治党，着力解决人民群众反映最强烈、对党的执政基础威胁最大的突出问题，形成了反腐败斗争的高压态势，党的执政基础和群众基础更加巩固，为党和国家的各项事业发展提供了坚强的政治保证，显著增强了党的凝聚力、战斗力、领导力和号召力。中国特色社会主义特别是党的十八大以来取得的这些伟大成就，意味着近代以来久经磨难的中华民族实现了从站起来、富起来到强起来的历史性飞跃，意味着社会主义在中国焕发出强大生机活力并且不断开辟发展新境界，意味着中国特色社会主义拓展了发展中国家走向现代化的途径，为解决人类问题贡献了中国智慧、提供了中国方案。总之一句话，意味着中国特色社会主义已经进入了新时代。

我国社会的主要矛盾发生了新的变化。习近平总书记指出：“党的十

① 中共中央文献研究室：《习近平关于协调推进“四个全面”战略布局论述摘编》，中央文献出版社 2015 年版，第 9 页。

② 中共中央党史和文献研究院：《十九大以来重要文献选编》（上），中央文献出版社 2019 年版，第 7 页。

八大以来，我们提出要协调推进全面建成小康社会、全面深化改革、全面依法治国、全面从严治党，这‘四个全面’是当前党和国家事业发展中必须解决好的主要矛盾。”[①]中国特色社会主义发展的阶段不同，人民群众对生活水平的向往也会不同。改革开放初期，由于生产力水平不高，我国经济社会发展程度还很低，人民的生活状况总体上说还是很贫穷的。当时所要解决的主要问题，还是大量“生存需要”所带来的问题。今天我们面临的问题，已经是“发展起来”以后所产生的问题，是“发展需要”和“享受需要”所提出的问题，是由“富起来”发展到“强起来”所产生的问题。改革开放 40 多年来，我国稳定解决了十几亿人口的温饱问题，全面建成小康社会。随着生产力水平的提高，人民生活水平总体上得到了显著改善，人们对美好生活的向往更加强烈，期盼有更好的教育、更稳定的工作、更满意的收入、更可靠的社会保障、更高水平的医疗卫生服务、更舒适的居住条件、更优美的环境、更丰富的精神文化生活，而且在民主、法治、公平、正义、安全等方面的要求和向往也日益增长。人民群众对美好生活的向往，就是中国共产党的奋斗目标。由于人民群众的需要呈现多元化、多样化、多层次的特点，因此，新时代的发展就要更多和更好地将人的全面发展和社会的全面进步作为工作重心。与此同时，经过改革开放 40 多年的持续努力，我国生产力水平总体上得到了显著提高，很多社会产品的产量都居于世界前列。现在摆在我们面前的突出问题就是发展的不平衡和不充分，这已经成为影响满足人民群众美好生活需要的主要因素。正是基于这样的考虑，习近平总书记在党的十九大上提出：“中国特色社会主义进入新时代，我国社会主要矛盾已经转化为人民日益增长的美好生活需要和不平衡不充分的发展之间的矛盾。”[②]从满足人民群众的“物质文化生活需要”到“美好生活需要”，从解决“落后的社会生产”到解决“不平衡不充分的发展”，这些都适应了我国发展的阶段性要求，反映了党和国家事业发展的战略重心的变化，体现了中国特色社会主义进入新时代的时代特征。

我国的国际地位和影响力有了新的提升。我国日益走近世界舞台的中央，世界对中国的关注程度前所未有，我国对世界的影响也前所未有。当

① 中共中央文献研究室：《习近平关于协调推进“四个全面”战略布局论述摘编》，中央文献出版社 2015 年版，第 15 页。

② 中共中央党史和文献研究院：《十九大以来重要文献选编》（上），中央文献出版社 2019 年版，第 8 页。

代中国不再是国际秩序的被动接受者，而是日益成为积极的参与者、建设者和引领者。同时，我们也应该看到，中国正处于从大国走向强国的关键时期，前景十分光明，挑战也非常严峻。我国面临的外部环境更加复杂，“树大招风”效应日益显现。一些西方敌对势力对我国的疑虑、恐惧不断增加，从而对我国的遏制、施压也在不断增加，我国经济社会发展面临前所未有的风险和挑战。这就需要我们从新的历史方位、新的时代坐标出发，科学认识和全面把握国际局势和我国在世界上的地位。

2. 回答时代问题

习近平总书记指出：“我们党在不同历史时期，总是根据人民意愿和事业发展需要，提出富有感召力的奋斗目标，团结带领人民为之奋斗。”[①]中国共产党领导中国人民进行革命、建设和改革，都是为了解决中国的问题，使中国人民获得自由和解放，让老百姓过上好日子。从中国共产党成立后一百多年的历史来看，不同的时代有不同的时代课题，我党先后回答了三大历史性课题。以毛泽东同志为主要代表的中国共产党人主要回答和解决了“什么是新民主主义革命、怎样进行新民主主义革命”的历史课题，建立了社会主义制度，并且对“什么是社会主义、怎样建设社会主义”进行了初步探索。当然，在探索中也产生了重大失误，对党和国家的事业造成了重大挫折。以邓小平同志、江泽民同志、胡锦涛同志为主要代表的中国共产党人需要回答和解决的时代课题是“什么是社会主义、怎样建设社会主义”，这是贯穿中国特色社会主义前半程的总课题。在这个总课题之下，江泽民、胡锦涛还分别侧重回答了“建设什么样的党、怎样建设党”和“实现什么样的发展、怎样发展”的子课题。进入新时代后，以习近平同志为代表的中国共产党人面临的时代课题是“坚持和发展什么样的中国特色社会主义、怎样坚持和发展中国特色社会主义”。“四个全面”战略布局是坚持和发展中国特色社会主义的战略抓手，是在科学回答时代之问、人民之问、历史之问的过程中，在解决重大理论和现实问题的过程中创立的。

“四个全面”和“四个伟大”相得益彰，赋予了中国共产党人新的时代使命和历史担当。党的十九大提出实现伟大梦想，进行伟大斗争，建设

① 中共中央文献研究室：《习近平关于协调推进“四个全面”战略布局论述摘编》，中央文献出版社 2015 年版，第 23 页。

伟大工程，推进伟大事业，把伟大梦想、伟大斗争、伟大工程、伟大事业作为一个统一的整体提出来，体现了强烈的时代精神，使我党对肩负的历史使命的认识达到了一个新的高度。"四个伟大"精辟地概括了党的十八大以来习近平总书记系列讲话的精髓，集中反映了中国共产党在现阶段的奋斗目标和工作重心，是对习近平治国理政新思想、新理念和新战略的深刻提炼。党的十八大以来习近平系列重要讲话精神，都是围绕"四个伟大"的逻辑展开的，都是"四个伟大"的具体化和实践化。与"四个全面"一样，"四个伟大"中的每一个"伟大"，在党的十八大甚至更早的党代表会议上大多已经提及。但是把"四个伟大"整合在一起，把它作为现阶段中国共产党为之努力奋斗的历史使命，则是一个理论创新，它具体且客观地反映了中国特色社会主义的阶段性特征，以及中华民族正在走向伟大复兴的历史进程和光辉前景。因此，对于"四个伟大"，我们不能把它们分离开来，简单孤立地进行理解和把握，而应该将其作为一个有机整体从内在联系和内在逻辑上加以理解和把握。我们的奋斗目标是实现中华民族伟大复兴中国梦，而要实现这一目标就必须推进中国特色社会主义伟大事业。推进伟大事业，就要建设伟大工程，为伟大事业的实现提供政治保证。无论是实现伟大梦想、推进伟大事业，还是建设伟大工程，都必须准备进行具有许多新的历史特点的伟大斗争。"四个伟大"集中体现了中国共产党人的执政理念、思想感情和价值追求，是马克思主义时代化、中国化和大众化的重要成果。

习近平总书记在 2020 年春节团拜会上的讲话指出："这将是中国人民和中华民族奋进新时代、书写中华文明新的辉煌篇章的伟大时代！"① 空谈误国，实干兴邦。我们的国家和民族从近代以来的积贫积弱，一步步走到今天的发展和繁荣，靠的就是一代又一代人的顽强拼搏和艰苦奋斗。社会是在矛盾运动中前进的，有矛盾就会有问题、困难和阻力。我们党要团结带领全国各族人民有效应对挑战、抵御重大风险、克服重大阻力、化解重大矛盾、解决重大问题，就必须准备进行许多具有新的历史特点的伟大斗争，以"踏平坎坷成大道，斗罢艰险又出发"的顽强意志，同时间赛跑、同历史并进，完成新时代赋予中国共产党人的神圣使命。

---

① 习近平：《在二〇二〇年春节团拜会上的讲话》，《人民日报》2020 年 1 月 24 日，第 1 版。

3. 完成时代任务

习近平总书记指出：“我坚信，到中国共产党成立一百年时全面建成小康社会的目标一定能实现，到新中国成立一百年时建成富强民主文明和谐的社会主义现代化国家的目标一定能实现。”[①]中国共产党在成立以来一百多年的奋斗历程中，一直把实现中华民族的伟大复兴作为自己的奋斗目标和根本任务。为了实现这个目标，中国共产党领导人民推翻了“三座大山”，建立起了符合我国实际的先进社会制度，进行了改革开放的新的伟大革命。随着中国特色社会主义事业的不断发展，党为实现民族复兴的使命感和责任感越来越强烈和清晰。党的十八大报告指出：“建设中国特色社会主义，总依据是社会主义初级阶段，总布局是五位一体，总任务是实现社会主义现代化和中华民族伟大复兴。”[②]党的十八大以后，习近平总书记在参观《复兴之路》展览的重要讲话中，用中国梦来表述中华民族的伟大复兴，使民族复兴的奋斗目标和时代任务变得更加实实在在、更加通俗易懂和深入人心。党的十九大报告指出，“明确坚持和发展中国特色社会主义，总任务是实现社会主义现代化和中华民族伟大复兴，在全面建成小康社会的基础上，分两步走在本世纪中叶建成富强民主文明和谐美丽的社会主义现代化强国”[③]。今天，我们比历史上任何时候都接近民族复兴的目标，比历史上任何时候都更有信心和能力实现这个目标。这些论述告诉大家，实现中华民族伟大复兴中国梦，是中国特色社会主义新时代的总任务。

在不同的历史时期，我们党总是踏着时代的脚步、把握现实的要求、根据人民的意愿，提出各个不同时期的奋斗目标和行动纲领。从推翻“三座大山”到建设新中国，从解决温饱问题到全面建成小康社会，从基本实现现代化到实现中华民族伟大复兴中国梦，每一项任务、每一个目标的提出，都照亮了人民前进的方向，凝聚了人民奋进的力量。中国特色社会主义所处的时代不同，确定的任务也会不同。在 1987 年召开的十三大上，党提出了“三步走”的现代化战略目标和战略任务：第一步，实现国民生

---

① 中共中央文献研究室：《习近平关于协调推进“四个全面”战略布局论述摘编》，中央文献出版社 2015 年版，第 24 页。

② 中共中央文献研究室：《十八大以来重要文献选编》（上），中央文献出版社 2014 年版，第 10 页。

③ 中共中央党史和文献研究院：《十九大以来重要文献选编》（上），中央文献出版社 2019 年版，第 13—14 页。

产总值比1980年翻一番，解决人民的温饱问题；第二步，到20世纪末使国民生产总值再增长一倍，人民生活达到小康水平；第三步，到21世纪中叶，人均国民生产总值达到中等发达国家水平，人民生活比较富裕，基本实现现代化。[①]进入21世纪后，我们已经提前实现了第一步和第二步的目标，正在向第三步的目标稳步迈进。党的十八大提出了“两个一百年”奋斗目标，是对原来“三步走”战略目标的细化和发展。“在中国共产党成立一百年时全面建成小康社会……在新中国成立一百年时建成富强民主文明和谐的社会主义现代化国家。”[②]党的十九大在坚持“两个一百年”奋斗目标的基础上具体划分了实现第二个百年奋斗目标的两个阶段，提出了建成社会主义现代化强国的更高目标，把基本实现现代化的时间提前了15年。党的二十大正式开启了全面建设社会主义现代化国家的新征程。从全面建成小康社会到基本实现现代化，再到全面建成社会主义现代化强国，是以习近平同志为核心的党中央综合分析国际国内形势和我国面临的发展条件所作出的战略安排。“两个一百年”奋斗目标及第二个百年奋斗目标的两个阶段之间相互衔接、相互联系，一步一个台阶、一步一个脚印，不断发展、不断提高，向世人清晰地描绘了我国实现现代化和走向民族复兴的任务书、时间表、路线图。“四个全面”战略布局吹响了全面建成社会主义现代化强国和实现中华民族伟大复兴中国梦的集结号。

五、规律性：在揭示客观事物的内在联系中彰显新思想的真理光辉

马克思主义不仅揭示了人类社会发展的一般规律，而且揭示了资本主义生产方式的特殊规律，为人类指明了从必然王国向自由王国发展的现实路径，也为人类指明了实现自由和解放的现实道路。马克思在《资本论》的序言中指出，“本书的最终目的就是揭示现代社会的经济运动规律”[③]。《资

① 中共中央文献研究室：《十三大以来重要文献选编》（上），中央文献出版社2011年版，第14页。

② 中共中央文献研究室：《十八大以来重要文献选编》（上），中央文献出版社2014年版，第13页。

③《马克思恩格斯文集》（第5卷），人民出版社2009年版，第10页。

本论》以剩余价值学说为主线，揭露了资本家剥削工人的秘密，论证了社会化大生产与资本主义私有制之间的矛盾，得出了资本主义必然灭亡、社会主义和共产主义必然胜利的科学结论。规律就是反复出现的现象，是“以铁的必然性发生作用并且正在实现的趋势”①。在不同的国家、不同的时期，规律的表现形式也是不同的，恩格斯指出：“谁要想把火地岛的政治经济学和现代英国的政治经济学置于同一规律之下，那么，除了最陈腐的老生常谈以外，他显然不能揭示出任何东西。”②因此，一切社会科学本质上都是历史科学，它所涉及的都是历史性的经常变化的材料，要靠一代又一代的马克思主义者根据不同的国情和不同的发展阶段，发现和揭示各自国家发展的特殊规律。

中国共产党把马克思主义基本原理与中国具体实际相结合，在马克思主义揭示的人类社会发展的一般规律和资本主义生产方式的特殊规律的基础上，用马克思主义的立场观点方法观察和分析问题，在不断解决中国问题的实践过程中，不断发现和揭示各个不同发展阶段的特殊规律，推动马克思主义中国化进程不断实现新的飞跃。从毛泽东思想、邓小平理论、“三个代表”重要思想、科学发展观，再到习近平新时代中国特色社会主义思想，由于发展阶段不同，揭示的规律也就不同，呈现的理论形态也会不同，但是都是一脉相承、与时俱进的中国化马克思主义理论成果。如果说，中国特色社会主义理论体系揭示了中国改革开放“前半程”的发展规律，那么“四个全面”战略布局就是根据时代和实践的发展变化，以明确的目标指向、清晰的战略路径、深远的战略思维，揭示了中国特色社会主义“后半程”的发展规律。

1. “四个全面”战略布局深化了对共产党执政规律的认识

中国共产党作为马克思主义执政党，不仅要考虑 5 年、10 年之后的问题，还要考虑 50 年、100 年乃至更长时间之后的问题。全面建成小康社会以后的路怎么走？如何跳出“历史周期率”实现长期执政？如何实现党和国家事业的长治久安？这些成了中国共产党必须回答的时代课题。深化对共产党执政规律的认识，就是要回答共产党怎样才能长期执政的问题。

始终保持同人民群众的血肉联系是长期执政的力量源泉。习近平总书

---

①《马克思恩格斯文集》（第 5 卷），人民出版社 2009 年版，第 8 页。

②《马克思恩格斯文集》（第 9 卷），人民出版社 2009 年版，第 153 页。

记说：“老百姓是天，老百姓是地。忘记了人民，脱离了人民，我们就会成为无源之水、无本之木，就会一事无成。”[①]人民是历史的创造者，群众是真正的英雄，离开了人民群众的拥护和支持，共产党将一事无成。把人心向背作为最大的政治，只要有人民群众的支持和参与，就没有克服不了的困难和完成不了的任务。执政之基在于人民，人民是执政者最大的靠山，失去了人民的支持，也就失去了执政资格，最终会“人亡政息”，这是执政的铁律。因此，无论是过去、现在，还是将来，我们党都要坚持群众路线，始终保持同人民群众的血肉联系，一切为了群众，一切依靠群众，从群众中来，到群众中去，把群众路线贯彻到治国理政的全部活动中去。人民群众有所呼，中国共产党就要有所应。考察党的十八大以来全面建成小康社会的历史脉络，我们可以看到，以习近平同志为核心的党中央带领全国人民建成的全面小康社会，正是与人民心心相印、与人民同甘共苦、与人民团结奋斗的伟大实践。“人民对美好生活的向往，就是我们的奋斗目标。”[②]这一钢铁誓言，是对中国共产党始终同人民群众保持血肉联系的真实写照。

不断推进马克思主义中国化是中国共产党长期执政的思想基础。马克思主义是中国共产党的理论基石，是中国共产党坚持长期执政的思想源泉。党的十九届四中全会把坚持马克思主义在意识形态领域的指导地位称为“根本制度”，是对中国共产党执政规律的深刻认识。但是，马克思主义只有与各国的具体实际相结合，才能解决时代发展提出的问题。马克思主义是一定时代和条件的产物，当时代和条件发生改变以后，马克思主义也需要不断丰富和发展。习近平总书记指出：“理论的生命力在于不断创造，推动马克思主义不断发展是中国共产党人的神圣职责。”[③]“四个全面”战略布局实现了马克思主义同中国具体实际相结合的又一次创新，这一战略思想紧密结合中国改革开放、深深扎根于中国大地、直接来自亿万人民的实践，是马克思主义中国化的最新成果，是当代鲜活的马克思主义。坚持协调推进“四个全面”战略布局，就是真正坚持马克思主义，就是对共产党执政规律的科学把握。

---

① 中共中央文献研究室：《习近平关于全面从严治党论述摘编》，中央文献出版社 2016 年版，第 170—171 页。

② 中共中央文献研究室：《十八大以来重要文献选编》（上），中央文献出版社 2014 年版，第 70 页。

③《习近平谈治国理政》（第 3 卷），外文出版社 2020 年版，第 76 页。

坚持全面从严治党是长期执政的根本保证。打铁必须自身硬，办好中国的事情，关键在党，关键在坚持党要管党，全面从严治党。全面从严治党是一场伟大的自我革命。在领导人民进行伟大的社会革命的同时不断进行自我革命，是中国共产党区别于其他政党最鲜明的标志，也是对中国共产党执政规律的深刻理解和把握。中国共产党既是马克思主义的执政党，也是马克思主义的革命党。在领导中国革命、建设、改革一百多年的奋斗历程中，中国共产党为什么能够在同各种政治力量的反复较量中脱颖而出？为什么能够始终走在时代前列，成为中华民族和中国人民的主心骨？就在于中国共产党始终保持了自我革命精神，保持了承认并且勇于改正错误的勇气，一次次“刮骨疗毒”，割除自身的病症，一次次自己解决自己的问题。党的十八大以来，以习近平同志为核心的党中央以雷霆万钧之势推进全面从严治党，清除了党内存在的严重隐患，化解了党面临的严重风险。但是我们也要清醒地认识到，党面临的长期执政、改革开放、市场经济、外部环境“四大考验”是长期的、复杂的；党面临的精神懈怠、能力不足、脱离群众、消极腐败“四种危险”是尖锐的、严峻的。因此，全面从严治党永远在路上，不能有任何喘口气、歇歇脚的念头。要坚定全面从严治党的政治自觉，不断推动全面从严治党向纵深发展。

建设一支听党指挥、能打胜仗、作风优良的人民军队是长期执政的战略支撑。建设强大的人民军队是中国共产党的不懈追求。全面建设社会主义现代化国家内在包含了建设一支强大的人民军队，全面从严治党内在包含了坚持党对军队的绝对领导。党对人民军队的绝对领导是中国共产党长期执政的政治优势，是建军之本、强军之魂。正因为枪杆子始终掌握在党手里，才保证了我军在长期复杂的斗争中没有迷失方向，保证了国家的长治久安。推进强军事业，必须毫不动摇地坚持党对军队的绝对领导，确保人民军队永远跟党走。习近平总书记要求把我国的人民军队建设成为世界一流军队，这是为适应国际战略形势和国家安全环境发展变化、着眼于共产党长期执政面临的环境而提出的。新时期的强军目标是听党指挥、能打胜仗、作风优良。听党指挥是灵魂，能打胜仗是核心，作风优良是保证，这三条明确了加强军队建设的聚焦点和着力点，既决定着军队的发展方向，又决定着军队的生死存亡。中国人民解放军是执行革命政治任务的武装集团，既要政治过硬，又要本领高强。打仗和准备打仗是军人的天职，全军要把备战打仗作为主责主业，各项工作向打仗用劲，确保部队召之即来、来之能战、战之必胜。

2.“四个全面”战略布局深化了对社会主义建设规律的认识

当今世界存在一些社会主义国家，也存在大量发展中国家，这些国家面临的主要问题是长期徘徊于转型阶段，经济社会发展缓慢甚至停滞不前。深化对社会主义建设规律的认识，就是要回答社会主义国家如何改革和发展的问题。

人的全面发展是社会主义的目的。马克思主义历来认为，人的自由全面发展是共产主义的本质规定，是社会主义的目的和根本任务。中国共产党始终把维护和发展好最广大人民群众的根本利益作为自己一切工作的根本出发点和归宿。随着物质生活水平的提高，人民群众对政治民主、公平正义、丰富多彩的精神文化生活、优良的生态环境及社会安全方面的追求也越来越强烈。习近平总书记说：“全面建成小康社会，强调的不仅是‘小康’，而且更重要的也是更难做到的是‘全面’。”[①]这是人的全面发展和社会全面进步的客观要求。党的十八大以来，我们党形成并且统筹推进经济建设、政治建设、文化建设、社会建设、生态文明建设“五位一体”总体布局。从改革开放长期的物质文明、精神文明“两手抓”，到经济建设、政治建设、文化建设“三位一体”，经济建设、政治建设、文化建设、社会建设“四位一体”，再到“五位一体”，是一个重大的理论和实践创新，充分体现了人的全面发展的要求和社会主义事业全面推进、全面进步的规律。

全面深化改革是社会主义的动力。党的十九大报告指出：“只有社会主义才能救中国，只有改革开放才能发展中国、发展社会主义、发展马克思主义。”[②]改革开放已经成为当代中国最鲜明的特色、当代中国共产党人最鲜明的品格。改革开放只有进行时，没有完成时。全面深化改革的总目标是完善和发展中国特色社会主义制度、推进国家治理体系和治理能力现代化。这为党和国家事业发展、为社会和谐稳定、为国家长治久安提供了一套更完备、更稳定、更管用的制度体系。要完成这个总目标，必须勇于自我革命，敢于直面问题，敢于啃硬骨头、闯难关，坚决破除一切不合时宜的思想观念和体制机制弊端，突破利益固化的藩篱，吸收人类有益的文明成果，构建系统完备、科学规范、运行有效的制度体系，充分发挥社

① 中共中央文献研究室：《习近平关于全面建成小康社会论述摘编》，中央文献出版社 2016 年版，第 12 页。

② 中共中央党史和文献研究院：《十九大以来重要文献选编》（上），中央文献出版社 2019 年版，第 15 页。

会主义的优越性，为巩固和发展社会主义提供不竭的动力。

全面依法治国是社会主义的保证。全面推进依法治国事关中国共产党执政兴国、事关人民幸福安康、事关党和国家事业发展，是坚持和发展中国特色社会主义的本质要求和重要保障。习近平总书记反复强调：“法治兴则国家兴，法治衰则国家乱。什么时候重视法治、法治昌明，什么时候就国泰民安；什么时候忽视法治、法治松弛，什么时候就国乱民怨。”[①]这是对中国共产党执政经验和教训的深刻认识和总结。全面依法治国，既是立足于解决我国目前存在的矛盾和问题的现实考量，也是着眼于长远的战略谋划。全面推进依法治国的总目标是建设中国特色社会主义法治体系、建设社会主义法治国家。这个总目标，既明确了全面依法治国的性质和方向，又抓住了当前的工作重心和抓手，是一场广泛而深刻的革命。坚持全面推进依法治国，为中国特色社会主义的事业发展提供了根本性、全局性、长期性、制度性的法治保障，确保了我国社会在深刻的变革中既生机勃勃又井然有序。

实现全体人民共同富裕是社会主义的本质。习近平总书记说：“全面小康，覆盖的人口要全面，是惠及全体人民的小康。”[②]共同富裕是马克思主义的基本目标，是社会主义的本质要求。中国共产党始终带领人民为创造美好生活、实现共同富裕而努力奋斗。经过长期的艰苦努力，我们党在实践中形成了先富带动后富、逐步实现共同富裕的规律性认识，推动了人民群众的生活水平和整体生活质量的显著提升。我国正处于并将长期处于社会主义初级阶段，实现全体人民共同富裕需要一个很长的历史过程，要完成一个又一个不同的阶段性目标。要实现共同富裕，就要不断深化改革、扩大开放，通过创新驱动来提高经济发展的质量和效益，生产出更多更好的物质和精神产品，不断满足人民群众对美好生活的向往；就要坚持社会主义现阶段的基本经济制度和分配制度，充分发挥社会主义的制度优势，调整收入分配格局，完善以税收、社会保障、转移支付等为主要手段的再分配调节机制，维护社会公平正义，着力解决好收入分配差距较大的问题，使发展的成果更多、更公平地惠及全体人民。

---

① 中共中央文献研究室：《习近平关于全面依法治国论述摘编》，中央文献出版社 2015 年版，第 8 页。

② 中共中央文献研究室：《习近平关于全面建成小康社会论述摘编》，中央文献出版社 2016 年版，第 13 页。

3.“四个全面”战略布局深化了对人类社会发展规律的认识

马克思、恩格斯在《共产党宣言》中深刻阐明了实现无产阶级自身解放和全人类解放的统一性和一致性，深刻阐明了无产阶级只有解放全人类才能最后解放自己的历史使命和责任担当。深化对人类社会发展规律的认识，就是要回答全人类的发展和进步问题。

“四个全面”战略布局深化了党对国内国外“两个大局”的认识。“四个全面”战略布局事关新时代党和国家事业发展全局，当今世界正面临百年未有之大变局，最鲜明的时代特色就是中华民族伟大复兴的战略全局和世界百年未有之大变局的历史交汇。统筹国内国际两个大局，就是要坚持以实现中华民族伟大复兴为使命推进中国特色大国外交，并把两者有机统一起来，坚持在实现中华民族伟大复兴中维护世界和平、促进共同发展。中国共产党是为中国人民谋利益和谋幸福的党，也是为人类进步事业而奋斗的党。中国共产党所做的一切，就是为人民谋幸福、为民族谋复兴、为世界谋大同。这一思想不仅坚守了中国共产党人为人民谋幸福的初心、为民族谋复兴的使命，而且承载了中国共产党人为世界谋大同的责任。统筹“两个大局”的思想，洞察时代风云、把握时代脉搏、引领时代潮流，饱含了对人类前途和命运重大问题的深刻思考和独特创见，为应对全球共同挑战提供了中国智慧和中国方案，为维护人类共同利益和共同价值作出了重要贡献。

“四个全面”战略布局深化了党对人与自然关系的认识。人与自然的关系是人类社会存在和发展的最基本关系，自然界是人类社会存在和发展的前提。马克思认为：“人靠自然界生活”①，“人是自然界的一部分”②。人是从自然中产生的，也是通过自然得到发展的。自然构成了人类生存和繁衍的初始条件，人类在同自然的互动中生产、生活和发展。自然不仅给人类提供了生活资料的来源，而且给人类提供了生产资料的来源。人与自然相互依存、相互联系。习近平总书记说：“自然是生命之母，人与自然是生命共同体，人类必须敬畏自然、尊重自然、顺应自然、保护自然。”③人类可以通过自己的实践活动有目的地利用和改造自然，但是不能盲目地凌驾于自然之上，人类的行为方式必须符合自然规律，这是人类社会发展

①《马克思恩格斯选集》（第1卷），人民出版社2012年版，第55页。

②《马克思恩格斯选集》（第1卷），人民出版社2012年版，第56页。

③ 中共中央党史和文献研究院：《十九大以来重要文献选编》（上），中央文献出版社 2019 年版，第431页。

必须遵循的基本规律。所以，尊重自然就是尊重规律，保护自然就是保护人类自身。实践证明，人类对自然的伤害最终会伤及人类自身。恩格斯在《自然辩证法》中写道：“美索不达米亚、希腊、小亚细亚以及其他各地的居民，为了得到耕地，毁灭了森林，但是他们做梦也想不到，这些地方今天竟因此而成为不毛之地，因为他们使这些地方失去了森林，也就失去了水分的积聚中心和贮藏库。”①对此，恩格斯谆谆告诫人们：“我们不要过分陶醉于我们人类对自然界的胜利。对于每一次这样的胜利，自然界都对我们进行报复。”②中国特色社会主义进入新时代以来，以习近平同志为核心的党中央把生态文明建设作为关系中华民族永续发展的大计纳入“五位一体”总体布局和“四个全面”战略布局，形成了习近平生态文明思想，深刻回答了为什么建设生态文明、建设什么样的生态文明、怎样建设生态文明的重大问题。在发展中国特色社会主义的实践中，以高标准打好蓝天、碧水、净土保卫战，推动生态文明发生历史性转折变化，美丽中国建设从而得到有力推进。

“四个全面”战略布局深化了党对新型国际关系的认识。习近平外交思想从中华民族伟大复兴战略全局和“四个全面”战略布局出发，着眼于世界大变局和中国新时代相互交织的特征，对中国特色大国外交作出了顶层设计和战略规划，深化了对中国特色大国外交的规律性认识。国际社会原有关系的深层次矛盾凸显，治理赤字、信任赤字、和平赤字、发展赤字对全人类构成了严峻挑战。世界的长期发展不可能建立在有的国家越来越富裕、有的国家越来越贫穷的基础上。中国反复强调，要秉持相互尊重、公平正义、合作共赢的原则，走出一条对话而不对抗、结伴而不结盟的国家之间交往的新路，以合作代替对抗、以共赢代替独享，推动全球治理体系朝着更加公正合理的方向发展。“让和平的薪火代代相传，让发展的动力源源不断，让文明的光芒熠熠生辉……中国方案是：构建人类命运共同体，实现共赢共享。”③人类命运共同体的基本内涵是，人类命运应该由世界人民共同掌握，世界事务应该由各国人民共同治理，世界安全应由世界各国共同维护，国际规则应由世界各国共同制定，发展成果应由世界各国共同分享。建立平等相待、互商互谅的伙伴关系，营造公道正义、共建

①《马克思恩格斯选集》（第3卷），人民出版社2012年版，第998页。

②《马克思恩格斯选集》（第3卷），人民出版社2012年版，第998页。

③《习近平谈治国理政》（第2卷），外文出版社2017年版，第539页。

共享的安全格局，谋求开放创新、包容互惠的发展前景，促进和而不同、兼收并蓄的文明交流，构筑尊崇自然、绿色发展的生态体系，这是构建人类命运共同体的核心要义。人类命运共同体还不是《共产党宣言》中所说的自由人的“联合体”，而是现阶段在“一球多制”下以民族国家为实体单位、世界各国合作共存的利益共同体。但是人类命运共同体已经不再是帝国主义侵略他国的殖民体系，也不是发达国家剥削发展中国家的不公平、不合理的资本主义世界体系，而是民族共同体、利益共同体、区域共同体的发展和升华。它超越了资本主义的狭隘视野，寄托了无产阶级解放全人类的远大理想，体现了中国共产党人“大道之行也，天下为公”的胸襟和风范。中国提出构建人类命运共同体的理念，既顺应了世界发展的潮流和客观必然的趋势，又照顾了当今世界各个国家的不同国情和具体现实，是目前世界各国人民和各国政府唯一能够接受的“最大公约数”，体现了全球治理方案中的“中国智慧”。

“四个全面”战略布局深化了党对世界文明交流与互鉴的认识。人类文明的多样性赋予了这个世界姹紫嫣红的色彩。当今世界，承认不同文明的多样性、差异性和独特性，有利于处于不同发展阶段、存在不同价值取向的不同文明之间的平等交流和相互借鉴。多样带来交流，交流产生融合，融合孕育进步。习近平总书记反复强调，不同文明没有优劣之分，只有特色之别。要促进不同文明和不同发展模式之间的交流对话，在相互竞争和比较中取长补短，在交流互鉴中共同发展，让文明的交流互鉴成为增进世界各国人民友谊的桥梁，成为推动社会进步的动力和维护世界和平的纽带。

第四章　“四个全面”战略布局与中国特色社会主义

“四个全面”战略布局的主题，就是在新的历史条件下坚持和发展中国特色社会主义。“四个全面”战略布局中的每一个全面，都与中国特色社会主义的发展进程相统一，都与中国特色社会主义的发展规律相适应，都与中国特色社会主义的基本要求相联系。全面建成小康社会和全面建设社会主义现代化国家充分彰显了中国特色社会主义的时代主题，全面深化改革激发了中国特色社会主义的活力之源，全面依法治国描绘了中国特色社会主义的法治蓝图，全面从严治党阐发了中国特色社会主义事业的政治保障和领导核心。党的领导是中国特色社会主义最本质的特征。只有坚持中国特色社会主义的根本前提，才能完成“四个全面”战略布局提出的任务；只有坚持“四个全面”战略布局，才能顺利推进中国特色社会主义的伟大事业。“四个全面”战略布局与中国特色社会主义，统一于中国式现代化建设与民族复兴的伟大目标，统一于改革开放和依法治国的伟大实践，统一于党的建设新的伟大工程，统一于在新的历史条件下的伟大斗争。

一、“四个全面”战略布局与中国特色社会主义基本内涵

党的十八大精辟地概括了中国特色社会主义道路的科学内涵：“中国特色社会主义道路，就是在中国共产党领导下，立足基本国情，以经济建设为中心，坚持四项基本原则，坚持改革开放，解放和发展社会生产力，建设社会主义市场经济、社会主义民主政治、社会主义先进文化、社会主义和谐社会、社会主义生态文明，促进人的全面发展，逐步实现全体人民

共同富裕，建设富强民主文明和谐的社会主义现代化国家。”[①]党的十九大又进一步提出：“明确坚持和发展中国特色社会主义，总任务是实现社会主义现代化和中华民族伟大复兴，在全面建成小康社会的基础上，分两步走在本世纪中叶建成富强民主文明和谐美丽的社会主义现代化强国”[②]，把自然环境的“美丽”作为生态文明的建设目标，进一步丰富了社会主义现代化强国的内涵。这一科学概括，包含了“一个中心、两个基本点”的基本路线，包含了解放和发展生产力的根本任务，包含了“五位一体”的总体布局，包含了促进人的全面发展、实现全体人民的共同富裕、实现现代化和民族复兴的总目标。这一科学概括，深刻揭示了中国特色社会主义的丰富内涵和关键要素，集中体现了中国特色社会主义的本质特征和客观规律。党的十八大还把建设中国特色社会主义具体化为“三个总”，即总依据是社会主义初级阶段，总布局是“五位一体”，总任务是实现社会主义现代化和中华民族伟大复兴。习近平总书记说：“这‘三个总’的概括，高屋建瓴，提纲挈领，言简意赅。深刻领会和把握这个新概括，有助于我们深刻领会和把握中国特色社会主义的真谛和要义。”[③]这“三个总”同样也构成了中国特色社会主义的核心内涵。

1. “四个全面”战略布局与中国特色社会主义总依据

“四个全面”战略布局坚持问题导向和科学思维，立足中国实际、总结中国经验、解决中国问题，是从我国发展的客观实际中提出来的，是以中国特色社会主义的总依据为前提的。在中国特色社会主义总依据下，“四个全面”战略布局立足治国理政全局、抓住改革发展稳定关键、统领中国发展总纲，确立了新形势下党和国家各项工作的战略方向、重大领域和主攻目标。

改革开放以来，我们党正确分析中国国情，作出了我国仍处于并将长期处于社会主义初级阶段的论断，并且强调，我国社会主义脱胎于半殖民地半封建社会，要改变生产力发展水平落后的状况，完善社会主义生产关系和上层建筑，实现现代化，是一个长期的历史过程。从我国 20 世纪 50

---

① 中共中央文献研究室：《十八大以来重要文献选编》（上），中央文献出版社 2014 年版，第 9—10 页。

②《习近平谈治国理政》（第 3 卷），外文出版社 2020 年版，第 15 页。

③《习近平谈治国理政》（第 1 卷），外文出版社 2018 年版，第 10 页。

年代中期对生产资料私有制的社会主义改造基本完成，到社会主义现代化的实现，都属于社会主义初级阶段，这个阶段至少需要一百年时间。正是以社会主义初级阶段为总依据，我们党开创了中国特色社会主义道路。

社会主义初级阶段的命题包括两层含义：第一，我国已经进入社会主义社会，这明确界定了我国社会的根本性质，我们必须理直气壮和毫不动摇地坚持社会主义的根本制度。否定和抛弃我国的社会主义制度和社会主义道路，鼓吹“补课论”或者走资本主义道路和新民主主义道路的观点和主张，都是历史的倒退。第二，我国的社会主义处于初级阶段，即不发达阶段。这是由我国人口多、底子薄、发展不平衡的历史条件和社会状况决定的。我们要把社会主义和初级阶段这八个字统一起来去理解和把握这个长期的历史阶段。这个阶段既不同于社会主义经济基础尚未建立的过渡时期，也不同于已经实现社会主义现代化的阶段，而是我国社会主义发展中一个不可逾越的历史阶段。它不是泛指任何国家进入社会主义都会经历的历史阶段，而是特指我国生产力落后、商品经济不发达必然要经历的特定阶段。

社会主义初级阶段的最大国情是中国特色社会主义的总依据。我们强调一切从实际出发，实事求是，社会主义初级阶段就是我们当前最大的实际。把握这一最大国情，就是要在推行任何方面的改革时都牢牢立足这个最大实际。不仅在经济建设中要始终立足初级阶段的实际，而且在政治建设、文化建设、社会建设、生态文明建设中，也要始终牢记初级阶段。不仅在经济社会发展水平比较低时要立足于初级阶段，而且在经济社会发展起来以后也仍然要牢记初级阶段。不仅在谋划长远发展时要立足初级阶段，而且在日常工作中也要牢记初级阶段。只有牢牢把握了社会主义初级阶段这个最大的实际，我们才能够深入和自觉地理解和执行党中央的一系列方针政策。例如，现阶段为什么要让市场在资源配置中起决定性作用，同时又必须更好地发挥政府的作用？为什么说必须毫不动摇地坚持以公有制为主体、多种所有制经济共同发展的社会主义初级阶段的基本经济制度？为什么必须毫不动摇地坚持以按劳分配为主体、多种分配方式并存的社会主义初级阶段的基本分配制度？等等。总之，只有从社会主义初级阶段的最大实际出发，才能理解中国特色社会主义产生的必然性，才能提高执行党的基本路线的自觉性。

我们说要搞清楚“什么是社会主义、怎样建设社会主义”，具体说来，就是要搞清楚什么是初级阶段的社会主义、在初级阶段怎样建设社会主义。在当代中国，如果真要建设和发展社会主义，而不是假要建设和发展社会主义，那就只能一切从我国的实际出发，从我国仍处于并将长期处于社会主义初级阶段这一最大国情出发，而不能从主观愿望出发，从书本上的论述出发，从这个和那个外国模式出发。改革开放前我们在社会主义建设中出现的种种失误，一个非常重要的原因，就是我们提出的一些任务和制定的政策脱离了社会主义初级阶段的最大国情，超越了社会主义初级阶段的最大实际。改革开放 40 多年来取得举世瞩目的成就，其根本原因之一，就在于制定的路线方针政策合乎社会主义初级阶段的实际，克服了那些超越发展阶段的错误观点和方针政策，又抵制了抛弃社会主义基本原则的错误观点和主张。在社会主义初级阶段，我们进行改革开放，学习和借鉴当今世界各国包括资本主义发达国家的反映现代化大生产一般规律的经营方式、管理方式和组织方式，目的是促进社会主义社会生产力的发展，更好地建设社会主义。如果把这样的学习、借鉴和改革看作是资本主义，则是完全错误的；同样，如果以为这样的改革、学习和借鉴就可以搞资本主义，也是完全错误的。改革开放的实践证明，从社会主义初级阶段的实际出发建设社会主义，没有偏离社会主义，而是在脚踏实地地建设社会主义，使社会主义在中国真正发展起来和兴旺起来，使广大人民群众从切身的感受中更深刻地认识到社会主义的优越性。

我们党从我国社会主义初级阶段的基本国情出发，确立了党在社会主义初级阶段的基本路线。党的十三大首次系统阐述了这条基本路线。随着我国经济社会的发展，基本路线的内容也在不断丰富和发展。党的十九大对党的基本路线是这样表述的：“领导和团结全国各族人民，以经济建设为中心，坚持四项基本原则，坚持改革开放，自力更生，艰苦创业，为把我国建设成为富强民主文明和谐美丽的社会主义现代化强国而奋斗。”[①]“一个中心、两个基本点”，是对党的基本路线的概括和简称。根据党的基本路线和“四个全面”战略布局，我们可以看到，两者具有内在的统一性，抽去党的基本路线，也就没有“四个全面”战略布局。全面建设社会主义现代化国家必须以经济建设为中心，促进经济、政治、文化、社会、生态全面发展；全面深化改革和全面依法治国是党的基本路线的两个基本点中的一个，坚持依法治国、建设社会主义法治国家，本身就是改革开放的基本要求；全面从严治党就是为了坚持和加强党的领导，把党建设成为中国特色社会主义事业的坚强领导核心，这是党的基本路线的要求，也是

①《习近平谈治国理政》（第 3 卷），外文出版社 2020 年版，第 10 页。

“四个全面”战略布局的要求。历史和现实告诉我们，党的基本路线是一个有机的整体，“四个全面”战略布局是工作重心。要把握好这个有机整体，只有协调推进“四个全面”战略布局；要协调推进“四个全面”战略布局，就必须坚持党的基本路线。

社会主义从来都是在开拓中前进的，与时俱进是马克思主义的理论品格，也是社会主义的实践品格。社会主义在中国的兴旺与发达、前进与胜利，是在中华民族和中国人民从站起来、富起来到强起来的历史进程中实现的，是在不断顺应人民的新期待、开辟发展新境界的历史进程中实现的，也是在国际竞争和国际比较中通过人民的辛勤劳动、艰苦奋斗被世界瞩目的。经过改革开放 40 多年的发展，我国社会生产力水平明显提高，人民生活显著改善，中国特色社会主义进入新时代。中国特色社会主义进入新时代，没有改变我国仍处于并将长期处于社会主义初级阶段这个基本国情，没有改变我国仍然是世界上最大的发展中国家的国际地位。我们仍然要立足社会主义初级阶段这个最大实际、把握社会主义初级阶段这个基本国情，仍然要坚持党的基本路线、坚持自力更生和艰苦奋斗。我们要按照“四个全面”战略布局提出的和全面建设社会主义现代化国家的各项要求，突出抓重点、补短板、强弱项，坚定不移地推进供给侧结构性改革，推动经济社会持续健康发展，使中国的现代化建设能够得到人民认可、经得起历史检验。踏上全面建设社会主义现代化国家新征程，我们要激励全党全国各族人民为实现第二个百年奋斗目标而努力，让中华民族以更加昂扬的姿态屹立于世界民族之林。时代是思想之母，实践是理论之源。“四个全面”战略布局以更宽广的视野、更长远的眼光来思考和把握国家未来发展的一系列重大问题，在理论上拓展了新视野、作出了新概括，推动了当代中国马克思主义、21 世纪马克思主义的发展与创新。

2.“四个全面”战略布局与中国特色社会主义总布局

党的十八大着眼于“两个一百年”奋斗目标，对全面推进中国特色社会主义事业作出了“五位一体”总体布局，这既是对社会主义建设规律的自觉把握，也是对中国特色社会主义伟大事业的战略部署。全面贯彻落实经济建设、政治建设、文化建设、社会建设、生态文明建设的“五位一体”总体布局，对于中国特色社会主义的行稳致远具有重要意义。习近平总书记说：“我们要按照这个总布局，促进现代化建设各方面相协调，促进生产关系与生产力、上层建筑与经济基础相协调。”[①]

马克思、恩格斯认为，人类社会是由生产力和生产关系、经济基础和上层建筑构成的有机统一体，社会基本矛盾的运动推动着人类社会从低级向高级发展。未来社会即共产主义社会是生产力高度发展、人的精神生活高度丰富、人与人之间和谐相处、人与自然和谐共生的社会，是人的自由和全面发展的社会。这为人类社会的未来发展指明了方向。但是，在推翻资本主义制度、建立起社会主义社会以后，如何一步步实现人的自由全面发展，他们没有也不可能留下具体和详细的方案，只能依靠后人不断地去进行探索。

党对中国特色社会主义道路发展规律的认识经历了一个初步探索到不断深化，并逐步丰富和发展的过程。

早在中华人民共和国成立前，毛泽东同志就指出：“我们共产党人，多年以来，不但为中国的政治革命和经济革命而奋斗，而且为中国的文化革命而奋斗；一切这些的目的，在于建设一个中华民族的新社会和新国家。在这个新社会和新国家中，不但有新政治、新经济，而且有新文化。”[②]这就是说，中国共产党在民主革命时期，就提出了不仅要建设一个政治上自由和经济上繁荣的中国，而且要建设一个文化上先进和文明的中国。中华人民共和国成立以后，我们党对社会主义建设布局的问题进行了艰辛的探索，取得了许多重要的成就。例如，在实践和充分调查研究的基础上，提出了在社会主义建设中处理好“十大关系”的思想，提出了我国工业发展布局的思想，后来又提出了实现工业、农业、国防、科学技术四个现代化的思想。这些开创性的早期探索，推动了社会主义建设事业在中国大地上的全面展开，也奠定了我们党从总布局的战略高度认识、推进社会主义建设事业发展的思想基础。

在改革开放新的历史时期，我们党在对什么是社会主义、怎样建设社会主义的探索过程中，不断丰富和完善中国特色社会主义事业发展总布局的理论思考和实践部署。1979 年，邓小平就指出：“我们的国家已经进入社会主义现代化建设的新时期。我们要在大幅度提高社会生产力的同时，改革和完善社会主义的经济制度和政治制度，发展高度的社会主义民主和完备的社会主义法制。我们要在建设高度物质文明的同时，提高全民

①《习近平谈治国理政》（第 1 卷），外文出版社 2018 年版，第 11 页。
②《毛泽东选集》（第 2 卷），人民出版社 1991 年版，第 663 页。

族的科学文化水平，发展高尚的丰富多彩的文化生活，建设高度的社会主义精神文明。”[①]1982 年，党的十二大提出了建设高度的社会主义精神文明的战略要求，确立了物质文明和精神文明两个文明一起抓的战略方针。1986 年，党的十二届六中全会提出了“社会主义现代化建设的总体布局”的概念[②]，确立了“以经济建设为中心，坚定不移地进行经济体制改革，坚定不移地进行政治体制改革，坚定不移地加强精神文明建设”的总体布局。这标志着总体布局理论的初步确立。

党的十三届四中全会以后，以江泽民同志为主要代表的中国共产党人，从我国改革开放和现代化建设所处的时代背景和实际需要出发，继承和发展了“两个文明”的理论，提出了“三位一体”的战略布局。1991 年在庆祝中国共产党成立 70 周年大会上，江泽民首次提出了“建设有中国特色社会主义的经济、政治、文化”[③]。1997 年，党的十五大确立了以经济、政治、文化建设为内容的社会主义初级阶段的基本纲领。这标志着总体布局理论从“两个文明”拓展为“三位一体”的协调发展。

党的十六大以来，以胡锦涛同志为总书记的党中央提出了贯彻落实科学发展观和构建社会主义和谐社会的战略思想，更加明确了社会建设在中国特色社会主义事业总体布局中的重要地位。胡锦涛同志在党的十六届五中全会上的讲话中指出：“中国特色社会主义事业的总体布局更加明确地由社会主义经济建设、政治建设、文化建设三位一体发展为社会主义经济建设、政治建设、文化建设、社会建设四位一体。”[④]党的十七大首次按照“四位一体”总体布局来论述中国特色社会主义的基本内涵，并且第一次按照“四位一体”的框架提出了经济建设、政治建设、文化建设、社会建设的纲领，确立了中国特色社会主义的“四位一体”总体布局。

新世纪新阶段，面对资源约束趋紧，环境污染严重，生态系统退化的严峻形势，全党全国人民把更多的目光投向了生态文明这个薄弱环节。党的十八大把生态文明建设提高到中国特色社会主义事业总体布局的高度加以阐述和部署，提出“必须树立尊重自然、顺应自然、保护自然的生态文

---

①《邓小平文选》（第 2 卷），人民出版社 1994 年版，第 208 页。

② 中共中央党史研究室：《中国共产党的九十年》（改革开放和社会主义现代化建设新时期），中共党史出版社、党建读物出版社 2016 年版，第 737 页。

③《江泽民文选》（第 1 卷），人民出版社 2006 年版，第 152 页。

④ 中共中央文献研究室：《十六大以来重要文献选编》（中），中央文献出版社 2006 年版，第 1025 页。

明理念，把生态文明建设放在突出地位，融入经济建设、政治建设、文化建设、社会建设各方面和全过程，努力建设美丽中国，实现中华民族永续发展”[①]。党的十八大还强调：“必须更加自觉地把全面协调可持续作为深入贯彻落实科学发展观的基本要求，全面落实经济建设、政治建设、文化建设、社会建设、生态文明建设五位一体总体布局，促进现代化建设各方面相协调，促进生产关系与生产力、上层建筑与经济基础相协调，不断开拓生产发展、生活富裕、生态良好的文明发展道路。”[②]从而把中国特色社会主义总体布局拓展为“五位一体”。

习近平总书记指出：“随着经济社会发展和实践深入，我们对中国特色社会主义总体布局的认识不断深化，从当年的‘两个文明’到‘三位一体’、‘四位一体’，再到今天的‘五位一体’，这是重大理论和实践创新，更带来了发展理念和发展方式的深刻转变。”[③]“五位一体”总体布局，把握了中国特色社会主义建设和发展的基本领域，抓住了我国现代化建设和民族复兴的主要方面，构成了我国现代化建设的基本纲领。在“五位一体”总体布局中，五个领域的建设和发展不是孤立的，而是相互联系、相互协调的，是一个相互促进和相辅相成的有机统一体。经济建设为中国特色社会主义提供物质基础，政治建设为中国特色社会主义提供政治保障，文化建设为中国特色社会主义提供精神动力，社会建设为中国特色社会主义提供有利的社会条件，生态文明建设为中国特色社会主义提供良好的自然环境。“五位一体”总体布局把社会主义物质文明、政治文明、精神文明、社会文明及生态文明，统一于中国特色社会主义理论体系，统一于中国特色社会主义伟大实践，统一于社会主义现代化建设和民族复兴的伟大梦想，是马克思主义关于人的全面发展理论在中国现阶段的具体体现。

“四个全面”战略布局是统筹推进“五位一体”总体布局的战略抓手和切入点，是实现“五位一体”总体布局的战略布局。在“四个全面”战略布局中，每一个“全面”都与“五位一体”总体布局的基本要求相联系，都具有重大的战略意义。“全面建成小康社会”是“五位一体”总体

① 中共中央文献研究室：《十八大以来重要文献选编》（上），中央文献出版社 2014 年版，第 30—31 页。

② 中共中央文献研究室：《十八大以来重要文献选编》（上），中央文献出版社 2014 年版，第 7 页。

③《习近平谈治国理政》（第 3 卷），外文出版社 2020 年版，第 359 页。

布局的阶段性目标，“全面建设社会主义现代化国家”是“五位一体”总体布局的发展目标；“全面深化改革”源于改革开放，为“五位一体”总体布局提供了根本动力；“全面依法治国”为“五位一体”总体布局的发展提供了长治久安的治国方略；“全面从严治党”坚持和发展了新时期党的建设新的伟大工程，为“五位一体”总体布局提供了根本的政治保证。因此，“四个全面”战略布局与“五位一体”总体布局，相辅相成、相互促进、相得益彰，体现了“两个一百年”奋斗目标的全面性、整体性和协同性。

“四个全面”战略布局凝练和升华了中国共产党理论创新和实践创新的最新成果，科学地揭示了中国特色社会主义道路发展进程中各个要素之间的联系，深刻地把握了新形势下治国理政的特点和规律，具有重大的理论意义和现实意义。协调推进“四个全面”战略布局，必将实现中国道路的优化升级，体现出发展中国、引领时代的进步作用。

3.“四个全面”战略布局与中国特色社会主义总任务

“四个全面”战略布局的根本在于要在中国特色社会主义道路上实现中华民族的伟大复兴。实现中华民族伟大复兴中国梦，不仅是中国特色社会主义的总任务，而且是“四个全面”战略布局的总任务。

中国共产党在成立及之后的发展历程中，一直把实现中华民族伟大复兴作为自己的奋斗目标。随着中国特色社会主义事业不断发展，党领导人民实现民族复兴的使命感和责任感越发强烈和清晰。党的十七大提出，“改革开放是决定当代中国命运的关键抉择，是发展中国特色社会主义、实现中华民族伟大复兴的必由之路”①。需要把中国特色社会主义事业与中华民族伟大复兴紧密地联系起来。党的十八大提出中国特色社会主义的“总任务是实现社会主义现代化和中华民族伟大复兴”②，并且强调，“实践充分证明，中国特色社会主义是当代中国发展进步的根本方向，只有中国特色社会主义才能发展中国”③。这进一步凸显了中国特色社会主义道

① 中共中央文献研究室：《十七大以来重要文献选编》（上），中央文献出版社 2009 年版，第 8 页。

② 中共中央文献研究室：《十八大以来重要文献选编》（上），中央文献出版社 2014 年版，第 10 页。

③ 中共中央文献研究室：《十八大以来重要文献选编》（上），中央文献出版社 2014 年版，第 10—11 页。

路在中华民族伟大复兴中的历史地位。党的十八大以后，习近平总书记用中国梦来表述中华民族的伟大复兴，使民族复兴的奋斗目标变得更加实实在在、更加通俗易懂和深入人心。党的十九大把“不忘初心，牢记使命，高举中国特色社会主义伟大旗帜，决胜全面建成小康社会，夺取新时代中国特色社会主义伟大胜利，为实现中华民族伟大复兴的中国梦不懈奋斗”[①]作为大会主题，并且强调“明确坚持和发展中国特色社会主义，总任务是实现社会主义现代化和中华民族伟大复兴”[②]。党的二十大报告指出：“从现在起，中国共产党的中心任务就是团结带领全国各族人民全面建成社会主义现代化强国、实现第二个百年奋斗目标，以中国式现代化全面推进中华民族伟大复兴。”[③]这些论述都告诉我们，实现中华民族伟大复兴中国梦，是建设中国特色社会主义的总任务。

中国共产党领导人民进行革命、建设、改革，最终目标是要实现共产主义，当前目标则是要让国家强大、民族振兴、人民幸福。我们坚持马克思主义、坚持社会主义，不是因为它们好听、好看和时髦，而是因为只有马克思主义和社会主义才能解决中国的问题，才能够让中国的老百姓过上好日子。所以，我们一定要以改革开放和现代化建设中的实际问题为中心，以我们正在做的事情为中心，着眼于马克思主义理论的运用、着眼于对实际问题的思考、着眼于新的实践和新的发展。当代中国，人民群众对美好生活的向往是执政党面临的最大实际问题。提出实现“两个一百年”奋斗目标、实现中华民族伟大复兴中国梦，归根到底是为了满足人民群众的根本利益。“中国梦归根到底是人民的梦，必须紧紧依靠人民来实现，必须不断为人民造福。”[④]中国特色社会主义发展的阶段不同，人民群众向往美好生活的要求也不同。因此，执政党提出的问题、面临的任务和应对的方略也就不同。改革开放初期，我国的经济社会发展水平还很低，人民的生活总体上还比较贫穷。邓小平同志认为，贫穷不是社会主义，社会主义要消灭贫穷。我们要以经济建设为中心，集中力量发展生产力，尽快让老百姓摘掉贫困的帽子。当时所要解决的主要问题还是“生存需要”所提出的基本问题，是低层次的问题。今天我们所面临的问题，是“发展起

①《习近平谈治国理政》（第3卷），外文出版社2020年版，第1页。

②《习近平谈治国理政》（第3卷），外文出版社2020年版，第15页。

③ 习近平：《高举中国特色社会主义伟大旗帜 为全面建设社会主义现代化国家而团结奋斗——在中国共产党第二十次全国代表大会上的报告》，《人民日报》2022年10月26日，第1版。

④《习近平谈治国理政》（第1卷），外文出版社2018年版，第40页。

来”以后的问题，大量的是“发展需要”和“享受需要”所提出的问题，是由“富起来”发展到“强起来”所带来的问题。由于人民群众的需要呈现多样化、多层次、多方面的特点，今后的发展就要更多更好地体现人的全面发展和社会的全面进步。习近平总书记说：“我们的人民热爱生活，期盼有更好的教育、更稳定的工作、更满意的收入、更可靠的社会保障、更高水平的医疗卫生服务、更舒适的居住条件、更优美的环境，期盼孩子们能成长得更好、工作得更好、生活得更好。人民对美好生活的向往，就是我们的奋斗目标。”①

用人的全面发展思想来分析“两个一百年”奋斗目标。第一个百年奋斗目标是全面建成小康社会，“小康”讲的是我国经济社会的发展程度和人民的生活水平，是和第二个百年奋斗目标的现代化生活标准相比较而言的。在第一个百年奋斗目标中，最重要、最难做到的是“全面”。全面小康覆盖的领域要全面，是经济、政治、文化、社会、生态文明“五位一体”全面发展的小康；全面小康覆盖的人口要全面，是惠及全体人民的小康，没有全民小康，就没有全面小康；全面小康覆盖的区域要全面，是城乡、区域共同发展的小康，没有农村、欠发达地区的小康，也就没有全面小康。这是马克思主义关于人的全面发展理论在中国现阶段的具体体现。全面建成小康社会，既要瞄准2020年这个时间节点，又要考虑2049年的更高目标，要立足于打基础、谋长远、见成效。全面建成小康社会以后，我们要继续向第二个百年奋斗目标奋进。第二个百年奋斗目标的实现，则标志着中国的经济实力和综合国力将大大增强，标志着中国的国际地位和国际影响力将显著提升，标志着中国人民将过上更加幸福安康的现代化生活。

二、“四个全面”战略布局与中国特色社会主义基本要素

坚持和发展中国特色社会主义，是改革开放以来我们党全部理论和全部实践的鲜明主题，也是习近平新时代中国特色社会主义思想的核心和灵魂。改革开放以来我们取得一切成就和进步的根本原因，就是开辟了中国

① 《习近平谈治国理政》（第1卷），外文出版社2018年版，第4页。

特色社会主义道路，形成了中国特色社会主义理论，确立了中国特色社会主义制度，发展了中国特色社会主义文化。中国特色社会主义道路、中国特色社会主义理论、中国特色社会主义制度、中国特色社会主义文化，构成了中国特色社会主义的基本内涵。中国特色社会主义道路是实现途径，中国特色社会主义理论是行动指南，中国特色社会主义制度是根本保障，中国特色社会主义文化是精神力量，四者统一于中国特色社会主义的伟大实践。这是中国特色社会主义的根本标志，是我们克服一个又一个困难、取得一个又一个胜利的根本保证。我们必须坚持道路自信、理论自信、制度自信、文化自信。“四个全面”战略布局的主题，就是在新的历史条件下坚持和发展中国特色社会主义。全面建成小康社会和全面建设社会主义现代化国家彰显了中国特色社会主义的时代主题，全面深化改革激发了中国特色社会主义道路的活力之源，全面依法治国描绘了中国特色社会主义的法治蓝图，全面从严治党阐发了中国特色社会主义事业的政治保障和领导核心。

1.“四个全面”战略布局开辟了中国道路新阶段

方向决定道路，道路决定命运。道路问题是关系党和国家事业兴衰成败的首要问题，道路是党的灵魂，道路是国家的命脉。毛泽东同志说：“革命党是群众的向导，在革命中未有革命党领错了路而革命不失败的。”[①]中国共产党在革命、建设和改革的各个历史时期，坚持从中国的国情出发，探索并且形成了符合中国实际情况的新民主主义革命道路、社会主义改造和社会主义建设道路、中国特色社会主义道路，这充分展示了中国共产党独立自主的探索精神，充分体现了中国共产党坚持走自己的路、从挫折中吸取教训、不断从胜利走向新的胜利的真谛。鲁迅先生说：“其实地上本没有路，走的人多了，也便成了路。”[②]中国特色社会主义道路（即中国道路），是科学社会主义的理论逻辑和中国社会发展的历史逻辑的辩证统一，是根植于中国大地、反映中国人民意愿、适应当代中国和时代发展变化的科学社会主义道路，是全面建成社会主义现代化强国、实现中华民族伟大复兴中国梦的必由之路。

中国特色社会主义道路如果以 1978 年党的十一届三中全会为标志，

---

①《毛泽东选集》（第 1 卷），人民出版社 1991 年版，第 3 页。

② 鲁迅：《鲁迅小说全集》，人民文学出版社 2015 年版，第 66 页。

那么就已经经历了 40 多年的发展历程。对这 40 多年的发展历程，可以按照不同的标准进行划分。根据我国经济社会的发展程度，可以分为“未发展起来时期”和“发展起来时期”。这两个时期的划分大体上可以以 2010 年我国国内生产总值（gross domestic product，GDP）超过日本成为世界第二大经济体为分界。邓小平同志说过：“过去我们讲先发展起来。现在看，发展起来以后的问题不比不发展时少。”[①]习近平总书记也强调：“当前，全党面临的一个重要课题，就是如何正确认识和妥善处理我国发展起来后不断出现的新情况新问题。”[②]所以，把中国特色社会主义道路划分为“未发展起来时期”和“发展起来时期”，是有充分的理论依据的。1978 年党的十一届三中全会以后实行改革开放的第一个时期，我国总体上处于“未发展起来时期”；经过 30 多年的改革开放和快速发展，2010 年我国 GDP 超过日本成为世界第二大经济体，特别是党的十八大以来，我国总体上进入了“发展起来时期”。当然，这个“发展起来时期”是和“未发展起来时期”相比较而言的，相对于社会主义现代化和民族复兴的目标，我国仍处于社会主义初级阶段。

中国特色社会主义道路在不同的历史时期处于不同的发展阶段，因而提出的问题、面临的任务和应对的方略也就不同。改革开放初期提出的“三步走”发展战略是：第一步达到温饱，第二步进入小康，第三步实现现代化。当时的问题是“生存需要”的基本问题。但中国特色社会主义发展到今天，我们所面临的问题变成了“发展需要”甚至是“享受需要”的问题。我们的发展要更多更好地体现人的全面发展和社会的全面进步。从目前的现实情况来说，中国的改革已经进入深水区和攻坚期，涉及各种利益关系的深度调整和基本制度的进一步完善巩固，其复杂性、敏感性和艰巨性是前所未有的。修修补补、头痛医头、脚痛医脚的碎片化改革已经无法解决中国当前面临的问题，必须以壮士断腕的决心和背水一战的勇气，运用总揽全局的大视野、大方略和大手笔，在全面性、协调性、系统性、复杂性和可持续性上进行战略性的谋篇布局，才能走出一条全新的“中国道路”。“四个全面”战略布局正是中国“发展起来以后”的必然选择和必然结果。“四个全面”战略布局中的每一个“全面”都与中国特色社会

① 中共中央文献研究室：《邓小平年谱：1975—1997》（下），中央文献出版社 2004 年版，第 1364 页。

② 习近平：《在中央党校建校 80 周年庆祝大会暨 2013 年春季学期开学典礼上的讲话》，《人民日报》2013 年 3 月 3 日，第 2 版。

主义道路现阶段的基本要求相联系，都是为解决第二阶段的主要问题而提出的应对方略。

2.“四个全面”战略布局丰富了中国理论的新内涵

中国特色社会主义理论体系（即中国理论）是对中国道路发展规律的理论反映。党的十八大对中国特色社会主义理论体系进行了精辟的概括：“中国特色社会主义理论体系，就是包括邓小平理论、‘三个代表’重要思想、科学发展观在内的科学理论体系，是对马克思列宁主义、毛泽东思想的坚持和发展。”[①]什么是马克思主义、怎样科学对待马克思主义；什么是社会主义、怎样建设社会主义；什么是中国特色社会主义、怎样坚持和发展中国特色社会主义，是中国特色社会主义理论体系着力回答的三大基本理论问题。正是在回答这三大基本理论问题的过程中，中国不断走向发展和繁荣。

中华人民共和国成立以后，以毛泽东同志为主要代表的中国共产党人，把坚持走社会主义道路作为摆脱贫穷落后、被动挨打和实现民族复兴的必由之路。随着国民经济的迅速恢复和社会主义改造的基本完成，社会主义制度在中国基本确立，这是中国历史上最深刻和最伟大的社会变革，开启了在社会主义道路上实现民族复兴的历史征程。在改革开放前 30 年，我国已经建立起了独立的和比较完整的工业体系，农业生产条件得到明显改善，教育和科学文化事业有了很大发展，人民生活水平迈上了一个新的台阶，人民群众的健康水平和文化素质也有了明显提高，为在新的历史时期开创中国特色社会主义道路提供了物质基础、宝贵经验和理论准备。这充分说明，只有以马克思主义中国化的第一个理论成果——毛泽东思想为指导，才能使中国人民真正站起来。

党的十一届三中全会以后，中国共产党果断否定了“以阶级斗争为纲”的错误理论和实践，我国的历史进入了一个新的发展阶段。党带领全国各族人民承前启后、继往开来，接力推进改革开放的伟大事业，谱写了中华民族自强不息、接续奋进的壮丽史诗。以邓小平同志为主要代表的中国共产党人，把马克思主义基本原理与中国改革开放的具体实践紧密结合起来，创立了邓小平理论，初步科学地回答了什么是社会主义、怎样建设

① 中共中央文献研究室：《十八大以来重要文献选编》（上），中央文献出版社 2014 年版，第 10 页。

社会主义的一系列基本问题，成功地开创了中国特色社会主义道路。党的十三届四中全会以后，以江泽民同志为主要代表的中国共产党人，在继续回答什么是社会主义、怎样建设社会主义的过程中深化了建设什么样的党、怎样建设党的认识，形成了“三个代表”重要思想，确立了社会主义市场经济体制的改革目标和要求，推进党的建设新的伟大工程，在世界社会主义遭受严重曲折的考验下坚持和捍卫了中国特色社会主义，成功地把中国特色社会主义事业推向了 21 世纪。党的十六大以后，以胡锦涛同志为主要代表的中国共产党人，不断推进实践基础上的理论创新，深刻认识和回答了在新的形势下实现什么样的发展、怎样发展等重大问题，形成了科学发展观，开始了建设中国特色社会主义的总体布局，着力保障和改善民生，促进社会公平正义，推进党的先进性建设和执政能力建设，成功地在新的历史起点上坚持和发展了中国特色社会主义。这充分说明，只有以马克思主义中国化的又一个理论成果——中国特色社会主义理论体系为指导，才能使中国人民富起来。

党的十八大以来，以习近平同志为核心的党中央举旗定向、运筹帷幄，以巨大的政治勇气和强烈的责任担当，提出一系列新思想、新理念、新战略，出台一系列重大的方针政策，推出一系列重大举措，推进一系列重大工作，解决了许多长期想解决而没有解决的问题，办成了许多过去想办而没有办成的大事，中国特色社会主义进入新时代，党和国家的事业取得了全方位、开创性的历史成就，发生了深层次、根本性的历史变革，中华民族迎来了从富起来到强起来的伟大飞跃。目前，我国经济总量已经稳居世界第二位，是世界第一制造业大国、第一货物出口大国、重要对外投资国。人民生活在实现从贫困到温饱再到总体小康的历史性跨越基础上，正在向更加美好的生活迈进。我国的国际地位和国际影响力大幅提升，日益走近世界舞台中央，在国际舞台上扮演着更加重要的角色，社会主义中国显示出越来越强大的生命力和凝聚力。这充分说明，只有以马克思主义中国化的最新理论成果——习近平新时代中国特色社会主义思想为指导，才能使中华民族和中国人民强起来。

“四个全面”战略布局坚持了马克思主义的立场、观点和方法，坚持了马克思主义基本原理和科学社会主义的基本原则，同时又不是从文本、概念和抽象的原则出发，而是立足于实践，解放思想、实事求是、与时俱进、求真务实，创造性地提出了一系列新思想、新观点、新论断，赋予了中国特色社会主义理论体系新的时代内涵。“四个全面”战略布局深刻总结了改革开放新的历史时期和新的历史阶段的新鲜经验，有针对性地探索了新的历史时期和新的历史阶段遇到的新矛盾和新问题，回答了关系党和国家发展的全局性、战略性、前瞻性问题，升华了对共产党执政规律、社会主义建设规律和人类社会发展规律的认识，彰显了历史逻辑、现实逻辑、理论逻辑、思维逻辑的辩证统一，是马克思主义中国化的最新成果，是当代中国的马克思主义。

3. “四个全面”战略布局设计了完善中国制度的新方略

中国特色社会主义制度（即中国制度）是在中华人民共和国建立的社会主义制度的基础上，经过改革开放 40 多年的实践逐步形成的。党的十八大对这一制度作出了精辟的概括：“中国特色社会主义制度，就是人民代表大会制度的根本政治制度，中国共产党领导的多党合作和政治协商制度、民族区域自治制度以及基层群众自治制度等基本政治制度，中国特色社会主义法律体系，公有制为主体、多种所有制经济共同发展的基本经济制度，以及建立在这些制度基础上的经济体制、政治体制、文化体制、社会体制等各项具体制度。”[①]这一中国特色社会主义制度，把根本制度、基本制度、重要制度及各方面具体体制机制有机结合起来，坚持把国家层面的民主制度同基层民主制度有机结合起来，坚持把党的领导、人民当家作主、依法治国有机结合起来，是当代中国发展进步的根本制度保障。中国特色社会主义制度植根于改革开放和社会主义现代化的生动实践，符合我国国情、顺应时代潮流，具有鲜明的特点和优势。

完善中国特色社会主义制度，首先必须厘清中国特色社会主义制度的基本结构。中国特色社会主义制度是一个制度体系，是由根本层面的制度、基本层面的制度和具体层面的制度组成的。党的领导制度是我国的根本领导制度、人民代表大会制度是我国的根本政治制度。民族区域自治制度、基层群众自治制度、中国特色社会主义法律体系，以及以公有制为主体、多种所有制经济共同发展的制度体系，是具有中国特色的基本制度。建立在根本制度和基本制度基础上的经济体制、政治体制、文化体制、社会体制等体制机制，是具有中国特色的具体制度。根本制度事关国家命运、人民福祉、民族根基，必须毫不动摇地坚持并且不断地加以巩固；基

---

① 中共中央文献研究室：《十八大以来重要文献选编》（上），中央文献出版社 2014 年版，第 10 页。

本制度同样事关国家前途、人民的根本利益和民族的未来，要在坚持的前提下逐步完善和发展；具体制度特别是各种各样的体制机制，是以根本制度和基本制度为基础构建和发展起来的，必须根据经济社会领域中出现的新情况和新问题不断进行改革和创新，与时俱进地推进这些体制机制的变化和发展。无论是根本制度的坚持和巩固、基本制度的完善和发展，还是具体制度的改革和创新，都是对中国特色社会主义制度的坚持和完善。不能一讲完善中国特色社会主义制度，就对根本制度进行“改革”和“创新”。不坚持或动摇了根本制度和基本制度，也就无所谓完善中国特色社会主义制度了，而是在推翻这一制度。无论是坚持和巩固根本制度、完善和发展基本制度，还是改革和创新具体制度，都属于完善中国特色社会主义制度的范畴。改革和创新是完善，坚持和巩固同样也是完善。在这个问题上，“决不能犯颠覆性的错误”。习近平总书记强调：“问题的实质是改什么、不改什么，有些不能改的，再过多长时间也是不改，不能把这说成是不改革。我们不断推进改革，是为了推动党和人民事业更好发展，而不是为了迎合某些人的‘掌声’，不能把西方的理论、观点生搬硬套在自己身上。要从我国国情出发、从经济社会发展实际出发，有领导有步骤推进改革，不求轰动效应，不做表面文章，始终坚持改革开放正确方向。”[①]这一段话讲得非常到位，也非常有针对性，我们要很好地学习和领会。同时我们要警惕一些别有用心的人在改革的旗号下否定我们的根本制度和基本制度。

中国特色社会主义制度从总体上说，是特色鲜明、富有效率的，但还不是尽善尽美、成熟定型的。随着中国道路在实践中不断发展，中国特色社会主义制度也需要得到不断完善。邓小平同志在 1992 年提出，再有 30 年的时间，我们才会在各方面形成一整套更加成熟、更加定型的制度。习近平总书记也指出：“我们要坚持以实践基础上的理论创新推动制度创新，坚持和完善现有制度，从实际出发，及时制定一些新的制度，构建系统完备、科学规范、运行有效的制度体系，使各方面制度更加成熟更加定型，为夺取中国特色社会主义新胜利提供更加有效的制度保障。”[②]十八大以来，党中央把推进国家治理体系和治理能力的现代化纳入全面深化改

① 中共中央文献研究室：《习近平关于协调推进“四个全面”战略布局论述摘编》，中央文献出版社 2015 年版，第 69— 70 页。

② 中共中央文献研究室：《十八大以来重要文献选编》（上），中央文献出版社 2014 年版，第 76 页。

革的总目标，也纳入依法治国的总目标，这说明要把国家治理现代化打造成为中国特色社会主义现代化的重要内容，使中国特色社会主义制度更加完善，实现国家长治久安和繁荣发展，从而引领世界文明进步的潮流。“四个全面”战略布局抓住了这个主要环节，把完善中国特色社会主义制度的目标具体化、实践化，这是实现社会主义现代化的题中应有之义，也是中国特色社会主义进一步坚持和发展的必由之路。全面建成小康社会和全面建设社会主义现代化国家内在地包含了中国特色社会主义制度更加成熟、更加定型的目标要求；全面深化改革、全面依法治国都有内在地直接补齐制度短板、推动国家治理制度化现代化的重大举措；全面从严治党涵盖了思想建党和制度治党的内在要求。“四个全面”战略布局凝练和升华了中国共产党理论创新和制度创新的精华，围绕构建系统完备、科学规范、运行有效的制度体系目标任务，顺应时代潮流、把握现实需求，进行了完善中国特色社会主义制度的顶层设计，提出了我们党在新的历史条件下完善中国特色社会主义制度的新举措和新方略，为党和国家事业的长治久安提供了理论指导和实践指南。

4.“四个全面”战略布局拓展了中国文化新视野

文化是一个国家、一个民族的灵魂。文化自信是更基础、更广泛、更深沉的自信。坚定道路自信、理论自信、制度自信，说到底是要坚定文化自信。

文化兴则国运兴，文化强则民族强。没有文化的繁荣兴盛，就没有中华民族的伟大复兴。中国特色社会主义文化，源自中华民族五千多年文明历史所孕育的优秀传统文化，熔铸于党领导人民在革命、建设中创造的革命文化和社会主义先进文化，植根于改革开放的伟大实践。中国特色社会主义文化包括三个主要组成部分：一是以马克思主义为指导的社会主义文化；二是以爱国、厚民、崇德、创新、守信、尚和、从善为主流的中华优秀传统文化；三是健康向上、丰富多彩的外来文化。以马克思主义为指导的社会主义文化，是中国特色社会主义文化的旗帜和精髓；中华优秀传统文化，是中国特色社会主义文化的基因和根脉；健康向上、丰富多彩的外来文化，是中国特色社会主义文化的借鉴和补充。中国特色社会主义文化，是以马克思主义为指导的社会主义先进文化，是面向现代化、面向世界、面向未来的现代文化，是坚持为人民服务、为社会主义服务，坚持百花齐放、百家争鸣方针的民族的科学的大众的文化。中国特色社会主义文化既是中国特色社会主义事业的重要组成部分，也是中国特色社会主义事业发展的精神力量。

“四个全面”战略布局为中国特色社会主义文化的发展和繁荣提供了强大的动力。文化是实践的历史的，因而也是发展的创新的。发展和创新是维持文化生命力的不可或缺的基础和条件。文化的河流也和自然的河流一样，不仅具有源头，而且需要活水。只有源源不断的活水流入，才能汇成奔腾不息的江河大海。中国特色社会主义文化的源头是具有五千多年悠久历史的中华文明，其活水是中国共产党一百多年来领导人民进行社会革命和自我革命的伟大实践，特别是改革开放四十多年来的伟大实践。改革开放以来，社会生产方式和交换方式的变革，以及在这个基础上发生的社会经济结构、政治结构与人们的观念的变革，是推动中国特色社会主义文化发展与创新的根本原因。在改革开放的伟大历史进程中，社会主义核心价值体系建设取得明显进展，马克思主义思想理论建设取得显著成效，群众性精神文明创建活动和思想道德建设全面推进，文化事业、文化产业的发展空前繁荣，全民族的文明素质明显提高，国家的凝聚力和向心力显著增强。这些成就是中国特色社会主义文化发展的主流和主要标志，为中华民族的伟大复兴提供了强大的精神动力。

为了中国特色社会主义文化事业大发展和大繁荣，必须全面加强党对文化工作的领导，全面深化文化领域的改革开放，全面推进文化领域的法治建设，以进一步增强文化事业的活力和动力。这就要求在文化领域全面贯彻“四个全面”战略布局，充分调动文化工作者的积极性，多出优秀作品，多出优秀人才。文化领域的改革开放要符合建设和发展中国特色社会主义文化的要求，遵循文化发展的内在规律，发挥市场机制的积极作用。文化产品具有不同于物质产品的特殊属性，对人们的思想道德和科学文化素质有重要影响。因此，文化领域的改革开放还要坚持把社会效益放在首位，坚持以科学的理论武装人，以正确的舆论引导人，以高尚的精神塑造人，以优秀的作品鼓舞人，力求实现社会效益和经济效益的最佳结合。

当前，中国特色社会主义文化正迎来历史性的繁荣兴盛时代。党的十八大以来，我国文化建设和文化体制改革更加注重系统性、协同性、整体性，文化领域具有“四梁八柱”性质的改革主体框架已经基本确立，为中国特色社会主义文化的繁荣提供了制度保障。党的十九大报告提出，必须坚持马克思主义，牢固树立共产主义远大理想和中国特色社会主义共同理想，培育和践行社会主义核心价值观，不断增强意识形态领域主导权和话语权，推动中华优秀文化创造性转化、创新性发展，继承革命文化，发展社会主义先进文化，坚持不忘本来、吸收外来、面向未来，更好地构筑中国精神、中国价值、中国力量，为人民提供精神指引。党的二十大报告指出：“我们要坚持马克思主义在意识形态领域指导地位的根本制度，坚持为人民服务、为社会主义服务，坚持百花齐放、百家争鸣，坚持创造性转化、创新性发展，以社会主义核心价值观为引领，发展社会主义先进文化，弘扬革命文化，传承中华优秀传统文化，满足人民日益增长的精神文化需求，巩固全党全国各族人民团结奋斗的共同思想基础，不断提升国家文化软实力和中华文化影响力。”①“四个全面”战略布局为中国特色社会主义文化的繁荣兴盛提供了根本的理论遵循。随着我国社会主义现代化建设新高潮的到来，一个中华民族历史上规模空前的文化大发展、大繁荣的新高潮也正在到来！

5.“四个全面”战略布局开启了民族复兴新征程

中国特色社会主义丰富了马克思主义关于人类历史发展道路普遍性和多样性的理论，引导中国走上了民族复兴的康庄大道，并且为落后国家的现代化道路提供了有益的启示，具有深远的理论意义、现实意义和世界意义。在中国特色社会主义道路上，我们取得了一系列历史性成就。我国的经济总量上升到世界第二位，社会生产力大幅提高，人民生活水平大幅提升，综合国力大幅增强。中华民族伟大复兴的光辉前景更加清晰地展现在我们面前。现在，我们比历史上任何时候都更加接近中华民族伟大复兴的目标，比历史上任何时候都更有信心、有能力实现这个民族的百年梦想。习近平总书记在《在纪念毛泽东同志诞辰 120 周年座谈会上的讲话》中指出：“站立在 960 万平方公里的广袤土地上，吸吮着中华民族漫长奋斗积累的文化养分，拥有 13 亿中国人民聚合的磅礴之力，我们走自己的路，具有无比广阔的舞台，具有无比深厚的历史底蕴，具有无比强大的前进定力。中国人民应该有这个信心，每一个中国人都应该有这个信心。”②这是何等豪迈的誓言，也是何等伟大和壮丽的事业！何谓道路自信？这就是

① 习近平：《高举中国特色社会主义伟大旗帜 为全面建设社会主义现代化国家而团结奋斗——在中国共产党第二十次全国代表大会上的报告》，《人民日报》2022 年 10 月 26 日，第 1 版。

②《习近平谈治国理政》（第 1 卷），外文出版社 2018 年版，第 29 页。

道路自信具体和生动的体现。“四个全面”战略布局既是对中国特色社会主义的坚持，又是对中国特色社会主义的发展和创新。“四个全面”战略布局中的每一个全面，都在民族复兴中起到关键作用，都具有重大的意义。“四个全面”开启了中华民族伟大复兴的新征程。

我国如期全面建成小康社会，迈出了推动中华民族伟大复兴中国梦实现的“关键一步”，为实现社会主义现代化奠定了坚实的基础。这一历史性的阶段胜利并不是终点，而是新奋斗的起点。在此基础上，我们顺利开启了全面建设社会主义现代化国家的新征程。党的二十大提出要“以中国式现代化全面推进中华民族伟大复兴”①。当前，我们正处于全面建设社会主义现代化国家开局起步的关键时期，应该对这项任务的伟大和艰巨有清醒的认识。不断夺取全面建设社会主义现代化国家的新胜利，团结一致向着全面建成社会主义现代化强国的目标奋进，这必将成为中华民族伟大复兴征程上的一段重要里程。

全面深化改革是实现中华民族伟大复兴中国梦的“关键一招”。改革开放只有进行时，没有完成时。全面深化改革，重点在“全面”，关键在“深化”，根本在“改革”。要坚持改革不动摇，自觉服从改革，并且服务改革。要有勇气、有担当，敢于涉险滩、闯难关，敢于啃硬骨头。改革不是某一领域、某一方面的单兵突进，而是以完善、巩固和发展中国特色社会主义制度，推进国家治理体系和治理能力现代化为目标的全面和系统改革。我们的改革是有方向、有原则、有立场的。有的要坚决改，有的无论什么时候都不能改。在这个问题上，决不能犯颠覆性的错误。我们要警惕一些别有用心的人在改革的旗号下否定我们的根本制度和基本制度。

全面依法治国是实现中华民族伟大复兴中国梦的“关键一环”。法治是现代国家治理的基本方式。全面依法治国，既是对历史经验和教训的深刻总结，也是对实现现代化和民族复兴必由之路的深刻理解和把握。法治管根本、管全局、管长远。我们要在“四个全面”战略布局的指引下，走中国特色社会主义法治道路，建设中国特色社会主义法治体系，建设中国特色社会主义法治国家，促进社会公平正义、维护社会和谐稳定、确保党和国家的事业长治久安，为民族复兴提供法治保障。

全面从严治党是实现中华民族伟大复兴中国梦的“关键所在”。办好

① 习近平：《高举中国特色社会主义伟大旗帜 为全面建设社会主义现代化国家而团结奋斗——在中国共产党第二十次全国代表大会上的报告》，《人民日报》2022年10月26日，第1版。

中国的事情，必须有一个坚强的领导核心。没有这样的领导核心，就会是一盘散沙，四分五裂，必然一事无成。不要说实现民族复兴，就是保持中国的独立和主权，也很难办到。因此，协调推进“四个全面”战略布局最根本最关键的就是毫不动摇地坚持党的领导。在新的历史条件下，党的建设面临长期执政、改革开放、市场经济和外部环境“四大考验”，这“四大考验”是严峻的、复杂的和长期的；同时党内面临精神懈怠、能力不足、脱离群众、消极腐败“四种危险”，这“四种危险”是现实的、严重的。只有全面从严治党，大力反腐倡廉、切实转变作风，才能使我们经受住各种考验，化解各种风险，永远立于不败之地。全面从严治党，就是要保持党的先进性和纯洁性，坚持思想建党和制度建党紧密结合，实现党的自我净化、自我完善、自我革新、自我提高，为社会主义现代化建设提供坚强的领导核心和巩固的政治保证。

有的同志认为：“五位一体是中国特色社会主义事业总布局，是一个长远的战略布局；‘四个全面’是为实现‘第一个百年’而进行的布局，是‘一个阶段性布局’。”[①]笔者不同意这一观点。首先，这并不符合习近平总书记的本意。习近平总书记反复强调“四个全面”战略布局是党中央在新的历史条件下治国理政的总方略，为实现中华民族伟大复兴中国梦提供了理论指导和实践指南。在2016年1月30日中共中央政治局第三十次集体学习时，习近平总书记明确指出：“四个全面”战略布局“是我们党在新形势下治国理政的总方略，是事关党和国家长远发展的总战略”[②]。这些论述表明，“四个全面”战略布局不是只管到2021年的短期战略布局，而是具有长远的指导意义，“是事关党和国家长远发展的总战略”。其次，“四个全面”战略布局是针对我国存在的主要矛盾和问题提出来的。这些矛盾和问题不是短期内产生的，而是在长期的发展过程中逐渐形成的。这些矛盾和问题的解决也不是在短短的几年时间里就能够完成的，需要一个长期的过程。“全面建成小康社会”的目标实现以后，并不就是中华民族伟大复兴中国梦的到来，我们又踏上了全面建设社会主义现代化国家的新征程。改革只有进行时，没有完成时，只有进行更全面和更深化的改革，才能为中华民族伟大复兴中国梦的实现提供强大的动力。法治是我国社会主义现代化建设中的短板，我国历史上几次重大的挫折和失

① 李文阁：《如何理解和把握“四个全面”》，《红旗文稿》2015年第13期，第15页。
②《习近平谈治国理政》（第2卷），外文出版社2017年版，第27页。

误，都与法治不健全有关。全面依法治国是国家治理领域的一场广泛而深刻的革命，是一项规模宏大的系统工程，要完成它，几年的时间是不够的。探索党的领导、人民当家作主和依法治国的统一，走出一条具有中国特色的法治道路，任重而道远。我们党面临的“四大考验”和“四种危险”也是长期的。因此，在上层建筑领域，全面依法治国和全面从严治党同样不是通过短短的几年时间就能够完成的，它贯穿现代化和民族复兴的全过程。笔者完全同意徐光春同志的观点：“‘四个全面’战略布局，不是只管当前、只管一时的，而是管长远的，要管‘两个一百年’奋斗目标的实现和中华民族伟大复兴中国梦的实现，这至少要有几十年的时间。也就是说在这几十年的时间里，都要坚定不移地贯彻实施‘四个全面’战略布局，不能松懈，不能停止，不能偏废，否则，‘两个一百年’奋斗目标和中华民族伟大复兴的中国梦是无法实现的。”[①]“四个全面”战略布局开启了民族复兴的新征程。在整个民族复兴道路上，都要把“四个全面”战略布局作为理论指导和实践指南。党的十九届五中全会对“四个全面”战略布局作出了新的表述，“全面建设社会主义现代化国家、全面深化改革、全面依法治国、全面从严治党”[②]。党的十九届六中全会通过的《中共中央关于党的百年奋斗重大成就和历史经验的决议》进一步强调了这一新的表述。这说明，“四个全面”战略布局不是一个短时期的战略布局，而是一个贯穿中国式现代化全过程、实现中华民族伟大复兴的长期战略。

三、“四个全面”战略布局与中国特色社会主义基本要求和基本方略

党的十八大提出，在新的历史条件下推进中国特色社会主义伟大事业，必须牢牢把握八项基本要求，并使之成为全党全国各族人民的共同信念。这八项基本要求是：必须坚持人民主体地位，必须坚持解放和发展社会生产力，必须坚持推进改革开放，必须坚持维护社会公平正义，必须坚

① 徐光春：《深刻认识“四个全面”战略布局的重大理论和实践意义》，《光明日报》2015 年 11 月 30 日，第 1 版。

② 中共中央党史和文献研究院：《十九大以来重要文献选编》（中），中央文献出版社 2021 年版，第 790 页。

持走共同富裕道路，必须坚持促进社会和谐，必须坚持和平发展，必须坚持党的领导。[①]习近平总书记强调指出：“这些基本要求是根据党的基本理论、基本路线、基本纲领、基本经验，深刻总结六十多年来我国社会主义建设特别是中国特色社会主义建设实践提出的，是最本质的东西，是体现共产党执政规律、社会主义建设规律、人类社会发展规律的东西，表明我们党对中国特色社会主义规律的认识达到了新水平。”[②]习近平总书记在党的十九大报告中，提出了新时代坚持和发展中国特色社会主义的十四条基本方略。这十四条基本方略是：坚持党对一切工作的领导，坚持以人民为中心，坚持全面深化改革，坚持新发展理念，坚持人民当家作主，坚持全面依法治国，坚持社会主义核心价值体系，坚持在发展中保障和改善民生，坚持人与自然和谐共生，坚持总体国家安全观，坚持党对人民军队的绝对领导，坚持“一国两制”和推进祖国统一，坚持推动构建人类命运共同体，坚持全面从严治党。“以上十四条，构成新时代坚持和发展中国特色社会主义的基本方略。全党同志必须全面贯彻党的基本理论、基本路线、基本方略，更好引领党和人民事业发展。”[③]这八项基本要求和十四条基本方略，是对中华人民共和国成立以来 70 多年历史进程的深刻总结，是对改革开放 40 多年来历史经验的精辟提炼。它体现了中国特色社会主义的发展规律，反映了中国特色社会主义的本质特征，也构成了中国特色社会主义的基本要求。

这八项基本要求和十四条基本方略，可以归纳为五个方面：一是坚持以人民为中心，这是中国特色社会主义的出发点和归宿；二是坚持解放和发展生产力，推进改革开放，推动发展创新，这是中国特色社会主义的物质基础和发展动力；三是坚持维护公平正义，促进社会和谐，全面推进依法治国，这是中国特色社会主义的本质要求；四是坚持走和平发展道路，推动构建人类命运共同体，这是中国特色社会主义的必然选择，是中国道路的国际战略，走社会主义道路必然反对侵略扩张、反对霸权主义和强权政治；五是坚持党对一切工作的领导，这是中国特色社会主义的命脉所在，是中国特色社会主义最本质的特征和最大的优势。通过以上分析我们

① 中共中央文献研究室：《十八大以来重要文献选编》（上），中央文献出版社 2014 年版，第 11—12 页。

② 中共中央文献研究室：《十八大以来重要文献选编》（上），中央文献出版社 2014 年版，第 78 页。

③《习近平谈治国理政》（第 3 卷），外文出版社 2020 年版，第 21 页。

可以看到，“四个全面”战略布局在中国特色社会主义基本要求和基本方略中占有重要地位，构成了中国特色社会主义基本要素的“四梁八柱”。以下从五个方面对这些问题一一进行阐述。

1. 坚持以人民为中心

中国共产党在成立之日起，就把全心全意为人民服务写在自己的旗帜上，始终坚持以人民为中心，始终代表人民的根本利益。毛泽东同志提出了全心全意为人民服务的宗旨；邓小平同志提出了把人民满意不满意、高兴不高兴、赞成不赞成作为检验我们一切工作成败的根本标准；江泽民同志提出了中国共产党要始终代表中国最广大人民群众的根本利益；胡锦涛同志提出了以人为本的科学发展观，都坚持把人民作为我们一切工作的主体。习近平总书记更是提出了坚持以人民为中心的发展理念和工作思路。他强调把以人民为中心的发展思想体现在经济社会发展的各个环节中，做到老百姓关心什么、期盼什么，改革就要抓住什么、推进什么，通过改革给人民群众带来更多的获得感。一直以来，中国共产党立党执政的宗旨和思想都是一脉相承的，就是紧紧围绕以人民为中心这个根本宗旨。

中国特色社会主义坚持人民主体地位，以造福人民为根本目的。我们党一贯认为，人民是历史的创造者，群众是真正的英雄。中国特色社会主义必须牢牢坚持人民立场，始终以人民为主体，这是中国特色社会主义道路和其他各种各样道路的根本区别。要把坚持党的领导和坚持人民的主体地位高度统一起来，根据人民的需求和愿望制定推进中国特色社会主义伟大事业的时间表、路线图和任务书。中国道路是人民的道路，要让人民在改革中施展才干、成就梦想。

中国特色社会主义必须让人民共享发展成果。我们党干革命、搞建设、抓改革都是为了让人民过上幸福生活，发展成果是全体人民共建共享的劳动果实。要顺应人民群众对美好生活的向往，不断实现好、维护好和发展好最广大人民群众的根本利益。要通过深化改革、扩大开放、创新驱动来提高经济发展的质量和效益，生产出更多更好的物质和精神产品，不断满足人民群众日益增长的物质和文化生活需要。要创造各种有利条件，为各行各业的劳动者、企业家、创新人才、各级干部和所有中国特色社会主义事业的建设者创造发挥作用的舞台和环境。要坚持社会主义现阶段的基本经济制度和基本分配制度，调整收入分配格局，完善以税收、社会保障、转移支付等为主要手段的再分配调节机制，维护社会公平正义，着力解决好收入分配差距较大的问题，使发展的成果更多、更公平地惠及全体人民。

中国特色社会主义以人民为中心，还意味着中国特色社会主义的成效最终要以人民的评价作为最根本的标准。习近平总书记强调，要把是否促进经济社会发展、是否给人民群众带来实实在在的获得感作为我们工作是否具有成效的根本标准。这充分说明，中国特色社会主义的评价主体不是少数领导者或者是部分阶层的人，而是最广大的人民群众。要让实践来检验，让基层来评价，让群众来打分，这样才能够使我们各方面工作和各种决策最大限度地符合实际情况，符合客观规律，符合人民的愿望。

“四个全面”战略布局在坚持以人民为中心的根本问题上与中国特色社会主义高度一致。习近平总书记说：“把坚持以人民为中心的发展思想贯穿到‘五位一体’总体布局和‘四个全面’战略布局之中。”[①]“四个全面”战略布局继承了中国共产党的光荣传统，坚持以人民为中心，生动体现了中国共产党群众路线的根本要求，深化了历史唯物主义关于人民群众是历史创造者的认识。全面建设社会主义现代化国家既顺应了人民的呼声，又必须依靠人民来实现。全面深化改革让人民群众能够更多地享受改革红利，更好地实现对美好生活的向往。全面依法治国让人民群众能够更好地享受公平正义的美好生活。全面从严治党则保证了人民的事业能够始终由保持着先进性和纯洁性的主心骨来领导。

2. 坚持全面深化改革

改革开放不仅是中国特色社会主义的基本要求，而且是“四个全面”战略布局的重要内容。“四个全面”战略布局的第二个布局，就是“全面深化改革”。马克思主义认为，生产力是人类社会发展的最终决定性力量，物质资料的生产是人类社会存在和发展的基础。唯物史观中的“物”，同物质资料的生产和再生产有内在关联。任何社会的发展与繁荣，最终都会受到物质资料生产和再生产水平的制约。解放和发展生产力是社会主义的根本任务。中国人民之所以选择社会主义，就是因为从根本上说，社会主义能够创造出比资本主义更多更好的社会生产力，能够在使生产力高度发展的基础上，让人民过上幸福美满的生活。国家的昌盛、人民的富裕，说到底是一个经济实力问题。只有大力解放和发展生产力，才

①《习近平谈治国理政》（第3卷），外文出版社2020年版，第234页。

能实现“两个一百年”奋斗目标，才能筑起实现民族复兴中国梦的强大物质基础。我国现在仍处于并将长期处于社会主义初级阶段。在中国特色社会主义新时代，尽管我国社会的主要矛盾已经转变为人民日益增长的美好生活需要和不平衡不充分的发展之间的矛盾，但是，我国仍处于并将长期处于社会主义初级阶段的这个基本国情没有改变，我国是世界最大发展中国家的国际地位没有改变。

经过 40 多年的改革开放，我们已经站在更高的历史起点上，形成了多方面的综合优势。但是，我国经济社会发展中不平衡、不协调、不可持续的问题依然存在，有的还相当尖锐。科技创新能力不强，产业结构不合理，农业基础地位薄弱，资源环境约束加剧，制约科学发展的体制机制障碍依然存在。如果这些问题不能得到有效解决，不仅会影响我国的现代化进程，还有可能使我国掉入各种各样的“陷阱”中。世界上许多国家进入一定的发展阶段以后，就出现了经济增长停滞、贫富差别扩大、社会矛盾增多等重大结构性问题，陷入了所谓的“中等收入陷阱”。目前，我国人均 GDP 已经达到中等收入国家水平，同样也面临着类似问题的挑战。要避免陷入所谓的“中等收入陷阱”，最主要的还是要靠生产力的发展。我们取得的成绩是巨大的，但是我们面临的问题也是严峻的。如果头脑发热，偏离以经济建设为中心，偏离发展生产力的根本任务，我们就会犯“颠覆性”的错误。因此，我们要毫不动摇地坚持以经济建设为中心，坚持解放和发展生产力，全面推进社会主义经济建设、政治建设、文化建设、社会建设、生态文明建设，深化改革开放，推动科学发展，不断夯实实现中国梦的物质文化基础。中国特色社会主义之所以充满生机和活力，就是因为它是改革开放的社会主义；改革开放之所以能够取得成功，就是因为它是坚持中国特色社会主义的改革开放。只有改革开放，才能发展生产力、发展社会主义、发展马克思主义。改革开放只有进行时，没有完成时。

3. 坚持全面依法治国

全面依法治国，是着眼于国家长治久安的战略安排。中国共产党作为在中国长期执政的马克思主义政党，最终目标是实现共产主义，近期目标是把我国建设成为富强民主文明和谐美丽的社会主义现代化强国。因此，不能只考虑十年、二十年的问题，而且要考虑五十年、一百年的问题。习近平总书记说：“我们提出全面推进依法治国，坚定不移厉行法治，一个重要意图就是为子孙万代计、为长远发展谋。”[①]世界上一些国家政局动荡、战乱不断，一个很重要的原因就是法治不彰。小智治事，中智治人，大智立法，必须坚持依法治国、依法执政、依法行政共同推进，坚持法治国家、法治政府、法治社会一体建设，实现科学立法、严格执法、公正司法、全民守法，为党和国家事业发展的长治久安提供根本性、全局性和长期性的战略安排。

平等是所有法治的基本要求，但是资本主义的法治以形式上的平等掩盖了实质上的不平等。坚持在法律面前人人平等，是社会主义法治的基本属性和本质要求，是社会主义法治区别于其他所有法治的根本标准。社会主义法治坚持法律面前人人平等，不是单纯地体现在对违法行为的追究上，而是体现在立法、执法、司法、守法的方方面面。任何组织和个人都必须尊重宪法和法律的权威，都必须在宪法和法律的范围内活动，都必须按照宪法和法律行使权力或权利，都必须按照宪法和法律履行职责或义务，不允许有超越宪法和法律的组织和个人。任何人都没有超越宪法和法律的特权，任何人违反宪法和法律都要受到追究，绝不允许任何人、任何单位、任何组织以任何借口、任何理由、任何形式以言代法、以权压法、徇私枉法。

4. 坚持和平发展

习近平总书记强调：“中国外交政策的宗旨是维护世界和平、促进共同发展。中国始终是世界和平的建设者、全球发展的贡献者、国际秩序的维护者，愿扩大同各国的利益交汇点，推动构建以合作共赢为核心的新型国际关系，推动形成人类命运共同体和利益共同体。”[②]我们从事的中国特色社会主义，是一代又一代中国共产党人和全国各族人民接力奋斗的伟大事业。实事求是是坚持和发展中国特色社会主义的理论旗帜，共同富裕是坚持和发展中国特色社会主义的根本原则，而和平发展则是坚持和发展中国特色社会主义的必然选择。协调推进“四个全面”战略布局和顺利实现“两个一百年”奋斗目标，需要有和平的国际环境。随着经济全球化的深入发展，国际社会日益成为一个你中有我、我中有你的命运共同体。面对日益复杂的

① 中共中央文献研究室：《习近平关于全面依法治国论述摘编》，中央文献出版社 2015 年版，第 12—13 页。

② 中共中央党史和文献研究院：《十八大以来重要文献选编》（下），中央文献出版社 2018 年版，第 353—354 页。

世界经济形势和日益增多的全球性问题，任何国家都不能独善其身。这要求各国同舟共济，促进世界和平，实现共同发展。中国特色社会主义的内在本质要求中国外交摒弃丛林法则，坚持国家不论大小一律平等，坚决反对任何形式的霸权主义，坚持推进国际关系的民主化；在国际上主持公道、捍卫公理、伸张正义，坚定地站在广大发展中国家这一边，维护国际道义和国际关系的基本准则。中国走和平发展道路，坚持实行不结盟政策，同时我们也承认世界上仍然存在结盟的客观现实，尊重世界各国自主选择对外政策的权利，同时也希望各方着眼时代发展潮流，探索更富包容性和建设性的新型国际关系。中国主张，各国应真正树立起利益共同体意识，在共同发展中寻求各方利益的最大公约数，坚持通过对话协商和平解决国家之间的争端，反对动辄使用武力和以武力相威胁，走出一条各国共建、共享、共赢的和平发展道路。中国是这么说的，也是这么做的。多年来，我们克服困难、排除干扰，花了很大的力气，以极大的诚意，努力构建同世界其他国家的新型国际关系；以亲、诚、惠、容的理念，构建睦邻、安邻、富邻的周边关系；坚持正确的义利观，切实加强同广大发展中国家的团结和合作，把我国的发展和广大发展中国家的繁荣紧密联系起来；同时，坚持以和平和谈判的方式解决地区热点问题。这些是全世界人民有目共睹的客观事实。

世界潮流，浩浩荡荡，顺之则昌，逆之则亡。“今天的人类比以往任何时候都更有条件共同朝着和平与发展的目标迈进。中国主张各国人民同心协力，变压力为动力，化危机为生机，以合作取代对抗，以共赢取代独占。”①当今世界格局的特点：一是世界多极化使各个国家之间的交流与合作日益紧密。随着殖民体系的土崩瓦解和一大批新兴市场国家与发展中国家的快速崛起，多个发展中心正在逐步形成，任何国家或国家集团再也无法单独主宰世界事务，国家与国家之间的沟通与合作变得更加重要。要和平，不要战争；要合作，不要对抗，已经成为不可抗拒的时代潮流。二是经济全球化使国家之间的利益依存度空前加深。随着商品、信息、货币、人才等生产要素在全球的加速流动，国家之间的依存度不断增强，形成了你中有我、我中有你的命运共同体。三是人类面临的共同安全问题日益突出。霸权主义、强权政治、新干涉主义有所上升；恐怖主义和极端主义不断蔓延；粮食安全、能源资源安全、网络安全、环境和气候安全、公

①《习近平谈治国理政》（第2卷），外文出版社2017年版，第41页。

共卫生安全、金融安全等全球性难题不断涌现，单打独斗已经无法解决这些全球性问题，只有各国携手合作，才能共同应对。在这个世界潮流面前，那种你兴我衰、你得我失的零和博弈观念已经不合时宜，和平、发展、合作、共赢已经成为大势所趋、人心所向的历史潮流。

中国走和平发展道路的信心和决心一以贯之，坚定不移。但是和平发展绝不会以损害自己国家的主权、安全和发展利益为代价。习近平总书记指出：“中国不觊觎他国权益，不嫉妒他国发展，但决不放弃我们的正当权益。中国人民不信邪也不怕邪，不惹事也不怕事，任何外国不要指望我们会拿自己的核心利益做交易，不要指望我们会吞下损害我国主权、安全、发展利益的苦果。”[①]任何国家在这个问题上都要有清醒的认识，不要心存侥幸，产生误判。我们不仅要向全世界宣告：中国将坚定不移地走和平发展道路，同时也要清楚和明确地划出中国和平发展的“底线”和“红线”，这就是决不允许侵犯和损害中国的核心利益。我们决不允许任何人和任何国家突破这一“底线”和“红线”。在中华人民共和国刚成立时，在一穷二白的时候，我们都不怕鬼、不信邪，勇于捍卫国家主权、维护国家利益，敢于向世界强权“亮剑”，那么今天发展了和强大了的中国，就更不会屈服于任何外来压力。如果有人得寸进尺，逼得我们无路可退，那么我们就会勇敢地面对。为了维护国家核心利益而使用武力，不仅与走和平发展道路没有矛盾，而且是相辅相成、内在统一的。以斗争求和平，则和平存；以退让求和平，则和平亡。20 世纪 50 年代的朝鲜战争就是例证。中国捍卫自己核心利益的信念坚如磐石，不可撼动！

5. 坚持党的领导

加强党的领导，全面从严治党，是“四个全面”战略布局的核心和灵魂。办好中国的事情，关键在党。党的领导是中国特色社会主义的必然选择，是中国特色社会主义最本质的特征，也是中国特色社会主义的最大优势。

（1）党的领导是中国特色社会主义的必然选择。在我国这样一个地域辽阔、人口众多的多民族的发展中大国进行革命、建设和改革，是一项空前复杂和艰巨的事业，必须始终坚持中国共产党的领导。只有这样，才能保证我们的事业不断从胜利走向新的胜利，否则将一事无成。党的十九大

① 《习近平谈治国理政》（第 2 卷），外文出版社 2017 年版，第 42 页。

报告指出：“党政军民学，东西南北中，党是领导一切的。”[①]一百多年来，中国共产党团结和带领全国人民在中国这片古老的土地上完成和推进了三件大事，书写了惊天地、泣鬼神的壮丽诗篇。第一件大事：党紧紧依靠人民完成了新民主主义革命，实现了民族独立、人民解放。第二件大事：党紧紧依靠人民完成了社会主义革命，确立了社会主义基本制度。第三件大事：党紧紧依靠人民进行了改革开放的新的伟大革命，开创、坚持和拓展了中国特色社会主义道路。这三件大事，从根本上改变了中国人民和中华民族的前途和命运，不可逆转地结束了近代以来中国内忧外患、积贫积弱的悲惨命运，不可逆转地开启了中华民族不断发展壮大、走向伟大复兴的历史进程。今天，我们比任何时候都接近中华民族伟大复兴的目标，比任何时候都具有实现这个目标的信心和能力。事实充分证明，中国共产党不愧为全心全意为人民服务的政党，不愧为领导中国人民开创伟大事业的核心力量，不愧为伟大光荣正确的马克思主义政党。

（2）党的领导是中国特色社会主义最本质的特征。中国共产党是中国工人阶级的先锋队，也是中国人民和中华民族的先锋队，代表了中国历史发展的方向，代表了全国人民的根本利益。中国共产党千锤百炼、久经考验，有能力驾驭各种复杂局面，破解前进道路上一个又一个的难题。从农村包围城市、武装夺取政权，到社会主义革命和社会主义建设，再到改革开放和建设中国特色社会主义，在历史发展的各个阶段和各个关键时刻，中国共产党都能够敏锐地抓住时代提出的重大课题，及时制定正确的纲领和路线方针政策，破解一个又一个的难题，克服一个又一个的困难，领导全国人民不断从胜利走向新的胜利。

中国共产党以科学的理论作为自己的指导思想和行动指南。中国共产党把马克思主义与中国的具体实际相结合，先后创立了毛泽东思想、邓小平理论、“三个代表”重要思想、科学发展观、习近平新时代中国特色社会主义思想这些马克思主义中国化的理论成果，使之成为亿万中国人民改变自己命运的强大思想武器，成为引领中华民族伟大复兴的科学指南，并且不断地转化为改造中国的壮丽社会实践。

中国共产党坚持以人民为中心的发展思想，以全心全意为人民服务作为自己的唯一宗旨。中国共产党进行的一切奋斗，无论是在革命时期，还是在建设时期和改革时期，归根结底都是为了实现好、维护好和发展好全

①《习近平谈治国理政》（第3卷），外文出版社2020年版，第16页。

中国最广大人民群众的根本利益。人民想到哪里，中国共产党就做到哪里；人民需要什么，中国共产党就争取什么。人民群众对美好生活的向往，就是中国共产党的奋斗目标。今天，人民群众在综合国力的极大增强和生活水平的极大提高中，选择中国共产党的领导，坚定不移地跟党走，这是中国共产党完成自己历史使命的力量源泉。

中国共产党始终与人民同呼吸、共命运、心连心，紧紧依靠人民推动历史前进。从群众中来，到群众中去，始终保持党同人民群众的血肉联系，是我们党取得革命、建设和改革胜利的根本保证，也是我们党最大的政治优势。中国共产党坚持尊重社会发展规律，尊重人民是历史的创造者，把人民当家作主作为最根本的原则，紧紧地依靠人民、相信人民、为了人民，保障人民的知情权、选择权、参与权、表达权和监督权，紧紧地依靠人民创造历史伟业、推动历史前进。

中国共产党具有强大的自我净化、自我完善、自我革新和自我提高能力。中国共产党在长期的奋斗实践中，形成了以理论联系实际、密切联系群众、批评和自我批评的优良作风，能够依靠自身的力量和人民的信任坚持真理、修正错误，并且通过反思和总结使党的领导水平得到提高，使党和人民的事业得到发展。中国共产党总是能够根据历史发展的阶段性特征和当时的中心任务，提出党自身建设的目标和重点，扎扎实实地推进党的思想建设、组织建设、作风建设和制度建设，始终保持和发展党的先进性和纯洁性，始终保持强大的创造力、凝聚力和战斗力。

所有这些，构成了中国共产党鲜明的政治品格和巨大的政治优势，使党成为中国革命、建设和改革事业的合格领导者。当代中国，只有中国共产党才能领导和带领全国各族人民全面建成社会主义现代化强国和实现中华民族伟大复兴的历史重任。

（3）党的领导是中国特色社会主义的最大优势。坚持党的领导不仅是中国特色社会主义最本质的特征，而且是中国特色社会主义行稳致远的最根本保证和最大优势。

第一，只有坚持中国共产党的领导，才能维护国家的统一和社会的稳定，为中国特色社会主义创造良好的环境。没有国家的统一和社会的稳定，就没有国家的繁荣富强和人民的安居乐业。维护国家的统一和社会的稳定，历来就是中国人民的头等大事。令中国人民刻骨铭心的是近代以来的外国入侵、军阀混战和政局动荡。中华人民共和国的成立，各民族的团结统一和社会稳定为国家的发展提供了坚实的基础，也为改革开放和社会主义现代化建设提供了有利的条件。在新的历史条件下，有效维护国家的团结统一和社会稳定，仍然需要一个能够凝聚全国人民的力量、总揽全局的领导核心。中国共产党作为全国人民的忠实代表，具有丰富的执政经验和驾驭全局的能力。只有坚持中国共产党的领导，才能保证国家的团结统一、社会的和谐稳定和国家的长治久安。

第二，只有坚持中国共产党的领导，才能保证中国特色社会主义的正确方向，顺利推进现代化和民族复兴的伟大事业。摆脱贫穷落后的面貌，实现社会主义现代化，是中国人民的梦想与追求。近代中国的历史反复证明，资本主义道路不适合中国。只有在中国共产党的领导下走中国特色社会主义道路，才能保证现代化的社会主义方向。中国共产党把马克思主义的普遍真理同中国的具体实际结合起来，推进马克思主义的中国化、时代化和大众化，使我国的现代化建设有了科学理论的指导；中国共产党根据客观规律制定和执行正确的路线方针政策，保证中国道路沿着正确的方向健康发展。

第三，只有坚持中国共产党的领导，才能正确处理各种复杂的社会矛盾，协调各方面的利益关系，有效地动员和组织广大群众投身改革开放和现代化建设的事业中去。中国幅员辽阔，人口众多，城乡之间、地区之间的发展并不平衡。近年来，随着改革开放的深入和市场经济的发展，我国的贫富差距进一步拉大，社会矛盾进一步凸显，资源环境压力进一步加大，我国的现代化建设面临许多新的矛盾和问题。要积极稳妥地处理好各种复杂的矛盾和问题，正确调整和协调各方面的利益关系，集中精力解决关乎国计民生的重大问题，保证经济社会的可持续发展，这个重任只能由没有自己狭隘私利的中国共产党来承担。只有在中国共产党的领导下，这些矛盾和问题才能得到有效解决。

第四，只有坚持中国共产党的领导，才能完成中华民族伟大复兴的历史重任。实现民族的伟大复兴，是中华民族近代以来最伟大的梦想。中国特色社会主义的总目标，就是实现中华民族的伟大复兴。中国共产党自成立以来，就始终以实现中华民族的伟大复兴为己任，为民族独立、人民解放和国家富强进行了前赴后继的不懈奋斗。在中国共产党的领导下，中国人民从贫穷走向富裕，从封闭走向开放，从落后走向进步。事实雄辩地证明，没有共产党就没有新中国；没有共产党的领导就没有中国特色社会主义的成功。同样，实现中华民族的伟大复兴，必须毫不动摇地坚持中国共产党的领导。

第二篇　“四个全面”战略布局的形成脉络

2021 年 7 月，习近平总书记在庆祝中国共产党成立一百周年大会上明确提出：“坚持把马克思主义基本原理同中国具体实际相结合、同中华优秀传统文化相结合，用马克思主义观察时代、把握时代、引领时代，继续发展当代中国马克思主义、21 世纪马克思主义！”[①]“两个结合”是中国共产党新时代理论创新的成果，点明了分析研究中国必须遵循的基本方法。

人类历史中的每一个时代皆会诞生其独有的思想范畴，也同样会演绎其独特的治国理政之道，这两者凝结了特定时代的精华与智慧。而且，在时代变迁的历史性转换中，这些思想范畴与治国理政之道大多会在创造性承继的同时有创新性发展。承继代表着继任者对先辈的接纳与尊重，发展则体现了继任者的创造与追求。新时代“四个全面”战略思想与战略布局的形成与确立，既立根于当代中国发展的客观实际，又是民族文化血脉的历史延续。

作为中国道路在新时代接续前行的国家发展战略，“四个全面”战略布局的每一个“全面”，从思想视角看都有其产生、发展、演进到成熟的过程。厘清它们的思想脉络，坚持从历史走向未来，从延续民族文化血脉中开拓前进，有助于我们精准把握它们的内涵，做好今天的事业。“站立在 960 万平方公里的广袤土地上，吸吮着中华民族漫长奋斗积累的文化养

①《习近平谈治国理政》（第 4 卷），外文出版社 2022 年版，第 10 页。

分，拥有 13 亿中国人民聚合的磅礴之力，我们走自己的路，具有无比广阔的舞台，具有无比深厚的历史底蕴，具有无比强大的前进定力。中国人民应该有这个信心，每一个中国人都应该有这个信心。”①

①《习近平谈治国理政》（第 1 卷），外文出版社 2018 年版，第 29 页。

第五章　从全面建成小康社会到全面建设社会主义现代化国家

“全面建成小康社会”是2012年党的十八大确立的中国特色社会主义新时代的发展目标。新时代是我们社会主义事业发展的新方位和新起点，我们要从实现第一个百年奋斗目标向第二个百年奋斗目标接续前行。全面建成小康社会，推进现代化建设，实现中华民族伟大复兴既有光明的前景，更需要艰巨的努力。习近平总书记说：“中国人民正在为实现‘两个一百年’奋斗目标而努力，其中全面建成小康社会中的‘小康’这个概念，就出自《礼记·礼运》，是中华民族自古以来追求的理想社会状态。使用‘小康’这个概念来确立中国的发展目标，既符合中国发展实际，也容易得到最广大人民理解和支持。”①

一、中国古代的小康社会思想

马克思在《〈政治经济学批判〉导言》中说：“一个成人不能再变成儿童，否则就变得稚气了”，“在每一个时代，它固有的性格不是以其纯真性又活跃在儿童的天性中吗？为什么历史上的人类童年时代，在它发展得最完美的地方，不该作为永不复返的阶段而显示出永久的魅力呢？有粗野的儿童和早熟的儿童。古代民族中有许多是属于这一类的”②。

“小康”一词最早产生于西周，《诗经·大雅·民劳》中已有“民亦劳止，汔可小康；惠此中国，以绥四方”的诗句。据记载，此诗为当时西周贵族召穆公所作。当时，周厉王姬胡刚愎自用、贪图享乐，任用佞臣荣

①《习近平在纪念孔子诞辰2565周年国际学术研讨会暨国际儒学联合会第五届会员大会开幕会上的讲话》，《人民日报》2014年9月25日，第2版。

②《马克思恩格斯选集》（第2卷），人民出版社2012年版，第711—712页。

夷公、卫巫等人与民争利、鱼肉百姓。百姓怒不敢言，道路以目。召穆公感慨厉王失德，作诗劝谏。这里“小康”的意思是指在当时的自然经济条件下，百姓处于能够维持其基本生存需求的物质资料的状态，这还只是一种原初性的朴素理想。

春秋战国时期，诸子各家针对诸侯争霸、百姓疾苦的时局，纷纷提出自己的主张，中国文化出现了历史上的第一次高潮，呈现出群星璀璨、百家争鸣的辉煌景象，成为中国文化的“轴心时代”。其中，道、儒两家学派的思想对中国的影响尤为深远。道家创始人老子对纷争的乱世十分不满和抵触，认为理想的人类社会应该效仿自然均衡之道，推崇原始风格，是能够“甘其食，美其服，安其居，乐其俗”的“小国寡民”社会。《老子》第八十章提到：“小国寡民。使有什伯之器而不用；使民重死而不远徙；虽有舟舆，无所乘之；虽有甲兵，无所陈之。使民复结绳而用之。甘其食，美其服，安其居，乐其俗。邻国相望，鸡犬之声相闻，民至老死不相往来。”然而，因为兼并乱象，就放弃进步退回原始状态，显然与历史进步方向相悖。

儒家学派则提出了更具现实意义的“小康”。此时“小康”作为一种社会理想，与“大同”理想相对应而存在。成书于秦汉之际的《礼记》汇编了先秦时期儒家思想的诸多精华，是儒家思想的综合性典籍。其中，《礼运》篇对“小康”进行了详细阐述：“今大道既隐，天下为家。各亲其亲，各子其子，货力为己。大人世及以为礼，城郭沟池以为固，礼义以为纪，以正君臣，以笃父子，以睦兄弟，以和夫妇，以设制度，以立田里，以贤勇知，以功为己。故谋用是作，而兵由此起。禹、汤、文、武、成王、周公，由此其选也。此六君子者，未有不谨于礼者也，以著其义，以考其信，著有过，刑仁讲让，示民有常。如有不由此者，在埶者去，众以为殃，是谓小康。”此时的“小康”是在“大同”无法实现的情况下，退而求其次的选择。先秦儒家依据当时社会转型的状况，看到了当时“天下为家”的私有制对社会的冲击。心虽向往“大同”，然“大道既隐”，那么结束战乱走向统一，建立一个以“礼乐”制度为框架，人民能够安定生活的秩序社会——“小康”，就是次优选择。儒家的“小康”思想反映了社会基层民众对能够维持其基本生活要求的安定社会的憧憬，从其渊源来说是对禹、汤、文、武、成王、周公等先古贤王之治的模仿与再生。

在《孟子·梁惠王上》中，孟子对儒家设想的“小康”社会状况进行了详细的论述：“不违农时，谷不可胜食也；数罟不入洿池，鱼鳖不可胜食也；斧斤以时入山林，材木不可胜用也。谷与鱼鳖不可胜食，材木不可胜用，是使民养生丧死无憾也。养生丧死无憾，王道之始也。五亩之宅，树之以桑，五十者可以衣帛矣；鸡豚狗彘之畜，无失其时，七十者可以食肉矣；百亩之田，勿夺其时，数口之家可以无饥矣；谨庠序之教，申之以孝悌之义，颁白者不负戴于道路矣。七十者衣帛食肉，黎民不饥不寒，然而不王者，未之有也。”“无恒产而有恒心者，惟士为能。若民，则无恒产，因无恒心。苟无恒心，放辟邪侈，无不为已。及陷于罪，然后从而刑之，是罔民也。焉有仁人在位，罔民而可为也？是故明君制民之产，必使仰足以事父母，俯足以畜妻子；乐岁终身饱，凶年免于死亡。然后驱而之善，故民之从之也轻。” 在孟子看来，保障一定的物质基础，让老百姓拥有必要的生活生产资料，遵循物质生产的自然规律，教之以礼义，“小康”才有实现的可能。据此，孟子劝诫统治阶级要注意制民恒产、育民恒心、宽以待民，不能过度压榨民力。

除了道家、儒家，其他学派同样有对理想社会的思考。法家管仲在《管子·牧民》中写道：“凡有地牧民者，务在四时，守在仓廪。国多财，则远者来，地辟举，则民留处；仓廪实，则知礼节；衣食足，则知荣辱；上服度，则六亲固。四维张，则君令行。”在管仲看来，社会的经济基础十分重要，一个国家的君主如果能够重视生产，厚待百姓，按法度办事，不肆意妄为，社会就能安定，国家就能强大。墨家墨翟不赞同儒家的“爱有差等”，其理想社会的设想以无差别的“兼爱”为核心。他在《墨子·兼爱》中说：“若使天下兼相爱，国与国不相攻，家与家不相乱，盗贼无有，君臣父子皆能孝慈，若此则天下治。故圣人以治天下为事者，恶得不禁恶而劝爱！故天下兼相爱则治，交相恶则乱。”可见，在社会秩序稳定和谐上，诸子各家是具有一致性的。

问题是时代的心声及社会变革的先兆。春秋战国时期数百年的社会乱象激发了先秦百家对于理想社会诸多天才般的设想。这些设想在经验般的感悟中浸润着诸子超凡的智慧，虽然并没有形成成熟完善的体系架构，但其中许多进步的理念成为照耀华夏儿女前行之路的指引之光，激发着后世学者对“小康”社会的持续思考，是中华民族不朽的思想宝藏。

公元前 202 年，秦亡汉兴，中华民族结束了内战之乱，汉朝成为中国历史上第一个延续四百余年的统一王朝。“文景之治”“汉武盛世”开创了中华民族自先秦以来前所未有的经济繁荣、社会稳定的盛世景象，为思考“小康”提供了比对的现实参考依据和广阔的思考空间。

反思强秦二世而亡的历史教训、博采先秦百家思想之长和重视血缘宗法的社会结构是汉初学者思考理想社会建构的鲜明特点。陆贾在《新语·辅政》中说：“秦以刑罚为巢，故有覆巢破卵之患；以李斯、赵高为杖，故有顿仆跌伤之祸，何者？所任者非也。故杖圣者帝，杖贤者王，杖仁者霸，杖义者强，杖谗者灭，杖贼者亡。”陆贾的思想兼具儒、道、法之长，在反思秦亡教训中推崇“君子之治”，劝诫帝王“行仁义、法先圣”，天下初定要减轻负担，让老百姓休养生息，莫要肆意妄为，滥用民力。

汉儒董仲舒集先秦政治思想之大成，实现了儒家道统与帝王政统的有机结合，推进了儒家政治学说的制度化建构。董仲舒认为“天人同构”，“人道本于天道”，将现实政治的终极依据归结为“天”，对王道进行了形而上的提升。王道政治的最高标准是“善治”，社会按“天道”运行就会安定。他在《春秋繁露义证》中提出：“明主贤君，必于其信，是故肃慎三本。郊祀致敬，共事祖祢，举显孝悌，表异孝行，所以奉天本也；秉耒躬耕，采桑亲蚕，垦草殖谷，开辟以足衣食，所以奉地本也；立辟雍庠序，修孝悌敬让，明以教化，感以礼乐，所以奉人本也。三者皆奉，则民如子弟，不敢自专，邦如父母，不待恩而爱，不须严而使，虽野居露宿，厚于宫室。”董仲舒在发扬先秦儒家“仁政”的基础上辅以刑罚，并且更重视满足基本物质需求的重要性，强调道德教化必须以较为充分地满足人们的生活需求为前提。他又提出：“圣者则于众人之情，见乱之所从生，故其制人道而差上下也，使富者足以示贵而不至于骄，贫者足以养生而不至于忧，以此为度而调均之，是以财不匮而上下相安，故易治也。”董仲舒将经济“均调”引入社会设计，为儒家“大同”的价值追求提供了能够在政策层面上进行尝试的学理阐释，使儒家“小康”在实际政治运行中具备了部分实现的可能。

东汉何休师承董仲舒一脉，是公羊学的集大成者。何休在公羊先师《春秋》“三世”历史划分说的基础上提出了衰乱、升平和太平的公羊新“三世”历史发展学说，赋予了传统公羊“三世”说以崭新的内涵。这一学说不仅在中国古代思想史和史学史上具有重要影响，而且是近代社会与政治变革的重要理论依据之一。

宋代的洪迈在《夷坚甲志·五郎君》中提出“然久困于穷，冀以小康”，“小康”成为人们摆脱贫困、追求富裕的现实愿望。在《朱文公文集·答陈同甫》中，朱熹认为只要有大贤实行“王道仁政”，“小康”就可以达到，而且“千五百年之间……不无小康”。在他看来“文景之治”

“开元盛世”等皆可谓“小康”。

顾炎武在《日知录·法制》中说：“自万历以上，法令繁而辅之以教化，故其治犹为小康；万历以后，法令存而教化亡。”可见，顾炎武是把文武相辅、宽严相济的治理状态看作“小康”，推崇比较和谐的社会关系。

总体而言，“小康”是中国古代社会的政道追求，与治道理想“大同”构成了中国古代政治思想的两大关键性范畴。

二、中国近代的小康思想

鸦片战争击碎了清朝天朝上国的虚幻外衣，暴露了封建专制的腐朽，让先进的中国人开始重新认识世界，发现自身的落后。向西方学习，引入西方思想改造和发展传统思想成为近代中国思想文化发展的鲜明特点。

太平天国领袖洪秀全将西方宗教思想与传统儒家思想相结合。他在《天朝田亩制度》中说：“凡天下田，天下人同耕。此处不足，则迁彼处，彼处不足，则迁此处；凡天下田，丰荒相通，此处荒，则移彼丰处，以赈此荒处。彼处荒，则移此丰处，以赈彼荒处，务使天下共享天父上主皇上帝大福，有田同耕，有饭同食，有衣同穿，有钱同使，无处不均匀，无处不保暖也。”[①]洪秀全的这一思想明显带有传统“大同”思想与基督教教义相杂合的痕迹，同时也反映了广大农民阶级渴望摆脱地主阶级剥削的心愿。但是，由于处于连续的战争状态，平分土地不具备实现的条件。太平天国根据现实的情况先期实现“着佃交粮”政策，其后颁发了“田凭”，宣布凡佃农“领凭后，租田概作自产”，使其控制区域的佃农获得了土地，一定范围内实现了“耕者有其田”。从实际施行方法和效果来看，太平天国其实并没有跳出自然经济条件下造就的传统“小康”思想窠臼。

康有为推崇西学，主张废除科举制，改革教育，引入西方政体和先进技术，将西方的政治理念与传统的儒家思想结合，形成了自己的小康主张。他认为“大同即平世也，小康即乱世也”[②]。在《大同书》中，康有

① 转引自罗尔纲：《太平天国的理想国：天朝田亩制度考》，商务印书馆 1950 年版，第 2 页。

② 康有为：《孟子微（礼运注·中庸注）》，中华书局 1987 年版，第 22 页。

为将公羊三世说和小康、大同思想及西方君主立宪思想融为一体，提出据乱世、升平世（小康）、太平世三个人类社会的不同发展阶段。在他看来，据乱世是封建专制社会；升平世（小康）即君主立宪社会；太平世则为大同，是资产阶级民主共和社会。在康有为看来，人类社会是从据乱世到升平世（小康）再到太平世的纵向进化过程。据此，他设计了从君主到君民共主再到民主的社会进化路线，“据乱世尚君主，升平世尚君民共主，太平世尚民主矣”①。但在实现方式上，康有为力主社会改良，极力反对革命。他的小康思想是资产阶级改良派的精神支柱，在戊戌变法中成为施政纲领。

康有为提出发展现代工业、改良政治体制、发展社会民主、兴办新式学校、培育专门人才、振兴武备等，赋予了传统小康以现代化的气息，体现出其小康思想具有一种面向世界、面向未来的求索精神。

孙中山也曾深受康有为小康思想的影响。1894 年，孙中山在《上李鸿章书》中建议清政府学习西方先进国家，培养人才、发展农业生产、开办近代工业、保护近代工商业等。然而，其后孙中山求见李鸿章无果，随即对改良救国不再报以幻想，转向革命救国。孙中山结合传统思想与西方政治理论，提出“三民主义”。三民主义特别是民生主义中糅合了他对小康的借鉴与发展。在孙中山看来，“民生主义，不但是最高的理想，并且是社会的原动力，是一切历史活动的重心”②。尤其值得重视的是孙中山注意到了西方社会的阶级分化和贫富差距问题，批判西方社会“所以他们的社会，小康之家是很少的”③。由此在民生问题上，架起了沟通社会主义的桥梁。

孙中山渴望建立一个人可尽其用、地可尽其力、物可尽其用和货可畅其流的现代中国。他在《国民政府建国大纲》中表达了“振兴中华”的思想主题，“对于全国人民之食衣住行四大需要，政府当与人民协力，共谋农业之发展，以足民食；共谋织造之发展，以裕民衣；建筑大计划之各式屋舍，以乐民居；修治道路、运河，以利民行”④。这可以说是孙中山民生思想的施政纲领，体现了他带有“小康吾国民”色彩的革命理想。

随着 1917 年俄国十月革命的胜利，马克思列宁主义传入中国，并在

---

① 康有为：《孟子微（礼运注·中庸注）》，中华书局 1987 年版，第 104 页。

②《孙中山选集》（下册），人民出版社 2011 年版，第 860—861 页。

③《孙中山选集》（下册），人民出版社 2011 年版，第 624 页。

④《孙中山全集》（第 9 卷），中华书局 1986 年版，第 126—127 页。

知识分子中产生了巨大的影响。一些进步知识分子感受到儒家思想与马克思列宁主义之间有诸多思想上的契合，并产生了二者相互证释的构想。1926 年，郭沫若在《洪水》上发表了短篇小说《马克思进文庙》，以马克思和孔子对话的形式，从民族文化的视角探讨了马克思设想的未来共产主义理想与传统“大同”“小康”的异同。

小康思想在近代与西方思想的交融，一方面从侧面反映了这一时期中国思想界吸收西方进步思想，以救亡图存的时代特征；另一方面为中国最进步的知识分子接受马克思主义理论，选择社会主义革命道路做了思想上的准备，为马克思主义中国化提供了思想前提。

优秀传统文化是国家和民族传承发展的根本，如果丢掉了，就割断了精神命脉。习近平总书记说：“这些思想文化体现着中华民族世世代代在生产生活中形成和传承的世界观、人生观、价值观、审美观等，其中最核心的内容已经成为中华民族最基本的文化基因。这些最基本的文化基因，是中华民族和中国人民在修齐治平、尊时守位、知常达变、开物成务、建功立业过程中逐渐形成的有别于其他民族的独特标识。中国人民的理想和奋斗，中国人民的价值观和精神世界，是始终深深植根于中国优秀传统文化沃土之中的，同时又是随着历史和时代前进而不断与日俱新、与时俱进的。”①

三、中国共产党小康社会的思想脉络

1949 年中华人民共和国的诞生，彻底结束了西方列强对中国的殖民，为中华民族的复兴大业扫清了政治障碍，使中国得以重回现代化建设的历史轨道。1954 年 9 月，第一届全国人民代表大会召开。大会提出了实现“四个现代化”的奋斗目标，准备用七个五年计划，到 20 世纪末将我国建设成为一个伟大的社会主义现代化强国。“四个现代化”的发展目标，聚焦了当时国家发展的突出短板，是中国共产党执政之后对国家未来走向的首个战略规划。虽然没有全面涵盖社会主义的发展诉求，但指明了当时社会主义现代化建设最急需突破的瓶颈，展现了我们党对中华民族前

①《习近平在纪念孔子诞辰 2565 周年国际学术研讨会暨国际儒学联合会第五届会员大会开幕会上的讲话》，《人民日报》2014 年 9 月 25 日，第 2 版。

途命运的高度关切，也为我们党后续相关战略布局的制定规制了基本的发展方向。

但是，由于对社会主义和现代化的认识局限，加之国际形势恶化等各种原因的综合影响，我们党的指导思想日益偏向“左”倾路线，使国家发展脱离了正确轨道。20 世纪 70 年代末，我国的经济基础仍旧薄弱，产业失调依然突出，就连人民的生活温饱问题都没有解决。面对如此国情，邓小平同志清醒地意识到，20 世纪末中国已不可能按原初设想实现国际标准的现代化。1979 年 12 月，在和日本首相大平正芳会谈时，邓小平同志说：“我们的四个现代化的概念，不是像你们那样的现代化的概念，而是‘小康之家’。到本世纪末，中国的四个现代化即使达到了某种目标，我们的国民生产总值人均水平也还是很低的。要达到第三世界中比较富裕一点的国家的水平，比如国民生产总值人均一千美元，也还得付出很大的努力。就算达到那样的水平，同西方来比，也还是落后的。所以，我只能说，中国到那时也还是一个小康的状态”①。这是我们党的中央领导人首次在公开场合使用“小康”的表述。

1982 年党的十二大明确了党在新的历史时期的总任务是团结全国各族人民，自力更生，艰苦奋斗，逐步实现工业、农业、国防和科学技术现代化，把我国建设成为高度文明、高度民主的社会主义国家。在经济建设方面提出：“从一九八一年到本世纪末的二十年，我国经济建设总的奋斗目标是，在不断提高经济效益的前提下，力争使全国工农业的年总产值翻两番，即由一九八〇年的七千一百亿元增加到二〇〇〇年的二万八千亿元左右。实现了这个目标，我国国民收入总额和主要工农业产品的产量将居于世界前列，整个国民经济的现代化过程将取得重大进展，城乡人民的收入将成倍增长，人民的物质文化生活可以达到小康水平。”②这是首次在党的全国代表大会中正式使用“小康”的表述。

1984 年 3 月，邓小平同志在会见日本首相中曾根康弘时再次提出“小康社会”的概念，他说：“翻两番，国民生产总值人均达到八百美元，就是到本世纪末在中国建立一个小康社会。这个小康社会，叫做中国式的现代化。翻两番、小康社会、中国式的现代化，这些都是我们的新概

① 《邓小平文选》（第 2 卷），人民出版社 1994 年版，第 237 页。

② 中共中央文献研究室：《十二大以来重要文献选编》（上），中央文献出版社 1986 年版，第 11—12 页。

念。”[①]1984 年 6 月，在会见第二次中日民间人士会议日方代表时，邓小平同志说：“所谓小康，从国民生产总值来说，就是年人均达到八百美元。这同你们相比还是低水平的，但对我们来说是雄心壮志。中国现在有十亿人口，到那时候十二亿人口，国民生产总值可以达到一万亿美元，如果按资本主义的分配方法，绝大多数人还摆脱不了贫穷落后状态。按社会主义的分配原则，就可以使全国人民普遍过上小康生活。这就是我们为什么要坚持社会主义的道理。不坚持社会主义，中国的小康社会形成不了。”[②]

1986 年 6 月，邓小平同志在会见海内外荣氏亲属时说：“所谓小康社会，就是虽不富裕，但日子好过。我们是社会主义国家，国民收入分配要使所有的人都得益，没有太富的人，也没有太穷的人，所以日子普遍好过。更重要的是，那时我们可以进入国民生产总值达到一万亿美元以上的国家的行列，这样的国家不多……有了本世纪末的基础，再花三十年到五十年时间，人均国民生产总值再翻两番，我可以肯定地说，中国将更加强大，对世界和平就更加有利。”[③]1987 年 2 月，邓小平同志会见加蓬总统邦戈时说：“中国走资本主义道路不行，中国除了走社会主义道路没有别的道路可走。一旦中国抛弃社会主义，就要回到半殖民地半封建社会，不要说实现‘小康’，就连温饱也没有保证。”[④]

1987 年 4 月 16 日，在会见香港特别行政区基本法起草委员会委员时，邓小平同志说：“我们社会主义制度是以公有制为基础的，是共同富裕，那时候我们叫小康社会，是人民生活普遍提高的小康社会。”[⑤]邓小平同志以追求“小康”为重要特征的“三步走”设想在 1987 年 10 月召开的党的十三大上被明确为国家发展战略部署。党的十一届三中全会以来，我国经济建设的战略部署大体上分三步走。第一步，实现国民生产总值比 1980 年翻一番，解决人民的温饱问题。这个任务已经基本实现。第二步，到 20 世纪末，使国民生产总值再增长一倍，人民生活达到小康水平。第三步，到 21 世纪中叶，人均国民生产总值达到中等发达国家水

①《邓小平文选》（第 3 卷），人民出版社 1993 年版，第 54 页。
②《邓小平文选》（第 3 卷），人民出版社 1993 年版，第 64 页。
③《邓小平文选》（第 3 卷），人民出版社 1993 年版，第 161—162 页。
④《邓小平文选》（第 3 卷），人民出版社 1993 年版，第 206 页。
⑤《邓小平文选》（第 3 卷），人民出版社 1993 年版，第 216 页。

平，人民生活比较富裕，基本实现现代化。[①]

邓小平同志的“小康”是“中国式现代化”的另一种表述。邓小平同志把党的第一代中央领导集体制定的“四个现代化”目标改用“中国式的现代化”来表述，进而又用富于民族传统文化特色的“小康”作为社会主义现代化第二阶段的目标，表明我们党对于现代化建设的思考既深入实际又极具民族文化色彩。与传统的“小康”思想相比，邓小平同志的“小康”思想具有鲜明的中国特色和时代内涵。其一，邓小平同志的“小康”立足当时国情实际，主要还是聚焦经济建设这个中心，立意改善和提高人民生活水平；其二，在实现“小康”的路径上，始终坚持社会主义道路；其三，邓小平同志的“小康”目标，是要实现全体人民共同富裕，走向社会主义现代化。

随着改革开放的飞速发展，1992 年我国的 GDP 就已达到 27 000 多亿元，1993 年达到 35 000 多亿元，超过党的十二大制定的 28 000 亿元的目标。邓小平同志当初所构想的人均 GDP 800—1000 美元的“小康”核心指标已实现。由于国家的快速发展，原有的战略构想急需升级换代，走向更高的 2.0 版本。以江泽民同志为主要代表的中国共产党人在邓小平同志小康思想的基础上提出了“全面建设小康社会”的思想，进一步丰富和深化了我们党“小康”思想的内涵。1997 年 9 月，党的十五大提出“建设小康社会”，“现在完全可以有把握地说，我们党在改革开放初期提出的本世纪末达到小康的目标，能够如期实现。在中国这样一个十多亿人口的国度里，进入和建设小康社会，是一件有伟大意义的事情。这将为国家长治久安打下新的基础，为更加有力地推进社会主义现代化创造新的起点”[②]。

2000 年 10 月，党的十五届五中全会召开。全会认为现代化建设的前两步战略目标已经实现，人民生活总体上达到了小康水平，从 21 世纪开始，我国将进入新的发展阶段。在全会审议并通过的《中共中央关于制定国民经济和社会发展第十个五年计划的建议》指出：“从新世纪开始，我国将进入全面建设小康社会，加快推进社会主义现代化的新的发展阶

① 中共中央文献研究室：《十三大以来重要文献选编》（上），中央文献出版社 2011 年版，第 14 页。

② 中共中央文献研究室：《十五大以来重要文献选编》（上），中央文献出版社 2011 年版，第 43 页。

段。”[①]这是我们党第三代中央领导集体正式提出“全面建设小康社会”。2001 年 7 月 1 日，在庆祝建党八十周年大会上，江泽民同志说："要尽快地使全国人民都过上殷实的小康生活，并不断向更高水平前进。坚持贯彻党的富民政策，在发展经济的基础上，努力增加城乡居民的收入，不断改善人们的吃、穿、住、行、用的条件，完善社会保障体系，改进医疗卫生条件，提高生活质量。通过一部分地区、一部分人先富起来，先富带动后富，逐步实现全体人民共同富裕。”[②]

2002 年 11 月，党的十六大召开，“全面建设小康社会”写入大会主题。大会认为目前我国还是低水平、不全面和不平衡的总体小康。大会还提出 21 世纪头二十年，是我国发展的重要战略机遇期，我们党的历史任务是全面建设小康社会，加快推进社会主义现代化，使社会主义中国发展和富强起来，并从经济、政治、文化等方面对“全面建设小康社会”的内涵进行了较为详细的阐述，重新建构了“三步走”战略，诠释了中国式的现代化建设模式。

2007 年 10 月，党的十七大认为十六大以来的五年是全面建设小康社会取得重大进展的五年，“我们已经朝着十六大确立的全面建设小康社会的目标迈出了坚实步伐，今后要继续努力奋斗，确保到二〇二〇年实现全面建成小康社会的奋斗目标”[③]。这是我们党首次提出“全面建成小康社会”的概念，并且在十六大的基础上对“小康社会”提出了“增强发展协调性，努力实现经济又好又快发展”“扩大社会主义民主，更好保障人民权益和社会公平正义”“加强文化建设，明显提高全民族文明素质”“加快发展社会事业，全面改善人民生活”“建设生态文明，基本形成节约能源资源和保护生态环境的产业结构、增长方式、消费模式”[④]等多方面的更高要求。

2012 年 7 月，胡锦涛同志在中央党校省部级主要领导干部专题研讨班开班式上强调，要“坚定不移沿着中国特色社会主义道路前进，为全面

① 中共中央文献研究室：《十五大以来重要文献选编》（中），中央文献出版社 2001 年版，第 487 页。

②《江泽民文选》（第 3 卷），人民出版社 2006 年版，第 294 页。

③ 中共中央文献研究室：《十七大以来重要文献选编》（上），中央文献出版社 2009 年版，第 15 页。

④ 中共中央文献研究室：《十七大以来重要文献选编》（上），中央文献出版社 2009 年版，第 15—16 页。

建成小康社会而奋斗”。这是我们党的最高领导人第一次在讲话中提出“全面建成小康社会”。同年 11 月，党的十八大召开，“全面建成小康社会”被写入大会主题。大会认为，“十年来，我们取得一系列新的历史性成就，为全面建成小康社会打下了坚实基础”①，并且提出：“我们要准确判断重要战略机遇期内涵和条件的变化，全面把握机遇，沉着应对挑战，赢得主动，赢得优势，赢得未来，确保到二〇二〇年实现全面建成小康社会宏伟目标。”②

四、全面建成小康社会战略的提出与发展

党的十八大之后，习近平总书记对“全面建成小康社会”提出了许多新论述、新判断，将其推进到社会主义新时代的战略目标高度。习近平总书记指出：“中国已经进入全面建成小康社会的决定性阶段。实现这个目标是实现中华民族伟大复兴中国梦的关键一步。”③这一论断把“全面建成小康社会”定位为实现中华民族伟大复兴中国梦的关键一步，深刻指出了其在中国社会主义事业和现代化建设中的战略意义，将其与社会主义现代化和中华民族伟大复兴中国梦相统一，进一步推进了这一战略思想的发展。“小康社会”由“全面建设”到“全面建成”的演进，一方面体现了我们党对全面小康社会的要求更加严格，另一方面展现了我们党完成这个目标的决心和信心，是我国发展迈入全新阶段的重要标志。

小康社会思想在新时代的发展主要可归结为以下几个方面。

首先，在中华民族伟大复兴中国梦的伟大格局中定位全面建成小康社会。十八大闭幕后，习近平总书记在参观《复兴之路》展览时首次提出并阐述了中国梦的概念，并且说：“我坚信，到中国共产党成立一百年时全面建成小康社会的目标一定能实现，到新中国成立一百年时建成富强民主文明和谐的社会主义现代化国家的目标一定能实现，中华民族伟大复兴的

---

① 中共中央文献研究室：《十八大以来重要文献选编》（上），中央文献出版社 2014 年版，第 5 页。

② 中共中央文献研究室：《十八大以来重要文献选编》（上），中央文献出版社 2014 年版，第 13 页。

③ 习近平：《弘扬丝路精神 深化中阿合作——在中阿合作论坛第六届部长级会议开幕式上的讲话》，《人民日报》2014 年 6 月 6 日，第 2 版。

梦想一定能实现。”[①]在这里，习近平总书记对我们党自邓小平同志时期就提出的战略目标进行了全新诠释，在实事求是的基础上实现了与时俱进的逻辑升华。

2014 年 6 月，在中阿合作论坛第六届部长级会议开幕式的讲话中，习近平主席说：“中国已经进入全面建成小康社会的决定性阶段。实现这个目标是实现中华民族伟大复兴中国梦的关键一步。”[②]这一论断，将“全面建成小康社会”定位为实现中华民族伟大复兴中国梦的必经阶段和重要内容，“在新的历史时期，中国梦的本质是国家富强、民族振兴、人民幸福。我们的奋斗目标是，到 2020 年国内生产总值和城乡居民人均收入在 2010 年基础上翻一番，全面建成小康社会；到本世纪中叶，建成富强民主文明和谐的社会主义现代化国家，实现中华民族伟大复兴的中国梦”[③]。这表明，我们党在对中国特色社会主义建设规律的自觉中精准地把握了发展的阶段性，明晰了新时代中国特色社会主义道路发展过程中的阶段性任务和目标。

其次，明确了全面建成小康社会在“四个全面”战略布局中的统领地位。小康是中国人民自古以来的美好愿望，而人民对美好生活的向往则是中国共产党的奋斗目标。“全面建成小康社会、加快推进社会主义现代化，是几代中国共产党人接续奋斗的重要目标。”[④]这个目标指引着我们党不断开拓生产发展、生活富裕、生态良好的文明发展道路。

“四个全面”战略布局是新时代的治国理政方略。在 2015 年 2 月的省部级主要领导干部学习贯彻党的十八届四中全会精神全面推进依法治国专题研讨班上，习近平总书记对此做了明确的阐释，“这个战略布局，既有战略目标，也有战略举措，每一个‘全面’都具有重大战略意义”[⑤]。当时，全面建成小康社会是战略目标，要以这个目标来引领我们的工作、聚焦我们的奋斗，确保 2020 年实现这个战略目标。全面深化改革、全面依法治国、全面从严治党是三大战略举措，全面深化改革可以激发发展动力和社会活力，全面依法治国可以保证国家治理和社会运行稳定有序，全面

① 中共中央文献研究室：《十八大以来重要文献选编》（上），中央文献出版社 2014 年版，第 84 页。

②《习近平谈治国理政》（第 1 卷），外文出版社 2018 年版，第 314 页。

③《习近平谈治国理政》（第 1 卷），外文出版社 2018 年版，第 56 页。

④ 中共中央党史和文献研究院：《十八大以来重要文献选编》（下），中央文献出版社 2018 年版，第 384 页。

⑤ 中共中央文献研究室：《习近平关于协调推进“四个全面”战略布局论述摘编》，中央文献出版社 2015 年版，第 17 页。

从严治党可以塑造坚强有力的领导核心。三大战略举措共同支撑战略目标，四者相互协调构成了统一的整体化的战略布局。

最后，强调了“全面建成小康社会”战略目标的紧迫性。从 2012 年十八大正式确立全面建成小康社会的目标，到 2020 年实现这个目标，其间只有八年左右的时间，时不我待。我们虽然已经找到正确的道路，然而发展绝不会是一片坦途。党的十八大指出：“如期全面建成小康社会任务十分艰巨，全党同志一定要埋头苦干、顽强拼搏。”[①]2013 年 1 月 1 日，习近平主席在全国政协新年茶话会上说：“现在，全面建成小康社会的号角已经吹响，关键是要树立起攻坚克难的坚定信心，凝聚起推进事业的强大力量，紧紧依靠全国各族人民，推动党和国家事业不断从胜利走向新的胜利。”[②]

世界正面临百年未有之大变局，发展面临一系列的矛盾和挑战。我们能否处理和解决好这些问题，直接关系到全面建成小康社会的战略目标能否如期实现。2014 年 10 月，党的十八届四中全会指出“全面建成小康社会进入决定性阶段，改革进入攻坚期和深水区，国际形势复杂多变，我们党面对的改革发展稳定任务之重前所未有、矛盾风险挑战之多前所未有”[③]。2015 年 10 月，党的十八届五中全会专题研究全面建成小康社会，指出“今后五年党和国家各项任务，归结起来就是夺取全面建成小康社会决胜阶段的伟大胜利，实现第一个百年奋斗目标”[④]。

2017 年，党的十九大指出，从现在起，到 2020 年是全面建成小康社会的决胜期，要按照全面建成小康社会的各项要求统筹五大建设，打好三大攻坚战，使全面建成小康社会经得起历史检验，符合人民的期盼。对此，习近平总书记说：“把蓝图变为现实，是一场新的长征。路虽然还很长，但时间不等人，容不得有半点懈怠。”[⑤]

从“总体小康”到“全面建设小康社会”再到“全面建成小康社会”，伴随着改革开放的深化，中国特色社会主义建设不断发展，中国共

---

① 中共中央文献研究室：《十八大以来重要文献选编》（上），中央文献出版社 2014 年版，第 15 页。

② 习近平：《在全国政协新年茶话会上的讲话》，《人民日报》2013 年 1 月 2 日，第 2 版。

③ 中共中央文献研究室：《十八大以来重要文献选编》（中），中央文献出版社 2016 年版，第 155—156 页。

④ 中共中央文献研究室：《十八大以来重要文献选编》（中），中央文献出版社 2016 年版，第 822 页。

⑤ 中共中央党史和文献研究院：《十九大以来重要文献选编》（上），中央文献出版社 2019 年版，第 389—390 页。

产党的“小康”思想日益完善。在中国共产党的“小康”思想中，从最初温饱有余、富裕不足的“总体小康”到内涵不断丰富的“全面小康”，“人民利益”是贯穿始终的价值追求。

五、全面建设社会主义现代化国家战略的确立

2023 年 3 月 15 日，习近平总书记在中国共产党与世界政党高层对话会上指出，实现现代化是近代以来中国人民矢志奋斗的梦想。中国共产党一百多年团结带领中国人民追求民族复兴的历史，也是一部不断探索现代化道路的历史。从发展的视角来看，从 1921 年建党到 1949 年建国，二十多年的革命斗争的胜利为中国走向现代化奠定了政治前提和制度基础。自 1949 年中华人民共和国成立后，现代化就成为中国共产党与中国人民的现实追求目标。在这个意义上，“四个现代化”“小康社会”“社会主义现代化国家”都是“现代化”在我国发展的不同历史时期的具体呈现，既植根于各个历史时期我国的具体国情，又反映了中国共产党对“现代化”认知的不断深化。特别是在步入新时代后，习近平新时代中国特色社会主义思想的创立，明确了坚持和发展中国特色社会主义的总任务是实现社会主义现代化和中华民族伟大复兴。因而，“全面建成小康社会”、“全面建设社会主义现代化国家”和“全面建成社会主义现代化强国”都是新时代中国特色社会主义总任务统领下，前后相继的阶段性战略目标。

就“全面建设社会主义现代化国家”这一战略目标而言，其正式提出是在党的十九大上。“决胜全面建成小康社会，开启全面建设社会主义现代化国家新征程”在党的十九大报告中作为第四部分的标题出现，并且报告指出“从十九大到二十大，是‘两个一百年’奋斗目标的历史交汇期。我们既要全面建成小康社会、实现第一个百年奋斗目标，又要乘势而上开启全面建设社会主义现代化国家新征程，向第二个百年奋斗目标进军”①。党的十九大在统筹决胜全面建成小康社会第一个百年奋斗目标的同时，对开启全面建设社会主义现代化国家新征程，向第二个百年奋斗目标进军也作了两个阶段的战略安排，擘画了新时代中国特色社会主义发展的壮丽蓝图。

① 中共中央党史和文献研究院：《十九大以来重要文献选编》（上），中央文献出版社 2019 年版，第 20 页。

从十九大到十九届五中全会，随着第一个百年奋斗目标时间节点的日益临近，从第一个百年奋斗目标向第二个百年奋斗目标的升档切换已经迫在眉睫。因此，我们党以两个百年奋斗目标的前后衔接为指引，对“四个全面”战略布局内涵的时代性、阶段性演进做了理论准备。

2020 年 10 月 26 日至 29 日，我们党召开了十九届五中全会。此次全会指出我们党以更为主动的历史精神，对第二个百年奋斗目标进行了谋篇布局。全会再次强调要确保如期全面建成小康社会、实现第一个百年奋斗目标，为开启全面建设社会主义现代化国家新征程奠定坚实基础。此次全会审议通过了《中共中央关于制定国民经济和社会发展第十四个五年规划和二〇三五年远景目标的建议》。在这份建议中，“全面建设社会主义现代化国家、全面深化改革、全面依法治国、全面从严治党”①作为新的“四个全面”战略布局首次整体亮相。我们党通过对战略目标的升档切换，为“四个全面”战略布局走向 2.0 版本做了充分的理论准备。

2021 年 7 月 1 日，在庆祝中国共产党成立一百周年大会上，习近平总书记代表党和人民庄严宣告：“经过全党全国各族人民持续奋斗，我们实现了第一个百年奋斗目标，在中华大地上全面建成了小康社会，历史性地解决了绝对贫困问题，正在意气风发向着全面建成社会主义现代化强国的第二个百年奋斗目标迈进。这是中华民族的伟大光荣！这是中国人民的伟大光荣！这是中国共产党的伟大光荣！”②由此，以这一时间节点为标志，在实践中全面建设社会主义现代化国家正式取代全面建成小康社会，“四个全面”战略布局提档升级进入 2.0 版本时代，成为完成第二个百年奋斗目标的战略部署。

2022 年 10 月，在全面建设社会主义现代化国家的开局起步之际，我们党召开了第二十次全国代表大会。在这次大会上，“全面建设社会主义现代化国家”这一战略目标，既出现在大会主题中，又出现在党的二十大报告的标题中，可以说“全面建设社会主义现代化国家”就是党的二十大的核心议题。党的二十大报告对“全面建设社会主义现代化国家”在理论上进行了全面的阐述，擘画了实现第二个百年奋斗目标的进军路线图，是指引全面建设社会主义现代化国家的纲领性文献。

① 中共中央党史和文献研究院：《十九大以来重要文献选编》（中），中央文献出版社 2021 年版，第 790 页。

②《习近平谈治国理政》（第 4 卷），外文出版社 2022 年版，第 3 页。

第六章　全面深化改革的形成脉络

改革是当代中国最鲜明的特色，也是中国共产党最鲜明的旗帜。中国特色社会主义的开辟、发展和完善都和改革紧密相连，不可分割。习近平总书记说："改革开放最主要的成果是开创和发展了中国特色社会主义，为社会主义现代化建设提供了强大动力和有力保障。事实证明，改革开放是决定当代中国命运的关键抉择，是党和人民事业大踏步赶上时代的重要法宝。"[①]当代中国社会主义事业的发展永无止境，深化改革自然永不止步。

一、中国传统的改革思想

改革是人类社会自我完善的重要手段，作为一种传统，其内在于中华文明的历史演进中。中华民族数千年的历史长河中发生过多次改革，深深影响着古代中国的发展。习近平总书记说："中国人民具有伟大梦想精神，中华民族充满变革和开放精神。几千年前，中华民族的先民们就秉持'周虽旧邦，其命维新'的精神，开启了缔造中华文明的伟大实践"，"以数千年大历史观之，变革和开放总体上是中国的历史常态。中华民族以改革开放的姿态继续走向未来，有着深远的历史渊源、深厚的文化根基"[②]。

中华先祖对改革的思考在奴隶社会时期就已萌芽。大概成书于西周初年的《易经》以"变"为思想核心，并且其中已有相关改革思想的表述。《杂卦》云："革，去故也，鼎，取新也"，革、鼎二卦可以说是我们先

① 中共中央文献研究室：《十八大以来重要文献选编》（上），中央文献出版社 2014 年版，第 511 页。

② 中共中央党史和文献研究院：《十九大以来重要文献选编》（上），中央文献出版社 2019 年版，第 737—738 页。

祖改革思想的原始表述。

春秋战国时期是我国历史上重大的社会转型期，以“周礼”为核心的治理模式日益崩坏，反映在思想领域就出现了“礼法”之争。“礼法”之争就是守旧与革新的争论，是维护奴隶制的礼治还是推行有利于封建制的法治是争论的实质。百家之中，儒家讲周礼、墨家重夏政、道家崇自然，在社会变革上基本都持守旧态度；法家则鲜明地持积极态度，推崇变法革新。《管子·正世》中就有“不慕古，不留今，与时变，与俗化”的记载。《商君书·更法》中也记载了商鞅“圣人苟可以强国，不法其故；苟可以利民，不循其礼”的观点。管仲和商鞅的观点是法家变革主张的典型，要求治国因时而变，治世并非一道，不必执意法古。从当时诸侯各国争霸的现实选择来看，法家变革思想占据主流地位，反映了社会发展的实际需要。客观而言，当时各家思想皆有可取之处，也多有不足，俱不完备。但比较而言，法家思想更接近社会需要。

秦亡汉兴，天下归一，人心思定，相比于先秦，武功与文治易位。法家激进的变革思想逐渐被儒家“权变”思想所取代。汉儒董仲舒倡导“道”的永恒化，但也提出了经、权的命题。他在《春秋繁露》的《阴阳终始》篇中提出：“天之道，有伦，有经，有权。”经是根本的道，而权是道基础上的应变与调节。在《玉英》篇中，他又提到“夫权虽反经，亦必在可以然之域。不在可以然之域，故虽死亡，终弗为也”。董仲舒运用原则性和灵活性相结合的方法，用“权”来解释王朝的更迭和社会的变革，把“道”和“行道”者相区分，君主无道那就可以“有道伐无道”，制度不合时宜那就可以适当地更化，将儒家政治理论推向成熟。

扬雄仿《易经》作《太玄》，仿《论语》作《法言》，反对经学的烦琐、神秘与僵化，认为道有因有循，有革有化。变化是具有普遍性的，圣人之道也是可以因革损益的。他在《法言·问道》中提出：“可则因，否则革。”此句话的意思是说：对于过去的东西，要以当代的现实需要为标准，合适的就继承运用，不合适的就要变革。

宋代李觏有感于朝廷外输岁币、内养冗兵之弊，立意富国强兵、康国济民。他主张承认利益的合理性，秉承儒家权变思想，认为“救弊之术，莫大乎通变”，倡导以变革求强。

王安石是推行“新法”的北宋政治家。他认为国家当时面临重大危机，因而要对弊端丛生的传统制度政策进行改易更革。王安石在《字说》中提出：“有阴有阳，新故相除者，天也；有处有辨，新故相除者，人也。”他认为随着时代的发展，情况的变化，古人之制必须根据现实情况和政治需要进行调整。为了推行改革，王安石提出：“天变不足畏，祖宗不足法，人言不足恤。”“三不足”之言一方面表明了王安石鲜明的革新精神，另一方面表明了他希望朝廷打破陈规旧制，推行新法挽救危局的强烈愿望。

两宋时期，理学思想渐次成型。理学诸子也看到了时局之弊，提出了一些变法思想。在《横渠易说·系辞下》中，张载说：“凡变法须是通。”朱熹在《朱子语录》中提出：“居今之世，若欲尽除今之法，行古之政，则未见其利，而徒有烦扰之弊。”陆九渊在《陆九渊集·语录》中提出：“夫尧之法，舜尝变之；舜之法，禹尝变之。祖宗法自有当变者，使其所变果善，何嫌于同？”可见，理学诸子也具有积极求变的政治态度。

明朝嘉靖、隆庆年间，内外交困。张居正在《张太岳集·杂著》中认为：“天下之事，极则必变，变则反始，此造化自然之理也。”因而，他提出振纪纲、重诏令，核名实、课吏治，抑豪强、固邦本。主张治体用刚，即运用强硬手段推行改革，革除时弊。

王夫之在《思问录·内篇》中提出“事随势迁而法必变”，就是说国家治平之术不能因循守旧，所以“法弊而必更，不可复矣”。在他看来，历代制度皆有其弊，不可盲目复制照搬，要因时而变，因事而革。

晚清时期，龚自珍深感国家暮气沉沉，僵化腐朽，他在《上大学士书》中指出“自古及今，法无不改，势无不积，事例无不变迁，风气无不移易”。在他看来，前朝的法度不一定适合于本朝，原来合适的法度，随着时势改易，也会不合于时。所以，法令规章总是要变革的，与其被别人易朝而改，不如自行改革。

鸦片战争中，清廷败于西方列强，拉开了国人睁眼看世界的序幕。魏源指出：“天下无数百年不弊之法，无穷极不变之法，无不除弊而能兴利之法，无不易简而能变通之法。”[①]

综而观之，中国历史上的改革大致可以分成四种类型：一是形态转变型改革，如周公的改革和李悝、商鞅的变法等；二是救亡型改革，如王安石、张居正等的改革，中国封建历史上的改革大部分属于这种类型；三是汉化型改革，如魏孝文帝、北周武帝等的改革；四是近代型改革，即引进

① 魏源：《默觚：魏源集》，辽宁人民出版社 1994 年版，第 200 页。

和利用近代资本主义的政治经济管理制度和科学技术来改造中国的改革，如洋务运动、戊戌变法等。形态转变型改革从社会进步和制度更替的角度来看应该肯定，但是由于宗法制和军事争霸传统的存在，这类改革最终只能走向君主专制。救亡型改革大都发生在封建政权腐朽危机之时，它不能解决造成统治危机的根本问题，很难取得成功。汉化型改革是少数民族向汉族学习的改革，这类改革有利于中华民族的融合。近代型改革给封建制度注入了新的因素，具有资本主义的性质，改革的方向无疑是正确的，但不触动旧的政治体制，不能解决根本问题。

二、经典作家们的社会主义改革思想

马克思、恩格斯的一生都在为无产阶级解放事业奋斗，他们创立的马克思主义是无产阶级解放事业的理论宝库。虽然在他们所处的那个年代，“革命”是人们关注的重心，但他们的思想中同样存在“改革”的因素，主要包括以下几个方面。

第一，唯物史观中蕴藏着社会改革的思想因素。

马克思、恩格斯创立的唯物史观是我们解读社会发展的“密钥”。马克思说：“人们在自己生活的社会生产中发生一定的、必然的、不以他们的意志为转移的关系，即同他们的物质生产力的一定发展阶段相适合的生产关系。这些生产关系的总和构成社会的经济结构，即有法律的和政治的上层建筑竖立其上并有一定的社会意识形式与之相适应的现实基础。物质生活的生产方式制约着整个社会生活、政治生活和精神生活的过程。不是人们的意识决定人们的存在，相反，是人们的社会存在决定人们的意识。社会的物质生产力发展到一定阶段，便同它们一直在其中运动的现存生产关系或财产关系（这只是生产关系的法律用语）发生矛盾。于是这些关系便由生产力的发展形式变成生产力的桎梏。那时社会革命的时代就到来了。随着经济基础的变更，全部庞大的上层建筑也或慢或快地发生变革。”[①]恩格斯说：“是人们自己创造自己的历史，但他们是在既定的、制约着他们的环境中，是在现有的现实关系的基础上进行创造的，在这些现实关系中，经济关系不管受到其他关系——政治的和意识形态的——多

①《马克思恩格斯选集》（第2卷），人民出版社2012年版，第2—3页。

大影响，归根到底还是具有决定意义的，它构成一条贯穿始终的、唯一有助于理解的红线。”[①]马克思、恩格斯清楚地表达了对社会变革应该从生产力与生产关系的矛盾视角来理解的思想，科学地论证了资本主义必然会被更高的社会形态所取代。

然而，以“革命”的形式来实现社会形态的变革并不是经常性的事件。马克思说：“无论哪一个社会形态，在它所能容纳的全部生产力发挥出来以前，是决不会灭亡的；而新的更高的生产关系，在它的物质存在条件在旧社会的胎胞里成熟以前，是决不会出现的。”[②]人类历史已经表明，每一种社会形态的存在都不是短时间的。奴隶社会和封建社会的历史都有数千年，资本主义也已有数百年的历史。每一种社会形态都有其产生、发展、成熟和衰落的过程。这就是说每一种社会形态的大阶段是由多个小阶段组成的。这种小阶段的递进发展，往往是通过“改革”来实现的，特别是当此时的统治阶级还处在上升阶段时。

第二，社会改革是特定条件下的社会自我批判。

以辩证法来进行批判是马克思主义的鲜明特征和独特的理论品质。马克思主义在对事物的肯定理解中必然包含着否定的理解，对社会发展的理解同样如此。马克思认为人类历史，“最后的形式总是把过去的形式看成是向着自己发展的各个阶段，并且因为它很少而且只是在特定条件下才能够进行自我批判——这里当然不是指作为崩溃时期出现的那样的历史时期——，所以总是对过去的形式作片面的理解”，“同样，资产阶级经济学只有在资产阶级社会的自我批判已经开始时，才能理解封建的、古代的和东方的经济”[③]。在这里，马克思提出了“社会的自我批判”的重要思想。当一个社会的基本矛盾运动能较为充分地展现出来时，社会的自我批判的主体趋于成熟，能够进行一种普遍意义的反思。这给我们理解社会主义提供了方法论意义上的指导。所以，要以运动变化的视角来看待社会的发展，“共产主义对我们来说不是应当确立的状况，不是现实应当与之相适应的理想。我们所称为共产主义的是那种消灭现存状况的现实的运动”[④]。

正是因为马克思主义的这种独特品质，恩格斯晚年思考“社会主义”

①《马克思恩格斯选集》（第4卷），人民出版社2012年版，第649页。
②《马克思恩格斯选集》（第2卷），人民出版社2012年版，第3页。
③《马克思恩格斯选集》（第2卷），人民出版社2012年版，第706页。
④《马克思恩格斯文集》（第1卷），人民出版社2009年版，第539页。

时提出：“所谓‘社会主义社会’不是一种一成不变的东西，而应当和任何其他社会制度一样，把它看成是经常变化和改革的社会。”①而俄国是在落后的条件下建设社会主义，列宁说：“社会主义的困难就在于它要用外人所创造的材料来建立，可是又只有这样才能建立社会主义，这一点我们在理论上都懂得，经过这一年，我们更从实践中看到：只有利用资本主义为反对我们而创造的材料，才能建立社会主义；我们应当利用这一切来建立社会主义，巩固社会主义。”②那么对社会主义的理解同样要有这种自我批判精神，社会主义并不是固定的程式，社会主义改革是巩固和发展自身的必然选择。

第三，列宁在俄国的探索证明了社会主义改革的必然性。

不同于马克思、恩格斯的理论设想，列宁领导革命使社会主义从理论走向现实是在落后国家实现的，这使他突破了马克思、恩格斯的原有理论框架，创造性地发展了马克思主义。经济文化落后的现实使社会主义必然具有过渡性特点，“在资本主义和共产主义之间有一个过渡时期，这在理论上是毫无疑义的。这个过渡时期不能不兼有这两种社会经济结构的特点或特性”③。这表明列宁清楚地看到了现实社会主义的不足，它并没有经过资本主义阶段充分发展所奠定的经济、政治、文化多方面的根基，创造这些根基成为社会主义建设的现实任务。1918 年 4 月，列宁在《苏维埃政权的当前任务》中指出：“我们建立了使被压迫劳动群众能够十分积极地参加独立建设新社会的新型的国家，即苏维埃类型的国家，这还只是解决了困难任务的一小部分。主要的困难是在经济方面：对产品的生产和分配实行最严格的普遍的计算和监督，提高劳动生产率，使生产在事实上社会化。”④而且他认为用新的方式去建立最深刻的经济基础，是一项最困难的任务。

因此，在当时的条件下，在坚持社会主义核心原则的前提下，利用资本主义因素发展社会主义成为列宁的现实选择。列宁决定对外要发展与资本主义国家的经济往来，对内要实行新经济政策鼓励生产、发展经济。列宁说：“我们的目的只有一个，就是要在资本主义包围中利用资本家对利润的贪婪和托拉斯与托拉斯之间的敌对关系，为社会主义共和国的生存创

①《马克思恩格斯文集》（第 10 卷），人民出版社 2009 年版，第 588 页。
②《列宁专题文集·论社会主义》，人民出版社 2009 年版，第 392 页。
③《列宁专题文集·论社会主义》，人民出版社 2009 年版，第 154 页。
④《列宁专题文集·论社会主义》，人民出版社 2009 年版，第 81 页。

造条件。社会主义共和国不同世界发生联系是不能生存下去的，在目前情况下应当把自己的生存同资本主义的关系联系起来。”[①]“新经济政策的真正实质在于：第一，无产阶级国家准许小生产者有贸易自由；第二，对于大资本的生产资料，无产阶级国家采用资本主义经济学中叫做‘国家资本主义’的一系列原则。”[②]生产力是衡量社会发展阶段的根本标准，社会主义如果不能真正提高生产力，那只是一个社会主义的空壳。列宁在改革的同时强调了坚持无产阶级专政的根本原则的重要性。“把资本家请到俄国来不危险吗？这不是意味着发展资本主义吗？是的，这是意味着发展资本主义，但是这并不危险，因为政权掌握在工农手中，地主和资本家的所有制不会恢复。”[③]列宁在落后国家对社会主义改革进行的探索，在实践上和理论上丰富和发展了马克思主义，为中国共产党实行改革开放提供了借鉴。

三、中国共产党的社会主义改革思想

中华人民共和国的建立，奠定了国家建设的政治前提。在一穷二白的基础上，如何进行中国的社会主义建设，成为中国共产党全面执政后面临的现实任务和思考的重大理论问题。在实践的探索和理论的思考中，中国共产党推进了社会主义改革思想的发展。

以毛泽东同志为主要代表的中国共产党人勾画了社会主义改革的理论雏形。毛泽东强调要从中国实际出发开展社会主义建设，“我们要学的是属于普遍真理的东西，并且学习一定要与中国实际相结合。如果每句话，包括马克思的话，都要照搬，那就不得了”[④]。《论十大关系》是毛泽东思考中国社会主义建设的经典之作。毛泽东认为社会主义社会的基本矛盾仍然是生产关系和生产力之间的矛盾、上层建筑和经济基础之间的矛盾，但其性质不同于私有制社会。“社会主义生产关系已经建立起来，它是和生产力的发展相适应的；但是，它又还很不完善，这些不完善的方面和生

①《列宁专题文集·论社会主义》，人民出版社2009年版，第387页。
②《列宁专题文集·论社会主义》，人民出版社2009年版，第393页。
③《列宁专题文集·论社会主义》，人民出版社2009年版，第393页。
④《毛泽东文集》（第7卷），人民出版社1999年版，第42页。

产力的发展又是相矛盾的。除了生产关系和生产力发展的这种又相适应又相矛盾的情况以外，还有上层建筑和经济基础的又相适应又相矛盾的情况。”[①]这就在理论上，从矛盾的视角阐释了社会主义改革的必然性和改革的对象。解决社会主义矛盾的过程，就是对生产关系和上层建筑进行适当的调整和改革的过程。

在改革的方向和性质上，毛泽东强调要坚持党的领导和社会主义方向。1957 年 3 月，在中国共产党全国宣传工作会议上，毛泽东说：“中国的改革和建设靠我们来领导。如果我们把作风整顿好了，我们在工作中间就会更加主动，我们的本事就会更大，工作就会做得更好。我们国家要有很多诚心为人民服务、诚心为社会主义事业服务、立志改革的人。我们共产党员都应该是这样的人。”[②]在《关于正确处理人民内部矛盾的问题》中，毛泽东提出了判断我们言论和行动的六条标准，着重指出“最重要的是社会主义道路和党的领导两条”[③]。这清楚地表明改革是为了更好地发展社会主义，更好地加强党的领导。

在改革的具体内容上，毛泽东提出，经济方面可以利用资本主义的一些方式方法来发展社会主义。20 世纪 50 年代中期，毛泽东就曾提出，我国的工业建设可以尝试托拉斯的道路。后来，邓小平在一次会议上说：“毛主席几年前就提出了这个问题，说我们的工业建设可以走托拉斯的道路，托拉斯是工业发达国家找到的比较进步的组织管理形式，机器设备利用得比较合理，搞得也比较快。组织托拉斯，是生产关系的改革，也是上层建筑的改革。”[④]对于商品生产，毛泽东在 1958 年说：“同志们，我们建国才九年就急着不要商品，这是不现实的。只有当国家有权支配一切产品的时候，才可能使商品经济成为不必要而消失。”[⑤]政治体制上，他提出了中央与地方适当分权的思想。党的八大指出：“必须在国家所已经建立的统一集中的基础上，适当地调整中央和地方、上级地方和下级地方的行政管理职权。”[⑥]

---

①《毛泽东文集》（第 7 卷），人民出版社 1999 年版，第 215 页。

②《毛泽东文集》（第 7 卷），人民出版社 1999 年版，第 275 页。

③《毛泽东文集》（第 7 卷），人民出版社 1999 年版，第 234 页。

④ 薄一波：《若干重大决策与事件的回顾》（下卷），中共中央党校出版社 1993 年版，第 1173 页。

⑤《毛泽东文集》（第 7 卷），人民出版社 1999 年版，第 440 页。

⑥ 中共中央文献研究室：《建国以来重要文献选编》（第 9 册），中央文献出版社 1994 年版，第 300 页。

以毛泽东同志为主要代表的中国共产党人初步勾画了社会主义改革的理论雏形。这些理论贡献为我们党提出改革开放提供了理论基础。当然，由于时代条件的影响和主观认识的偏差，中国共产党这一阶段的社会主义改革思想存在着很大的局限，特别是改革意识受革命思维的影响比较大，没有完全做好由革命向建设转变的思想准备，教条主义和经验主义的影响依然存在，很多好的设想并没有得到贯彻执行。

以邓小平同志为主要代表的中国共产党人系统化了社会主义改革理论。“大跃进”、人民公社化运动和“文化大革命”给我国的社会主义建设造成了严重的挫折。1975 年，周恩来总理病重，邓小平同志主持日常工作，提出要开展全面整顿。此时邓小平虽然没有明确提出“改革”，但是已经意识到社会主义建设的艰巨性。整顿是改革的初探，催生了改革思想的成长。

1978 年 9 月，邓小平就已经提到了改革的问题：“我们现在要实现四个现代化，有好多条件，毛泽东同志在世的时候没有，现在有了。中央如果不根据现在的条件思考问题、下决心，很多问题就提不出来、解决不了。”[①]同年 12 月的中共中央工作会议上，邓小平说：“如果现在再不实行改革，我们的现代化事业和社会主义事业就会被葬送。”[②]由此，党的十一届三中全会将全党工作的重点转移到社会主义现代化建设上。这标志着我国经济发展指导思想的重大转变，为确定改革开放做了良好的前期准备。1983 年 1 月，胡耀邦在全国职工思想政治工作会议上指出：“这几年，邓小平同志一直在说，要搞四个现代化，必须进行一系列的改革，没有改革，就不可能实现四个现代化。改革要贯穿四个现代化的整个过程。”[③]

1984 年 6 月，邓小平在《建设有中国特色的社会主义》的讲话中说：“所以社会主义阶段的最根本任务就是发展生产力，社会主义的优越性归根到底要体现在它的生产力比资本主义发展得更快一些、更高一些，并且在发展生产力的基础上不断改善人民的物质文化生活。”[④]那怎么发展生产力呢？要把改革与开放这两大政策联系起来，“这就要求对内把经

①《邓小平文选》（第 2 卷），人民出版社 1994 年版，第 127 页。
②《邓小平文选》（第 2 卷），人民出版社 1994 年版，第 150 页。
③《胡耀邦文选》，人民出版社 2015 年版，第 474 页。
④《邓小平文选》（第 3 卷），人民出版社 1993 年版，第 63 页。

济搞活，对外实行开放政策”①。同年 10 月，邓小平在会见联邦德国总理科尔时指出，“十二届三中全会的决议公布后，人们就会看到我们全面改革的雄心壮志。我们把改革当作一种革命”②。1984 年 10 月党的十二届三中全会召开，标志着我国改革开放步入新局面。经济体制改革、科技体制改革已经逐步展开，邓小平说：“经济体制，科技体制，这两方面的改革都是为了解放生产力。新的经济体制，应该是有利于技术进步的体制。新的科技体制，应该是有利于经济发展的体制。”③在这个阶段，邓小平还特别强调了改革的性质与方向，“在改革中坚持社会主义方向，这是一个很重要的问题。我们要实现工业、农业、国防和科技现代化，但在四个现代化前面有‘社会主义’四个字，叫‘社会主义四个现代化’”④。同时，他还提出了政治体制改革的问题，“改革，应该包括政治体制的改革，而且应该把它作为改革向前推进的一个标志”⑤。在邓小平看来，改革不是要改变社会主义基本制度形态，而是为了发展、巩固和完善社会主义制度形态，“改革是社会主义制度的自我完善，在一定的范围内也发生了某种程度的革命性变革”⑥。

1985 年 7 月，邓小平在听取经济情况汇报时说：“改革的意义，是为下一个十年和下世纪的前五十年奠定良好的持续发展的基础。没有改革就没有今后的持续发展。”⑦8 月，在会见尼雷尔时，他说：“改革的性质同过去的革命一样，也是为了扫除发展社会生产力的障碍使中国摆脱贫穷落后的状态。从这个意义上说，改革也可以叫革命性的变革。”⑧邓小平在这个阶段的思考回答了我们为什么要改革的问题。我国的社会主义改革是生产力革命，是为了解放生产力，发展中国。1987 年 10 月，党的十三大召开。大会总结了十一届三中全会以来九年的探索和实践，提出了社会主义初级阶段“一个中心、两个基本点”的基本路线，标志着我们党社会主义改革理论体系的初步形成，为中国共产党带领中国人民继续改革开放指明了前进的方向。

①《邓小平文选》（第 3 卷），人民出版社 1993 年版，第 65 页。
②《邓小平文选》（第 3 卷），人民出版社 1993 年版，第 82 页。
③《邓小平文选》（第 3 卷），人民出版社 1993 年版，第 108 页。
④《邓小平文选》（第 3 卷），人民出版社 1993 年版，第 138 页。
⑤《邓小平文选》（第 3 卷），人民出版社 1993 年版，第 160 页。
⑥《邓小平文选》（第 3 卷），人民出版社 1993 年版，第 142 页。
⑦《邓小平文选》（第 3 卷），人民出版社 1993 年版，第 131 页。
⑧《邓小平文选》（第 3 卷），人民出版社 1993 年版，第 135 页。

从十三大之后，邓小平同志的社会主义改革思想继续深入发展并走向成熟。邓小平先后提出："坚持改革开放是决定中国命运的一招"[①]，"要害是姓'资'还是姓'社'的问题。判断的标准，应该主要看是否有利于发展社会主义社会的生产力，是否有利于增强社会主义国家的综合国力，是否有利于提高人民的生活水平"[②]，"计划多一点还是市场多一点，不是社会主义与资本主义的本质区别……计划和市场都是经济手段。社会主义的本质，是解放生产力，发展生产力，消灭剥削，消除两极分化，最终达到共同富裕"[③]。这一系列重要思想观点完善了十一届三中全会以来的社会主义改革理论体系，深化了我们党对马克思主义、社会主义和改革的认识，进一步发展了马克思主义理论。

以邓小平同志为主要代表的中国共产党人明确回答了"为什么要改革""怎样进行改革"等一系列重大问题，形成了中国共产党社会主义改革的基本理论，为我们党开辟中国特色社会主义道路、形成中国特色社会主义理论体系和完善社会主义制度奠定了坚实的基础，是马克思主义中国化的时代经典。

以江泽民、胡锦涛为代表的中国共产党人坚持并推进社会主义改革理论继续发展。1992 年党的十四大将建立社会主义市场经济体制确立为经济体制改革目标，表明我们党已经达成计划与市场都是资源配置的工具性手段，并不决定社会制度性质的认识共识。1993 年，党的十四届三中全会通过的《中共中央关于建立社会主义市场经济体制若干问题的决定》，勾画了社会主义市场经济体制的基本框架和建设蓝图。党的十五大指出："公有制为主体、多种所有制经济共同发展，是我国社会主义初级阶段的一项基本经济制度。"[④]非公经济成为基本经济制度的组成部分，为非公经济扫清了体制障碍，拓宽了发展道路。2001 年中国成功加入世界贸易组织（World Trade Organization，WTO），意味着国际社会对中国经济体制的认可，充分说明中国的经济体制改革是卓有成效的。

党的十六大之后，改革开放由经济体制改革朝横向多领域加快扩展。改革开放的全面推进态势已经形成。党的十六届三中全会通过的《中共中

①《邓小平文选》（第 3 卷），人民出版社 1993 年版，第 368 页。
②《邓小平文选》（第 3 卷），人民出版社 1993 年版，第 372 页。
③《邓小平文选》（第 3 卷），人民出版社 1993 年版，第 373 页。
④ 中共中央文献研究室：《十五大以来重要文献选编》（上），中央文献出版社 2011 年版，第 17 页。

央关于完善社会主义市场经济体制若干问题的决定》，以科学发展观在实践层面上丰富和发展了改革开放的内涵，在理论层面上为全面推进改革开放提供了智力支持。2007 年胡锦涛同志在党的十七大上指出：“改革开放是党在新的时代条件下带领人民进行的新的伟大革命，目的就是要解放和发展社会生产力，实现国家现代化，让中国人民富裕起来，振兴伟大的中华民族；就是要推动我国社会主义制度自我完善和发展，赋予社会主义新的生机活力，建设和发展中国特色社会主义；就是要在引领当代中国发展进步中加强和改进党的建设，保持和发展党的先进性，确保党始终走在时代前列。”①他还作出了“改革开放是决定当代中国命运的关键抉择，是发展中国特色社会主义、实现中华民族伟大复兴的必由之路”②的重大历史性判断，深刻诠释了改革开放对当代中国的重大意义。2008 年 12 月，纪念党的十一届三中全会三十周年大会以“十个结合”深刻总结了改革开放三十年来的宝贵经验，推进了我们党社会主义改革理论的进一步系统化定型，把改革开放定义为近代以来的“第三次革命”，“第三次革命是我们党领导的改革开放这场新的伟大革命，引领中国人民走上了中国特色社会主义广阔道路，迎来中华民族伟大复兴光明前景”③。

这一时期，我们党对社会主义改革的持续推进和理论总结，为“全面深化改革”的提出奠定了坚实的实践基础和理论前提。

四、全面深化改革战略的提出与发展

全面深化改革重在整体谋划和顶层设计，是关系党和国家事业发展全局的重大战略部署。2012 年 11 月，党的十八大首次提出全面深化改革开放的新论断。全面深化改革开放和全面建成小康社会并列成为发展目标，将新时代的改革开放推进到了全新阶段。改革开放只有进行时没有完成时，习近平同志在十八届中央政治局第二次集体学习时说：“现在，解决

① 中共中央文献研究室：《十七大以来重要文献选编》（上），中央文献出版社 2009 年版，第 5—6 页。

② 中共中央文献研究室：《十七大以来重要文献选编》（上），中央文献出版社 2009 年版，第 8 页。

③ 中共中央文献研究室：《十七大以来重要文献选编》（上），中央文献出版社 2009 年版，第 809 页。

我国进一步发展面临的一系列突出矛盾和挑战，必须深化改革开放。改革开放是决定当代中国命运的关键一招，也是决定实现‘两个一百年’奋斗目标、实现中华民族伟大复兴的关键一招。”①改革开放实现了当代中国的巨大进步，实现了社会主义运动的复兴，实现了马克思主义的与时俱进。

2013 年 11 月，十八届三中全会召开。在这次全会上我们党将“全面深化改革开放”简化表述为“全面深化改革”，并进行了专题讨论研究。《关于〈中共中央关于全面深化改革若干重大问题的决定〉的说明》指出：“面对新形势新任务新要求，全面深化改革，关键是要进一步形成公平竞争的发展环境，进一步增强经济社会发展活力，进一步提高政府效率和效能，进一步实现社会公平正义，进一步促进社会和谐稳定，进一步提高党的领导水平和执政能力。”②

十八届三中全会审议通过的《中共中央关于全面深化改革若干重大问题的决定》对全面深化改革进行了系统化的阐释，指出“全面深化改革的总目标是完善和发展中国特色社会主义制度，推进国家治理体系和治理能力现代化”③。这表明和过去某一领域或方面的改革不同，社会主义新时代的改革更加注重系统性与整体性。

随着改革开放的进一步推进和深化，发展中的问题和发展后的问题、一般矛盾和深层次矛盾、有待完成的任务和新提出的任务，交织叠加、错综复杂，成为需要解决的“硬骨头”。这些都需要通过深化改革来解决。“当前，国内外环境都在发生极为广泛而深刻的变化，我国发展面临一系列突出矛盾和挑战，前进道路上还有不少困难和问题。比如，发展中不平衡、不协调、不可持续问题依然突出，科技创新能力不强，产业结构不合理，发展方式依然粗放，城乡区域发展差距和居民收入分配差距依然较大，社会矛盾明显增多，教育、就业、社会保障、医疗、住房、生态环境、食品药品安全、安全生产、社会治安、执法司法等关系群众切身利益的问题较多，部分群众生活困难，形式主义、官僚主义、享乐主义和奢靡之风问题突出，一些领域消极腐败现象易发多发，反腐败斗争形势依然严

① 中共中央文献研究室：《习近平关于协调推进“四个全面”战略布局论述摘编》，中央文献出版社 2015 年版，第 52 页。

② 中共中央文献研究室：《十八大以来重要文献选编》（上），中央文献出版社 2014 年版，第 496 页。

③ 中共中央文献研究室：《十八大以来重要文献选编》（上），中央文献出版社 2014 年版，第 512 页。

峻，等等。解决这些问题，关键在于深化改革。”[①]

《中共中央关于全面深化改革若干重大问题的决定》提出了全面深化改革的指导思想、目标任务、重大原则，描绘了全面深化改革的新蓝图、新愿景、新目标，合理布局了深化改革的战略重点、优先顺序、主攻方向、工作机制、推进方式和时间表、路线图，对在新的历史起点上全面深化改革进行了系统性总体部署和顶层设计，是推进全面深化改革的行动纲领。全面深化改革的本质是举什么旗，走什么路的问题。必须在坚持党的领导的前提下，来加强和改善党的领导；在坚持社会主义制度的前提下，来发展和完善社会主义制度。

2014 年 2 月，习近平总书记在省部级主要领导干部学习贯彻十八届三中全会精神全面深化改革专题研讨班上说：“党的十八届三中全会提出全面深化改革的总目标，并在总目标统领下明确了经济体制、政治体制、文化体制、社会体制、生态文明体制和党的建设制度深化改革的分目标。这是改革进程本身向前拓展提出的客观要求，体现了我们党对改革认识的深化和系统化。”[②]2014 年 12 月，习近平总书记在江苏调研时，将“全面深化改革”纳入“四个全面”思想体系中。

2015 年 2 月，在省部级主要领导干部学习贯彻党的十八届四中全会精神全面推进依法治国专题研讨班上，习近平总书记明确论述了“四个全面”战略布局，将全面深化改革定位为实现全面建成小康社会战略目标的三大战略举措之一，“不全面深化改革，发展就缺少动力，社会就没有活力”[③]。2017 年 10 月，党的十九大将“坚持全面深化改革”确立为新时代坚持和发展中国特色社会主义的十四条基本方略之一，全面深化改革成为习近平新时代中国特色社会主义思想的重要组成内容。对此，2019 年初在中央全面深化改革委员会第六次会议上，习近平总书记指出：“党的十一届三中全会是划时代的，开启了改革开放和社会主义现代化建设历史新时期。党的十八届三中全会也是划时代的，开启了全面深化改革、系统

① 中共中央文献研究室：《十八大以来重要文献选编》（上），中央文献出版社 2014 年版，第 494—495 页。

② 中共中央文献研究室：《习近平关于协调推进“四个全面”战略布局论述摘编》，中央文献出版社 2015 年版，第 79—80 页。

③ 中共中央文献研究室：《十八大以来重要文献选编》（中），中央文献出版社 2016 年版，第 248 页。

整体设计推进改革的新时代，开创了我国改革开放的全新局面。”[①]

2022 年 10 月，在党的二十大上，习近平总书记在大会报告中对“全面深化改革”既进行了历史性回顾总结，“我们以巨大的政治勇气全面深化改革，打响改革攻坚战，加强改革顶层设计，敢于突进深水区，敢于啃硬骨头，敢于涉险滩，敢于面对新矛盾、新挑战，冲破思想观念束缚，突破利益固化藩篱，坚决破除各方面体制机制弊端，各领域基础性制度框架基本建立，许多领域实现历史性变革、系统性重塑、整体性重构，新一轮党和国家机构改革全面完成，中国特色社会主义制度更加成熟更加定型，国家治理体系和治理能力现代化水平明显提高”[②]，又指明了进一步努力的方向，“深入推进改革创新，坚定不移扩大开放，着力破解深层次体制机制障碍，不断彰显中国特色社会主义制度优势，不断增强社会主义现代化建设的动力和活力，把我国制度优势更好转化为国家治理效能”[③]。

“全面深化改革”作为“四个全面”战略布局的有机构成，在实践基础上深化了我们党对社会主义改革的理论认识，为新时代中国特色社会主义事业的发展指明了前进的方向。

① 习近平：《对标重要领域和关键环节改革 继续啃硬骨头确保干一件成一件》，《人民日报》2019 年 1 月 24 日，第 1 版。

② 习近平：《高举中国特色社会主义伟大旗帜 为全面建设社会主义现代化国家而团结奋斗——在中国共产党第二十次全国代表大会上的报告》，《人民日报》2022 年 10 月 26 日，第 1 版。

③ 习近平：《高举中国特色社会主义伟大旗帜 为全面建设社会主义现代化国家而团结奋斗——在中国共产党第二十次全国代表大会上的报告》，《人民日报》2022 年 10 月 26 日，第 1 版。

第七章　全面依法治国的形成脉络

法治是人类社会数千年文明演进历程中的杰出成果，是治国理政不可或缺的重要手段。现代意义上的法治，其思想渊源和实践历程主要起源于西方。但是，这并不代表“法治”的知识产权只属于西方，也不意味着只有西方这一条法治道路。

我们党把法治作为领导人民治国理政的基本方式。法治是形式意义和实质意义的统一体，形式意义的法治是“依法而治”，强调“依法办事”“依法行政”的国家治理制度及运行机制；实质意义的法治，强调的是在形式意义的法治基础上，倡导“法律至上”、“权利保障”、“依法行政”、“司法公正”和“权力制约”等价值、原则和精神。依法治国，建设社会主义法治国家是中国共产党从 1949 年执政以来正反两方面经验总结出的真理性结论。“全面依法治国”是党的十八届四中全会确定的国家治理重大战略方针，构成了新时代推进国家治理体系和治理能力现代化的核心内容。

一、中国古代的依法治国思想

法治思想在中国源远流长，是中华文明的重要组成之一。对此，习近平总书记指出：“我们的先人们早就开始探索如何驾驭人类自身这个重大课题，春秋战国时期就有了自成体系的成文法典，汉唐时期形成了比较完备的法典。我国古代法制蕴含着十分丰富的智慧和资源，中华法系在世界几大法系中独树一帜。要注意研究我国古代法制传统和成败得失，挖掘和传承中华法律文化精华，汲取营养、择善而用。”[①]

早在夏、商时期，法律就已萌芽于华夏先祖的政治生活中。夏朝制定

① 中共中央文献研究室：《十八大以来重要文献选编》（中），中央文献出版社 2016 年版，第 186 页。

了《禹刑》，商朝制定了《汤刑》。虽然这一时期的“法治”带有强烈的神权法色彩，但不可否认司法已经成为社会政治的重要构成。春秋战国时期，法治观念与实践更加丰富。《晏子春秋》中就有“昔者先君桓公之地狭于今，修法治，广政教，以霸诸侯”之说。记载的就是齐桓公任用管仲为相，变法改革，成就齐国为春秋五霸之一的历史。梁启超先生就认为，“当我国法治主义之兴，萌芽于春秋之初，而大盛于战国之末”①。春秋战国时期，新兴的地主阶级逐渐产生并不断壮大，周天子的权威持续下滑，社会动荡分裂。周王朝“明德慎罚”的“礼治”范式已无力改变“礼崩乐坏，礼乐征伐自诸侯出”的现状。春秋后期，子产、赵鞅铸“刑鼎”开启了中国成文法的先河，战国时期诞生了我国历史上第一部成文法典《法经》六篇。“不别亲疏、不殊贵贱、一断于法”的法家学派成为先秦显学，法治走入现实政治。法家以主张“依法治国”的法治之道而得名，他们希望用“法治”取代“礼治”作为治国理政的主要方略，以达到富国强兵的目的。管仲、子产、李悝、商鞅、韩非等是先秦法家主要的代表人物。

管仲是春秋时期齐国之相，辅助齐桓公进行了大刀阔斧的改革，使齐国成为当时的霸主。管仲主张不慕古、不留今、与时变、与俗化，治理齐国期间变革旧礼、创立新法、以法统政，以法治的方式推行经济和军事方面的改革，追求富国强兵。他在《管子·明法》中提出“威不两错，政不二门，以法治国，则举措而已”。管仲的“法治”思想主要记载于《管子》一书中。在管仲看来，法的终极依据是“道”。他在《管子·枢言》中说：“法出于礼，礼出于治。治、礼，道也。”法律是统一的规矩和准绳，实行法治，有助于社会秩序和国家公信力的建立。在《管子·形势解》中，管仲表述了这一观点：“法度者，万民之仪表也。明主内行其法度，外行其理义，故邻国亲之，与国信之。”

子产即春秋时期郑国人公孙侨，是早期法家的重要代表人物。郑简公任命其为郑国之卿，曾执掌郑国国政约二十年，是法治实践的先驱。子产认为“礼治”已无力维持当时的社会秩序，必须寻求新的方法。公元前536年，子产在郑国“铸刑书于鼎，以为国之常法”，开创了我国古代公布成文法的先例，标志着成文法时代的到来，推动了春秋时期各诸侯国“法治”道路的进程。

李悝是战国初期魏国人，辅佐魏文侯主持魏国变法，打破守旧势力特

① 梁启超：《梁启超法学文集》，中国政法大学出版社2004年版，第96页。

权，改革世卿世禄旧制度，选任贤能，改善吏治。西汉刘向所撰《说苑·政理》记载了魏文侯问政李悝的故事。“文侯问李克（即李悝）曰：‘为国如何？’对曰：‘臣闻为国之道，食有劳而禄有功，使有能而赏必行，罚必当。’文侯曰：‘吾赏罚皆当，而民不与，何也？’对曰：‘国其有淫民乎？臣闻之曰：夺淫民之禄，以来四方之士……’”李悝总结各国立法经验制定了我国历史上第一部系统化的法典《法经》，否定了“刑不上大夫”的礼治规制，明确了“不别亲疏、不殊贵贱、一断于法”的法治原则。这一法治原则影响深远，后世诸朝法典中都有《法经》的影子。郭沫若评价说：“李悝《法经》及其刑律虽然失传，但他的遗意谴法，毫无疑问，是被包含在秦、汉以来的律法里面了。《唐律疏议》于此有所补充，足证李悝之法至唐犹存，特略有增损而已。”①

商鞅又名公孙鞅，战国时期卫国人，自幼喜好刑名法术之学，年轻时曾游学魏国，深受李悝、吴起等人法家思想的熏陶。他是先秦时期法家思想体系的重要奠基者，也是战国法家中变法最有成效者。公元前 361 年，商鞅受到秦孝公重用，把“依法治国”与“富国强兵”相结合，在秦国进行系统化变法，改革旧制度，建立新秩序，强化了中央集权。商鞅变法是对秦国旧制度的彻底变革，实质上是借助法律重构了国家发展路径和社会发展模式。特别是其中的废除世卿世禄制度、颁布《军爵律》、奖励耕战、按军功授爵，激活了社会流动渠道，为国家聚集了人才。商鞅的改革十分成功，司马迁在《史记·商君列传》中评价说：“秦民大说（悦），道不拾遗，山无盗贼，家给人足。民勇于公战，怯于私斗，乡邑大治。”

韩非师从荀况，是战国末期法家思想集大成者。在韩非看来，法因道而生，但更重要的是对道的选择与运用，道私者乱而道法者治。法律给社会提供了统一的行为准则，可以平不夷、矫不直。在韩非看来，人治具有无法克服的弱点，而法治可以使国家富强，《韩非子·有度》中清楚地表明了他的这一观点，即“国无常强，无常弱。奉法者强，则国强；奉法者弱，则国弱”。韩非把“法治”划分为“明主之国、至治之国和至安之世”三重境界，表达了法家的治世理想。《韩非子·问辩》中讲，明主之国“令者，言最贵者也；法者，事最适者也。言无二贵，法不两适，故言行而不轨于法令者必禁。若其无法令而可以接诈、应变、生利、揣事者，上必采其言而责其实。言当，则有大利；不当，则有重罪。是以愚者畏罪

① 郭沫若：《十批判书》，东方出版社 1996 年版，第 329 页。

而不敢言，智者无以讼。此所以无辩之故也”。《韩非子·奸劫弑臣》中讲，至治之国则是“而圣人者，审于是非之实，察于治乱之情也。故其治国也，正明法，陈严刑，将以救群生之乱，去天下之祸，使强不陵弱，众不暴寡，耆老得遂，幼孤得长，边境不侵，群臣相安，父子相保，而无死亡系虏之患，此亦功之至厚者也”。《韩非子·大体》中讲，至安之世是“法如朝露，纯朴不散，心无结怨，口无烦言。故车马不疲弊于远路，旌旗不乱乎大泽，万民不失命于寇戎，雄骏不创寿于旗幢；豪杰不著名于图书，不录功于盘盂，记年之牒空虚。故曰：利莫长乎简，福莫久于安”。法家治世理想的三重境界，一方面寄托着法家对“法治”走向百姓日用而不知的文明价值追求，另一方面反映着当时百姓对结束战乱、社会安定的期待，是值得肯定的进步思想。

这一时期，除了法家之外，诸子各家学派对“法治”或多或少也有所涉及。《庄子·天道》中说：“古之语大道者，五变而形名可举，九变而赏罚可言也。”可见，庄子承认法是道之一，是治理国家的重要工具。到了后期黄老道家已经明确承认“道生法”，《黄帝四经·经法·道法》中有“道生法。法者，引得失以绳，而明曲直者也”之说；《淮南子·主术训》中有“法者，天下之度量，而人主之准绳也……法定之后，中程者赏，缺绳者诛；尊贵者不轻其罚，而卑贱者不重其刑；犯法者虽贤必诛，中度者虽不肖必无罪，是故公道通而私道塞也”的见解。

儒家推崇“礼治”，讲究“仁义”，但在演变过程中也受到“法家”思想的影响，其后期代表人物荀子改造儒家学说，提出的“性恶论”“礼法并用”等都浸润着法的因子。《荀子·性恶》中提出：“古者，圣人以人之性恶，以为偏险而不正，悖乱而不治，故为之立君上之势以临之，明礼义以化之，起法正以治之，重刑罚以禁之，使天下皆出于治、合于善也。”《荀子·成相》中又提出：“治之经，礼与刑，君子以修百姓宁。明德慎罚，国家既治四海平。”

秦亡汉兴，社会由“治乱”转向“治平”，古代中国步入大一统的社会发展新阶段，以农业为主的自然经济形态之后较为稳固地持续了两千多年，国家特质未有本质性变革。在思想领域，汉朝时儒家学说上升为主流意识形态，但此时的儒家已经吸纳了包括法家思想在内的先秦诸子学派的许多思想元素，因而有“外儒内法”、“礼法合治”和“以礼统法”之说，这使法律形态具有了浓厚的儒家文化基因。而且，在其后两千多年的历史中，制定统一的成文法典成为历朝历代的主要立法方式。汉朝参考秦律制定了《九章律》，三国两晋南北朝时期有《新律》、《晋律》、《北魏律》和《北齐律》等，隋唐时期则有《开皇律》、《武德律》、《贞观律》、《永徽律》和《唐律疏议》，宋元时期有《宋刑统》和《大元通制》，明清时期则有《大明律》和《大清律例》。这些法典在国家治理、社会秩序的维护中均起到了重要作用。一些重大改革通常也是借助立法的形式进行的，如北宋时期王安石通过颁布施行“青苗法”“均输法”等进行改革，明朝张居正通过推行“一条鞭法”增强国力。

对中国古代的“法治”思想对法律在国家治理和社会秩序维护方面的作用与功能，我们已经有了非常清醒的认识；对法律的客观可行性、平等适用性、公开性、稳定性和权威性等诸多特质的分析也达到了相当的高度；法家“法与时转，治与时宜”的社会进化史观，以及其对法律治理的社会理想“至治之国”和“至安之世”的追求同样具有可取之处。当然，中国古代法治也存在着没有真正成长为独立体制而沦为国君称霸工具的历史性致命缺陷，这使得法治在相当程度上沦为专制主义的帮凶和奴仆，只是“器”与“用”，并非“道”与“本”。中国古代法治虽然没有真正成长为一种独立的社会治理文明，但其法治的文明因素是不能忽视的。

二、中国近代的依法治国思想

近代以来法治的思想与成功实践基本都源于西方资本主义国家，但中国近代意义上的法治思考则始于晚清时期。清王朝的腐朽落后使中国在军事外交上屡屡受制于西方列强，引起中国人的进一步反思。“救亡”是中国近代的时代主题和第一使命，在当时学者的眼中，现代化就是西方化，中国对西方的师夷长技以制夷逐渐从军事装备器物层面的“防卫现代化”，向政治议会制度层面和民主法治文化层面的“法治现代化”转变。对西方法律传统的学习和法律制度的借鉴成为风尚。在这个过程中，从晚清到民国，承继传统法家思想并融贯西方法治文明的“新法家”是一个重要的代表。陈启天认为新法家“并不是要将旧法家的理论和方法完完全全再行适用于现代的中国，而是要将旧法家思想中之可以适用于现代中国的成分，酌量参合近代世界关于民主、法治、军国、国家、经济统制等类思想，并审合中国的内外情势，以构成一种新法家的理论”[①]。“新法家”并不是一个严密的学术团体，而是指思想观点相近的一群人。广义上看，这一时期新法家的代表人物有黄遵宪、章太炎、刘师培、梁启超、沈家本、汤学智、麦孟华、陈启天等人。

新法家希望能够以“新法治主义”救中国，其对于先秦法家思想的复兴倾向有深刻的时代根源，就是认为当时世界局势与中国历史上的“战国”时期颇为相似。陈启天对此有详尽的阐述：“近代国家的特点，在对内方面是实行法治的民主主义，以求统一；在对外方面，是实行民族的国家主义，以求发展；在物质方面，是采用科学的物质文明以求便利；在精神方面，是信仰斗争的进化学说以求胜利。建立在这种种特点之上的近代国家之国际关系，是各求发展，互相斗争。用一个旧名词来简单标明近代国家的国际关系，可以说是‘新战国’。”[②]“久已潜伏，甚至遭人蔑视的中国法家，到了近代又有渐次复兴的一种倾向。其所以有这种复兴倾向的总原因，不外由于法家的主张，有几分适合近代中国的时势需要。”[③]

新法家的首要特点就是用先秦法家思想来阐释现代法治主义。在1895年首刊的《日本国志·刑法志序》中，黄遵宪总结西方政法实践，开创了近代中国人运用古代法家思想解读融合西方法治理论的路径，是中国近代法治研究的先驱。章太炎和刘师培等人在西方法治的影响下，发扬法家管仲“君臣上下贵贱皆从法”的思想，认为法治的精髓在于“专以法律为治”[④]。梁启超1904年在《中国法理学发达史论》中说：“自今以往，我国不采法治主义则已，不从事于立法事业则已，苟采焉而从事焉，则吾先民所已发明之法理，其必有研究之价值，无可疑也。”[⑤]梁启超在《先秦政治思想史》中认为：“法治主义，在古代政治学说里头，算是最有组织的，最有特色的，而且较为合理的。当时在政治上，很发生些好影响，秦国所以盛强，确是靠他。”[⑥]对于新法治主义的要义，梁启超同样强调：“凡此皆谓君主当受限制于法，然后法治之本原立也。”[⑦]可见，

---

① 陈启天：《中国法家概论》，《民国丛书》第4编（7），上海书店1936年版，第120页。
② 陈启天：《中国法家概论》，《民国丛书》第4编（7），上海书店1936年版，第110页。
③ 陈启天：《中国法家概论》，《民国丛书》第4编（7），上海书店1936年版，第115页。
④ 张国华：《中国法律思想史新编》，北京大学出版社1991年版，第360页。
⑤ 梁启超：《梁启超法学文集》，中国政法大学出版社2000年版，第71页。
⑥ 梁启超：《饮冰室文集点校》（第5辑），云南教育出版社2001年版，第3085页。
⑦ 梁启超：《梁启超全集》（第6集），中国人民大学出版社2018年版，第520页。

新法家的“法治主义”吸纳融汇了近代西方法治关于法权高于君权和法律面前人人平等的思想，具有现代法治的气息。

法治主义的时代意义是新法家论证和阐发的重要主题。借古喻今、以旧开新、引西援中，以法治救亡中国是其旨要。梁启超在《中国法理学发达史论》中说：“逮于今日，万国比邻，物竞逾剧，非于内部有整齐严肃之治，万不能壹其力以对外。法治主义，为今日救时唯一之主义；立法事业，为今日存国最急之事业。稍有识者，皆能知之。”[①]在中国近代诸多学人看来，西方诸国的国力强盛和其法治存在直接的相关性，因此只有法治才能救中国。“我们要建设现代的政治，一面要采用法家根本精神，一面对于他的方法条理加以修正才好。”[②]在梁启超这里，对法家“方法条理”的“修正”，是要吸收西方现代法治主义的经验，经由民主政体解决“立法权”归属问题，并在制度上确立法的普遍性原则。陈启天同样认为，政治的共同轨道是法律，法律神圣不可侵犯，法律面前一律平等。只有法治才能使中国内部统一、外部独立，才能使中国走上长治久安之路。新法家在此以现代法治文明的精髓来探讨中国问题，表明了他们强烈的问题导向和责任意识。

对于法治主义目标的实现，新法家也提出了自己的见解。新法家主张要在挖掘传统文化资源的基础上兼采西方先进文化，实现对中国民众的文化启蒙，塑造时代所需的国民性。魏治勋在其论文《近代新法家的法治主义思想建构及其时代功用》中较为详细地论述了新法家代表人物陈启天、常燕生等人的观点。如陈启天认为：“中国前途之命运，完全存于我国民对国家之自觉心如何而定。”常燕生认为：“文化并没有准备充足的国家，则政治运动成功之后，倘不继之以文化运动，结果仍不能使民族能力十分发挥”“自己本身还没有自主能力的国民，不配喊打倒帝国主义，领土不能保全的国家，不配讲世界和平，要有抵抗的实力摆在面前，才配说抵抗，要有外交的后盾搁在后面，才配说外交，否则，便一切都是空话”。[③]“有志救国的人们，努力建立新法家的理论，并且努力实行新法家的理论罢！若能如此，然后才可以改造我们的国家，保护我们的国家，发展我们

① 梁启超：《梁启超全集》（第5卷），北京出版社1999年版，第1255页。

② 梁启超：《梁启超全集》（第12卷），北京出版社1999年版，第3711页。

③ 转引自魏治勋：《近代新法家的法治主义思想建构及其时代功用》，《东方法学》2016年第4期，第118—121页。

的国家。”[①]新法家针对近代中国的救亡使命，提出了文化建设、国民性改造的社会改良，以及富国强兵的策略与路线。但针对单一救亡目标而设计的特征，使其难以完成建设一个成熟全面的现代民族国家的任务。

新法家只是近代中国法治思想中的一个代表性学派，并非全部。当时，许多有识之士对法治主义均有所见解。刘陆民、韩德培认为法治国家有两种意义：一为自统治标准以为观察的现实主义之解释，法治国即依法律而统治，这是法治国的形式的概念；一为自统治目的以为观察的理解主义之解释，法治国即为以保护个人的权利和自由为目的的国家，非仅形式上以法为治之国家。[②]20 世纪 30 年代，罗隆基先生就曾表述过法治的意义是政府守法，是政府的一举一动，以法为准的，不凭执政者意气上的成见为准则的观点。中国马克思主义的早期传播者李达，1947 年在《法理学大纲》中提到，“只有具有科学的世界观与社会观，才能跨出那法典与判例的洞天，旷观法律以外的社会与世界的原野，究明法律与世界、与中国现实社会的有机的联系，建立法律的普遍性与特殊性的统一；才能使自己的研究可对时代作积极的贡献，而不至于与时代脱节；才能促进法律的改造，使适应于现实社会”[③]。李达认为西方法治民主所依附的契约论国家观在本质上是玄虚的、不科学的。“法律的功用，从根本上说来，就是实现国家的目的。法律是附丽于国家而存在的。”[④]在李达看来，无论是民主立宪还是君主立宪，从阶级的视角分析，其所谓法治都是统治阶级的形式统治工具，不存在普遍的公平正义，没有改变少数剥削者统治人民的实质。李达对资本主义法治民主的虚幻性质的揭示，为中国共产党思考社会主义法治进行了思想上的启蒙。

新法家对法治主义的运思方式与话语表达，不免带有中西附会的特征，但其源自传统、融贯内外，以及汇通旧义新理的努力，既使先秦法家思想血脉得以新生，又借助西方法治思想使传统法学思想在现代话语建构中具备了较完整的理论形态。而且包含新法家在内的中国近代学人实现了近代中国现代意义上的法治文明启蒙，虽然思想不免有些杂乱矛盾，但作为思想的先驱是值得肯定的。他们伸张民权、保障自由、主张宪政的旨趣

① 陈启天：《中国法家概论》，《民国丛书》第 4 编（7），上海书店 1936 年版，第 120 页。

② 转引自马作武、李平龙：《中国近代法治理论的形成及演变》，《中山大学法律评论》2010 年第 1 辑。

③ 李达：《法理学大纲》，法律出版社 1984 年版，第 14 页。

④ 李达：《法理学大纲》，法律出版社 1984 年版，第 93 页。

追求已经点燃了近代中国依法治国的思想火花。如果说辛亥革命在政治上埋葬了帝王专制统治，那么近代法治主义的宣扬则涤荡了传统的帝王专制思想。

三、中国共产党的依法治国思想

只有中国共产党才能完成依法治国、建设法治国家的历史重任。在解放战争即将结束之际，中国共产党就开始谋划新中国的法治建设。1949年9月，中华人民共和国成立前夕，中国共产党组织各民主党派、人民团体和无党派民主人士等共662名代表，在北京召开中国人民政治协商会议第一届全体会议。会议代行全国人民代表大会职责，通过了具有临时宪法性质的《中国人民政治协商会议共同纲领》，规定了中华人民共和国的国家性质和政权性质。大会还制定通过了《中国人民政治协商会议组织法》《中华人民共和国中央人民政府组织法》等法律文件，为中华人民共和国的政权组织和国家运行提供了基本的法律遵循。之后还陆续颁布了《中华人民共和国婚姻法》《中华人民共和国工会法》《中华人民共和国土地改革法》《中华人民共和国惩治反革命条例》《中华人民共和国惩治贪污条例》等一大批法规法令。

毛泽东同志说：“世界上历来的宪政，不论是英国、法国、美国，或者是苏联，都是在革命成功有了民主事实之后，颁布一个根本大法，去承认它，这就是宪法。”①1953年，毛泽东提出要召开全国人民代表大会，还要在会议上制定宪法。1954年9月，第一届全国人民代表大会第一次全体会议在北京召开，我国首部宪法——《中华人民共和国宪法》以全票获得通过。当然，不可否认我国首部宪法带有浓厚的苏联法的色彩，其中的许多内容来自苏联1936年的《苏维埃社会主义共和国联盟宪法》。1954年的《中华人民共和国宪法》确立了我国的基本经济制度和政治制度，以及立法、行政、司法体制，规定了公民的基本权利和义务。此后，我国还制定颁布了《中华人民共和国全国人民代表大会组织法》《中华人民共和国国务院组织法》《中华人民共和国地方各级人民代表大会和地方各级人民委员会组织法》《中华人民共和国人民法院组织法》《中华人民

①《毛泽东选集》（第2卷），人民出版社1991年版，第735页。

共和国人民检察院组织法》《中华人民共和国兵役法》《中国人民解放军军官服役条例》等。这些法律的制定与颁布，为我国的社会主义法治勾勒了基本的框架。1956 年，党的八大将“健全人民民主法制”写进了政治报告，强调“一切国家机关和国家工作人员必须严格遵守国家的法律，使人民的民主权利充分地受到国家的保护”①，体现了我们党对法制建设重要性认识的提升。但其后的反右派斗争扩大化、“大跃进”和“文化大革命”严重干扰了我国的社会主义建设，使我国的法治化进程遭到重创。

1978 年党的十一届三中全会的召开，使我国社会主义法治之路得以重启。中国共产党在总结历史经验教训的基础上，深刻认识到法治与社会主义的内生关系。十一届三中全会强调：“为了保障人民民主，必须加强社会主义法制，使民主制度化、法律化，使这种制度和法律具有稳定性、连续性和极大的权威，做到有法可依，有法必依，执法必严，违法必究。从现在起，应当把立法工作摆到全国人民代表大会及其常务委员会的重要议程上来。检察机关和司法机关要保持应有的独立性；要忠实于法律和制度，忠实于人民利益，忠实于事实真相；要保证人民在自己的法律面前人人平等，不允许任何人有超于法律之上的特权。”②虽然此时我们党并没有提及“依法治国”和“法治”这些概念，但却为法治思想的成长壮大创造了有利条件，为中国共产党提出“依法治国”奠定了前期基础。

邓小平同志提出“一手抓建设，一手抓法制”“两手都要抓，两手都要硬”的指导方针，将社会主义法制建设与经济建设紧密结合起来。邓小平指出：“为了保障人民民主，必须加强法制。必须使民主制度化、法律化，使这种制度和法律不因领导人的改变而改变，不因领导人的看法和注意力的改变而改变。”③总设计师的规划思考为中国法治建设指明了前进方向。

1979 年 6 月，五届全国人大二次会议召开。会议通过了《关于修正〈中华人民共和国宪法〉若干规定的决议》，审议并通过了《中华人民共和国地方各级人民代表大会和地方各级人民政府组织法》《中华人民共和国全国人民代表大会和地方各级人民代表大会选举法》《中华人民共和国人民法院组织法》《中华人民共和国人民检察院组织法》《中华人民共和

---

①《中国共产党第八次全国代表大会关于政治报告的决议》，《人民日报》1956 年 9 月 28 日。

② 中共中央文献研究室：《三中全会以来重要文献选编》（上），中央文献出版社 2011 年版，第 9 页。

③《邓小平文选》（第 2 卷），人民出版社 1994 年版，第 146 页。

国刑法》《中华人民共和国刑事诉讼法》《中华人民共和国中外合资经营企业法》等七部重要法律。同年 9 月 9 日，党中央发布《关于坚决保证刑法、刑事诉讼法切实实施的指示》，指出刑法、刑事诉讼法同全国人民的切身利益有密切关系，它们能否严格执行“是衡量我国是否实行社会主义法治的重要标志”。这是在我们党和国家的重要文件中第一次使用“社会主义法治”的提法。

在推进法治建设的过程中，邓小平意识到必须处理好法治与党的领导之间的关系这个重大问题。“我们人民的团结，社会的安定，民主的发展，国家的统一，都要靠党的领导。坚持四项基本原则的核心，就是坚持党的领导。问题是党要善于领导；要不断地改善领导，才能加强领导。”①1982 年党的十二大提出“建设有中国特色的社会主义”这一全新概念，要求开创社会主义现代化建设的新局面，法治的现代化自然也是题中应有之义。在十二大审议和通过的新党章明确规定“党必须在宪法和法律的范围内活动”②。这是我们党第一次在党章中将遵守法律明确为对自身的要求。1982 年 12 月 4 日，五届全国人大五次会议通过的《中华人民共和国宪法》（简称“八二宪法”）再次强调：“一切国家机关和武装力量、各政党和各社会团体、各企业事业组织都必须遵守宪法和法律。”较之 1954 年的宪法，1982 年的宪法对公民权利的规定由 14 条增加到 18 条，“公民的基本权利和义务”一章放在了“总纲”之后和“国家机构”之前，凸显了民权的重要性，表明国家权力来自人民的授予，体现了“一切权力属于人民”的社会主义法治原则。

20 世纪 80 年代末 90 年代初，世界形势风云变幻，对我们党的国家治理提出了更高要求，“依法治国”方略应运而生。1996 年 2 月，在第三次中央领导同志法制讲座上，江泽民同志指出：“加强社会主义法制建设，依法治国，是邓小平建设有中国特色社会主义理论的重要组成部分，是我们党和政府管理国家和社会事务的重要方针。”③在这次讲话中，江泽民同志还对依法治国进行了基本的阐述，“实行和坚持依法治国，就是使国家各项工作逐步走上法制化的轨道，实现国家政治生活、经济生活、社会生活的法制化、规范化；就是广大人民群众在党的领导下，依照宪法

①《邓小平文选》（第 2 卷），人民出版社 1994 年版，第 342 页。
② 中共中央文献研究室：《十二大以来重要文献选编》，中央文献出版社 2011 年版，第 57 页。
③《江泽民文选》（第 1 卷），人民出版社 2006 年版，第 511 页。

和法律的规定，通过各种途径和形式，管理国家事务，管理经济和文化事业，管理社会事务；就是逐步实现社会主义民主的制度化、法律化”[①]。这是党中央主要领导第一次公开提出“依法治国”，对法治的未来发展给予了清晰的定位，指明了前进的方向。同年3月，八届全国人大四次会议将“依法治国，建设社会主义法制国家”写入《国民经济和社会发展“九五”计划和2010年远景目标纲要》。

1997年3月，八届全国人大五次会议明确提出依法治国是新的历史条件下党领导人民建设和治理国家的基本方略。同年9月，党的十五大确认“依法治国”的基本方略，“我国经济体制改革的深入和社会主义现代化建设跨越世纪的发展，要求我们在坚持四项基本原则的前提下，继续推进政治体制改革，进一步扩大社会主义民主，健全社会主义法制，依法治国，建设社会主义法治国家”[②]。大会对“依法治国”的内涵进行了科学阐释，“依法治国，就是广大人民群众在党的领导下，依照宪法和法律规定，通过各种途径和形式管理国家事务，管理经济和文化事业，管理社会事务，保证国家各项工作都依法进行，逐步实现社会主义民主的制度化、法律化，使这种制度和法律不因领导人的改变而改变，不因领导人看法和注意力的改变而改变。依法治国，是党领导人民治理国家的基本方略，是发展社会主义市场经济的客观需要，是社会文明进步的重要标志，是国家长治久安的重要保障”[③]。1999年的《宪法修正案》将“中华人民共和国实行依法治国，建设社会主义法治国家”[④]载入宪法总纲第五条，“依法治国”具有了宪法规范的最高法律效力，法治在我国牢牢扎下根基。宪法对依法治国基本方略的确立，是我国法治建设发展史上具有里程碑意义的标志。它将21世纪的中国推进到法治化国家治理的发展阶段。

2002年，党的十六大提出要“发展社会主义民主政治，最根本的是要把坚持党的领导、人民当家作主和依法治国有机统一起来”[⑤]。2004

①《江泽民文选》（第1卷），人民出版社2006年版，第511页。

②《江泽民文选》（第2卷），人民出版社2006年版，第28页。

③《江泽民文选》（第2卷），人民出版社2006年版，第28—29页。

④ 中共中央文献研究室：《十五大以来重要文献选编 》（上），中央文献出版社2011年版，第711页。

⑤ 中共中央文献研究室：《十六大以来重要文献选编 》（上），中央文献出版社2011年版，第24页。

年，《全面推进依法行政实施纲要》、《中华人民共和国行政许可法》和《国务院工作规则》三项法规颁布。温家宝总理指出：“这三件大事一个共同的主题，就是推进依法行政、建设法治政府。”[①]

2007 年，党的十七大强调要“坚持依法治国基本方略，树立社会主义法治理念，实现国家各项工作法治化，保障公民合法权益；坚持社会主义政治制度的特点和优势，推进社会主义民主政治制度化、规范化、程序化，为党和国家长治久安提供政治和法律制度保障”[②]。2011 年 3 月，中共中央政治局开展主题为“推进依法行政和弘扬社会主义法治精神”的集体学习时，胡锦涛同志强调：“推进依法行政，弘扬社会主义法治精神，是党的十七大为适应全面建设小康社会新形势、推进依法治国进程而提出的一项战略任务，对深化政治体制改革、发展社会主义民主政治，对全面实施依法治国基本方略、加快建设社会主义法治国家，对建设富强民主文明和谐的社会主义现代化国家、实现党和国家长治久安具有十分重要的意义。”[③]

2011 年 10 月，国务院新闻办公室发表《中国特色社会主义法律体系》白皮书，展示了我国法治建设的成就，“到 2010 年底，一个立足中国国情和实际、适应改革开放和社会主义现代化建设需要、集中体现中国共产党和中国人民意志，以宪法为统帅，以宪法相关法、民法商法等多个法律部门的法律为主干，由法律、行政法规、地方性法规等多个层次法律规范构成的中国特色社会主义法律体系已经形成，国家经济建设、政治建设、文化建设、社会建设以及生态文明建设的各个方面实现有法可依”[④]。

从 1997 年党的十五大首次将“依法治国”确定为国家治理的基本方略，开启新中国“法治”的新航程，十五年的持续探索后，为 2012 年党的十八大提出“全面推进依法治国”准备了充分的前期条件。

① 温家宝：《全面推进依法行政 努力建设法治政府》，《人民日报》2004 年 7 月 4 日，第 2 版。

② 中共中央文献研究室：《十七大以来重要文献选编》（上），中央文献出版社 2009 年版，第 22 页。

③ 中共中央文献研究室：《十七大以来重要文献选编》（下），中央文献出版社 2013 年版，第 287 页。

④ 中华人民共和国国务院新闻办公室：《中国特色社会主义法律体系》，人民出版社 2011 年版，第 1 页。

四、全面依法治国战略的提出与发展

2012 年 11 月，党的十八大召开。大会认为我国成功开辟和坚持了中国特色社会主义政治发展道路，为实现最广泛的人民民主确立了正确方向，提出法治是治国理政的基本方式，将“全面”与“依法治国”相结合，提出要“全面推进依法治国”；认为“依法治国基本方略全面落实，法治政府基本建成，司法公信力不断提高，人权得到切实尊重和保障”是全面建成小康社会的重要标志，并将法治提升为治国理政的基本方式，要求“更加注重发挥法治在国家治理和社会管理中的重要作用”。大会把依法治国与全面建成小康社会相关联，进一步凸显了依法治国的重要性。

党的十八大之后，以习近平同志为核心的党中央不断深化对“依法治国”的认识，提出要不断开创依法治国新局面。2013 年 2 月，在十八届中央政治局第四次集体学习时，习近平总书记说全面建成小康社会对依法治国提出了更高要求，“我们要全面贯彻落实党的十八大精神，以邓小平理论、‘三个代表’重要思想、科学发展观为指导，全面推进科学立法、严格执法、公正司法、全民守法，坚持依法治国、依法执政、依法行政共同推进，坚持法治国家、法治政府、法治社会一体建设，不断开创依法治国新局面”[①]。三个共同推进和一体化建设，为不断开创依法治国新局面指明了建设方向。2013 年 11 月，党的十八届三中全会提出“推进法治中国建设”新目标并进行了部署，进一步丰富和深化了落实依法治国基本方略的具体目标和重点任务。

2014 年 10 月召开的党的十八届四中全会专题研究全面依法治国，认为“全面推进依法治国，是解决党和国家事业发展面临的一系列重大问题，解放和增强社会活力、促进社会公平正义、维护社会和谐稳定、确保党和国家长治久安的根本要求。要推动我国经济社会持续健康发展，不断开拓中国特色社会主义事业更加广阔的发展前景，就必须全面推进社会主

① 中共中央文献研究室：《习近平关于协调推进“四个全面”战略布局论述摘编》，中央文献出版社 2015 年版，第 91 页。

义法治国家建设，从法治上为解决这些问题提供制度化方案”[①]。此次全会审议通过了《中共中央关于全面推进依法治国若干重大问题的决定》，指出全面推进依法治国的总目标就是“建设中国特色社会主义法治体系，建设社会主义法治国家”[②]。总目标中的“法治体系”相比于党的十五大提出的“法律体系”，其内容和精神实质发生了根本性变化，标志着法治建设步入了新境界，依法治国达到了新高度。法律体系注重的是立法层面的有法可依，主要是工具性的应用；而法治体系则是一种治理文明的体现，它不仅注重立法层面，而且覆盖到科学立法、严格执法、公正司法、全民守法全过程，涵盖了完备的法律规范体系、高效的法治实施体系、严密的法治监督体系、有力的法治保障体系和完善的党内法规体系。习近平提出“依法治国，首先是依宪治国；依法执政，关键是依宪执政”[③]，这是自我们党的十五大确立“依法治国”为治国基本方略以来，党的最高领导人第一次肯定宪法的至上性，将“依法治国”推进至“依宪治国”的新境界。

党的十八届四中全会是我们党的历史上第一次专题研究法治、第一次确定全面推进依法治国总目标的中央全会。全会明确提出全面推进依法治国的总目标是建设中国特色社会主义法治体系、建设社会主义法治国家。党中央规划了全面推进依法治国的顶层设计，制定了全面推进依法治国的路线图，在我国社会主义法治化建设上具有里程碑意义。法治是中国共产党在马克思主义法律思想、中华优秀法律文化、西方法治文明有益成果基础上的一次伟大觉醒。中国共产党领导中国人民走上了法治的康庄大道，这不仅承载了中华民族伟大复兴的百年夙愿，而且是中国共产党对社会主义运动的杰出贡献。2014 年 12 月，习近平总书记在江苏调研时，将“全面依法治国”纳入“四个全面”战略布局之中，使其成为“四个全面”战略布局的有机构成部分。

2015 年 2 月，习近平总书记明确论述了“四个全面”战略布局，将全面依法治国定位为实现全面建成小康社会战略目标的三大战略举措之

① 中共中央文献研究室：《十八大以来重要文献选编》（中），中央文献出版社 2016 年版，第 141 页。

② 中共中央文献研究室：《十八大以来重要文献选编》（中），中央文献出版社 2016 年版，第 157 页。

③ 中共中央文献研究室：《十八大以来重要文献选编》（上），中央文献出版社 2014 年版，第 91 页。

一，“不全面依法治国，国家生活和社会生活就不能有序运行，就难以实现社会和谐稳定”①。

2017 年 10 月，党的十九大将“坚持全面依法治国”确立为新时代坚持和发展中国特色社会主义的十四条基本方略之一，使其成为习近平新时代中国特色社会主义思想的重要组成内容。

为推进全面依法治国，党中央组建了中央全面依法治国委员会，完善党领导立法、保证执法、支持司法、带头守法制度，抓住法治体系建设这个总抓手，坚持党的领导、人民当家作主、依法治国有机统一，坚持依法治国、依法执政、依法行政共同推进，坚持法治国家、法治政府、法治社会一体建设，全面深化法治领域改革，统筹推进法律规范体系、法治实施体系、法治监督体系、法治保障体系和党内法规体系建设，基本形成全面依法治国总体格局。

随着第一个百年奋斗目标的完成，我们已经踏上了全面建设社会主义现代化国家、向第二个百年奋斗目标进军的新征程。立足新发展阶段，贯彻新发展理念，构建新发展格局，推动高质量发展，满足人民对民主、法治、公平、正义、安全、环境等方面日益增长的需求，提高人民生活品质，促进共同富裕，都对法治建设提出了新的更高的要求。我们必须提高全面依法治国的能力和水平，为全面建设社会主义现代化国家、实现第二个百年奋斗目标提供有力的法治保障。

2022 年 10 月 16 日，党的二十大召开。习近平总书记在大会报告中指出：“社会主义法治国家建设深入推进，全面依法治国总体格局基本形成，中国特色社会主义法治体系加快建设，司法体制改革取得重大进展，社会公平正义保障更为坚实，法治中国建设开创新局面。”②

全面依法治国是坚持和发展中国特色社会主义的本质要求和重要保障，事关我们党执政兴国，事关人民幸福安康，事关党和国家事业发展。随着中国特色社会主义事业不断发展，法治将承载更多使命、发挥更为重要的作用。

---

① 中共中央文献研究室：《十八大以来重要文献选编》（中），中央文献出版社 2016 年版，第 248 页。

② 习近平：《高举中国特色社会主义伟大旗帜 为全面建设社会主义现代化国家而团结奋斗——在中国共产党第二十次全国代表大会上的报告》，《人民日报》2022 年 10 月 26 日，第 1 版。

第八章　全面从严治党的形成脉络

自 18 世纪以来，政党政治逐渐成为世界政治的主要形态。作为政党政治的主体，政党是人类社会发展到特定阶段的产物。一般认为现代意义上的政党是资本主义因素发展的产物，最早产生于 17 世纪的英国。

无产阶级性质的政党产生于工业革命之后，是资本主义生产关系发展到一定阶段的产物，最早产生于 19 世纪 30 年代。恩格斯认为英国宪章派是最早的、真正意义上的无产阶级政党。中国共产党是马克思主义与中国工人运动相结合的产物，是中国近代以来最重要的政治力量，自成立之初就十分重视党自身的建设。重视治党管党、敢于直面问题、勇于修正错误是中国共产党的显著优势和优良传统，伴随着中国共产党从无到有、从小到大、从弱到强。习近平总书记说："强大的政党是在自我革命中锻造出来的。回顾党的历史，我们党总是在推动社会革命的同时，勇于推动自我革命，始终坚持真理、修正错误，敢于正视问题、克服缺点，勇于刮骨疗毒、去腐生肌。"①

一、中国古代的廉洁从政思想

习近平总书记指出："我们中华民族有着五千年的文明史，传统文化中的许多优秀文化典籍蕴涵着做人做事和治国理政的大道理。"②虽然说中国古代并没有政党政治，也没有政党建设的相关思想，但政治一经产生必然有其内在的逻辑与规律。为了实现国家的长治久安、社会的持久稳定和统治集团的长久利益，中华民族的先人们在政治实践中很早就意识到了执政者自身建设的必要性与重要性，提出了许多具有真理性的认识，廉洁思想就是其中的典范，是我们党发展和完善"全面从严治党"战略的历史

---

①《习近平谈治国理政》（第 3 卷），外文出版社 2020 年版，第 541 页。

② 习近平：《领导干部要爱读书读好书善读书》，《新华文摘》2009 年第 14 期，第 3 页。

文化宝库。

中华民族的先人们对“廉”的认识由来已久。商纣失德无道，周以小国取而代之，将先人们对政治的关注重心由虚无缥缈的上天回归到现实人间。因而，西周时期，“惟官、惟反、惟内、惟货、惟来”的失范行为就已被概括为官吏的“五过之疵”。《周礼·天官冢宰》中则进一步提出了“六廉”之说——“一曰廉善，二曰廉能，三曰廉敬，四曰廉正，五曰廉法，六曰廉辨”，“廉”成为国家执政群体官员的基本行为要求。春秋战国时期，儒家孔子提出君王应该有仁德。《孟子·离娄下》中提出“可以取，可以无取，取伤廉”，将不取身外之物、不取不义之财视为廉。法家管仲将礼义廉耻视为国之四维。韩非将不贪财定为廉，在《韩非子·解老》中指出“所谓廉者，必生死之命也，轻恬资财也”。道家庄子将腐败归源于人的贪婪，他在《庄子·盗跖》中说：“不足故求之，争四处而不自以为贪；有余故辞之，弃天下而不自以为廉，非以迫外也，反监之度。”杂家吕不韦则在《吕氏春秋·忠廉》中推崇“故临大利而不易其义；可谓廉矣。廉，故不以贵富而忘其辱”，强调廉在于不因利益而丧失基本的道义。

民本思想是古代中国廉洁文化的思想基础。《新书·修政语上》中记载，大禹曾提出“民无食也，则我弗能使也；功成而不利于民，我弗能劝也”。西周统治者提出“敬德保民”和“明德慎罚”的思想。这一思想在春秋战国时期已提升到“民惟邦本，本固邦宁”“古之为政，爱民为大”，以及“民为贵，社稷次之，君为轻”的认识新高度。唐太宗更是提出了“水能载舟，亦能覆舟”这个具有政治哲学意涵的民本观念。这些论断表明中国古代政治家和先贤们已经认识到民心向背是影响国家兴衰、王朝更替的主要因素，处理好官与民的利益关系成为国家治理的关键所在。

廉洁在中国传统政治文化中是“仕者之德”“为官之宝”，被视为关系国运国脉的重要政治原则。在长期的政治实践中，中国古代思想家们意识到要实现廉洁政治，“明君”和“贤臣”是必不可少的条件，而“明君”是政治清廉的前提。孟子在《孟子·离娄上》中认为“君仁，莫不仁。君义，莫不义。君正，莫不正。一正君而国定矣”。“明君”与“贤臣”相辅相成，因为君主治国之策的贯彻执行离不开各级官吏，吏治本身的好坏直接关系国家存亡和社会治乱，也因此有了《左传·桓公二年》中“国家之败，由官邪也。官之失德，宠赂章也”和《汉书·宣帝纪》中“吏不廉平则治道衰”的经典论述。于是，古代思想家们提出了“明主治吏不治民”、“政在选臣”和“举贤才”的政治主张，形成了“德胜于才”的臣道论；注重选拔“清廉守节”、“贤良方正”和“舍生取义”之士；推崇《孟子·公孙丑上》中所说的“尊贤使能，俊杰在位，则天下之士皆悦而愿立于其朝矣”的政治格局。大臣不廉无以率下，则小臣必污，而小臣不廉无以治民，则风俗必败。可见，中国古代先人已经清楚地看到了廉洁同一个国家、王朝兴衰存亡的内在关联，强调廉洁乃治乱安危之所寄的“为政之本”。

重典惩贪是维护政治清廉的重要手段。中国古代思想家虽然推崇“德治”，但是也不否认法的功能。孟子就认为不以规矩，不能成方圆；董仲舒强调“刑者，德之辅”；韩非认为以法治国就可以“救群生之乱，去天下之祸”；慎到在《慎子·逸文》中强调“民一于君，事断于法，是国之大道也”；墨子在《墨子·法仪》中提出“天下从事者，不可以无法仪；无法仪而其事能成者，无有也”。在执法上，韩非主张严格执法，真正做到“威不贰错，制不共门”；管仲提出“禁而不止，则刑罚侮；令而不行，则下凌上”；《后汉书·桓谭传》中记载桓谭提出要“一其法度”，使“天下知方”“狱无怨滥”。“王霸并用，阳儒阴法”成为自汉以降历朝历代的基本统治策略。

在政治运行中，以制度安排进行权力制约是防范腐败的重要条件，因而中国古代很早就建立了行政监察制度。秦统一六国之后，在中央建立了与行政机构和军事机构并列的监察机构——御史大夫，御史大夫位列三公，掌握中央的文书和监察。中央政权还派出监御史负责地方郡县的监察工作。以后历代虽有所调整，但总体上还是沿袭了这一体制。汉朝中央设置御史府、丞相司直、司隶校尉为中央监察官，地方设立刺史监察地方官吏，并颁布《监御史九条》和《刺史诏六条》等专门的监察法规。魏晋南北朝时，中央御史台监督权力扩大，自太子以下无所不纠。唐代时，中央设台院、殿院、察院，地方则分设多道监察区。明、清时，中央设置的六科给事中、都察院成为独立监察机构，地方设十三道巡按御史、提刑按察司、督抚。监察机构的设立，形成了“大小相制，内外相维”的制衡机制，较好地发挥了“去谬吏而纠慢政”和“老耄者罢之，贪浊者劾之，昏懦者逐之”的整顿吏治功能，规范了权力运行。

受制于“家天下”的历史局限，中国古代多数时期都很难真正做到政治清明，但正因为如此方才显得明君贤臣、清官廉吏的可贵，他们犹如一盏盏明灯维系着对人间正道的信仰。在中国古代漫长的社会变迁和文化传承中，明君贤臣、清官廉吏既展现了一种王道政治追求，又肩负了一种特定的官之职责，还扮演着一种独特的师之角色，三者的互动使中国古代行政伦理发展出特定的德政向度。中国历史上以不贪为宝的子罕、深夜拒金的杨震、清正爱民的狄仁杰、不畏强权的包拯、清贫一生的海瑞、开仓济民的郑板桥等清官廉吏至今仍受人传颂。

中国古代的廉洁思想与实践总结出了“廉开盛世、腐毁社稷”的基本政治规律，提出了符合国家政治发展方向的正确策略与价值导向，让廉洁成为传承数千年的中华文化传统。“从传统中继承，在传承中创新”既是现实发展的需要，也是我们对待传统的科学态度，更是人类文明发展的普遍规律。在“全面从严治党”成为中国道路继续深化发展的战略举措的当下，科学地继承和批判地吸取传统廉洁文化资源是推进“全面从严治党”的题中应有之义。

二、马克思主义经典作家的建党治党理论

无产阶级政党是无产阶级进行革命和建设，获得解放的首要条件之一。马克思、恩格斯和列宁这些马克思主义经典作家虽然没有正式使用“从严治党”这一概念，但他们的无产阶级政党学说已经包含了从严治党的理论雏形，是中国共产党建党治党的理论先导。

第一，无产阶级建立自己的政党是其获得解放的首要条件。

无产阶级是资本主义大工业条件下的全新社会产物，是饱受资本压迫的阶级，是新型政党诞生的阶级基础。恩格斯在《英国工人阶级状况》中深刻揭示了这一根源，“工人阶级的状况是当代一切社会运动的真正基础和出发点，因为它是我们目前存在的社会灾难最尖锐、最露骨的表现”①。无产阶级要获得解放，必须用暴力推翻全部现存的社会制度，上升为统治阶级，废除资产阶级私有制，并进行经济建设，发展生产力，从而奠定无产阶级获得真正解放的物质基础，最终实现共产主义。但无产阶级要完成这个历史使命，就必须建立自己的政党。

无产阶级从其诞生之初就开始了对命运的抗争，然而由于缺乏坚强和先进的领导核心，早期的抗争都失败了。马克思、恩格斯在考察工人运动

①《马克思恩格斯选集》（第1卷），人民出版社2012年版，第84页。

时，敏锐地发现了这个问题。马克思指出：“为保证社会革命获得胜利和实现革命的最高目标——消灭阶级，无产阶级这样组织成为政党是必要的。”[①]这是“无产阶级获得解放的首要条件之一”[②]。恩格斯同样指明了无产阶级政党在无产阶级运动中的核心作用，“无产阶级要在决定关头强大到足以取得胜利，就必须（马克思和我从 1847 年以来就坚持这种立场）组成一个不同于其他所有政党并与它们对立的特殊政党，一个自觉的阶级政党”[③]。作为俄国无产阶级革命的领导者，列宁认为：“党是阶级的先进部队，是阶级的领导者和组织者，是整个运动及其根本和主要目的的代表。”[④]

第二，共产党是不同于其他政党的先进组织。

在马克思、恩格斯这些马克思主义经典作家看来，共产党作为无产阶级政党的典型代表，具有其他政党无法比拟的先进性。这是共产党能够领导无产阶级进行革命和建设，并取得最终胜利的根本所在。这种先进性，一方面是因为共产党是由无产阶级先进分子组成的，始终代表最广大人民群众的利益，这使其拥有了最广泛的阶级基础；另一方面在于共产党有先进理论的指导，马克思主义理论揭示了人类社会发展的基本规律，是指导共产党的科学理论。

马克思、恩格斯在《共产党宣言》中说：“一方面，在无产者不同的民族的斗争中，共产党人强调和坚持整个无产阶级共同的不分民族的利益；另一方面，在无产阶级和资产阶级的斗争所经历的各个发展阶段上，共产党人始终代表整个运动的利益。因此，在实践方面，共产党人是各国工人政党中最坚决的、始终起推动作用的部分；在理论方面，他们胜过其余无产阶级群众的地方在于他们了解无产阶级运动的条件、进程和一般结果。”[⑤]这是马克思、恩格斯对共产党的性质和先进性的经典表述，同样也反映了他们对建立一个什么样的共产党的基本观点，表达了思想建党的重要性。在马克思、恩格斯看来，马克思主义是共产党的思想灵魂，正是这个先进思想的指导才使得共产党具有资产阶级政党所没有的先进性，不仅使自身更有力量，而且代表着社会未来发展的方向。

---

①《马克思恩格斯选集》（第 3 卷），人民出版社 2012 年版，第 173—174 页。

②《马克思恩格斯文集》（第 2 卷），人民出版社 2009 年版，第 50 页。

③《马克思恩格斯选集》（第 4 卷），人民出版社 2012 年版，第 592 页。

④《列宁专题文集·论无产阶级政党》，人民出版社 2009 年版，第 337 页。

⑤《马克思恩格斯文集》（第 2 卷），人民出版社 2009 年版，第 44 页。

列宁认为共产党这个名称极具政治意义，只有真正领导革命阶级的行动，才无愧于这个称号，“名称问题不只是一个形式问题，而且是具有重大意义的政治问题。共产国际已经宣布要同整个资产阶级世界和一切黄色社会民主党进行坚决斗争。必须使每一个普通的劳动者都十分清楚共产党同那些背叛了工人阶级旗帜的旧的正式的‘社会民主’党或‘社会’党之间的区别”[①]。这深刻揭示了列宁对共产党先进性的重视。在列宁看来，作为无产阶级政党，共产党是极具特殊性的，“党是阶级的先锋队；它的任务决不是反映群众的一般水平，而是带领群众前进”[②]。列宁认为，有革命的理论才会有革命的运动，马克思主义是共产党的思想旗帜，“我们完全以马克思的理论为依据，因为它第一次把社会主义从空想变成科学，给这个科学奠定了巩固的基础，指出了继续发展和详细研究这个科学所应遵循的道路”[③]。

第三，纪律严明是共产党战斗力的重要保证。

严明的纪律是马克思主义政党的鲜明特征，是其战斗力的重要保证。马克思、恩格斯在无产阶级政党的建立与发展过程中，逐步认识到党的纪律重要性，纪律建设成为马克思、恩格斯党建理论的有机构成。

1859 年，马克思在批判拉萨尔时指出：“我们现在必须绝对保持党的纪律，否则将一事无成。”[④]无产阶级政党的力量来自组织，恩格斯指出，“没有任何党的纪律，没有任何力量在一点的集中，没有任何斗争的武器！那末未来社会的原型会变成什么呢？简而言之，我们采用这种新的组织会得到什么呢？会得到一个早期基督教徒那样的畏缩胆怯的而又阿谀奉承的组织”[⑤]。1886 年恩格斯针对法国工人罢工运动，再次指出：“这种纪律是一个有成效的和坚强的组织的首要条件，是资产阶级最害怕的。”[⑥]可见，马克思、恩格斯对无产阶级政党的纪律重要性有着十分清醒的认识。

马克思、恩格斯主张的纪律，是党内民主基础上的纪律，而不是少数人的集中制。早在共产主义者同盟时期，马克思、恩格斯就把民主制作为

①《列宁专题文集·论无产阶级政党》，人民出版社 2009 年版，第 274 页。
②《列宁专题文集·论无产阶级政党》，人民出版社 2009 年版，第 338 页。
③《列宁专题文集·论无产阶级政党》，人民出版社 2009 年版，第 338 页。
④《马克思恩格斯全集》（第 29 卷），人民出版社 1972 年版，第 413 页。
⑤《马克思恩格斯全集》（第 17 卷），人民出版社 1963 年版，第 519 页。
⑥《马克思恩格斯全集》（第 36 卷），人民出版社 1975 年版，第 540 页。

重要的组织原则，“组织本身是完全民主的，它的各委员会由选举产生并随时可以罢免，仅这一点就已堵塞了任何要求独裁的密谋狂的道路”[①]。1890 年，恩格斯在给李卜克内西的信中说：“不要造成不必要的牺牲者，要表明你们那里充满着批评的自由，如果非开除不可，那只有举出昭然若揭、证据确凿的卑鄙行为和叛变行为的事实（明显的行为），才能开除。”[②]党的内部存在分歧与斗争是正常现象，但斗争本身不是目的，而是为了维护党的先进性和统一性。党的纪律不是为了惩戒党员，而是要以民主的方式来消除党内分歧，统一党的思想，维护党的权威，集中党的力量。

列宁继承并发扬了马克思、恩格斯的纪律思想，认为俄国革命的胜利已经证明“无产阶级实现无条件的集中和极严格的纪律，是战胜资产阶级的基本条件之一”[③]。作为被统治阶级，无产阶级与资产阶级相比，在诸多方面处于劣势。严明的纪律是使无产阶级，特别是作为领导力量的马克思主义政党能够提升组织性和战斗力的重要保障。

列宁说：“无产阶级革命政党的纪律是靠什么来维持的？是靠什么来检验的？是靠什么来加强的？第一，是靠无产阶级先锋队的觉悟和它对革命的忠诚，是靠它的坚韧不拔、自我牺牲和英雄气概。第二，是靠它善于同最广大的劳动群众，首先是同无产阶级劳动群众，但同样也同非无产阶级劳动群众联系、接近，甚至可以说在某种程度上同他们打成一片。第三，是靠这个先锋队所实行的政治领导正确，靠它的政治战略和策略正确，而最广大的群众根据切身经验也确信其正确。一个革命政党，要真正能够成为必将推翻资产阶级并改造整个社会的先进阶级的政党，没有上述条件，就不可能建立起纪律。”[④]

十月革命胜利后，俄国共产党成为执政党。党的地位和任务的重大变化使党面临着许多新的挑战。对此，列宁在组织、作风、制度和反腐败等诸多方面加强了党的建设。在组织建设方面，提出要严把入口关，对新党员的入党介绍人和预备期都做了严格规定；在作风建设方面，提出要严防官僚主义，反对特权，密切同人民群众的联系；在制度建设方面，成立了中央监察委员会，提倡多形式的监督；在反腐败方面，加强立法，严惩腐

---

①《马克思恩格斯选集》（第 4 卷），人民出版社 2012 年版，第 207 页。

②《马克思恩格斯全集》（第 37 卷），人民出版社 1971 年版，第 441 页。

③《列宁专题文集·论无产阶级政党》，人民出版社 2009 年版，第 245 页。

④《列宁专题文集·论无产阶级政党》，人民出版社 2009 年版，第 245—246 页。

败分子，保证党的先进性和纯洁性。

马克思主义创始人和继承者对党的建设的探索与实践，为中国共产党加强自身建设提供了理论上的指导和实践上的参考，为中国共产党根据本国国情和自身党情创立和发展自己的党建理论准备了条件。

三、中国共产党革命和建设时期的党建思想

中国共产党是马克思列宁主义与中国工人运动相结合的产物。高度重视党的建设是我党的一贯传统，它是中国共产党带领中国人民夺取革命、建设和改革胜利，推进国家发展和民族复兴的关键法宝。

1921 年，中共一大宣告了中国共产党的诞生。一大审议并通过了《中国共产党纲领》，纲领总共只有十五条，其中涉及纪律的就有六条。1922 年中共二大制定了中国共产党第一部党章，党章共二十九条，其中第四章“纪律”中就有九条。1927 年中共五大重点研究了党的组织建设，成立了专门的纪律检查机关——中央监察委员会，并提出了民主集中制的组织原则。同年“八七会议”通过的《党的组织问题议决案》重点指出了党的纪律重要性，“严守党的纪律尤其为秘密党之必要条件。党部机关之一切决议及决定，调遣等等，应当绝对的服从，一切党员，不论其地位如何都应如此。凡破坏纪律者，都应从严惩办（停止职务，开除党籍等等）”①。可见我们党在成立之初就对党的建设具有自觉意识。

1927 年中国共产党反思大革命失败的挫折，由此开始探索符合中国实际的革命道路，也开启了极具特色的党建道路。这一阶段党领导人民进行武装斗争，建党和建军相结合是比较突出的特点。1928 年，毛泽东在井冈山上为红军制定了“三大纪律”“六项注意”。这后来发展成我党我军著名的“三大纪律八项注意”。

1929 年 12 月，古田会议召开。毛泽东针对思想混乱、组织松懈、纪律松散等突出问题，从政治建军、思想建党、严格党内生活、严明纪律和制度治党等方面，系统地厘清了建党和建军的根本原则。“中国的红军是一个执行革命的政治任务的武装集团”，“离了对群众的宣传、组织、武

① 中央档案馆：《中共中央文件选集》（第 3 册），中共中央党校出版社 1989 年版，第 303—304 页。

装和建设革命政权等项目标，就是失去了打仗的意义，也就是失去了红军存在的意义”①，“红军的军事机关与政治机关，在前委指导之下，平行地执行工作”②。当时，中国共产党的力量主要在于军队。古田会议决议对红军性质、宗旨和任务的阐释，在政治上划清了红军与旧军队的界限，确立了党对军队的领导权。古田会议决议中“关于纠正党内的错误思想”的部分，分析了当时存在的单纯军事观点，以及极端民主化、个人主义、绝对平均主义等错误观点，并提出了针对性的纠正方法，是思想建党的重要纲领。在组织建设上，决议重视党建质量的提升。古田会议决议提出“支部建在连上”是红军中党的重要组织原则，要清理不合格党员，严把入党关，严肃党内政治生活和加强党的纪律。为了贯彻古田会议精神，红四军还编印了《古田会议决议》等一批学习手册发给官兵。古田会议是我们党自身建设和军队建设走向系统化和正规化的重要里程碑。

1935 年 12 月的瓦窑堡会议再次强调了思想建党的重要性，“应该使党变为一个共产主义的熔炉，把许多愿意为共产党主张而奋斗的新党员，锻炼成为有最高阶级觉悟的布尔什维克的战士”③。

全面抗战的爆发，使我们党的队伍急剧膨胀。但随着党员数量的增多，党员成分复杂，许多党员组织上入了党，思想上却没有入党。党内出现了思想混乱的现象，党组织急需巩固。1938 年，党的六届六中全会通过了《关于中央委员会工作规则与纪律的决定》《关于各级党部工作规则与纪律的决定》《关于各级党委暂行组织机构的决定》等一系列文件，为巩固党组织提供了重大的政策制度依据。1939 年，毛泽东在《〈共产党人〉发刊词》中，提出要“建设一个全国范围的、广大群众性的、思想上政治上组织上完全巩固的布尔什维克化的中国共产党”④，强调要以思想建设为重点，从思想、组织、作风等方面开展党的自身建设。毛泽东提出“把我们党建设好是一项伟大的工程”这一全新论断，将“党的建设”与“统一战线”“武装斗争”总结为中国革命的三大法宝，凸显了党的建设的重要性。

1942 年初，党中央决定在全党开展整风运动。毛泽东认为党风是第

---

①《毛泽东文集》（第 1 卷），人民出版社 1993 年版，第 79 页。

②《毛泽东文集》（第 1 卷），人民出版社 1993 年版，第 113 页。

③ 中共中央文献研究室、中央档案馆：《建党以来重要文献选编》（第 12 册），中央文献出版社 2011 年版，第 549 页。

④《毛泽东选集》（第 2 卷），人民出版社 1991 年版，第 602 页。

一个重要的问题，提出“反对主观主义以整顿学风，反对宗派主义以整顿党风，反对党八股以整顿文风”①。在毛泽东看来，我们党作为革命领导力量，要完成打倒敌人的任务，必须先整顿好自身的作风，“整顿三风搞得好不好，对目前，对将来，对领导整个革命，关系很大”②；作为马克思列宁主义武装起来的革命政党，我们党要发扬“理论和实践相结合的作风，和人民群众紧密地联系在一起的作风以及自我批评的作风”③。延安整风运动，在全党纯洁了组织，净化了思想，增强了党的凝聚力和战斗力。刘少奇同志评价说：“经过马克思列宁主义的教育，使党内小资产阶级出身的分子实行思想上的彻底改造，改变其原来小资产阶级的本质，使他们具有无产阶级先进战士的性格。经过这样产生、又经过这样锻炼与教育出来的党，与任何资本主义国度内的无产阶级政党比较，至少是毫无愧色的。”④1945 年 4 月 20 日，党的六届七中全会通过了《关于若干历史问题的决议》，标志着整风运动的胜利结束。毛泽东指出，整风使我党在思想基础上更加巩固，“使我们的领导机关和广大的干部和党员，进一步地掌握了马克思列宁主义的普遍真理和中国革命的具体实践的统一这样一个基本的方向”⑤。中共七大还提出了“党的法规”的概念，开启了党内法规建设的序幕。

中华人民共和国成立后，党向全国范围的执政党转变。党的建设面临重大的调整转型。1949 年底，中央政治局决定成立中央及各级党的纪律检查委员会，来强化党的组织和纪律建设。1950 年 5 月，中央又决定在全党开展大规模的整风。1952 年 2 月，党中央发出《关于“三反”运动应和整党运动结合进行的指示》，要求在“三反”运动的基础上对党员进行八项标准的教育，纯洁思想、净化组织，保持党的先进性。针对严重的贪污腐败问题，毛泽东认为贪污就是对人民的犯罪，必须严厉惩处，“号召坦白和检举，轻者批评教育，重者撤职、惩办、判处徒刑（劳动改造），直至枪毙一批最严重的贪污犯”⑥。中华人民共和国刚成立时，我们狠抓党的建设，特别是惩处了以刘青山、张子善为典型的党内腐败分

①《毛泽东选集》（第 3 卷），人民出版社 1991 年版，第 812 页。
②《毛泽东文集》（第 2 卷），人民出版社 1993 年版，第 422 页。
③《毛泽东选集》（第 3 卷），人民出版社 1991 年版，第 1094 页。
④《刘少奇选集》（上卷），人民出版社 1981 年版，第 325 页。
⑤《毛泽东选集》（第 4 卷），人民出版社 1991 年版，第 1252 页。
⑥《毛泽东文集》（第 6 卷），人民出版社 1999 年版，第 191 页。

子，从执政之初就以高标准严格要求自己。

毛泽东同志意识到面对复杂的国家建设任务，执政党的自身建设、思想建设很重要，但制度建设更加重要，“解决制度问题比解决思想问题更重要，更带有根本性质”①。因而，必须根据实际情况，调整、更新和完善制度，必须“着重地克服领导机关中的官僚主义和分散主义，并将那些过去需要而现在已不需要的制度和办法加以改变”②。1952 年颁布了《中共中央关于在“三反”运动中党员犯有贪污、浪费、官僚主义错误给予党内处分的规定》。1953 年颁布了《中共中央关于加强对中央人民政府财政经济部门工作领导的决定》。1955 年中国共产党全国代表会议决定“成立党的中央的和地方各级的监察委员会，代替中央的和地方各级的党的纪律检查委员会”③。1956 年党的八大通过了我们党执政后制定的第一部《中国共产党章程》，增加了党员义务的条文，规定所有党员都要严格遵守党章和国家法律，遵守共产主义道德，对党员提出了更高的标准和要求。1960 年颁布了《中共中央关于反对官僚主义的指示》。1962 年颁布了《关于试行建立共产主义小组的意见》、《中国共产党国营工业企业基层组织工作条例试行草案》和《中国共产党商业企业基础组织工作条例试行草案》等。

除了党内文件法规外，1954 年我国制定颁布了第一部社会主义类型的宪法，之后又起草了刑法、民法等一批重要法律草案。至“文化大革命”前，我国已制定法律 130 多部，社会主义法制建设已具雏形。

这一时期，我们党根据国情的变化，努力实现向执政党的转型，服务于社会主义建设。毛泽东在《一九五七年夏季的形势》中指出，“我们的目标，是想造成一个又有集中又有民主，又有纪律又有自由……那样一种政治局面，以利于社会主义革命和社会主义建设”④。然而，由于对建设社会主义思想认识不全面，对执政党建设规律及党的建设的艰巨性和复杂性准备不足，加之国际局势变化的影响，社会主义建设事业和党的建设遭到重大挫折。但这一时期的探索，为中国共产党积累了经验与教训，为其

① 中共中央文献研究室：《毛泽东传》（第 4 册），中央文献出版社 2013 年版，第 1434 页。

②《毛泽东文集》（第 6 卷），人民出版社 1999 年版，第 271—272 页。

③ 中共中央文献研究室：《建国以来重要文献选编》（第 6 册），中央文献出版社 2011 年版，第 116 页。

④ 中共中央文献研究室：《建国以来毛泽东文稿》（第 6 册），中央文献出版社 1992 年版，第 543 页。

后来走向更加成熟奠定了基础。

四、改革开放以来从严治党思想的提出与发展

对中国共产党而言，治国与治党双面一体。党的十一届三中全会同样开启了中国共产党治党管党的新篇章。从严治党正是改革开放之后我们党提出的党建新概念，其内涵随着我们党的建设实践不断发展丰富，逐步上升为党的建设全局的战略指导方针。

1980 年初，邓小平在《目前的形势和任务》的讲话中提出："我们一定要坚持党的领导，改善党的领导，加强党的纪律和战斗力，使我们能够胜任对于整个国家和各族人民的巨大领导责任。"[①]同年 2 月，党的十一届五中全会召开，专门讨论党的领导问题，并审议通过《关于党内政治生活的若干准则》，强调全党要严格遵守党内政治生活的十二条准则。1983 年，党的十二届二中全会通过了《中共中央关于整党的决定》，决定从 1983 年冬季开始，用三年时间对党的组织和作风进行全面整顿。邓小平认为要以整党来扭转党风，"要使全党在思想上政治上和精神状态上有显著的进步，党员为人民服务而不谋私利的觉悟有显著的提高，党和群众的关系有显著的改善"[②]。在 1985 年 9 月召开的中国共产党全国代表会议上，邓小平再次强调党的建设的重要性，"过去我们党无论怎样弱小，无论遇到什么困难，一直有强大的战斗力，因为我们有马克思主义和共产主义的信念。有了共同的理想，也就有了铁的纪律。无论过去、现在和将来，这都是我们的真正优势"[③]。11 月，中共中央整党工作指导委员会在《关于农村整党工作部署的通知》中提出："要从严治党，坚决反对那种讲面子不讲真理，讲人情不讲原则，讲派性不惜牺牲党性的腐朽作风。"[④]这是从严治党在党的文件中第一次出现，预示着我们党迈入以"从严治党"为核心主题词的党建新阶段。

1987 年，党的十三大提出："对经不起考验的党员，首先要满腔热

①《邓小平文选》（第 2 卷），人民出版社 1994 年版，第 273 页。

②《邓小平文选》（第 3 卷），人民出版社 1993 年版，第 38 页。

③《邓小平文选》（第 3 卷），人民出版社 1993 年版，第 144 页。

④《中共中央整党工作指导委员会关于农村整党工作部署的通知》，《人民日报》1985 年 11 月 25 日，第 1 版。

情地进行教育。但经验证明，仅仅靠教育不能完全解决问题，必须从严治党，严肃执行党的纪律。”[①]这是我们党的最高领导机关针对党员的质量和忠诚问题而正式提出的“从严治党”，“因此，从严治党，除了必须把少数腐败分子开除出党之外，还必须着眼于对绝大多数党员经常地进行教育，提高他们的素质”[②]。这表明当时刚刚被初步提出来的“从严治党”主要是强调党员的纪律问题，尚未成为全局性的党建战略方针。

20 世纪 80 年代末 90 年代初，东欧剧变，两极体制解体，国际局势风云变幻。严峻的形势，促使中国共产党进一步思考党的建设问题。1992 年初，邓小平同志在其视察南方期间发表的讲话中再次深刻指明党的建设的至关重要性，“中国要出问题，还是出在共产党内部”[③]，告诫全党特别是第三代中央领导集体的核心对此要保持清醒认识，“关键是我们共产党内部要搞好”[④]。邓小平同志把党的建设提升到事关党的执政得失，事关党在人民群众心中的地位，事关中国社会主义事业成败的高度来看待。

1992 年 10 月，党的十四大指出：“在新的历史时期，党所处的环境和肩负的任务有了很大变化，党的思想、政治、组织、作风建设都面临许多新情况和新问题。我们一定要结合新的实际，遵循党的基本路线，坚持党要管党和从严治党，加强和改进党的建设，努力提高党的执政水平和领导水平，使我们这个久经考验的马克思主义的党，在建设有中国特色社会主义的伟大事业中更好地发挥领导核心作用。”[⑤]这次大会表明党的最高领导机关对党的建设问题已经形成了比较系统化的分析，并把“坚持从严治党”写入了十四大党章，上升到党的根本大法的高度，标志着其成为治党管党的根本原则。1994 年党的十四届四中全会审议通过的《中共中央关于加强党的建设几个重大问题的决定》，将党的建设提到“新的伟大工程的高度”，提出从思想、政治和组织等各方面加强党的建设。

1997 年 9 月，党的十五大提出，21 世纪党的建设目标是“面向新世纪，党中央领导全党正在继续推进这个新的伟大工程，就是要把党建设成

① 中共中央文献研究室：《十三大以来重要文献选编》（上），中央文献出版社 2011 年版，第 45 页。

② 中共中央文献研究室：《十三大以来重要文献选编》（上），中央文献出版社 2011 年版，第 45 页。

③《邓小平文选》（第 3 卷），人民出版社 1993 年版，第 380 页。

④《邓小平文选》（第 3 卷），人民出版社 1993 年版，第 381 页。

⑤《江泽民文选》（第 1 卷），人民出版社 2006 年版，第 245 页。

为用邓小平理论武装起来、全心全意为人民服务、思想上政治上组织上完全巩固、能够经受住各种风险、始终走在时代前列、领导全国人民建设有中国特色社会主义的马克思主义政党”[①]。大会将从严治党与党的先进性和纯洁性相关联，明确“从严治党”是增强党的凝聚力和战斗力的有力保证，要求“各级党委要坚持党要管党的原则，把从严治党的方针贯彻到党的建设的各项工作中去，坚决改变党内存在的纪律松弛和软弱涣散的现象”[②]，并且提出了在党章制度规定、领导干部、党内生活、党员发展、纪律方面“五个就要”的具体要求。江泽民总书记提出必须建立健全制度，确保从严治党方针的贯彻实施，“从严治党，关键在于建立起一整套便利、管用、有约束力的机制，使党的各级组织对党员、干部实行有效的管理和监督，及时发现矛盾、解决问题，使党的肌体始终保持健康”[③]。这表明“从严治党”已经向系统化的党建理论升华。由此，在纪律建设、干部队伍建设和基层组织建设等方面一批规章制度陆续出台，从严治党进入规模化建章立制阶段。

进入 21 世纪后，全面建设小康社会、加快推进社会主义现代化建设的战略任务要求我们党更加重视自身建设，“从严治党”与“国家治理”相互促进，进一步深化发展。2000 年初，江泽民在十五届中央纪委四次全会上指出：“当今中国的事情办得怎么样，关键取决于我们党，取决于党的思想、作风、纪律、组织状况和战斗能力、领导水平。党的性质、党在国家和社会生活中所处的地位、党肩负的历史使命，要求我们治国必先治党，治党务必从严。治党始终坚强有力，治国必会正确有效。”[④]

2002 年 11 月，党的十六大将“治国必先治党，治党务必从严”总结为自十三届四中全会以来建设中国特色社会主义必须坚持的十条基本经验之一，要求不断提升党的领导水平和执政能力，保持党的先进性。这显示着我们党已经将“从严治党”升华到治国规律和治党规律的高度，开始加速推进这个新的伟大工程。“治国”和“治党”、“管党”与“执政”相互依存、彼此支撑。党治则国兴，党乱则国衰。2006 年 6 月，胡锦涛同志在中国共产党成立八十五周年大会上指出，“一个政党过去先进不等于

①《江泽民文选》（第 2 卷），人民出版社 2006 年版，第 42—43 页。
②《江泽民文选》（第 2 卷），人民出版社 2006 年版，第 47 页。
③ 江泽民：《论党的建设》，中央文献出版社 2001 年版，第 374 页。
④《江泽民文选》（第 2 卷），人民出版社 2006 年版，第 496 页。

现在先进，现在先进不等于永远先进”[①]。在长期执政的情况下，保持党的先进性会遭遇许多困难和挑战，必须将党的先进性建设作为一项战略任务来落实。

2007 年，党的十七大认为，“世情、国情、党情的发展变化，决定了以改革创新精神加强党的建设既十分重要又十分紧迫。必须把党的执政能力建设和先进性建设作为主线，坚持党要管党、从严治党”[②]。大会明确了执政能力建设、先进性建设、思想建设、组织建设、作风建设、制度建设、反腐倡廉建设的治党管党总体布局。

2009 年 9 月，党的十七届四中全会强调要以改革开放的精神继续推进党的建设新的伟大工程，并审议通过了《中共中央关于加强和改进新形势下党的建设若干重大问题的决定》（以下简称《决定》）。会议认为党面临着长期执政、改革开放、市场经济和外部环境“四大考验”，新形势下党的建设要坚持以执政能力建设和先进性建设为主线，并总结了六大基本经验；认为加强和改进新形势下党的建设，必须“突出重点，突破难点，全面推进思想建设、组织建设、作风建设、制度建设和反腐倡廉建设，提高党的建设科学化水平”[③]。《决定》依托党建基本经验，系统化地提出了党的建设的总体要求、目标任务和重要举措，成为指导党的建设的纲领性文件，标志着我们党从严治党科学化水平的提高。

2010 年 9 月，胡锦涛同志在深圳经济特区建立三十周年庆祝大会上指出，“继续推进党的建设，努力为推动科学发展、促进社会和谐提供坚强保证……坚持党要管党、从严治党，以改革创新精神全面推进党的思想建设、组织建设、作风建设、制度建设和反腐倡廉建设，着力加强党的执政能力建设和先进性建设，增强党组织的创造力、凝聚力、战斗力”[④]。

十六大以来的从严治党，一是明晰了党的建设的主线是党的执政能力建设和先进性建设；二是突出了反腐倡廉建设这个重点领域；三是使党建

① 中共中央文献研究室：《十六大以来重要文献选编》（下），中央文献出版社 2011 年版，第 526 页。

② 中共中央文献研究室：《十七大以来重要文献选编》（上），中央文献出版社 2009 年版，第 38 页。

③ 中共中央文献研究室：《十七大以来重要文献选编》（中），中央文献出版社 2011 年版，第 145 页。

④ 中共中央文献研究室：《十七大以来重要文献选编》（中），中央文献出版社 2011 年版，第 931 页。

的体系化构建更加完备，科学化水平不断提高。

五、全面从严治党战略的提出与发展

2012 年党的十八大认为面对“四大考验”和“四种危险”，“全党要增强紧迫感和责任感，牢牢把握加强党的执政能力建设、先进性和纯洁性建设这条主线，坚持解放思想、改革创新，坚持党要管党、从严治党，全面加强党的思想建设、组织建设、作风建设、反腐倡廉建设、制度建设，增强自我净化、自我完善、自我革新、自我提高能力，建设学习型、服务型、创新型的马克思主义执政党，确保党始终成为中国特色社会主义事业的坚强领导核心”①。大会将“纯洁性建设”增补进党建主线，进一步丰富了从严治党的内涵，持续推进了党的建设新的伟大工程。

从 1985 年我们党首次提出“从严治党”的论断，到 1987 年党的十三大将“从严治党”确立为党的建设方针，再到 1992 年十四大将“从严治党”写入党章。自此，“从严治党”成为中国共产党加强自身建设的核心主题词。2012 年，党的十八大提出“全面推进党的建设新的伟大工程，全面提高党的建设科学化水平”②，将党的建设推进到“全面”阶段的新起点，标志着从严治党向全面阶段的迈进。

党的十八大之后，以习近平同志为核心的党中央更加突出强调党要管党、从严治党，开辟了党的建设新局面。我们党实施改进工作作风、密切联系群众的八项规定；在全党深入开展党的群众路线教育实践活动，着力解决人民群众反映强烈的突出问题；开展了“三严三实”专题教育和“两学一做”学习教育；坚持“老虎”“苍蝇”一起打，以零容忍态度惩治腐败；加强对权力运行的制约和监督，形成不敢腐的惩戒机制、不能腐的防范机制、不易腐的保障机制等。2014 年 10 月，在党的群众路线教育实践活动总结大会上，习近平总书记提出“全面推进从严治党”新论断，对新形势下坚持从严治党提出了八个方面的要求。

---

① 中共中央文献研究室：《十八大以来重要文献选编》（上），中央文献出版社 2014 年版，第 39 页。

② 中共中央文献研究室：《十八大以来重要文献选编》（上），中央文献出版社 2014 年版，第 38 页。

2014 年 12 月，习近平同志在江苏调研期间提出“四个全面”的同时，将“从严治党”发展为“全面从严治党”，明确了“全面从严治党”的概念。“全面从严治党，核心是加强党的领导，基础在全面，关键在严，要害在治”[①]，“党和人民事业发展到什么阶段，全面从严治党就要跟进到什么阶段”[②]。习近平强调指出：“全面从严治党是推进党的建设新的伟大工程的必然要求。从严治党的重点，在于从严管理干部，要做到管理全面、标准严格、环节衔接、措施配套、责任分明。从严治党是全党的共同任务，需要大气候，也需要小气候。各级党组织要主动思考、主动作为，通过营造良好小气候促进大气候进一步形成。”[③]由此，我们党将自身建设正式推进到“全面从严治党”的新阶段，开辟了新时代中国共产党自身建设的新境界。

2015 年 2 月，在省部级主要领导干部学习贯彻党的十八届四中全会精神全面推进依法治国专题研讨班上，习近平总书记明确论述了“四个全面”战略布局，将全面从严治党定位为实现全面建成小康社会战略目标的三大战略举措之一，“不全面从严治党，党就做不到‘打铁还需自身硬’，也就难以发挥好领导核心作用”[④]。同年，为了切实落实全面从严治党，我们党根据形势的发展，重新修订了《中国共产党廉洁自律准则》和《中国共产党纪律处分条例》，强化了党内法规制度建设。王岐山同志指出：“全面从严治党，把纪律和规矩挺在前面就是治本。”[⑤]我们党坚持党要管党、全面从严治党。把全面从严治党纳入“四个全面”战略布局，坚持真管真严、敢管敢严、长管长严，坚持思想从严、执纪从严、治吏从严、作风从严、反腐从严，保持战略定力，拿出恒心韧劲，落实管党治党责任，不断推动全面从严治党向纵深发展。

2016 年 10 月，根据“四个全面”战略布局需要，党的十八届六中全

① 中共中央文献研究室：《习近平关于全面从严治党论述摘编》，中央文献出版社 2016 年版，第 11 页。

② 中共中央文献研究室：《习近平关于全面从严治党论述摘编》，中央文献出版社 2016 年版，第 13 页。

③ 中共中央文献研究室：《习近平关于协调推进“四个全面”战略布局论述摘编》，中央文献出版社 2015 年版，第 144 页。

④ 中共中央文献研究室：《十八大以来重要文献选编》（中），中央文献出版社 2016 年版，第 248 页。

⑤ 中共中央文献研究室：《十八大以来重要文献选编》（中），中央文献出版社 2016 年版，第 766 页。

会专题研究全面从严治党问题。这次全会审议通过了《关于新形势下党内政治生活的若干准则》和《中国共产党党内监督条例》，为推进从严治党提供了重要抓手，是我们党内坚持思想建党和制度治党相结合的成果典范。习近平总书记说："全面从严治党是党的十八大以来党中央抓党的建设的鲜明主题。办好中国的事情，关键在党，关键在党要管党、从严治党。新的历史条件下，我们要更好进行具有许多新的历史特点的伟大斗争、推进中国特色社会主义伟大事业，就必须以更大力度推进党的建设新的伟大工程，坚定不移推进全面从严治党，切实把党建设好、管理好，保持党的先进性和纯洁性，增强党的创造力凝聚力战斗力，提高党的领导水平和执政水平，确保党始终成为中国特色社会主义事业的坚强领导核心。"①

2017 年 10 月，党的十九大认为全面从严治党永远在路上，把"坚持全面从严治党"确立为新时代坚持和发展中国特色社会主义的十四条基本方略之一，使其成为习近平新时代中国特色社会主义思想的重要组成内容，并且进一步明确了新时代党的建设总要求是："坚持和加强党的全面领导，坚持党要管党、全面从严治党，以加强党的长期执政能力建设、先进性和纯洁性建设为主线，以党的政治建设为统领，以坚定理想信念宗旨为根基，以调动全党积极性、主动性、创造性为着力点，全面推进党的政治建设、思想建设、组织建设、作风建设、纪律建设，把制度建设贯穿其中，深入推进反腐败斗争，不断提高党的建设质量，把党建设成为始终走在时代前列、人民衷心拥护、勇于自我革命、经得起各种风浪考验、朝气蓬勃的马克思主义执政党。"②为我们党推动全面从严治党向纵深发展明确了具体要求，指明了前进的方向。

党的建设新的伟大工程，是引领伟大斗争、伟大事业，最终实现伟大梦想的根本保证。全面从严治党必须持之以恒、毫不动摇。2018 年 1 月 11 日，在十九届中央纪委二次全会上，习近平总书记进一步强调："当前和今后一个时期，深入推进全面从严治党，要全面贯彻党的十九大精神，以新时代中国特色社会主义思想为指导，增强'四个意识'，坚定'四个自信'，紧紧围绕坚持和加强党的全面领导，紧紧围绕维护党中央

① 中共中央党史和文献研究院：《十八大以来重要文献选编》（下），中央文献出版社 2018 年版，第 407 页。

② 中共中央党史和文献研究院：《十九大以来重要文献选编》（上），中央文献出版社 2019 年版，第 43—44 页。

权威和集中统一领导，全面推进党的政治建设、思想建设、组织建设、作风建设、纪律建设，把制度建设贯穿其中，深入推进反腐败斗争，在坚持中深化、在深化中发展，实现党内政治生态根本好转，不断增强党的创造力、凝聚力、战斗力，为决胜全面建成小康社会、全面建设社会主义现代化国家提供坚强保证。”①

党的十九大以来，习近平总书记将自我革命与全面从严治党相结合，以永远在路上的坚定执着领导全党将全面从严治党向纵深推进。全面从严治党不仅是治国理政的要求，还是党自我革命的内在精神品质的体现。党的十九届六中全会将坚持自我革命总结提炼为我们党百年奋斗的十大历史经验之一，并将其视为我们党跳出“历史周期率”的第二个答案。

2022 年 10 月，党的二十大召开。大会回顾党的十八大以来党的建设时指出：“我们深入推进全面从严治党，坚持打铁必须自身硬，从制定和落实中央八项规定开局破题，提出和落实新时代党的建设总要求，以党的政治建设统领党的建设各项工作，坚持思想建党和制度治党同向发力，严肃党内政治生活，持续开展党内集中教育，提出和坚持新时代党的组织路线，突出政治标准选贤任能，加强政治巡视，形成比较完善的党内法规体系，推动全党坚定理想信念、严密组织体系、严明纪律规矩。我们持之以恒正风肃纪，以钉钉子精神纠治‘四风’，反对特权思想和特权现象，坚决整治群众身边的不正之风和腐败问题，刹住了一些长期没有刹住的歪风，纠治了一些多年未除的顽瘴痼疾。我们开展了史无前例的反腐败斗争，以‘得罪千百人、不负十四亿’的使命担当祛疴治乱，不敢腐、不能腐、不想腐一体推进，‘打虎’、‘拍蝇’、‘猎狐’多管齐下，反腐败斗争取得压倒性胜利并全面巩固，消除了党、国家、军队内部存在的严重隐患，确保党和人民赋予的权力始终用来为人民谋幸福。经过不懈努力，党找到了自我革命这一跳出治乱兴衰历史周期率的第二个答案，自我净化、自我完善、自我革新、自我提高能力显著增强，管党治党宽松软状况得到根本扭转，风清气正的党内政治生态不断形成和发展，确保党永远不变质、不变色、不变味。”②

大会同时指出，在向第二个百年奋斗目标迈进时，依然要持续推进全

---

① 中共中央党史和文献研究院：《十九大以来重要文献选编》（上），中央文献出版社 2019 年版，第 192 页。

② 习近平：《高举中国特色社会主义伟大旗帜 为全面建设社会主义现代化国家而团结奋斗——在中国共产党第二十次全国代表大会上的报告》，《人民日报》2022 年 10 月 26 日，第 1 版。

面从严治党，“全面建设社会主义现代化国家、全面推进中华民族伟大复兴，关键在党。我们党作为世界上最大的马克思主义执政党，要始终赢得人民拥护、巩固长期执政地位，必须时刻保持解决大党独有难题的清醒和坚定。经过十八大以来全面从严治党，我们解决了党内许多突出问题，但党面临的执政考验、改革开放考验、市场经济考验、外部环境考验将长期存在，精神懈怠危险、能力不足危险、脱离群众危险、消极腐败危险将长期存在。全党必须牢记，全面从严治党永远在路上，党的自我革命永远在路上，决不能有松劲歇脚、疲劳厌战的情绪，必须持之以恒推进全面从严治党，深入推进新时代党的建设新的伟大工程，以党的自我革命引领社会革命”①。

办好中国的事情，关键在党。从党的十八大到二十大，从第一个百年奋斗目标到第二个百年奋斗目标，在新时代的赶考之路上，我们党始终注意以全面从严治党推进党的建设，始终注意保持党同人民群众的血肉联系，时刻不忘自己的初心与使命。

① 习近平：《高举中国特色社会主义伟大旗帜 为全面建设社会主义现代化国家而团结奋斗——在中国共产党第二十次全国代表大会上的报告》，《人民日报》2022年10月26日，第1版。

第三篇 “四个全面”战略布局的逻辑展开

党的十八大以来，中国共产党逐步形成并协调推进“四个全面”战略布局。“四个全面”是新时代党和国家事业发展中必须解决好的主要矛盾，是中国共产党在新的历史条件下确立的治国理政的基本方略。“四个全面”战略布局是新时代坚持和发展中国特色社会主义、实现中华民族伟大复兴的重大战略部署和战略抉择。

对于“四个全面”战略布局，理论界已经有很多研究成果，但主要是从时代背景、形成过程、理论渊源、实践基础、现实依据、思想脉络、基本内涵、内部联系、理论创新价值和实践指导意义等方面展开论述的。集中从逻辑范畴的角度，深入分析“四个全面”战略布局的逻辑思维体系结构及其具体展开过程的成果目前仍然相当稀缺。从逻辑思维的角度看，“四个全面”战略布局是一个由一系列逻辑范畴构成的具有紧密内在逻辑的整体战略部署。对于逻辑思维的重要性，恩格斯曾经指出：“一个民族要想站在科学的最高峰，就一刻也不能没有理论思维。”[①]理论思维也就是广义的逻辑思维。“要思维就得有思维规定”[②]，这里的思维规定其实就是指逻辑范畴。因此，从逻辑范畴学视角对“四个全面”战略布局进行研究不无裨益。

从逻辑范畴学的角度来看，“四个全面”战略布局作为实现中华民族

①《马克思恩格斯选集》（第3卷），人民出版社2012年版，第875页。

②《马克思恩格斯选集》（第3卷），人民出版社2012年版，第898页。

伟大复兴的重大战略部署，是一个由基本范畴、起点范畴、终极范畴和中介范畴联结而成的逻辑范畴体系。这一体系贯穿着逻辑基项，开启于逻辑始项，历经一系列逻辑中项，最终通达于逻辑终项。从逻辑整体展开的具体过程看，首先是在引论中确定逻辑展开的起点，即直面问题、锁定问题、提出问题；然后，在本论部分，通过三个紧密相连的逻辑展开步骤，不断实现由抽象上升为具体的任务；最后，在结论部分，合逻辑地提炼出结论。当然，协调推进“四个全面”战略布局、如期实现逻辑展开中得出的结论，需要充分发挥自觉能动性。

本篇从“四个全面”战略布局的逻辑范畴构成及其内部体系结构入手，聚焦“四个全面”战略布局的逻辑展开过程研究，主要有两个考虑。一方面，希望能够从逻辑范畴学的角度深化对“四个全面”战略布局逻辑力量的认识，深入揭示这一战略布局的逻辑范畴体系结构及其运动规律，从而提升实际工作的逻辑自觉；另一方面，希望引起理论界对这一研究视角的关注，从而深化对“四个全面”战略布局各个基本概念范畴及其逻辑关联的研究，增强各条战线、各个方面对协调推进“四个全面”战略布局的逻辑认同。

本篇共有五章，采用先总后分的结构安排，先用一章总体阐述“四个全面”战略布局的整体逻辑展开，后用四章分别剖析全面建设社会主义现代化国家的逻辑展开、全面深化改革的逻辑展开、全面依法治国的逻辑展开和全面从严治党的逻辑展开。

第九章　“四个全面”战略布局的整体逻辑展开

党的十八大以来，为了实现中华民族伟大复兴中国梦，中共中央在新的时代条件下，从坚持和发展中国特色社会主义全局出发，顺应人民群众的热切期待，逐步明确提出并积极协调推进全面建设社会主义现代化国家、全面深化改革、全面依法治国、全面从严治党的战略布局。“四个全面”战略布局是中国共产党站在新的历史起点上确定的治国理政的新方略，是新时代推进中国特色社会主义现代化建设的战略抉择。

本章尝试从逻辑范畴体系的角度，回答“四个全面”战略布局为什么是“四个全面”，不是“三个全面”，也不是“五个全面”；回答为什么是这四个方面，而不是其他什么方面。为此，本章主要内容包括逻辑范畴体系的主要逻辑范畴、内在结构、整体展开及自觉能动要义。

一、“四个全面”战略布局的主要逻辑范畴

“四个全面”战略布局作为一个整体战略部署，在逻辑上，是一个由诸多逻辑范畴联结构成的严密的逻辑范畴体系。在这一逻辑范畴体系中，全面建成小康社会是已经实现的阶段性战略目标，全面建设社会主义现代化国家是进阶版本的新战略目标，全面深化改革、全面依法治国、全面从严治党是实现战略目标的三大战略举措。这一逻辑范畴体系的主要逻辑范畴具体如下。

1. 全面建成小康社会和全面建设社会主义现代化国家

全面建成小康社会，是“两个一百年”奋斗目标的第一个百年奋斗目标，也是“四个全面”战略布局的第一个重要范畴。全面建成小康社会是坚持和发展中国特色社会主义、实现中华民族伟大复兴中国梦的阶段性目标；全面建设社会主义现代化国家和实现中华民族伟大复兴中国梦，是全

面建成小康社会的逻辑发展方向。站在新的历史起点上，坚持和发展中国特色社会主义的总任务，就是实现社会主义现代化和中华民族伟大复兴。具体而言，就是在全面建成小康社会的基础上，分两步建成社会主义现代化强国。伟大民族憧憬伟大梦想，伟大梦想成就伟大民族。正如习近平总书记在党的十九大报告中再次强调的那样：“实现中华民族伟大复兴是近代以来中华民族最伟大的梦想。”[①]“中国共产党人的初心和使命，就是为中国人民谋幸福，为中华民族谋复兴。”[②]不忘初心，才能行稳致远；牢记使命，才能开辟未来。习近平总书记在庆祝中国共产党成立 95 周年大会上指出：“坚持不忘初心、继续前进，就要统筹推进‘五位一体’总体布局，协调推进‘四个全面’战略布局，全力推进全面建成小康社会进程，不断把实现‘两个一百年’奋斗目标推向前进。”[③]

2. 全面深化改革

全面深化改革在“四个全面”战略布局的逻辑范畴体系中，发挥着“点火器”的作用，是具有先导性和突破性的关键中介范畴，是具有许多新的历史特点的伟大斗争的重要方面。它不仅是实现第一个百年奋斗目标的战略举措，也是实现第二个百年奋斗目标——实现中华民族伟大复兴中国梦的关键举措。

我们党对改革开放范畴的时代意义和实践价值有着十分清醒的认识和把握。“改革开放是党在新的历史条件下领导人民进行的新的伟大革命……中国特色社会主义之所以具有蓬勃生命力，就在于是实行改革开放的社会主义……只有改革开放才能发展中国、发展社会主义、发展马克思主义。”[④]2012 年 12 月，习近平总书记在广东考察时对改革开放范畴的时代价值和战略地位予以高度肯定：“改革开放是当代中国发展进步的活力之源，是我们党和人民大踏步赶上时代前进步伐的重要法宝，是坚持和

① 习近平：《决胜全面建成小康社会 夺取新时代中国特色社会主义伟大胜利——在中国共产党第十九次全国代表大会上的报告》，人民出版社 2017 年版，第 13 页。

② 习近平：《决胜全面建成小康社会 夺取新时代中国特色社会主义伟大胜利——在中国共产党第十九次全国代表大会上的报告》，人民出版社 2017 年版，第 1 页。

③ 中共中央党史和文献研究院：《十八大以来重要文献选编》（下），中央文献出版社 2018 年版，第 349—350 页。

④ 习近平：《全面贯彻落实党的十八大精神要突出抓好六个方面工作（2012 年 11 月 15 日）》，《求是》2013 年第 1 期，第 7 页。

发展中国特色社会主义的必由之路。”①

这些认识和判断，是“思想中所把握到的时代”，体现了深厚的思想洞察力。这些认识和判断，赋予改革开放这一范畴以新的时代内涵，赋予全面深化改革这一命题以新的思想内涵，不仅通过对改革开放实践经验的理论升华实现了马克思主义理论自身的思想解放，为将自我革命进行到底准备了思想前提，而且通过深化人们对改革开放与中国特色社会主义内在逻辑联系的认识推进了社会的思想解放，为将全面深化改革进行到底增强了理论认同。正如习近平总书记所指出的：“中国特色社会主义在改革开放中产生，也必将在改革开放中发展壮大。”②

3. 全面依法治国

全面依法治国是“四个全面”战略布局的重要组成部分，是实现“两个一百年”奋斗目标的第二大战略举措，是整个逻辑范畴体系中的又一关键中介范畴。“全面推进依法治国是关系我们党执政兴国、关系人民幸福安康、关系党和国家长治久安的重大战略问题，是完善和发展中国特色社会主义制度、推进国家治理体系和治理能力现代化的重要方面。”③“全面依法治国是国家治理的一场深刻革命……必须更好发挥法治固根本、稳预期、利长远的保障作用，在法治轨道上全面建设社会主义现代化国家。”④

全面依法治国重大战略任务的提出，经历了一个过程，是对我国社会主义法治建设经验教训的深刻总结和理论升华。“党的十一届三中全会以来，我们党把依法治国确定为党领导人民治理国家的基本方略，把依法执政确定为党治国理政的基本方式，始终把法治放在党和国家工作大局中来考虑、来谋划、来推进，依法治国取得重大成就。”⑤

① 中共中央文献研究室：《习近平关于协调推进“四个全面”战略布局论述摘编》，中央文献出版社 2015 年版，第 51 页。

② 习近平：《全面贯彻落实党的十八大精神要突出抓好六个方面工作（2012 年 11 月 15 日）》，《求是》2013 年第 1 期，第 7 页。

③ 中共中央文献研究室：《十八大以来重要文献选编》（中），中央文献出版社 2016 年版，第 142 页。

④ 习近平：《高举中国特色社会主义伟大旗帜 为全面建设社会主义现代化国家而团结奋斗——在中国共产党第二十次全国代表大会上的报告》，《人民日报》2022 年 10 月 26 日，第 1 版。

⑤ 中共中央文献研究室：《习近平关于协调推进“四个全面”战略布局论述摘编》，中央文献出版社 2015 年版，第 97 页。

全面依法治国是在推进伟大事业、实现伟大梦想的新长征路上提出的重大战略部署，是解决重大问题、化解重大风险的基本方略，具有“巨大的历史感”。“全面推进依法治国，是着眼于实现中华民族伟大复兴中国梦、实现党和国家长治久安的长远考虑。”①

4. 全面从严治党

全面从严治党是一场伟大的自我革命，是推进伟大事业、进行伟大斗争、实现伟大梦想的必然要求，在“四个全面”战略布局的逻辑范畴体系中，是实现战略目标的关键中介范畴和重大战略举措。“全面从严治党，是我们党在新形势下进行具有许多新的历史特点的伟大斗争的根本保证。”②

我们党基于强烈的历史使命感和时代紧迫感，具有强烈的问题意识和忧患意识，对自身存在的突出问题始终保持十分清醒的头脑。正如习近平总书记所说：“新形势下，我们党的自身建设面临一系列新情况新问题新挑战，落实党要管党、从严治党的任务比以往任何时候都更为繁重、更为紧迫。”③注重把目标引领与问题导向有机结合起来的中国共产党，非常重视通过全面推进自我革命、全面增强执政本领来团结带领人民进行伟大的社会革命。“面对复杂多变的国际形势和艰巨繁重的国内改革发展任务，实现党的十八大确定的各项目标任务，进行具有许多新的历史特点的伟大斗争，关键在党，关键在人。”④

党的十八大以来，以习近平同志为核心的党中央坚持全面从严治党，取得了历史性成果，但中央面对成绩，不仅没有盲目乐观，而且对于伟大工程的长期性、艰巨性和复杂性有着十分清醒的认识。习近平总书记以“巨大的历史感”，坚定而明确地强调：“全党要坚持问题导向，保持战略定力，推动全面从严治党向纵深发展，把全面从严治党的思路举措搞得更加科学、更加严密、更加有效，确保党始终同人民想在一起、干在

---

① 中共中央文献研究室：《习近平关于协调推进“四个全面”战略布局论述摘编》，中央文献出版社2015年版，第99页。

② 中共中央文献研究室：《习近平关于协调推进“四个全面”战略布局论述摘编》，中央文献出版社2015年版，第149页。

③ 中共中央文献研究室：《习近平关于协调推进“四个全面”战略布局论述摘编》，中央文献出版社2015年版，第121页。

④ 盛若蔚：《建设一支宏大高素质干部队伍　确保党始终成为坚强领导核心》，《人民日报》2013年6月30日，第1版。

一起，引领承载着中国人民伟大梦想的航船破浪前进，胜利驶向光辉的彼岸。”①

5. 坚持和发展中国特色社会主义

透过中华文明五千多年的薪火相传历史进程，透过世界社会主义五百多年的发展历史进程，透过中华民族自 1840 年以来的奋起抗争历史进程，透过中国共产党团结带领人民进行伟大社会革命一百多年的生动实践，透过中华人民共和国成立七十多年的艰辛探索，我们深知中国特色社会主义来之不易。“中国特色社会主义是改革开放新时期开创的，也是建立在我们党长期奋斗基础上的，是由我们党的几代中央领导集体团结带领全党全国人民历经千辛万苦、付出各种代价、接力探索取得的。”②

近代以来，中华民族的仁人志士为了民族复兴进行了不屈不挠的斗争，进行过各种主义的尝试，最终以毛泽东同志为主要代表的中国共产党人领导人民选择了马克思主义，建立了中华人民共和国，确立了社会主义制度，为开创中国特色社会主义奠定了基础；而以邓小平同志为主要代表的中国共产党人则在改革开放新的历史时期胜利开创了中国特色社会主义，成功使中国进入了快速发展的人间正道。“党和国家的长期实践充分证明，只有社会主义才能救中国，只有中国特色社会主义才能发展中国。”③

中国特色社会主义来之不易，坚持和发展中国特色社会主义更加不易。“中国特色社会主义是改革开放以来党的全部理论和实践的主题，是党和人民历尽千辛万苦、付出巨大代价取得的根本成就。”④

中国特色社会主义是在改革开放中成功开创的，也是在改革开放中不断发展和完善的。坚持和发展中国特色社会主义是实现社会主义现代化和中华民族伟大复兴中国梦的必由之路。前进道路上充满艰难险阻，需要以强大的政治定力作为战略支撑。“全党要更加自觉地增强道路自信、理论自信、制度自信、文化自信，既不走封闭僵化的老路，也不走改旗易帜的邪路，保持政治定力，坚持实干兴邦，始终坚持和发

①《习近平谈治国理政》（第 2 卷），外文出版社 2017 年版，第 64 页。

②《习近平谈治国理政》（第 1 卷），外文出版社 2018 年版，第 7 页。

③《习近平谈治国理政》（第 1 卷），外文出版社 2018 年版，第 7 页。

④ 习近平：《决胜全面建成小康社会 夺取新时代中国特色社会主义伟大胜利——在中国共产党第十九次全国代表大会上的报告》，人民出版社 2017 年版，第 16 页。

展中国特色社会主义。”[①]

二、“四个全面”战略布局的逻辑范畴体系的内在结构

“四个全面”战略布局中的诸多逻辑范畴不是杂乱无章排列的，更不是随意拼凑在一起的，而是有其严密的内在逻辑结构。也就是说，“四个全面”战略布局是一个由逻辑始项、逻辑终项、逻辑基项和逻辑中项紧密联结而成的逻辑范畴体系。这一范畴体系集中回答了“坚持和发展什么样的中国特色社会主义”“怎样坚持和发展中国特色社会主义”两个重大时代课题。概括地说，“四个全面”战略布局明确回答的问题是：在坚持和发展中国特色社会主义“五位一体”总体布局中，如何突出重点、抓住关键？在全面建成小康社会的基础上，如何全面建成社会主义现代化强国？具体地说，“四个全面”战略布局着力回答的问题是：这是一个实现什么目标的战略布局，怎样实现这个目标？

1.“四个全面”战略布局的逻辑始项

逻辑始项，即起点范畴。在辩证唯物主义看来，逻辑思维是从客观现实和反映客观现实的问题开始的。问题就是矛盾，是客观现实矛盾在人们思想中的反映。因此，从逻辑思维的角度考察，反映客观现实矛盾的问题是逻辑思维的起点。在“四个全面”战略布局诸多范畴联结而成的范畴体系中，全面建成小康社会这个起点范畴，既是“四个全面”战略布局形成过程中的历史起点，也是整个理论范畴体系的逻辑起点，更是坚持和发展中国特色社会主义、实现中华民族伟大复兴的始基性的现实目标。

如今，我们已经全面建成小康社会，实现了第一个百年奋斗目标，完成了对这一“逻辑始项”的历史书写，开启了全面建设社会主义现代化国家的逻辑延续，这是目标导向与问题导向相统一的实践逻辑的结果，也是战略性与操作性相结合的行动逻辑的必然。

---

① 习近平：《决胜全面建成小康社会 夺取新时代中国特色社会主义伟大胜利——在中国共产党第十九次全国代表大会上的报告》，人民出版社 2017 年版，第 17 页。

2. “四个全面”战略布局的逻辑终项

逻辑终项，又称终极范畴。2015 年 3 月 29 日，在会见博鳌亚洲论坛理事会成员时，习近平主席明确把“四个全面”战略布局和实现中华民族伟大复兴中国梦联系起来，强调战略布局“是中国在新的历史条件下治国理政方略，也是实现中华民族伟大复兴中国梦的重要保障”[①]。2015 年 4 月 28 日，在庆祝“五一”国际劳动节暨表彰全国劳动模范和先进工作者大会上，习近平总书记进一步指出，“四个全面”战略布局“为实现‘两个一百年’奋斗目标、实现中华民族伟大复兴的中国梦提供了理论指导和实践指南”[②]。

3. “四个全面”战略布局的逻辑基项

逻辑基项，是贯穿整个范畴体系始终的核心范畴，是在整个范畴体系中起支配作用的基本范畴。在“四个全面”战略布局的逻辑范畴体系中，处于核心地位、起着支配作用的基本范畴是坚持和发展中国特色社会主义，其他范畴都是围绕这一范畴而存在、而展开的。

“四个全面”的关键在于坚持中国道路，增创中国优势。为什么要坚持？因为我们已经取得的历史性成就源自中国特色社会主义道路、理论、制度、文化。历史性成就在一定程度上证实了我们应该有足够的理由坚定“四个自信”。但是“四个自信”还需要更多的历史性成就，才能促成更多的人民群众真正自信。这就意味着需要进一步发展中国特色社会主义。只有不断发展，才能真正自信、切实坚持。在坚持中国特色社会主义这一点上，要清楚地意识到我们依然面临很多挑战。国外舆论攻击我们的道路、理论、制度和文化；国内杂音暗流涌动，甚至经常谣言四起。“四个全面”就是要把伟大梦想、伟大事业、伟大工程、伟大斗争统一起来：谋复兴之业、扬改革之帆、行法治之道、筑执政之基。

4. “四个全面”战略布局的逻辑中项

逻辑中项，也叫中介范畴。只有通过一系列逻辑中项的中介作用，起

① 吴绮敏、杜尚泽：《习近平会见博鳌亚洲论坛理事会成员》，《人民日报》2015 年 3 月 30 日，第 1 版。

② 中共中央文献研究室：《十八大以来重要文献选编》（中），中央文献出版社 2016 年版，第 250 页。

点范畴才能逐步接近并最终抵达终极范畴。所有中介范畴都是“认识世界的过程中的梯级，是帮助我们认识和掌握自然现象之网的网上纽结”[①]。我们对世界的认识不断深化、不断扩展的辩证运动的过程，是一个不断解开“现象之网的网上纽结”的过程，是一个由现象到本质、由抽象到具体的过程，同时也是一个以实践为基础的主体和客体之间不断复杂互动的过程。“所有这些认识的环节（步骤、阶段、过程）都是从主体走向客体，受实践的检验，并通过这个检验达到真理（=绝对观念）。”[②]

实现全面建设社会主义现代化国家这一战略目标，必须以全面深化改革、全面依法治国、全面从严治党等战略举措为强大动力、有力保障、政治保证；而要实现全面深化改革、全面依法治国、全面从严治党的目标和任务，又必须增强“四个意识”、坚定“四个自信”、做到“两个维护”，同时统筹推进“四个伟大”……逻辑链条必将随着实践的不断深化而不断延伸，中介范畴的内容则随着实践的不断发展而不断前进。“这种前进是这样规定自身的，即：它从单纯的规定性开始，而后继的总是愈加丰富和愈加具体……普遍的东西在以后规定的每一阶段，都提高了它以前的全部内容，它不仅没有因它的辩证的前进而丧失什么，丢下什么，而且还带着一切收获和自己一起，使自身更丰富、更密实。”[③]

从起点范畴开启的逻辑范畴运动，经过一系列中介范畴的中介作用，规定性越来越丰富、越来越具体，从而不断向终极范畴逼近。当然，范畴的运动是人的头脑以人类特有的方式，对客观世界的直观和表象进行思维加工的产物，是人的头脑以人类特有的方式认识和把握现实的结果。正如马克思所指出的：“其实，从抽象上升到具体的方法，只是思维用来掌握具体、把它当做一个精神上的具体再现出来的方式。”[④]

三、“四个全面”战略布局的逻辑思维行程的整体展开

“四个全面”战略布局的逻辑思维行程的整体展开，大体上呈现为战

①《列宁专题文集·论辩证唯物主义和历史唯物主义》，人民出版社2009年版，第132页。
②《列宁全集》（第55卷），人民出版社1990年版，第290页。
③［德］黑格尔：《逻辑学》（下卷），杨之一译，商务印书馆1976年版，第549页。
④《马克思恩格斯选集》（第2卷），人民出版社2012年版，第701页。

略布局的逻辑展开起点、逻辑展开步骤和逻辑展开归结三个板块。

1.“四个全面”战略布局的逻辑展开起点

战略布局的逻辑展开起点必须明确回答战略布局的逻辑是从哪里开始的。“理论思维的起点决定着理论创新的结果。”①历史总是在直面问题中展开其波澜壮阔的画卷，因而马克思主义者在逻辑思维中总是首先把问题找出来，并提出一个反映这个问题的起点范畴，然后把这个范畴一步步具体化，从而有条不紊地展开逻辑思维。

历史总是在直面问题中展开的，因此，马克思主义或者说历史唯物主义在逻辑思维中总是首先锁定问题。“四个全面”战略布局的逻辑起点必定是问题。时代提出了哪些问题呢？“经济总量领先下的人均落后，先富起来之后的共富挑战，资源环境约束下的转变压力，创新能力与发展需求脱节，国内外安全风险叠加交织，治理现代化目标任重道远……”②

我们的确已经取得了历史性成就，但我们面临的问题不是更少了，而是更多了。随着国家的进一步发展，我们面临的问题、挑战和矛盾还会更多。我们应该怎样继续推进我们的事业？只有站在历史的峰峦之上，才能更加清晰地洞察时代风云，更加准确地把握前进方向。站在历史与未来的交汇点，更加伟大的征程正在我们面前展开。

如前所述，“四个全面”战略布局的逻辑思维行程，就是从提出问题开始的。“党的十八大以来，我们提出要协调推进全面建成小康社会、全面深化改革、全面依法治国、全面从严治党，这‘四个全面’是当前党和国家事业发展中必须解决好的主要矛盾。”③为什么说“四个全面”是当前党和国家事业发展中必须解决好的主要矛盾，怎样协调推进“四个全面”呢？

马克思主义者不能停留在提出问题的阶段，提出了问题，就要寻求问题的根据。从唯物辩证法的角度看，根据就是事物内部的矛盾；从逻辑的角度看，根据就是论据。在马克思主义看来，问题的根据必须到历史中去寻求。列宁曾明确指出，“在分析任何一个社会问题时，马克思主义理论

① 习近平：《在哲学社会科学工作座谈会上的讲话》，人民出版社 2016 年版，第 20 页。

②《引领民族复兴的战略布局—— 一论协调推进“四个全面”》，《人民日报》2015 年 2 月 25 日，第 1 版。

③ 中共中央文献研究室：《习近平关于协调推进“四个全面”战略布局论述摘编》，中央文献出版社 2015 年版，第 15 页。

的绝对要求，就是要把问题提到一定的历史范围之内”[①]。“四个全面”战略布局把问题提到这样一个历史范围——实现“两个一百年”奋斗目标，以考察这场“具有许多新的历史特点的伟大斗争”，从而深刻把握其发生、发展的原因及客观规律。

2.“四个全面”战略布局的逻辑展开步骤

逻辑起点对逻辑发展具有决定性意义，但仅仅满足于逻辑起点的探寻是不能解决任何问题的。逻辑思维必须从逻辑起点出发，按照逻辑发展的客观过程，经过一系列紧密联结、逐步深入、不断提升的逻辑步骤，才能完成从抽象上升到具体的逻辑展开任务，才能为解决现实问题提供强大的逻辑支持。

第一个逻辑展开步骤，以习近平同志为核心的党中央，从中国特色社会主义新时代的实际情况出发，深入考察中国特色社会主义与西方帝国主义两条道路、两套理论、两种制度、两类文化等方面的现状，揭示中国特色社会主义与西方帝国主义各自的特点，又依据双方具体特点概括出两条道路互相矛盾着的基本特点，从而提出重要论断“中华民族必将在坚持和发展中国特色社会主义的长期不懈奋斗中实现伟大复兴”。简言之，“四个全面”战略布局从“四个全面”最抽象的规定开始，通过逐一剖析各个中介范畴，概括出两条道路互相较量着的基本特点，从而使最抽象的规定在逻辑的展开中逐步上升为具体。第一个逻辑展开步骤，仅仅是在理性思维中再现两条道路互相较量着的基本特点，并没有再现双方较量的过程。双方的较量就是这些基本特点的较量。但是，这些基本特点不是一成不变的，而是在较量过程中“各依其本性发生变化”[②]。双方较量中的一切问题都是从这些基本特点及其变化中“发生出来”的。“四个全面”战略布局的整体思维轨迹沿着这样的逻辑展开方向，就自然而然地从第一个逻辑步骤确定地、有序地递进到第二个逻辑步骤。

第二个逻辑展开步骤，具体体现在全面深化改革，全面依法治国，全面从严治党，打好“三大攻坚战”，增强“四个意识”、坚定“四个自信”、做到“两个维护”，统筹推进“四个伟大”等逻辑范畴的展开。第二个逻辑步骤，主要就是根据上述基本特点及其变化来说明较量过程中发

①《列宁选集》（第2卷），人民出版社2012年版，第375页。

②《毛泽东选集》（第2卷），人民出版社1991年版，第450页。

生的一切问题。

比如，为什么既要坚决反对盲目乐观的论调，也要坚决抵制悲观失望的论调？这是因为，只有在战略方向上始终保持强大的政治定力，既不走“老路”也不走“邪路”，既不盲目乐观也不犹豫观望，推进全面深化改革，才能始终坚定地走在坚持和发展中国特色社会主义的大路上。同理，推进全面依法治国，也要保持强大的战略定力，既不因为中国特色社会主义法治建设起步较晚而悲观畏难，也不因为中国特色社会主义法治建设近年成绩显著而沾沾自喜，增强“四个意识”、坚定“四个自信”、做到“两个维护”，才能始终坚定地奋进在中国特色社会主义法治的大路上。

又如，在推进中国特色社会主义伟大事业的过程中，为什么有人会沾沾自喜、盲目乐观，有人会悲观失望、犹豫观望？这是因为这些人分析问题的方法不是客观的、全面的，而是主观的、片面的。他们把问题的一个方面、一段时间的特点，主观地夸大为整体的、永恒不变的特点。简言之，唯心论和机械论是一切错误观点的认识论根源，只有坚决反对并摒弃唯心论和机械论，坚持客观、全面地考察双方相互矛盾着的基本特点及变化，才有可能得出正确的结论。

再如，为什么只有在坚持和发展中国特色社会主义的长期不懈奋斗中，社会主义现代化和中华民族伟大复兴才能最终实现？一方面，我们要充分看到中国特色社会主义取得的历史性成就，坚定自信，增强战略信心，“中国特色社会主义进入新时代……迎来了实现中华民族伟大复兴的光明前景”①；另一方面，我们又必须清醒地看到坚持和发展中国特色社会主义任重道远，“我国仍处于并将长期处于社会主义初级阶段的基本国情没有变，我国是世界最大发展中国家的国际地位没有变”②，不懈怠，不犹豫，不断奋进，才能最终实现伟大梦想。“四个全面”战略布局的整体逻辑展开，通过对相互矛盾着的基本特点及其变化的具体解析，不断展开“从抽象上升到具体”的运动，深刻说明坚持和发展中国特色社会主义过程中发生的一切问题，从而合逻辑地得出结论：经过长期不懈奋斗，中国人民的伟大梦想一定能够实现。这就标志着第二个逻辑展开步骤的结束和第三个逻辑展开步骤的开启。

---

① 习近平：《决胜全面建成小康社会 夺取新时代中国特色社会主义伟大胜利——在中国共产党第十九次全国代表大会上的报告》，人民出版社 2017 年版，第 10 页。

② 习近平：《决胜全面建成小康社会 夺取新时代中国特色社会主义伟大胜利——在中国共产党第十九次全国代表大会上的报告》，人民出版社 2017 年版，第 12 页。

第三个逻辑展开步骤，集中体现为党的十九大、二十大提出的新时代“分两步走全面建成社会主义现代化强国”的总的战略安排。坚持和发展中国特色社会主义的伟大事业是连续性和阶段性的高度统一，它既是一个连续的整体性的伟大事业，又是有步骤地推进、分阶段地实现的伟大事业。“我们既要全面建成小康社会、实现第一个百年奋斗目标，又要乘势而上开启全面建设社会主义现代化国家新征程，向第二个百年奋斗目标进军。”①

党的十九大、二十大提出的新时代“两步走”总体战略安排，与党的十三大确立的“三步走”发展战略，既是一脉相承的，又是与时俱进的。党的十九大综合新时代、新形势、新条件，对党的十三大提出的奋斗目标进行了适度提前，这就是新时代“两步走”战略安排的“第一步”：“第一个阶段，从二〇二〇年到二〇三五年，在全面建成小康社会的基础上，再奋斗十五年，基本实现社会主义现代化。”②党的二十大在十九大的基础上，对强国建设“两步走”战略的 2035 年总体目标进行了升华和细化。

党的十九大根据新时代、新形势、新条件，对第二个百年奋斗目标进行了升华和提高，提出了更加宏伟的蓝图。“第二个阶段，从二〇三五年到本世纪中叶，在基本实现现代化的基础上，再奋斗十五年，把我国建成富强民主文明和谐美丽的社会主义现代化强国。”③党的二十大在十九大的基础上，进一步明确：“到本世纪中叶，把我国建设成为综合国力和国际影响力领先的社会主义现代化强国。”④

3.“四个全面”战略布局的逻辑展开归结

如前所述，“四个全面”战略布局的逻辑一步步展开，最抽象的规定一步步从抽象上升为具体。引论、本论的任务已经完成，伟大事业和伟大

---

① 习近平：《决胜全面建成小康社会 夺取新时代中国特色社会主义伟大胜利——在中国共产党第十九次全国代表大会上的报告》，人民出版社 2017 年版，第 28 页。

② 习近平：《决胜全面建成小康社会 夺取新时代中国特色社会主义伟大胜利——在中国共产党第十九次全国代表大会上的报告》，人民出版社 2017 年版，第 28 页。

③ 习近平：《决胜全面建成小康社会 夺取新时代中国特色社会主义伟大胜利——在中国共产党第十九次全国代表大会上的报告》，人民出版社 2017 年版，第 29 页。

④ 习近平：《高举中国特色社会主义伟大旗帜 为全面建设社会主义现代化国家而团结奋斗——在中国共产党第二十次全国代表大会上的报告》，《人民日报》2022 年 10 月 26 日，第 1 版。

梦想的总体走向和总体趋势已经清晰呈现。结论虽然已经有所涉及，但在抽象规定已经上升为十分丰富的具体时，需要对结论进行专门的逻辑展开归结，即面对十分丰富的、具体的、现实的社会历史条件，“四个全面”战略布局逻辑展开需要得出的结论是：在哪些条件下，中国特色社会主义现代化和中华民族伟大复兴一定能够战胜各种困难和挑战，从而得以实现？

概括起来说，第二个百年奋斗目标的胜利实现，需要具备三个方面的条件：一是中国人民和中华民族的大团结；二是人类命运共同体和新型国际关系建设取得重大进展；三是在全球推行霸权主义、强权政治的帝国主义国家的人民及其盟国的人民的全面觉醒。对于中华民族伟大复兴来说，在中国共产党的坚强领导下实现中国人民和中华民族的大团结大联合，是最重要和最主要的条件。

如果这些条件能够如期具备，那么第二个百年奋斗目标就能如期实现。如果这些条件不能如期具备，那么第二个百年奋斗目标的实现就要延期。但最终结果仍然是，中国特色社会主义必然胜利抵达现代化强国和民族复兴的彼岸。只是我们付出的代价会更大一些，中国人民和中华民族经历的磨难会更多一点。我们应该坚持底线思维，坚持从最坏处着眼，力争最好结果，努力防范和化解各类重大风险。我们要坚持全面从严治党，把党建设得更加坚强有力。正如习近平总书记在党的十九大报告中所指出的：“只要我们党把自身建设好、建设强，确保党始终同人民想在一起、干在一起，就一定能够引领承载着中国人民伟大梦想的航船破浪前进，胜利驶向光辉的彼岸！”①

前文主要从逻辑范畴体系整体及其展开的角度，考察和分析了“四个全面”战略布局“是什么”“为什么”的问题，主要解决的是知其然、知其所以然的问题。在明确了“四个全面”战略布局是一个坚持和发展中国特色社会主义、实现中华民族伟大复兴的战略逻辑范畴体系之后，现在要解决的是“怎样做”的问题，即怎样协调推进“四个全面”战略布局，怎样争取如期实现伟大梦想？再好的战略部署，再好的蓝图，不做，不把它转化为实践，就只是“镜花水月”，就不能真正推进伟大事业、实现伟大梦想。

① 习近平：《决胜全面建成小康社会 夺取新时代中国特色社会主义伟大胜利——在中国共产党第十九次全国代表大会上的报告》，人民出版社 2017 年版，第 69 页。

“一切事情是要人做的……做就必须先有人根据客观事实，引出思想、道理、意见，提出计划、方针、政策、战略、战术，方能做得好。”① 毛泽东非常重视人的自觉能动性，在其名作《论持久战》中专门单列一个“能动性在战争中”的小标题，并以此为起点，用 60 个段落②对怎样做才能发挥能动性进行了详细剖析和阐释。这对于我们充分发挥人的自觉能动性，协调推进“四个全面”战略布局、争取如期实现伟大梦想，颇有启发和指导意义。

四、“四个全面”战略布局整体逻辑展开中的自觉能动要义

1. 什么是自觉能动性

“思想等等是主观的东西，做或行动是主观见之于客观的东西，都是人类特殊的能动性……我们名之曰‘自觉的能动性’，是人之所以区别于物的特点。”③“四个全面”战略布局作为一个战略逻辑范畴体系，本身是一个主观逻辑范畴体系，当然它是“思想中所把握到的时代”，是从现实转化而来的时代性、人类性问题的理论总结和思想升华，具有确定的、客观的时代内涵。“四个全面”战略布局不是用“抽象的普遍性”对中国社会现实进行“外部反思”式的强制阐释，不是黑格尔所批判的“形式的知性并不深入于事物的内在内容，而永远站立在它所谈论的个别实际存在之上综观全体，这就是说，它根本看不见个别的实际存在”④，而是深入中国特色社会主义伟大事业的内在内容，并具体地通达于社会现实。

发挥人的自觉能动性，就是要积极地、能动地从客观的具体的社会现实中提炼概括出正确的思想、战略和逻辑，并以之为实践或行动的指导。“一切根据和符合于客观事实的思想是正确的思想，一切根据于正确思想

①《毛泽东选集》（第 2 卷），人民出版社 1991 年版，第 477 页。

②《论持久战》共 120 个段落，在论述“怎样做”的 60 个段落中依次说明的问题包括：能动性在战争中、战争和政治、抗日的政治动员、战争的目的等。

③《毛泽东选集》（第 2 卷），人民出版社 1991 年版，第 477 页。

④ [德]黑格尔：《精神现象学》（上卷），贺麟、王玖兴译，商务印书馆 1979 年版，第 36 页。

的做或行动是正确的行动。”[1]这就是说，协调推进“四个全面”战略布局，不能超越客观条件许可的限度，只能在客观条件许可的限度之内，充分发挥自觉能动性，争取如期实现伟大梦想。反过来，在客观条件许可的限度之内，如果不充分发挥自觉能动性，不去创造更多更有利的条件，伟大梦想是不可能如期实现的。这就是我们接下来要分析的自觉能动性的重要意义所在。

2. 为何要特别强调自觉能动性

一方面，只有最大限度地调动广大人民群众的自觉能动性，发扬中国最广大人民的伟大民族精神，才能汇聚起最深厚的伟大力量，才能创造出民族复兴所需的所有条件，才能如期实现第二个百年奋斗目标。毛泽东在《论持久战》中是这样强调自觉能动性的意义的：“抗日战争是要赶走帝国主义，变旧中国为新中国，必须动员全中国人民，统统发扬其抗日的自觉的能动性，才能达到目的。坐着不动，只有被灭亡，没有持久战，也没有最后胜利。”[2]这就是说，没有自觉能动性的发挥，就没有抵达胜利彼岸的那一天。

另一方面，只有充分发挥自觉能动性，客观条件所决定的可能性才能转变为现实性，因为最终结果通常是由客观条件和主观条件共同作用所形成的合力所决定的。正如毛泽东在论述决定战争胜负的客观条件和主观条件的辩证关系时所指出的：“战争的胜负，固然决定于双方军事、政治、经济、地理、战争性质、国际援助诸条件，然而不仅仅决定于这些；仅有这些，还只是有了胜负的可能性”，“要分胜负，还须加上主观的努力，这就是指导战争和实行战争，这就是战争中的自觉的能动性”[3]。这一论述不仅对于研究战争的胜负有强烈的针对性，而且对于各行各业、各条战线都具有现实指导意义。简言之，只有找到正确的思想、战略、战术去指导实践，推进实践，才能使客观条件所蕴含的胜利可能性转化为现实的胜利。

---

①《毛泽东选集》（第2卷），人民出版社1991年版，第477页。

②《毛泽东选集》（第2卷），人民出版社1991年版，第477—478页。

③《毛泽东选集》（第2卷），人民出版社1991年版，第478页。

3. 怎样发挥自觉能动性

理解和明确了“是什么”“为什么”之后，现在的关键是“怎样做”。概括起来，发挥自觉能动性的具体路径主要有以下几个方面。

第一，直面客观现实。

任何实践都是在一定的社会现实下开展的。马克思主义的现实观是历史的、具体的：“每一代都利用以前各代遗留下来的材料、资金和生产力；由于这个缘故，每一代一方面在完全改变了的环境下继续从事所继承的活动，另一方面又通过完全改变了的活动来变更旧的环境。”[①]这就是说，实践中的自觉能动性就是要主动认识、正确把握客观条件，努力在客观条件许可的限度之内能动地争取胜利。“离开客观条件，变为乱撞乱碰的鲁莽家”[②]，就意味着自觉能动性倒退为“自发的盲目性”。这样，不仅不能创造更多有利条件，也不能充分利用已有的有利条件，伟大事业最后只能以失败告终，伟大梦想最终只能以落空不了了之。

第二，增强实践本领。

坚持和发展中国特色社会主义、实现中华民族伟大复兴，是一场伟大的社会革命。革命的前进道路上不会一帆风顺，必须准备进行伟大斗争、化解重大风险，必须将自我革命进行到底，全面增强实践本领。本领和能力在实践中的重要性，正如毛泽东在《论持久战》中所强调的那样：“在既定的客观物质的基础之上，抗日战争的指挥员就要发挥他们的威力，提挈全军，去打倒那些民族的敌人，改变我们这个被侵略被压迫的社会国家的状态，造成自由平等的新中国，这里就用得着而且必须用我们的主观指导的能力。”[③]

坚持和发展中国特色社会主义、实现中华民族伟大复兴的本领，内容非常丰富，至少应该包括：学习本领、狠抓落实本领、改革创新本领、政治领导本领、群众工作本领、科学发展本领、依法执政本领、驾驭风险本领。这些本领要求奋斗者，既要在战略上勇敢坚定，勇于斗争，敢于担当；又要在战术上睿智精明，善于斗争，善于胜利。在残酷的战场上，“战争指挥员活动的舞台，必须建筑在客观条件的许可之上，然而他们凭借这个舞台，却可以导演出很多有声有色、威武雄壮的戏剧来”，“他们

①《马克思恩格斯文集》（第 1 卷），人民出版社 2009 年版，第 540 页。

②《毛泽东选集》（第 2 卷），人民出版社 1991 年版，第 478 页。

③《毛泽东选集》（第 2 卷），人民出版社 1991 年版，第 478 页。

不但要有压倒敌人的勇气，而且要有驾驭整个战争变化发展的能力”①。在坚持和发展中国特色社会主义、实现伟大梦想的新长征路上，协调推进“四个全面”战略布局，争取如期实现伟大梦想，同样需要勇敢和睿智。

第三，牢记初心使命。

协调推进“四个全面”战略布局，努力争取如期实现伟大梦想，必须牢记初心和使命。只有不忘初心、牢记使命，才能始终驾驭伟大事业全局，最终夺取新时代中国特色社会主义的伟大胜利。“一切向前走，都不能忘记走过的路；走得再远、走到再光辉的未来，也不能忘记走过的过去，不能忘记为什么出发。”②

党的十九大明确指出：“中国共产党人的初心和使命，就是为中国人民谋幸福，为中华民族谋复兴。”③推进伟大事业，实现伟大梦想，必须发扬中国人民在长期奋斗中培育、继承、发展起来的伟大民族精神，即伟大创造精神、伟大奋斗精神、伟大团结精神、伟大梦想精神。

“历史总是要前进的，历史从不等待一切犹豫者、观望者、懈怠者、软弱者。”④每一个决心在协调推进“四个全面”战略布局中建功立业的奋进者，都应该坚定不移地在奋发有为中，践行初心使命。“只有与历史同步伐、与时代共命运的人，才能赢得光明的未来。”⑤只有把个人理想价值追求，自觉融入强国建设、民族复兴的伟大事业中，坚定走好新时代长征路，才能向历史、向人民交出优异答卷。

---

①《毛泽东选集》（第2卷），人民出版社1991年版，第478页。

② 习近平：《在庆祝中国共产党成立95周年大会上的讲话》，人民出版社2016年版，第8页。

③ 习近平：《决胜全面建成小康社会 夺取新时代中国特色社会主义伟大胜利——在中国共产党第十九次全国代表大会上的报告》，人民出版社2017年版，第1页。

④ 习近平：《在庆祝中国共产党成立95周年大会上的讲话》，人民出版社2016年版，第7页。

⑤ 习近平：《在庆祝中国共产党成立95周年大会上的讲话》，人民出版社2016年版，第7页。

第十章 全面建设社会主义现代化国家的逻辑展开

中国共产党之所以在革命、建设、改革的历史进程中，总是具有强大的凝聚力和创造力，是因为中国共产党一直是一个具有强烈历史使命意识的政党，一直是一个善于把目标引领和问题导向有机结合起来的政党。“我们党在不同历史时期，总是根据人民意愿和事业发展需要，提出富有感召力的奋斗目标，团结带领人民为之奋斗。”①

人民生活水平总体达到小康，是中国共产党在改革开放的历史进程中，提出的“三步走”战略目标的重要组成部分，已经在 20 世纪末提前实现。全面建成小康社会，是中国共产党在新的历史条件下提出的宏伟蓝图，“到建党一百年时建成经济更加发展、民主更加健全、科教更加进步、文化更加繁荣、社会更加和谐、人民生活更加殷实的小康社会”②。

从总体小康到全面小康，从全面建成小康社会到全面建设社会主义现代化国家，既是中国特色社会主义实践不断向前发展的过程，也是相应的逻辑范畴体系不断展开的过程。在思维中再现相关逻辑范畴不断由抽象上升到具体的展开过程，不仅是科学理解和准确把握全面建成小康社会、全面建设社会主义现代化国家的逻辑运动的内在要求，而且是对中国特色社会主义实践进行理论总结和思想升华的必然要求。

一、全面建设社会主义现代化国家的逻辑范畴体系结构

全面建设社会主义现代化国家作为“四个全面”战略布局的战略目

① 中共中央文献研究室：《十八大以来重要文献选编》（上），中央文献出版社 2014 年版，第 77 页。

② 习近平：《决胜全面建成小康社会 夺取新时代中国特色社会主义伟大胜利——在中国共产党第十九次全国代表大会上的讲话》，人民出版社 2017 年版，第 27 页。

标，在逻辑上，是一个由诸多逻辑范畴联结构成的严密的逻辑范畴体系。

任何一个逻辑范畴体系都不是逻辑范畴的随意堆砌，而是按照一定的逻辑结构有机结合形成的逻辑整体。全面建设社会主义现代化国家，作为“四个全面”战略布局的重大战略目标，在逻辑上，它是一个由逻辑始项、逻辑终项、逻辑基项和逻辑中项紧密联结而成的逻辑范畴体系。全面建设社会主义现代化国家的逻辑范畴体系的具体构成如下。

1. 全面建设社会主义现代化国家的逻辑始项

逻辑始项，即在逻辑范畴体系中充当起点范畴的逻辑范畴。在全面建设社会主义现代化国家的逻辑范畴体系中，小康社会是充当起点范畴的逻辑始项。

“小康”这一名词最早出现在《诗经·大雅·民劳》的诗句中：“民亦劳止，汔可小康；惠此中国，以绥四方。”从古典文献记载中可以看出，小康在中国历史早期就已经成为人民对美好生活的一种朴素表达，小康生活是中国人心目中值得不懈追求的一种理想生活图景，小康社会是中华民族自古以来一直向往的丰衣足食的理想社会蓝图。

改革开放总设计师邓小平同志首先用“小康”来诠释中国式现代化的奋斗目标。邓小平同志指出：“中国式的现代化，必须从中国的特点出发。”①中国式现代化的新提法，标志着邓小平同志开始思考20世纪末中国现代化建设目标。党的十二大正式提出到20世纪末要使人民生活达到“小康水平”的战略构想。经过全党全国各族人民的共同努力，1997年，我们提前实现了邓小平同志提出的“翻两番”目标，为在新的历史阶段全面建成小康社会奠定了重要基础。

2. 全面建设社会主义现代化国家的逻辑终项

逻辑终项，即在逻辑范畴体系中充当终极范畴的逻辑范畴。在全面建设社会主义现代化国家的逻辑范畴体系中，全面建成社会主义现代化强国是充当终极范畴的逻辑终项。

全面建成社会主义现代化强国是中国共产党基于初心使命对人民、对历史的庄严承诺，是中国共产党的初心使命在新时代新阶段的集中体现，

①《邓小平文选》（第2卷），人民出版社1994年版，第164页。

也是亿万中国人民的共同期盼。实现全面建成社会主义现代化强国的宏伟目标，标志着以中国式现代化全面推进实现中华民族伟大复兴中国梦的伟大梦想迈出了关键一步。全面建成社会主义现代化强国是全面推进中华民族伟大复兴的坚实基础，是中华民族伟大复兴历史进程不可逆转的坚实基础。

从总体小康到全面小康，从全面小康到全面现代化，这是我国社会主义现代化建设中的历史性重大飞跃，也是中华民族伟大复兴必须历经的伟大社会革命。见证并参与这样的飞跃和革命，是一项光荣的使命，任务艰巨，责任重大。要充分看到如期全面建成小康社会，在中华民族发展史、人类发展史、社会主义发展史上具有深远意义，从而增强我们全面建成社会主义现代化强国的信心。“这是中国共产党和中国人民团结奋斗赢得的历史性胜利，是彪炳中华民族发展史册的历史性胜利，也是对世界具有深远影响的历史性胜利。”①同时，也要看到全面建设社会主义现代化国家目标远大、任务艰巨，从而保持头脑的清醒。

3. 全面建设社会主义现代化国家的逻辑基项

逻辑基项，即贯穿整个逻辑范畴体系的基本逻辑范畴。在全面建设社会主义现代化国家的逻辑范畴体系中，坚持和发展中国特色社会主义、实现中华民族伟大复兴是贯穿整个逻辑范畴体系的基本范畴和逻辑基项。

历史和实践生动证明：只有社会主义才能救中国，只有社会主义才能发展中国。中国特色社会主义事业是在中国近现代史的历程中生成并发展的，是在党领导人民进行改革开放和社会主义建设的伟大实践中推进的。进入新时代新阶段，我们必须继续坚持和发展这份来之不易的事业。在全面建成小康社会的基础上全面建设社会主义现代化国家，并朝着全面建成社会主义现代化强国的目标奋进，贯通这一过程始终的逻辑主题则是坚持和发展中国特色社会主义事业，实现中华民族伟大复兴中国梦。

4. 全面建设社会主义现代化国家的逻辑中项

贯穿全面建设社会主义现代化国家逻辑范畴体系的逻辑基项，需要历经一系列逻辑中项，才能从逻辑始项，逐渐走向并抵达逻辑终项。具体而

---

① 习近平：《高举中国特色社会主义伟大旗帜 为全面建设社会主义现代化国家而团结奋斗——在中国共产党第二十次全国代表大会上的报告》，《人民日报》2022 年 10 月 26 日，第 1 版。

言，全面建设社会主义现代化国家从起点范畴抵达终极范畴，需要经历的中介范畴包括：总体小康与全面小康；建设与建成；外延式发展与内涵式发展；高速度与高质量；先富与共富；金山银山与绿水青山；发展、改革与稳定；全面深化改革与全面依法治国；管党治党与兴党强党；等等。

将全面建设社会主义现代化国家的上述中介范畴联结起来，则可形成环环相扣的全面建设社会主义现代化国家的完整逻辑链条。

二、全面建设社会主义现代化国家的逻辑展开过程

全面建设社会主义现代化国家作为“四个全面”战略布局的战略目标，其丰富的逻辑内涵、完整的逻辑链条，只有在由抽象上升到具体的逻辑展开过程中，才能得到清晰呈现。全面建设社会主义现代化国家的逻辑展开过程，大体上呈现了以下三个要点。

1. 全面建设社会主义现代化国家的逻辑展开起点

任何逻辑都是历史的，历史从哪里开始，逻辑就应该从哪里开始。历史从来都是在问题中徐徐展开其生动画卷的，因而马克思主义者在逻辑思维中总是首先通过倾听时代声音把问题找出来，并相应地提出一个表征这个问题的起点范畴，然后推动起点范畴一步步具体化，从而有条不紊地实现逻辑思维的逐步展开。全面建设社会主义现代化国家的逻辑展开起点问题，即全面建设社会主义现代化国家的逻辑范畴体系展开运动从哪里开始的问题。

从小康到总体小康，贯穿其中的最基本问题就是我国关于社会主义初级阶段社会主要矛盾的重要判断：人民日益增长的物质文化需要同落后的社会生产之间的矛盾。从总体小康到全面小康，从全面小康到全面现代化，新时代的强国实践，瞄准的最基本问题就是新时代中国特色社会主义的主要矛盾，即我们党在准确把握我国发展的新历史方位基础上提出的重大战略判断：“中国特色社会主义进入新时代，我国社会主要矛盾已经转化为人民日益增长的美好生活需要和不平衡不充分的发展之间的矛盾。”①

① 习近平：《决胜全面建成小康社会 夺取新时代中国特色社会主义伟大胜利——在中国共产党第十九次全国代表大会上的报告》，人民出版社 2017 年版，第 11 页。

党的十八大以来，中央在深入贯彻科学发展观的过程中，对照人民新期待，顺应发展新趋势，把发展不平衡、不协调、不可持续问题纳入社会主要矛盾的主要方面。“中央政治局分析认为，综合判断，虽然国际经济形势依然错综复杂、充满变数，但我国发展仍然具备难得的机遇和有利条件，同时我国发展仍面临不少风险和挑战，不平衡、不协调、不可持续问题依然突出，有些还相当尖锐。”①

党的十八届五中全会在部署如何决胜全面建成小康社会时，特别强调要聚焦发展不平衡、不协调、不可持续问题。决胜全面建成小康社会面临的发展不平衡不充分问题，具有艰巨性、复杂性、长期性，将贯穿全面建设社会主义现代化国家的全过程。也就是说，人民日益增长的美好生活需要和不平衡不充分的发展之间的矛盾，是全面建设社会主义现代化国家的逻辑展开起点。

2. 全面建设社会主义现代化国家的逻辑展开步骤

逻辑展开起点的确立，在逻辑展开中具有决定性的前提意义，但仅仅是逻辑展开起点的确立，无益于任何现实问题的解决。逻辑要对现实产生实际作用，必须从逻辑起点出发，按照逻辑发展的客观过程，经过一系列密切相关、步步深化、螺旋上升的逻辑步骤，才能完成从抽象上升到具体的逻辑展开任务，才能为解决现实问题提供强大的逻辑支持。具体而言，全面建设社会主义现代化国家的逻辑展开大致包括以下三个主要步骤。

1）第一个逻辑展开步骤

全面建设社会主义现代化国家的逻辑展开第一步，是全面建设社会主义现代化国家范畴从抽象上升到具体的关键一步，其基本内涵集中体现为，通过深入考察中国特色社会主义道路、理论、制度、文化等各个领域、各个方面、各个层次的突出矛盾和问题现状，揭示新时代中国特色社会主义社会主要矛盾的基本特点，从而提出重要论断：全党全国各族人民紧扣我国社会主要矛盾变化，同心同德，奋力拼搏，一定能如期全面建成社会主义现代化强国。

如前所述，全面建设社会主义现代化国家的第一个逻辑展开步骤没有再现矛盾双方较量的过程。因而，全面建设社会主义现代化国家的逻辑范

① 中共中央文献研究室：《习近平关于协调推进“四个全面”战略布局论述摘编》，中央文献出版社 2015 年版，第 26 页。

畴体系运动必须沿着向前展开的方向，从第一个逻辑展开步骤确定地、有序地、必然地递进到第二个逻辑展开步骤。

2）第二个逻辑展开步骤

全面建设社会主义现代化国家的第二个逻辑展开步骤，主要就是根据人民日益增长的美好生活需要和不平衡不充分的发展之间的矛盾的基本特点及其变化，来说明全面现代化过程中发生的一切问题。

比如，为什么必须把防范和化解重大风险摆在全面建设社会主义现代化国家的突出位置？全面建设社会主义现代化国家对于拥有 14 亿多人口的社会主义中国来说，是一场深刻的社会革命。解决发展不平衡不充分问题，满足人民日益增长的美好生活需要，涉及的利益关系和矛盾格局十分复杂和敏感。“新形势下，如果利益关系协调不好、各种矛盾处理不好，就会导致问题激化，严重的就会影响发展进程。”①全面建设社会主义现代化国家的过程，既是不断解决突出矛盾和问题的过程，也是各方面风险和挑战不断积累、敞开、叠加的过程。因此，必须把防范和化解重大风险、维护国家安全摆在强国建设的各方面和全过程，“如果发生重大风险又扛不住，国家安全就可能面临重大威胁”②；全面建设社会主义现代化国家、推进中华民族伟大复兴，应该以党的二十大报告所指出的“国家安全是民族复兴的根基，社会稳定是国家强盛的前提”③为基本遵循。

又如，全面建设社会主义现代化国家为什么要坚持以推动高质量发展为主题？“高质量发展是全面建设社会主义现代化国家的首要任务。”④要满足人民日益增长的美好生活需要，不仅要解决发展不充分的问题，更要解决发展不平衡、不协调、不可持续的问题。简言之，中国特色社会主义进入新时代，仍然要坚持把发展作为全面建设社会主义现代化国家的第一要务，加大供给侧结构性改革力度，加快转变经济发展方式，不断提高发展质量和效益。“发展是硬道理的战略思想要坚定不移坚持，同时必须坚持科学发展……坚持以提高发展质量和效益为中心，实现更高质量、更

①《习近平谈治国理政》（第 2 卷），外文出版社 2017 年版，第 82 页。

②《习近平谈治国理政》（第 2 卷），外文出版社 2017 年版，第 81 页。

③ 习近平：《高举中国特色社会主义伟大旗帜 为全面建设社会主义现代化国家而团结奋斗——在中国共产党第二十次全国代表大会上的报告》，《人民日报》2022 年 10 月 26 日，第 1 版。

④ 习近平：《高举中国特色社会主义伟大旗帜 为全面建设社会主义现代化国家而团结奋斗——在中国共产党第二十次全国代表大会上的报告》，《人民日报》2022 年 10 月 26 日，第 1 版。

有效率、更加公平、更可持续的发展。”①

再如，全面建设社会主义现代化国家为什么应该全面推进乡村振兴？全面建设社会主义现代化国家的重点在于全面，难点也在于全面。全面现代化，是覆盖各个领域、惠及全体人民的现代化。“全面建设社会主义现代化国家，最艰巨最繁重的任务仍然在农村。”②由于地理位置、自然条件、历史文化、市场机制不健全等原因，城乡融合发展、城乡要素流动仍然存在许多瓶颈，建设农业强国、确保粮食安全仍然面临不少挑战，巩固脱贫成果、拓宽农民致富渠道还有很多难题。“坚持农业农村优先发展……加快建设农业强国，扎实推动乡村产业、人才、文化、生态、组织振兴。”③

由此可知，全面建设社会主义现代化国家的逻辑范畴体系的展开过程，是通过对社会主要矛盾的基本特点及其变化的具体解析，不断展开“从抽象上升到具体”的运动，深入说明全面建设社会主义现代化国家过程中发生的各种基本问题，从而合逻辑地得出结论：经过全党全国各族人民齐心协力的不懈奋斗，中国一定能够如期全面建成社会主义现代化强国。这就标志着第二个逻辑展开步骤的结束和第三个逻辑展开步骤的开启。

3）第三个逻辑展开步骤

全面建设社会主义现代化国家的第三个逻辑展开步骤，主要内容在于把全面建设社会主义现代化国家的过程具体展开和呈现为以下三个阶段。

第一个阶段，始于党的十九大对开启全面建设社会主义现代化国家提出的战略部署。党的十九大报告强调：“从十九大到二十大，是‘两个一百年’奋斗目标的历史交汇期。我们既要全面建成小康社会、实现第一个百年奋斗目标，又要乘势而上开启全面建设社会主义现代化国家新征程，向第二个百年奋斗目标进军。”④为此，党的十九大明确提出，从 2020 年到 21 世纪中叶，分两个阶段，接续奋斗 30 年，把我国建设成为社会主义

①《习近平谈治国理政》（第 2 卷），外文出版社 2017 年版，第 75 页。

② 习近平：《高举中国特色社会主义伟大旗帜　为全面建设社会主义现代化国家而团结奋斗——在中国共产党第二十次全国代表大会上的报告》，《人民日报》2022 年 10 月 26 日，第 1 版。

③ 习近平：《高举中国特色社会主义伟大旗帜　为全面建设社会主义现代化国家而团结奋斗——在中国共产党第二十次全国代表大会上的报告》，《人民日报》2022 年 10 月 26 日，第 1 版。

④ 习近平：《决胜全面建成小康社会　夺取新时代中国特色社会主义伟大胜利——在中国共产党第十九次全国代表大会上的报告》，人民出版社 2017 年版，第 28 页。

现代化强国的战略安排。

第二个阶段，始于党的十九届五中全会。这次全会立足于“全面建成小康社会胜利在望”的战略判断，将“全面建成小康社会”的奋斗目标提升为“全面建设社会主义现代化国家”，确立“全面建设社会主义现代化国家”在“四个全面”中的战略目标的引领地位。党的十九届五中全会吹响了全面建设社会主义现代化国家的号角，擘画了全面建设社会主义现代化国家的宏伟蓝图，标志着“四个全面”战略布局的时代内涵发生了崭新变化。

第三个阶段，始于党的二十大。党的二十大是在迈上全面建设社会主义现代化国家新征程的关键时刻召开的。党的二十大号召全党为全面建设社会主义现代化国家、全面推进中华民族伟大复兴而团结奋斗，将实现第二个百年奋斗目标作为党在新阶段的中心任务，明确提出了分两步走的全面建成社会主义现代化强国的总体战略安排。

3. 全面建设社会主义现代化国家的逻辑展开归结

如前所述，全面建设社会主义现代化国家的逻辑一步一步地展开，全面建设社会主义现代化国家的总体走向和总体趋势已经清晰呈现。全面建设社会主义现代化国家的逻辑展开可以得出的结论是：在什么样的条件下，中国一定能够如期全面建成社会主义现代化强国？

概括起来说，全面建设社会主义现代化国家宏伟目标的胜利实现，需要具备三个方面的条件：一是党实现对全面建设社会主义现代化国家的坚强有力领导；二是广大人民群众衷心拥护、积极参与；三是形成对全面建设社会主义现代化国家总体有利的国际环境。如果这些条件能够如期具备，那么全面建设社会主义现代化国家的目标就能如期实现。如果这些条件不能如期具备，那么全面建设社会主义现代化国家的目标的实现就可能要经历更多困难、花费更多时间。但最终结果仍然是，中国一定能够如期全面建成社会主义现代化强国，只是我们付出的代价可能会更大一些，中国人民和中华民族经历的磨难可能会更多一点。我们应该坚持底线思维，坚持从最坏处着眼，力争最好结果，努力防范和化解各类重大风险，奋力向全面建成社会主义现代化强国的宏伟目标破浪前行。

三、全面建设社会主义现代化国家中的逻辑自觉能动要义

前文主要从逻辑展开的角度，分析和讨论了全面建设社会主义现代化国家“是什么”“为什么”的问题，主要解决的是知其然、知其所以然的问题。在明确了全面建设社会主义现代化国家是坚持和发展中国特色社会主义、实现中华民族伟大复兴的重要里程碑之后，现在要解决的是“怎样做”的问题，即怎样创造条件把全面建设社会主义现代化国家的事业不断向前推进？怎样争取如期全面建成社会主义现代化强国？再好的强国部署，再好的复兴蓝图，再严密的逻辑推理，不落到实处，不把它转化为强国实践，就只是“镜中花”“水中月”，就不能建成得到人民认可、经得起历史检验的现代化强国。全面建设社会主义现代化国家的蓝图只有转化为实践，复兴逻辑才能转化为强国现实。

全面建设社会主义现代化国家“怎样做”的问题，就是全面建设社会主义现代化国家过程中人的自觉能动性怎样发挥的问题，也就是全面建设社会主义现代化国家的逻辑如何化为复兴实践、如何成为强国现实的问题。“做就必须先有人根据客观事实，引出思想、道理、意见，提出计划、方针、政策、战略、战术，方能做得好。”[①]

1. 全面建设社会主义现代化国家为何要特别强调自觉能动性

党的十八大以来，中国特色社会主义新时代取得了历史性成就、发生了历史性变革，党带领全国各族人民迈上了全面建设社会主义现代化国家的伟大新征程。成绩是党带领亿万人民干出来的，幸福是用自觉能动性奋斗出来的。“新时代的伟大成就是党和人民一道拼出来、干出来、奋斗出来的！”[②]全面建设社会主义现代化国家是充满光荣与梦想的远征。奋进新征程、进军新目标，需要进一步充分发挥亿万人民群众的自觉能动性。

一方面，全面建设社会主义现代化国家的新征程责任重大、使命光

①《毛泽东选集》（第2卷），人民出版社1991年版，第477页。

② 习近平：《高举中国特色社会主义伟大旗帜 为全面建设社会主义现代化国家而团结奋斗——在中国共产党第二十次全国代表大会上的报告》，《人民日报》2022年10月26日，第1版。

荣、意义深远，需要最大限度地发挥亿万人民的自觉能动性。“全面建设社会主义现代化国家，必须充分发挥亿万人民的创造伟力。”①全面建设社会主义现代化国家是亿万人民自己的事业，只有最大限度地调动人民的积极性、主动性和创造性，形成同心共圆中国梦的磅礴合力，才能一鼓作气夺取全面建成社会主义现代化强国的最终胜利。

另一方面，全面建设社会主义现代化国家面对的形势超级复杂，面临的任务异常繁重。党的二十大报告指出：“全面建设社会主义现代化国家，是一项伟大而艰巨的事业，前途光明，任重道远。”②只有最大限度地激发亿万人民群众的自觉能动性，充分发扬中华民族的伟大创造精神，才能汇聚起最深厚、最强大的人民力量，才能创造出实现全面建设社会主义现代化国家所需要的所有条件，才能如期全面建成社会主义现代化强国。“我国发展进入战略机遇和风险挑战并存、不确定难预料因素增多的时期，各种‘黑天鹅’、‘灰犀牛’事件随时可能发生。我们必须增强忧患意识，坚持底线思维，做到居安思危、未雨绸缪，准备经受风高浪急甚至惊涛骇浪的重大考验。”③统筹中华民族伟大复兴战略全局和世界百年未有之大变局，需要充分发挥自觉能动性。

2. 全面建设社会主义现代化国家如何充分发挥人的自觉能动性

在厘定了“全面建设社会主义现代化国家为何要特别强调自觉能动性”之后，现在的关键是“全面建设社会主义现代化国家要如何充分发挥人的自觉能动性”。概括起来，全面建设社会主义现代化国家充分发挥人的自觉能动性的具体路径主要有以下几个方面。

1）坚定信心，增强主动

经过 40 多年的改革开放，特别是 21 世纪近 20 年的顽强拼搏，中国特色社会主义事业取得了历史性成就，为全面建设社会主义现代化国家奠

① 习近平：《高举中国特色社会主义伟大旗帜 为全面建设社会主义现代化国家而团结奋斗——在中国共产党第二十次全国代表大会上的报告》，《人民日报》2022 年 10 月 26 日，第 1 版。

② 习近平：《高举中国特色社会主义伟大旗帜 为全面建设社会主义现代化国家而团结奋斗——在中国共产党第二十次全国代表大会上的报告》，《人民日报》2022 年 10 月 26 日，第 1 版。

③ 习近平：《高举中国特色社会主义伟大旗帜 为全面建设社会主义现代化国家而团结奋斗——在中国共产党第二十次全国代表大会上的报告》，《人民日报》2022 年 10 月 26 日，第 1 版。按：“黑天鹅”事件喻指罕见的、出乎人们意料的突发风险事件；“灰犀牛”事件喻指平时潜在的可以被预见到的风险事件，两者一旦发生都会引起严重的后果。

定了坚实基础。准确把握国内外发展大势，坚定全面建成社会主义现代化强国的必胜信心，对于以中国式现代化全面推进中华民族伟大复兴具有重要的奠基意义。“尽管国际国内环境发生了深刻复杂变化，但我国发展重要战略机遇期的重大判断没有改变。”①

一方面，国际环境虽然发生复杂深刻的变化，但国际格局的总体趋势对我国全面建设社会主义现代化国家有利。“当今世界是一个变革的世界，是一个新机遇新挑战层出不穷的世界，是一个国际体系和国际秩序深度调整的世界，是一个国际力量对比深刻变化并朝着有利于和平与发展方向变化的世界。”②面对全球新冠疫情这样突如其来的重大国际公共卫生事件，面对美国政府盛气凌人的霸权主义行径，我们特别需要透过现象看本质，看清世界大势，保持战略定力，坚定战略信心。“要把当今世界的风云变幻看准、看清、看透，从林林总总的表象中发现本质，尤其要认清长远趋势。”③眼光足够长远，乱花就不会迷眼，浮云也不能遮眼，战胜困难和挑战的信心就会足够强大，全面建设社会主义现代化国家的定力就会足够强大。

另一方面，尽管国内改革发展面临的困难和挑战很多，但经过 40 多年改革开放的奋力拼搏，我国综合实力不断增强，全面建设社会主义现代化国家的基础不断夯实。“我国物质基础雄厚、人力资本丰富、市场空间广阔、发展潜力巨大，经济长期向好基本面没有改变。”④尽管新冠疫情这道加试题，从供给和需求两个方面对我国经济社会发展造成巨大压力，对全面建设社会主义现代化国家构成了新的巨大挑战。但是，党带领全国各族人民统筹疫情防控和经济社会发展，以“六保”促“六稳”，不仅疫情防控取得了重大战略成果，而且全面建设社会主义现代化国家的新征程也在顺利推进之中。我们完全有理由坚信，中国人民全面建设社会主义现代化国家的历史进程是任何困难都阻挡不了的。时间在中国这边，机遇在中国这边。我们要以必胜的信心增强机遇意识，以历史主动精神增强把握机遇的能力。“我们最大的机遇就是自身不断发展壮大，同时也要重视各种风险和挑战，善于化危为机、转危为安。”⑤

---

①《习近平谈治国理政》（第 2 卷），外文出版社 2017 年版，第 72 页。
②《习近平谈治国理政》（第 2 卷），外文出版社 2017 年版，第 442 页。
③《习近平谈治国理政》（第 2 卷），外文出版社 2017 年版，第 442 页。
④《习近平谈治国理政》（第 2 卷），外文出版社 2017 年版，第 72 页。
⑤《习近平谈治国理政》（第 2 卷），外文出版社 2017 年版，第 442 页。

2）攻坚克难，踔厉前行

全面建设社会主义现代化国家是中华民族伟大复兴征程上的重要里程碑。新征程历史使命光荣，历史任务艰巨。“当前，国际形势依然复杂多变，国内改革发展稳定任务依然艰巨繁重，我们具有做好工作的许多有利条件，但也面对着许多严峻挑战。特别是要看到，解决我国经济社会发展的突出矛盾和问题，需要我们付出长期艰苦的努力，不可能一蹴而就。”①

尽管经过多年努力，中国特色社会主义取得了历史性成就，现在已经到了全面推进中华民族伟大复兴的关键阶段，但越是接近胜利彼岸，越要增强忧患意识和问题意识。“我们的事业越前进、越发展，新情况新问题就会越多，面临的风险和挑战就会越多，面对的不可预料的事情就会越多。”②以习近平同志为核心的党中央对前进道路上的风险和挑战有十分清醒的认知。党的二十大报告直言不讳地提到了我们面临的主要困难、挑战和风险：“发展不平衡不充分问题仍然突出，推进高质量发展还有许多卡点瓶颈，科技创新能力还不强；确保粮食、能源、产业链供应链可靠安全和防范金融风险还需解决许多重大问题；重点领域改革还有不少硬骨头要啃；意识形态领域存在不少挑战；城乡区域发展和收入分配差距仍然较大；群众在就业、教育、医疗、托育、养老、住房等方面面临不少难题；生态环境保护任务依然艰巨；一些党员、干部缺乏担当精神，斗争本领不强，实干精神不足，形式主义、官僚主义现象仍较突出；铲除腐败滋生土壤任务依然艰巨，等等。”③

全面建设社会主义现代化国家，只有紧扣社会主要矛盾新变化，突出抓重点，着力补短板，全力强弱项，才能攻坚克难，全面建成得到人民认可的社会主义现代化强国。在全面建设社会主义现代化国家的踔厉前行阶段，要全面推进国家安全体系和能力现代化，全面推进乡村振兴，全面推进绿色发展。

第一，全面推进国家安全体系和能力现代化。

全面建设社会主义现代化国家的历史进程既是不断解放和发展社会生

---

① 中共中央文献研究室：《习近平关于协调推进“四个全面”战略布局论述摘编》，中央文献出版社 2015 年版，第 155 页。

② 中共中央文献研究室：《十八大以来重要文献选编》（上），中央文献出版社 2014 年版，第 114—115 页。

③ 习近平：《高举中国特色社会主义伟大旗帜 为全面建设社会主义现代化国家而团结奋斗——在中国共产党第二十次全国代表大会上的报告》，《人民日报》2022 年 10 月 26 日，第 1 版。

产力的过程，也是不断解决经济社会突出矛盾和问题、不断化解经济社会重大风险、不断推进国家安全体系和能力现代化的过程。迈上全面建设社会主义现代化国家的新征程，进入踔厉前行阶段，要坚持底线思维，增强忧患意识，要密切关注金融、互联网、地方债务、社会稳定等领域的风险隐患。“我们面临的重大风险，既包括国内的经济、政治、意识形态、社会风险以及来自自然界的风险，也包括国际经济、政治、军事风险等。”①

对于国内外经济社会重大风险，我们不仅要增强防控意识，也要大力提升防控能力，更要全面推进国家安全体系和能力现代化。“各种风险往往不是孤立出现的，很可能是相互交织并形成一个风险综合体。”“要加强对各种风险源的调查研判，提高动态监测、实时预警能力，推进风险防控工作科学化、精细化……力争把风险化解在源头，不让小风险演化为大风险，不让个别风险演化为综合风险，不让局部风险演化为区域性或系统性风险，不让经济风险演化为社会政治风险，不让国际风险演化为国内风险。”②只有全面增强风险防控意识和能力，全面实现国家安全体系和能力现代化，才能最大限度避免出现重大风险，即使出现重大风险也能有效化解。

第二，全面推进乡村振兴。

中国式的全面现代化是全体人民的现代化，以中国式现代化全面推进中华民族伟大复兴，必须惠及全体人民。党的二十大报告指出：“中国式现代化是全体人民共同富裕的现代化。共同富裕是中国特色社会主义的本质要求，也是一个长期的历史过程。”③全面建设社会主义现代化国家，以中国式现代化全面推进中华民族伟大复兴，必须在推动农民增收致富方面取得实质性进展。“全面建设社会主义现代化国家，最艰巨最繁重的任务仍然在农村。”④

全面推进乡村振兴，关乎农业强国建设，关乎城乡融合发展，关乎国家粮食安全，关乎新发展格局的构建和高质量发展的实现。中华民族要实现伟大复兴，广大农村必须全面振兴。一要以中国式乡村振兴加快农业强

---

①《习近平谈治国理政》（第2卷），外文出版社2017年版，第81页。

②《习近平谈治国理政》（第2卷），外文出版社2017年版，第82页。

③ 习近平：《高举中国特色社会主义伟大旗帜 为全面建设社会主义现代化国家而团结奋斗——在中国共产党第二十次全国代表大会上的报告》，《人民日报》2022年10月26日，第1版。

④ 习近平：《高举中国特色社会主义伟大旗帜 为全面建设社会主义现代化国家而团结奋斗——在中国共产党第二十次全国代表大会上的报告》，《人民日报》2022年10月26日，第1版。

国建设。要从乡村组织、乡村人才、乡村产业、乡村文化、乡村生态等向度着力，在全面推进乡村振兴中建设农业强国。二要以中国式乡村振兴夯实国家粮食安全根基。要从耕地保护、种业振兴、科技装备、体制机制等方面着力，在全面推进乡村振兴中确保“中国人的饭碗牢牢端在自己手中”[①]。三要以中国式乡村振兴推动共同富裕取得实质性进展。要在乡村特殊产业、乡村基础设施、农地制度改革、农村金融服务等维度发力，通过全面推进乡村振兴推动新发展格局的构建，实现高质量发展，推动共同富裕取得实质性的重大进展。

第三，全面推进绿色发展。

全面现代化是各个领域、各个方面、各个环节全面进步的现代化。全面建设社会主义现代化国家，要统筹推进“五位一体”总体布局、协调推进“四个全面”战略布局，突出抓重点，着力补短板，聚焦强弱项，努力实现各个方面、各个环节的协调发展。打赢打好污染防治攻坚战，加快推进生态文明建设，全面推进绿色发展，是全面建设社会主义现代化国家新征程上必须攻克的突出短板。“在 30 多年持续快速发展中，我国农产品、工业品、服务产品的生产能力迅速扩大，但提供优质生态产品的能力却在减弱，一些地方生态环境还在恶化。”[②]

党的十八大果断把生态文明建设纳入中国特色社会主义事业“五位一体”总体布局，开启了推进社会主义生态文明建设、推动绿色发展的伟大实践。党的十八大以来，以习近平同志为核心的党中央十分重视生态环境保护工作。习近平强调：“要正确处理好经济发展同生态环境保护的关系，牢固树立保护生态环境就是保护生产力、改善生态环境就是发展生产力的理念，更加自觉地推动绿色发展、循环发展、低碳发展，决不以牺牲环境为代价去换取一时的经济增长，决不走‘先污染后治理’的路子。”[③]

全面推进绿色发展，是一场伟大的社会革命，也是紧扣社会主要矛盾变化、全面建设社会主义现代化国家必须进行的伟大斗争，更是全面建设社会主义现代化国家必须解决的突出问题。随着人民物质文化生活水平的不断提高，广大人民群众对环境污染问题日益关注，生态环境污染事件成

---

① 习近平：《高举中国特色社会主义伟大旗帜 为全面建设社会主义现代化国家而团结奋斗——在中国共产党第二十次全国代表大会上的报告》，《人民日报》2022 年 10 月 26 日，第 1 版。

②《习近平谈治国理政》（第 2 卷），外文出版社 2017 年版，第 79 页。

③ 中共中央文献研究室：《习近平关于协调推进“四个全面”战略布局论述摘编》，中央文献出版社 2015 年版，第 31 页。

为阻碍民生幸福、影响民心向背的痛点，生态环境质量提升成为人民群众的热切期盼。党的二十大报告强调指出：“中国式现代化是人与自然和谐共生的现代化。人与自然是生命共同体，无止境地向自然索取甚至破坏自然必然会遭到大自然的报复。”[①]以中国式现代化全面推进中华民族伟大复兴，理应站在人与自然和谐共生的战略高度。“尊重自然、顺应自然、保护自然，是全面建设社会主义现代化国家的内在要求。”[②]全面推进绿色发展，一要加快推进发展方式的绿色转型，二要全面打赢环境污染防治攻坚战，三要全面提升生态系统的稳定性和多样性。全面打赢环境污染防治攻坚战，是全面推进绿色发展的关键环节。“坚持精准治污、科学治污、依法治污，持续深入打好蓝天、碧水、净土保卫战。”[③]党的二十大不仅明确要求打赢打好蓝天保卫战，而且明确要求打赢打好土壤污染管控和修复攻坚战、水污染防治攻坚战，让天更蓝、地更绿、水更清，从而确保如期全面建成真正得到人民认可、经得起历史检验的社会主义现代化强国。

① 习近平：《高举中国特色社会主义伟大旗帜 为全面建设社会主义现代化国家而团结奋斗——在中国共产党第二十次全国代表大会上的报告》，《人民日报》2022年10月26日，第1版。

② 习近平：《高举中国特色社会主义伟大旗帜 为全面建设社会主义现代化国家而团结奋斗——在中国共产党第二十次全国代表大会上的报告》，《人民日报》2022年10月26日，第1版。

③ 习近平：《高举中国特色社会主义伟大旗帜 为全面建设社会主义现代化国家而团结奋斗——在中国共产党第二十次全国代表大会上的报告》，《人民日报》2022年10月26日，第1版。

第十一章　全面深化改革的逻辑展开

中国特色社会主义是在改革开放的伟大实践中逐步形成和发展起来的，改革开放是中国特色社会主义的重要特征。对此，中国共产党以巨大的历史感提出了一个重要结论："没有改革开放就没有当代中国的发展进步，改革开放是发展中国、发展社会主义、发展马克思主义的强大动力。"[①]换言之，中国特色社会主义不是一成不变的社会主义，而是与时俱进的社会主义。正如习近平总书记所指出的："中国特色社会主义在改革开放中产生，也必将在改革开放中发展壮大。"[②]

一、全面深化改革的逻辑范畴体系结构

全面深化改革，作为"四个全面"战略布局的重大战略举措之一，在逻辑上，是一个由诸多逻辑范畴联结构成的严密的逻辑范畴体系。

任何一个逻辑范畴体系的内部结构都不是杂乱无章排列的，更不是各种逻辑范畴的任意堆砌，而是按照一定的逻辑理路有机结合形成的逻辑整体。全面深化改革，作为"四个全面"战略布局的一个重大战略举措，从逻辑学的角度来看，它是一个由逻辑始项、逻辑终项、逻辑基项和逻辑中项等逻辑构件紧密联结而成的逻辑范畴体系，其具体构成如下。

1. 全面深化改革的逻辑始项

改革是由矛盾和问题倒逼出来的，中国的改革开放是由中国的突出矛盾和问题倒逼出来的。"矛盾越大，问题越多，越要攻坚克难、勇往直

---

① 中共中央文献研究室：《习近平关于协调推进"四个全面"战略布局论述摘编》，中央文献出版社 2015 年版，第 52 页。

② 习近平：《全面贯彻落实党的十八大精神要突出抓好六个方面工作（2012 年 11 月 15 日）》，《求是》2013 年第 1 期，第 7 页。

前。”[①]中国现实社会经济的突出矛盾和问题，是全面深化改革的逻辑起点，社会主义社会基本矛盾是全面深化改革逻辑范畴体系的逻辑始项。“现在，解决我国进一步发展面临的一系列突出矛盾和挑战，必须深化改革开放。”[②]

中国特色社会主义进入新时代，社会基本矛盾依然是生产力与生产关系、经济基础与上层建筑的矛盾。推进中国特色社会主义伟大事业，必须直面突出矛盾，解决突出问题。“坚持和发展中国特色社会主义，必须不断适应社会生产力发展调整生产关系，不断适应经济基础发展完善上层建筑。”[③]

在中国特色社会主义新时代，我国社会主要矛盾发生了重大变化，出现了许多新任务和新要求，广大人民群众有了新期待，社会主义社会的基本矛盾出现了新样态，呈现了新特点。这意味着全面深化改革的任务更加繁重艰巨，要求更加复杂紧迫。“改革开放越往纵深发展，发展中的问题和发展后的问题、一般矛盾和深层次矛盾、有待完成的任务和新提出的任务越交织叠加、错综复杂。”[④]

2. 全面深化改革的逻辑终项

全面深化改革的逻辑范畴体系的逻辑终项，是国家治理体系和治理能力的现代化。党的十八届三中全会明确确立的全面深化改革的总目标是：坚持和完善中国特色社会主义制度，推进国家治理体系和治理能力现代化。推进国家治理体系和治理能力现代化，是坚持和完善、巩固和发展中国特色社会主义制度的必由之路，也是对邓小平同志“形成一整套更加成熟更加定型的制度”的战略思想的继承和发展，更是全面建设社会主义现代化国家的题中应有之义。以习近平同志为核心的党中央在确立全面深化改革总目标的过程中体现了高度的历史自觉和战略自觉。“我们之所以决

① 中共中央文献研究室：《习近平关于协调推进“四个全面”战略布局论述摘编》，中央文献出版社2015年版，第64页。

② 中共中央文献研究室：《习近平关于协调推进“四个全面”战略布局论述摘编》，中央文献出版社2015年版，第52页。

③ 中共中央文献研究室：《习近平关于协调推进“四个全面”战略布局论述摘编》，中央文献出版社2015年版，第74页。

④ 中共中央文献研究室：《习近平关于协调推进“四个全面”战略布局论述摘编》，中央文献出版社2015年版，第56页。

定这次三中全会研究全面深化改革问题，不是推进一个领域改革，也不是推进几个领域改革，而是推进所有领域改革，就是从国家治理体系和治理能力的总体角度考虑的。”[①]

中国共产党历来高度重视制度建设，强调制度建设在治国理政中具有根本意义。“治理国家，制度是起根本性、全局性、长远性作用的。”[②]中国特色社会主义进入新时代，矛盾和问题不是更少了，而是更多了，这是社会发展的普遍规律。“当前，我国已经进入发展关键期、改革攻坚期、矛盾凸显期，我们面临的矛盾更加复杂，既有过去长期积累而成的矛盾，也有在解决旧矛盾过程中新产生的矛盾，大量的还是随着形势环境变化新出现的矛盾。”[③]矛盾和问题越是突出，越要加强制度建设、提升制度效能，越要加快推进国家治理体系和治理能力现代化。正如习近平同志所指出的：“推进国家治理体系和治理能力现代化，就是要适应时代变化，既改革不适应实践发展要求的体制机制、法律法规，又不断构建新的体制机制、法律法规，使各方面制度更加科学、更加完善，实现党、国家、社会各项事务治理制度化、规范化、程序化。”[④]

面对国内外形势复杂深刻的变化，我们只有大力推进国家治理体系和治理能力现代化，努力提升我们党民主执政、依法执政和科学执政的水平，不断推动我们的制度优势转化为国家治理效能，才能经受住各种风险挑战的考验，才能有效防范和化解各类重大矛盾和风险，才能实现中华民族伟大复兴。“我们必须看到，相比我国经济社会发展和人民群众的要求，相比当今世界日趋激烈的国际竞争，相比实现国家长治久安，我们在国家治理体系和治理能力方面还有许多亟待改进的地方，我们的制度还没有达到更加成熟更加定型的要求，有些方面甚至成为制约我们发展和稳定的重要因素。”[⑤]

---

① 中共中央文献研究室：《十八大以来重要文献选编》（上），中央文献出版社 2014 年版，第 547 页。

② 中共中央文献研究室：《习近平关于协调推进“四个全面”战略布局论述摘编》，中央文献出版社 2015 年版，第 81 页。

③ 中共中央文献研究室：《习近平关于协调推进“四个全面”战略布局论述摘编》，中央文献出版社 2015 年版，第 86—87 页。

④ 中共中央文献研究室：《十八大以来重要文献选编》（上），中央文献出版社 2014 年版，第 549 页。

⑤ 中共中央文献研究室：《习近平关于协调推进“四个全面”战略布局论述摘编》，中央文献出版社 2015 年版，第 81 页。

3. 全面深化改革的逻辑基项

在全面深化改革的逻辑范畴体系中，巩固和完善中国特色社会主义制度是逻辑基项。改革是有方向的，全面深化改革必须坚持正确方向。“我们当然要高举改革旗帜，但我们的改革是在中国特色社会主义道路上不断前进的改革，既不走封闭僵化的老路，也不走改旗易帜的邪路。”[①]全面深化改革是一场伟大的、深刻的社会革命，涉及的利益主体众多，只有坚持正确方向，才能避免颠覆性错误，才能实现既定目标。全面深化改革的方向准确，改革才能沿着正确道路前进。“推进改革的目的是要不断推进我国社会主义制度自我完善和发展……这里面最核心的是坚持和改善党的领导、坚持和完善中国特色社会主义制度，偏离了这一条，那就南辕北辙了。”[②]

方向问题是根本性问题。“我们推进国家治理体系和治理能力现代化，要往什么方向走呢？这是一个带有根本性的问题，必须回答好。”[③]党的十八届三中全会确立的全面深化改革的总目标，明确把坚持和完善中国特色社会主义制度规定为改革必须坚持的根本方向，规定为国家治理体系和治理能力现代化必须坚持的根本方向。中国特色社会主义进入新时代，坚持和完善、巩固和发展中国特色社会主义制度的任务更加艰巨、繁重、紧迫。正如习近平同志所总结和展望的那样：“从形成更加成熟更加定型的制度看，我国社会主义实践的前半程已经走过了，前半程我们的主要历史任务是建立社会主义基本制度……后半程，我们的主要历史任务是完善和发展中国特色社会主义制度，为党和国家事业发展、为人民幸福安康、为社会和谐稳定、为国家长治久安提供一整套更完备、更稳定、更管用的制度体系。”[④]这就是说，坚持和完善中国特色社会主义制度是贯穿全面深化改革历史进程中的逻辑基项。

---

① 中共中央文献研究室：《习近平关于协调推进“四个全面”战略布局论述摘编》，中央文献出版社2015年版，第51—52页。

② 中共中央文献研究室：《习近平关于协调推进“四个全面”战略布局论述摘编》，中央文献出版社2015年版，第68—69页。

③ 中共中央文献研究室：《习近平关于协调推进“四个全面”战略布局论述摘编》，中央文献出版社2015年版，第82页。

④ 中共中央文献研究室：《习近平关于协调推进“四个全面”战略布局论述摘编》，中央文献出版社2015年版，第80页。

4. 全面深化改革的逻辑中项

全面深化改革在逻辑基项的指引下，从逻辑始项出发，不断与当代中国实际和时代特征对接，并且需要经过一系列逻辑中项的中介作用，才能最终抵达逻辑终项，实现国家治理体系和治理能力的现代化。

1）坚持改革开放与坚持四项基本原则

这是全面深化改革逻辑范畴体系中的一对中介范畴。这对中介范畴涉及全面深化改革的根本方向问题，因此是一对非常重要的中介范畴。“我国是一个大国，决不能在根本性问题上出现颠覆性错误，一旦出现就无法挽回、无法弥补。”①

改革开放 40 多年的成功实践充分证明，把坚持四项基本原则同坚持改革开放有机统一起来，贯穿于中国特色社会主义伟大事业之中，是我们党和国家事业取得历史性成就的基本经验之一。“我们要坚持四项基本原则这个立国之本，既以四项基本原则保证改革开放的正确方向，又通过改革开放赋予四项基本原则新的时代内涵，排除各种干扰，坚定不移走中国特色社会主义道路。”②

2）解放思想与实事求是

始终坚持解放思想、实事求是，是我国改革开放取得历史性成就的重要方法论原则。全面深化改革是前无古人的崭新事业，没有先例可以遵循，没有现成的教科书，需要进一步解放思想，实事求是。“解放思想是前提，是解放和发展社会生产力、解放和增强社会活力的总开关。”③

全面深化改革面临的风险和挑战前所未有，只有始终坚持解放思想，才能真正实现实事求是，才能不断推进理论创新和实践创新，才能有效化解各种风险和挑战，才能把全面深化改革不断推向前进。“思想不解放，我们就很难看清各种利益固化的症结所在，很难找准突破的方向和着力点，很难拿出创造性的改革举措。”④

---

① 中共中央文献研究室：《习近平关于协调推进“四个全面”战略布局论述摘编》，中央文献出版社 2015 年版，第 70 页。

② 中共中央文献研究室：《习近平关于协调推进“四个全面”战略布局论述摘编》，中央文献出版社 2015 年版，第 53—54 页。

③《习近平谈治国理政》（第 1 卷），外文出版社 2018 年版，第 92 页。

④ 中共中央文献研究室：《十八大以来重要文献选编》（上），中央文献出版社 2014 年版，第 509 页。

3）整体推进与重点突破

全面深化改革是中国共产党在新的历史条件下提出的重大战略部署，涉及面广，触动的利益多，内外关系错综复杂。“要解决我们面临的突出矛盾和问题，仅仅依靠单个领域、单个层次的改革难以奏效，必须加强顶层设计、整体谋划，增强各项改革的关联性、系统性、协同性。”①

如上所述，全面深化改革不仅要深化经济社会各个领域、各个方面的改革，也要深化各个层次、各种要素的改革，还要推动各项改革相互促进、协同发力。质言之，整体推进是全面深化改革的内在要求，也是全面深化改革的重要方法。全面深化改革需要准确把握习近平同志提出的方法论要求：“要坚持整体推进，加强不同时期、不同方面改革配套和衔接，注重改革措施整体效果，防止畸重畸轻、单兵突进、顾此失彼。”②当然，全面深化改革的整体推进，要坚持“两点论”和“重点论”的有机统一，坚持做到整体推进中注意实现重点突破、重点突破时不忘整体推进。这也是准确把握习近平同志所提出的方法论所要求的：“整体推进不是平均用力、齐头并进，而是要注重抓主要矛盾和矛盾的主要方面，注重抓重要领域和关键环节，努力做到全局和局部相配套、治本和治标相结合、渐进和突破相衔接，实现整体推进和重点突破相统一。”③面对国内外复杂严峻的形势，全面深化改革在整体推进的过程中，要坚持以重要领域和关键环节为突破口，既要紧紧抓住重要领域和重要目标，又要紧紧抓住关键主体和关键节点。

4）摸着石头过河与加强顶层设计

摸着石头过河已被我国改革开放实践证明是一种行之有效的方法论。正如习近平所说：“实行改革开放，发展社会主义市场经济，我们的老祖宗没有讲过，其他社会主义国家也没有干过，只能通过实践、认识、再实践、再认识的反复过程，从实践中获得真知。”④

随着改革开放实践的不断深入，摸着石头过河的难度和风险不断上

① 中共中央文献研究室：《习近平关于协调推进“四个全面”战略布局论述摘编》，中央文献出版社2015年版，第76页。

② 中共中央文献研究室：《习近平关于协调推进“四个全面”战略布局论述摘编》，中央文献出版社2015年版，第72页。

③ 中共中央文献研究室：《习近平关于协调推进“四个全面”战略布局论述摘编》，中央文献出版社2015年版，第72页。

④ 中共中央文献研究室：《习近平关于协调推进“四个全面”战略布局论述摘编》，中央文献出版社2015年版，第54页。

升，需要避免对摸着石头过河形成过度的路径依赖，需要防止改革开放的路径锁定，需要在鼓励基层探索的同时，加强顶层设计，增强改革开放的系统性和集成性。“摸着石头过河和加强顶层设计是辩证统一的，推进局部的阶段性改革开放要在加强顶层设计的前提下进行，加强顶层设计要在推进局部的阶段性改革开放的基础上来谋划。”①

5）胆子要大与步子要稳

在改革开放 40 多年基础上推进的全面深化改革，已经进入深水区和攻坚期，改革的艰巨性、复杂性、敏感性十分突出。面对全面深化改革的复杂形势和繁重任务，我们要精准处理好尊重客观规律与发挥自觉能动性的关系。“提出改革举措当然要慎重，要反复研究、反复论证，但也不能因此就谨小慎微、裹足不前，什么也不敢干、不敢试……只要经过了充分论证和评估，只要是符合实际、必须做的，该干的还是要大胆干。”②

胆子要大，是指对于认准了的改革，敢于担当，敢于涉险滩，敢于打硬仗，始终做到越是艰险越向前。“面对复杂形势和各种风险考验，我们既要有冒的勇气、闯的劲头，又始终坚持以我为主，应该改又能够改的坚决改，不应改的坚决守住；应该改而不具备条件的创造条件改，该快的一定要快、不能快的则循序渐进。”③

步子要稳，就是方向要正确，行驶要平稳，坚决避免在重大问题上出现颠覆性错误。“世界在发展，社会在进步，不实行改革开放死路一条，搞否定社会主义方向的‘改革开放’也是死路一条。”④全面深化改革是一场深刻的社会革命，需要超强的战略定力和历史耐心。在改革的方向和道路问题上，我们需要足够的中国特色社会主义战略定力；在改革的进程和效果问题上，我们需要巨大的历史耐心，坚决摒弃一步到位、一蹴而就的急躁情绪。“对一些重大改革，不可能毕其功于一役，可以提出总体思路和方案，但推行起来还是要稳扎稳打，通过不断努力逐步达到目标，积

---

① 中共中央文献研究室：《习近平关于协调推进“四个全面”战略布局论述摘编》，中央文献出版社 2015 年版，第 55 页。

② 中共中央文献研究室：《十八大以来重要文献选编》（上），中央文献出版社 2014 年版，第 509 页。

③ 中共中央文献研究室：《习近平关于协调推进“四个全面”战略布局论述摘编》，中央文献出版社 2015 年版，第 69 页。

④ 中共中央文献研究室：《习近平关于全面深化改革论述摘编》，中央文献出版社 2014 年版，第 15 页。

小胜为大胜。”①

二、全面深化改革的逻辑展开过程

全面深化改革，作为“四个全面”战略布局的重大战略举措，它的逻辑展开过程，大体上呈现为以下三个要点。

1. 全面深化改革的逻辑展开起点

全面深化改革的逻辑范畴体系的展开，当然也是从问题开始，以问题为起点的。“我们党领导人民干革命、搞建设、抓改革，从来都是为了解决中国的现实问题。”②经过 40 多年的改革开放和 70 多年的国家建设，我国现代化建设创造了人类现代化历史进程中的发展奇迹，解决了一系列突出矛盾和问题。但是，发展起来以后的中国，矛盾和问题不是更少了，而是更多、更突出了。矛盾和问题在现代化进程中不断增多，不是中国现代化的特有现象，而是人类现代化历史进程中的普遍规律。实现“两个一百年”奋斗目标的历史过程，就是不断解决新旧矛盾和问题的过程。“当前，国内外环境都在发生极为广泛而深刻的变化，我国发展面临一系列突出矛盾和挑战，前进道路上还有不少困难和问题……解决这些问题，关键在于深化改革。”③

全面深化改革是由各个领域、各个方面、各个层次的突出矛盾和问题倒逼出来的，这是因为我们面临的突出矛盾和问题已经无法用单个领域、单个方面、单个层次的改革来解决。“我国社会生产力已经快速发展起来，但发展中不平衡、不协调、不可持续问题依然突出，人口、资源、环境压力越来越大，上层建筑中的不适应问题也不断产生。”④鉴于我们面临的各个领域、各个方面、各个层次的突出矛盾和问题都是我国社会基本

① 中共中央文献研究室：《习近平关于协调推进“四个全面”战略布局论述摘编》，中央文献出版社 2015 年版，第 70 页。

② 中共中央文献研究室：《习近平关于协调推进“四个全面”战略布局论述摘编》，中央文献出版社 2015 年版，第 87 页。

③ 中共中央文献研究室：《十八大以来重要文献选编》（上），中央文献出版社 2014 年版，第 494—495 页。

④ 中共中央文献研究室：《习近平关于协调推进“四个全面”战略布局论述摘编》，中央文献出版社 2015 年版，第 75 页。

矛盾的具体投射和表现，因此，准确把握和主动适应我国社会基本矛盾的运动及变化，事关全面深化改革全局的成败。社会基本矛盾的运动是永无止境的，全面深化改革也是永无止境的。“我们提出进行全面深化改革，就是要适应我国社会基本矛盾运动的变化来推进社会发展。”①

改革开放 40 多年的实践证明，我们面临的诸多突出矛盾和问题，根源在于生产关系和上层建筑中都存在不适应的问题。全面深化改革要解决问题，就必须综合施治、协同推进。“只有既解决好生产关系中不适应的问题，又解决好上层建筑中不适应的问题，这样才能产生综合效应。”②

2. 全面深化改革的逻辑展开步骤

逻辑起点的确立在全面深化改革的逻辑展开中处于居先占优的地位，但仅仅满足于逻辑起点的讨论是不能解决任何现实问题的。逻辑范畴体系必须从逻辑起点出发，按照逻辑发展的客观过程，经过一系列紧密相连、逐步深入、不断提升的逻辑步骤，才能完成从抽象上升到具体的逻辑展开任务，才能为解决全面深化改革中的现实问题提供强大的逻辑支持。具体而言，全面深化改革的逻辑展开大致包括以下三个主要步骤。

1）第一个逻辑展开步骤

以习近平同志为核心的党中央，从中国特色社会主义新时代的实际出发，通过深入考察中国特色社会主义道路、理论、制度、文化等各个领域、各个方面、各个层次的突出矛盾和问题现状，揭示新时代中国特色社会主义社会基本矛盾双方的各自特点，又依据双方具体特点概括出生产力与生产关系、经济基础与上层建筑之间互相矛盾着的基本特点，从而提出重要论断“中国国家治理体系和治理能力必将在坚持和完善中国特色社会主义制度中实现现代化”。简言之，全面深化改革的逻辑范畴体系，从“中国特色社会主义社会基本矛盾”的最抽象的规定开始，通过逐一剖析各个中介范畴，概括出生产力与生产关系、经济基础与上层建筑之间互相矛盾着的基本特点，从而使最抽象的规定，在逻辑的展开中逐步上升为具体。

第一个逻辑展开步骤，只是在理性思维中再现社会基本矛盾双方互相

① 中共中央文献研究室：《习近平关于协调推进“四个全面”战略布局论述摘编》，中央文献出版社 2015 年版，第 74 页。

② 中共中央文献研究室：《习近平关于协调推进“四个全面”战略布局论述摘编》，中央文献出版社 2015 年版，第 76 页。

较量着的基本特点，并没有再现双方较量的过程。双方的较量就是这些基本特点的较量。但是，这些基本特点不是一成不变的，而是在较量过程中“各依其本性发生变化”[①]。双方较量中的一切问题都是从这些基本特点及其变化中“发生出来”的。全面深化改革的逻辑范畴体系运动沿着这样的逻辑展开方向，就自然而然地从第一个逻辑展开步骤确定地、有序地递进到第二个逻辑展开步骤。

2）第二个逻辑展开步骤

全面深化改革的第二个逻辑展开步骤，主要就是根据生产力与生产关系、经济基础与上层建筑之间互相较量着的基本特点及变化来说明较量过程中发生的一切问题。

比如，为什么说“发展仍是解决我国所有问题的关键”[②]？我国各族人民对美好生活的需求问题，既有发展不平衡的问题，也有发展不充分的问题。无论是不平衡的问题，还是不充分的问题，都要准确把握新时代中国特色社会主义社会基本矛盾的主要方面，坚持以经济建设为中心的基本路线，不断解放和发展我国社会生产力。“只有紧紧围绕发展这个第一要务来部署各方面改革，以解放和发展社会生产力为改革提供强大牵引，才能更好推动生产关系与生产力、上层建筑与经济基础相适应。”[③]改革开放 40 多年的成功实践表明，只有牢牢扭住生产力这个根本点，不断解放和发展我国社会生产力，才能为全面深化改革的协调推进、我国突出矛盾和问题的有效解决，提供强大动力。当然，在强调生产力这一矛盾的主要方面的同时，我们要坚决反对“唯生产力论”。正如习近平总书记所强调的：“我们讲不要简单以国内生产总值增长率论英雄，要看全面工作水平，就是说要按照生产力发展规律去发展……要正确运用生产力标准，推动实现物的不断丰富和人的全面发展的统一。”[④]

又如，全面深化改革为什么要坚持以经济体制改革为主轴？从根本上说，这是由中国特色社会主义社会的基本矛盾决定的。具体而言，这主要

---

①《毛泽东选集》（第 2 卷），人民出版社 1991 年版，第 450 页。

② 中共中央文献研究室：《习近平关于协调推进“四个全面”战略布局论述摘编》，中央文献出版社 2015 年版，第 75 页。

③ 中共中央文献研究室：《习近平关于协调推进“四个全面”战略布局论述摘编》，中央文献出版社 2015 年版，第 76 页。

④ 中共中央文献研究室：《习近平关于协调推进“四个全面”战略布局论述摘编》，中央文献出版社 2015 年版，第 75 页。

是由经济基础与上层建筑之间的对立统一关系决定的。一方面，基于经济基础对上层建筑的决定性作用，中国特色社会主义现代化建设在现阶段要坚持以经济建设为中心，全面深化改革要坚持以经济体制改革为重点。“经济体制改革对其他方面改革具有重要影响和传导作用，重大经济体制改革的进度决定着其他方面很多体制改革的进度，具有牵一发而动全身的作用。”[①]另一方面，上层建筑不仅对经济基础具有相对独立性，而且反作用于经济基础。这一原理在推进社会主义市场经济改革中有鲜明体现。“使市场在资源配置中发挥决定性作用，主要涉及经济体制改革，但必然会影响到政治、文化、社会、生态文明和党的建设等各个领域。要使各方面体制改革朝着建立完善的社会主义市场经济体制这一方向协同推进，同时也使各方面自身相关环节更好适应社会主义市场经济发展提出的新要求。”[②]这就是说，全面深化改革必须坚持“重点论”和“两点论”的统一，即既要坚持以经济体制改革为主轴和重点，力争在重要领域和关键环节实现重点突破，又要坚持各个领域、各个方面、各个层次的改革协同发力、整体推进，力争全面深化改革取得总体效果。

再如，全面深化改革应该遵循什么样的路线图，最终要取得什么样的总体效果？“全面深化改革，全面者，就是要统筹推进各领域改革，就需要有管总的目标，也要回答推进各领域改革最终是为了什么、要取得什么样的整体结果这个问题。”[③]中国特色社会主义进入新时代，改革的广度、深度和敏感度前所未有，全面深化改革需要明确的路线图和时间表。党的十八届三中全会提出的全面深化改革的路线图，可以概括为“六个紧紧围绕”，其主要内容是：“紧紧围绕使市场在资源配置中起决定性作用深化经济体制改革，紧紧围绕坚持党的领导、人民当家作主、依法治国有机统一深化政治体制改革，紧紧围绕建设社会主义核心价值体系、社会主义文化强国深化文化体制改革，紧紧围绕更好保障和改善民生、促进社会公平正义深化社会体制改革，紧紧围绕建设美丽中国深化生态文明体制改革，紧紧围绕提高科学执政、民主执政、依法执政水平深化党的建设制度改革。”[④]全面深化改革，最终要取得的总体效果就是要实现总目标，即

①《习近平谈治国理政》（第1卷），外文出版社2018年版，第94页。

②《习近平谈治国理政》（第1卷），外文出版社2018年版，第95页。

③ 中共中央文献研究室：《习近平关于协调推进“四个全面”战略布局论述摘编》，中央文献出版社2015年版，第79页。

④《习近平谈治国理政》（第1卷），外文出版社2018年版，第98页注释【2】。

完善和发展中国特色社会主义制度，实现国家治理体系和治理能力现代化。这一总目标在全面深化改革中发挥着纲领性作用，事关全面深化改革的路线图能否落到实处，因此需要高度重视和科学把握。“我们讲过很多现代化，包括农业现代化、工业现代化、科技现代化、国防现代化等，国家治理体系和治理能力现代化是第一次讲。深刻理解和准确把握这个总目标，是贯彻落实各项改革举措的关键。”①

由此可知，全面深化改革的逻辑范畴体系的展开过程，是通过对生产力与生产关系、经济基础与上层建筑之间相互矛盾着的基本特点及其变化的具体解析，不断展开“从抽象上升到具体”的运动，深入说明坚持和完善、巩固和发展中国特色社会主义制度过程中发生的各种基本问题，从而合逻辑地得出结论：经过长期不懈奋斗，中国国家治理体系和治理能力一定能够在坚持和完善中国特色社会主义制度中实现现代化。这就标志着第二个逻辑展开步骤的结束和第三个逻辑展开步骤的开启。

3）第三个逻辑展开步骤

全面深化改革的第三个逻辑展开步骤，主要体现为全面深化改革的时间表。

关于全面深化改革时间表的第一次明确表述，是党的十八届三中全会提出的：“到二〇二〇年，在重要领域和关键环节改革上取得决定性成果……形成系统完备、科学规范、运行有效的制度体系，使各方面制度更加成熟更加定型。”②这是全面深化改革第一阶段的时间表。

党的十九大对全面深化改革的时间表进行了完善和发展，集中体现为“分两步走全面建成社会主义现代化强国”的战略安排。新时代“两步走”战略安排的“第一步”是“从二〇二〇年到二〇三五年，在全面建成小康社会的基础上，再奋斗十五年，基本实现社会主义现代化……各方面制度更加完善，国家治理体系和治理能力现代化基本实现”③。这是全面深化改革第二阶段的时间表。

根据党的十九大提出的新时代“两步走”战略安排，全面深化改革第

① 中共中央文献研究室：《习近平关于协调推进“四个全面”战略布局论述摘编》，中央文献出版社2015年版，第79页。

② 中共中央文献研究室：《十八大以来重要文献选编》（上），中央文献出版社 2014 年版，第514页。

③ 习近平：《决胜全面建成小康社会 夺取新时代中国特色社会主义伟大胜利——在中国共产党第十九次全国代表大会上的报告》，人民出版社2017年版，第28页。

三阶段的时间表可以明确概括为“从二〇三五年到本世纪中叶，在基本实现现代化的基础上，再奋斗十五年……实现国家治理体系和治理能力现代化”①。

3. 全面深化改革的逻辑展开归结

全面深化改革的逻辑展开需要得出的结论是：在什么样的条件下，中国国家治理体系和治理能力，一定能够在坚持和完善中国特色社会主义制度中得以实现现代化？

概括起来说，全面深化改革总目标的胜利实现，需要具备三个方面的条件：一是实现党对全面深化改革的坚强有力领导；二是广大人民群众衷心拥护、积极参与改革；三是形成对全面深化改革总体有利的国际环境。如果这些条件能够如期具备，那么全面深化改革的目标就能如期实现。如果这些条件不能如期具备，那么全面深化改革目标的实现就可能要经历更多困难、花费更多时间。但最终结果仍然是，中国国家治理体系和治理能力必将在坚持和完善中国特色社会主义制度的征程中抵达现代化彼岸，只是我们付出的代价可能会更大一些，中国人民和中华民族经历的磨难会更多一点。我们应该坚持底线思维，坚持从最坏处着眼，力争最好结果，努力防范和化解各类重大风险，奋力向全面深化改革总目标破浪前行。具体而言，需要从以下三个方面为实现全面深化改革总目标创造条件。

1）加强和改善党对全面深化改革的领导

全面深化改革，点多面广，千头万绪，触及的利益和矛盾敏感复杂。“在越来越深的水中前行，遇到的阻力必然越来越大，面对的暗礁、潜流、漩涡可能越来越多。”②面对复杂严峻的国内外局势，全面深化改革必须有坚强有力的领导核心。“全面深化改革必须加强和改善党的领导，充分发挥党总揽全局、协调各方的领导核心作用，建设学习型、服务型、创新型的马克思主义执政党，提高党的领导水平和执政能力，确保改革取得成功。”③

① 习近平：《决胜全面建成小康社会 夺取新时代中国特色社会主义伟大胜利——在中国共产党第十九次全国代表大会上的报告》，人民出版社2017年版，第29页。

② 中共中央文献研究室：《习近平关于协调推进“四个全面”战略布局论述摘编》，中央文献出版社2015年版，第70页。

③ 中共中央文献研究室：《十八大以来重要文献选编》（上），中央文献出版社2014年版，第544页。

2）紧紧依靠人民推动全面深化改革

中国特色社会主义事业是亿万人民的共同事业。“改革开放之所以得到广大人民群众衷心拥护和积极参与，最根本的原因在于我们一开始就使改革开放事业深深扎根于人民群众之中。”[①]全面深化改革，不仅要坚持中国道路，而且要凝聚中国力量，把 14 亿多中国人民的力量汇聚成全面深化改革的强大动力。

3）营造和形成对全面深化改革总体有利的国际环境

当今世界正面临百年未有之大变局，各种力量竞相发声，各种诉求相互碰撞，各种矛盾相互交织，各种思想相互激荡。一方面，全球治理体系和国际秩序变革加速推进，国际力量对比更趋平衡；另一方面，人类面临的共同挑战日益严峻，世界的不确定性、不稳定性上升。我们要坚定不移地奉行独立自主的和平外交政策，坚定不移地奉行互利共赢的开放战略，坚定不移地做世界和平的维护者、全球发展的贡献者、国际秩序的维护者，努力营造和形成对全面深化改革总体有利的国际环境。

三、全面深化改革逻辑展开中的自觉能动要义

前文主要从逻辑范畴体系展开的角度，研究和厘定了全面深化改革“是什么”“为什么”的问题，主要解决的是知其然、知其所以然的问题。在明确了全面深化改革是一个坚持和发展中国特色社会主义制度、实现国家治理体系和治理能力现代化的战略逻辑范畴体系之后，现在要解决的是“怎样做”的问题，即怎样把全面深化改革不断向前推进？怎样争取如期实现国家治理体系和治理能力现代化？再好的改革部署，再好的改革蓝图，不落到实处，不把它转化为改革实践，就只是“镜花水月”，就不能真正发展和完善中国特色社会主义制度，就不能实现国家治理体系和治理能力现代化。

“一切事情是要人做的……做就必须先有人根据客观事实，引出思想、道理、意见，提出计划、方针、政策、战略、战术，方能做得好。”[②]全面深化改革是一个超级复杂的宏伟工程，按照前述路线图和时间表如期实

①《习近平谈治国理政》（第 1 卷），外文出版社 2018 年版，第 97 页。

②《毛泽东选集》（第 2 卷），人民出版社 1991 年版，第 477 页。

现全面深化改革的总目标，需要调动各方面的积极性、主动性和创造性。“在全面深化改革中，我们要处理好尊重客观规律和发挥主观能动性的关系。”[①]

1. 全面深化改革为何要特别强调自觉能动性

经过 40 多年的改革开放，我国的改革已经进入深水区和攻坚期，“容易的、皆大欢喜的改革已经完成了，好吃的肉都吃掉了，剩下的都是难啃的硬骨头”[②]。只有充分发挥自觉能动性，才能不断把全面深化改革推向前进。“现在，改革到了一个新的重要关头，推进改革的复杂程度、敏感程度、艰巨程度，一点都不亚于三十多年前。”[③]面对复杂敏感的国内外经济政治态势，在拥有超大规模人口和经济体量的中国推进全面深化改革，必须高度重视并全面激发广大人民的自觉能动性。

一方面，只有最大限度地激发广大人民群众的自觉能动性，充分发扬中华民族的伟大民族精神，才能汇聚起最深厚、最强大的改革动力，才能创造出实现全面深化改革总目标所需的条件，才能在发展和完善中国特色社会主义制度中，如期实现国家治理体系和治理能力的现代化。人民是推进伟大事业的力量源泉，也是全面深化改革的力量源泉。“没有人民支持和参与，任何改革都不可能取得成功。”[④]紧紧依靠人民推动改革，就是要把人民支持改革、参与改革的自觉能动性激发出来。“无论遇到任何困难和挑战，只要有人民支持和参与，就没有克服不了的困难，就没有越不过的坎。”[⑤]

另一方面，只有充分发挥自觉能动性，客观条件所决定的胜利实现全面深化改革总目标的可能性才能转变为现实性，因为全面深化改革的最终结果是由客观条件和主观条件共同作用所形成的合力决定的。“战争的胜负，固然决定于双方军事、政治、经济、地理、战争性质、国际援助诸条件，然而不仅仅决定于这些；仅有这些，还只是有了胜负的可能性……要

① 中共中央文献研究室：《习近平关于协调推进“四个全面”战略布局论述摘编》，中央文献出版社 2015 年版，第 77 页。

②《习近平谈治国理政》（第 1 卷），外文出版社 2018 年版，第 101 页。

③ 中共中央文献研究室：《习近平关于协调推进“四个全面”战略布局论述摘编》，中央文献出版社 2015 年版，第 64 页。

④《习近平谈治国理政》（第 1 卷），外文出版社 2018 年版，第 97 页。

⑤《习近平谈治国理政》（第 1 卷），外文出版社 2018 年版，第 97 页。

分胜负，还须加上主观的努力，这就是指导战争和实行战争，这就是战争中的自觉的能动性。”[①]战争是这样，改革也是这样，作为新时代伟大社会革命的全面深化改革更是这样。也就是说，只有找到正确的思想、战略、战术去指导全面深化改革的实践，推进全面深化改革的实践，才能使客观条件所蕴含的胜利可能转化为现实胜利。

2. 全面深化改革如何充分发挥人的自觉能动性

在明确了“全面深化改革为何要特别强调自觉能动性”之后，现在的关键是“全面深化改革如何充分发挥人的自觉能动性”。概括起来，全面深化改革充分发挥自觉能动性的具体路径主要有以下几个方面。

1）坚持正确方法

全面深化改革需要统筹各个领域、各个方面、各个层次，是一个超级复杂敏感的系统工程。因此，全面深化改革要发挥自觉能动性，首先要坚持正确的改革方法论。“改革开放是前无古人的崭新事业，必须坚持正确的方法论，在不断实践探索中推进。”[②]

第一，全面深化改革要注重系统性、整体性、协同性。

全面深化改革触及的利益格局和矛盾格局十分复杂，各个领域、各个方面、各个层次、各个环节的改革联动性显著增强。全面深化改革是一个宏大的系统工程，必须坚持系统思维，运用系统科学的方法。“零敲碎打调整不行，碎片化修补也不行，必须是全面的系统的改革和改进，是各领域改革和改进的联动和集成，在国家治理体系和治理能力现代化上形成总体效应、取得总体效果。”[③]

全面深化改革要坚持“两点论”和“重点论”的统一，坚持整体推进与重点突破的统一。“全面深化改革是立足国家整体利益、根本利益、长远利益进行部署的，目的是要达到一加一大于二的效果，使整体利益产生乘数效应，避免一加一小于二的状况，防止局部利益相互掣肘、相互

①《毛泽东选集》（第2卷），人民出版社1991年版，第478页。

② 中共中央文献研究室：《习近平关于协调推进“四个全面”战略布局论述摘编》，中央文献出版社2015年版，第54页。

③ 中共中央文献研究室：《习近平关于协调推进“四个全面”战略布局论述摘编》，中央文献出版社2015年版，第80页。

抵消。”[①]

全面深化改革的系统性、整体性和协同性，要求各个领域、各个环节、各个方面、各个层次的改革要注重系统集成、衔接配套、协同发力、前后呼应。因此，改革越深入越要注意协同，“既抓改革方案协同，也抓改革落实协同，更抓改革效果协同，促进各项改革举措在政策取向上相互配合、在实施过程中相互促进、在改革成效上相得益彰”[②]。

第二，坚持把摸着石头过河和加强顶层设计有机结合起来。

中国国土面积大、经济体量大、人口多、地区发展不平衡，既要把改革发展不断推向前进，又要保持经济社会稳定，是一个世界级难题。“有些国家搞所谓‘休克疗法’，结果引起了剧烈政治动荡和社会动乱，教训是很深刻的。”[③]只有找到符合中国国情的改革方法，才能破解中国面临的世界级难题，才能为人类破解共同的改革难题提供方案。“摸着石头过河，是富有中国特色、符合中国国情的改革方法。摸着石头过河就是摸规律。”[④]

摸着石头过河，不仅是改革开放前期取得重要成就的方法，而且是全面深化改革需要继续坚持的重要方法论。在全面深化改革的实践中，我们对于那些存在争议的重大改革，要鼓励大胆试点，鼓励用摸着石头过河的方法大胆探索，不断积累经验，积极稳妥地推进改革。“对必须取得突破但一时还不那么有把握的改革，就采取试点探索、投石问路的方法，先行试点……取得经验、看得很准了再推开。”[⑤]

随着改革的不断深入，全面深化改革进入深水区，摸着石头过河的复杂程度、困难程度、敏感程度不断加大，只有不断加强宏观思考、总体规划和顶层设计，才能提高改革决策的科学性、增强改革举措的协调性。“一方面，要坚持一切从实际出发，按照客观规律办事……不能拍脑袋、瞎指挥、乱决策，杜绝短期行为、拔苗助长。另一方面，要鼓励地方、基

---

① 中共中央文献研究室：《习近平关于协调推进“四个全面”战略布局论述摘编》，中央文献出版社 2015 年版，第 83 页。

②《习近平谈治国理政》（第 2 卷），外文出版社 2017 年版，第 109 页。

③ 中共中央文献研究室：《习近平关于协调推进“四个全面”战略布局论述摘编》，中央文献出版社 2015 年版，第 71 页。

④ 中共中央文献研究室：《习近平关于协调推进“四个全面”战略布局论述摘编》，中央文献出版社 2015 年版，第 54 页。

⑤ 中共中央文献研究室：《习近平关于协调推进“四个全面”战略布局论述摘编》，中央文献出版社 2015 年版，第 71 页。

层、群众大胆探索、先行先试，及时总结经验，勇于推进理论和实践创新，不断深化对改革规律的认识。”①质言之，全面深化改革不仅要坚持摸着石头过河，而且要加强顶层设计，二者都是全面深化改革的重要方法，坚持二者的有机结合是全面深化改革需要遵循的重要原则。“推进局部的阶段性改革开放要在加强顶层设计的前提下进行，加强顶层设计要在推进局部的阶段性改革开放的基础上来谋划。”②也就是说，摸着石头过河与加强顶层设计是相辅相成、相互促进的。当然，改革越是深入，越要注意加强顶层设计，注意发挥顶层设计对摸着石头过河的引领作用。正如习近平同志所言：“摸着石头过河也是有规则的，要按照已经认识到的规律来办，在实践中再加深对规律的认识，而不是脚踩西瓜皮，滑到哪里算哪里。”③

第三，胆子要大，步子要稳。

改革从来都是充满风险和挑战的，全面深化改革更不可能一帆风顺、四平八稳。只有具备必胜的信心、超人的胆略和非凡的勇气，才能推动全面深化改革不断前进，才能最终实现国家治理体系和治理能力的现代化。“中国已经进入改革的深水区，需要解决的都是难啃的硬骨头，这个时候需要‘明知山有虎，偏向虎山行’的勇气，不断把改革推向前进。”④

全面深化改革的复杂程度、困难程度和敏感程度是空前的，胆子不大、畏首畏尾，必将一事无成。当然，“胆子大不是蛮干，蛮干一定会导致瞎折腾”⑤。超人的胆略和非凡的勇气，需要和尊重规律、尊重实际的智慧结合在一起。正如毛泽东在《论持久战》中所说的：“我们不赞成任何一个抗日战争的指挥员，离开客观条件，变为乱撞乱碰的鲁莽家，但是我们必须提倡每个抗日战争的指挥员变为勇敢而明智的将军。”⑥胆子要大，在全面深化改革的逻辑范畴体系中是一个重要的中介范畴，具有特定

---

① 中共中央文献研究室：《习近平关于协调推进“四个全面”战略布局论述摘编》，中央文献出版社 2015 年版，第 77 页。

② 中共中央文献研究室：《习近平关于协调推进“四个全面”战略布局论述摘编》，中央文献出版社 2015 年版，第 55 页。

③ 中共中央文献研究室：《习近平关于协调推进“四个全面”战略布局论述摘编》，中央文献出版社 2015 年版，第 71 页。

④ 习近平：《在布鲁日欧洲学院的演讲》，《人民日报》2014 年 4 月 2 日，第 2 版。

⑤ 中共中央文献研究室：《习近平关于协调推进“四个全面”战略布局论述摘编》，中央文献出版社 2015 年版，第 70 页。

⑥《毛泽东选集》（第 2 卷），人民出版社 1991 年版，第 478 页。

的逻辑内涵。2014 年 2 月，习近平总书记在接受俄罗斯电视台专访时进行了明确阐释：“胆子要大，就是改革再难也要向前推进，敢于担当，敢于啃硬骨头，敢于涉险滩。”①

2）狠抓改革落实

全面深化改革是新时代伟大斗争的重要方面，需要非凡的改革勇气和强烈的担当精神。“改革推进到今天，比认识更重要的是决心，比方法更关键的是担当。”②中国特色社会主义进入新时代，全面深化改革既要有“坐不住、等不起、慢不得”的紧迫感，更要有真刀真枪抓改革、抓落实的雷霆行动。“各地区各部门要狠抓工作落实，实施方案要抓到位，实施行动要抓到位，督促检查要抓到位，改革成果要抓到位，宣传引导要抓到位，让人民群众感受到实实在在的改革成效，引导广大干部群众共同为改革想招、一起为改革发力。”③

第一，狠抓改革方案落实。

全面深化改革是一个超级复杂的系统工程，需要对改革的路径、方式和进度加强宏观思考和总体规划，需要科学制定详细、合理的路线图、施工图和时间表。有了好的改革方案，必须狠抓方案的细化和实施。“突出重点，对准焦距，找准穴位，击中要害，推出一批能叫得响、立得住、群众认可的硬招实招，处理好改革‘最先一公里’和‘最后一公里’的关系，突破‘中梗阻’，防止不作为，把改革方案的含金量充分展示出来，让人民群众有更多获得感。”④

第二，狠抓改革行动落实。

全面深化改革方案的落实，关键在于真刀真枪的改革行动。全面深化改革重在行动落实，难在行动落实，成败也在行动落实。“当前改革又到了一个新的历史关头，能否坚定信心、凝聚共识、攻坚克难，确保各项改革举措落地生根，直接决定着改革成败。”⑤

全面深化改革狠抓改革行动落实，必须高度重视发挥思想政治工作的

---

①《习近平谈治国理政》（第 1 卷），外文出版社 2018 年版，第 101 页。

② 中共中央宣传部：《习近平新时代中国特色社会主义思想学习纲要》，学习出版社、人民出版社 2023 年版，第 95 页。

③《习近平谈治国理政》（第 2 卷），外文出版社 2017 年版，第 97 页。

④《习近平谈治国理政》（第 2 卷），外文出版社 2017 年版，第 102 页。

⑤ 中共中央宣传部：《习近平新时代中国特色社会主义思想学习纲要》，学习出版社、人民出版社 2023 年版，第 95 页。

“生命线”作用。全面深化改革的方案化为全面深化改革的行动，需要有强烈的政治意识、使命意识、责任意识和大局意识，需要有强大的改革定力、必胜的改革信心和非凡的改革勇气。正如习近平同志所要求的那样：“各地区各部门要牢固树立全局意识、责任意识，把抓改革作为一项重大政治责任，坚定改革决心和信心，增强推进改革的思想自觉和行动自觉，既当改革促进派、又当改革实干家，以钉钉子精神抓好改革落实，扭住关键、精准发力，敢于啃硬骨头，盯着抓、反复抓，直到抓出成效。”①

全面深化改革狠抓改革行动落实，必须高度重视发挥党员和干部，尤其是党政主要负责人的“头雁”作用。“党政主要负责同志是抓改革的关键，要把改革放在更加突出位置来抓，不仅亲自抓、带头干，还要勇于挑最重的担子、啃最硬的骨头，做到重要改革亲自部署、重大方案亲自把关、关键环节亲自协调、落实情况亲自督察，扑下身子，狠抓落实。”②

第三，狠抓改革督察落实。

全面深化改革的方案是否真正转化为全面深化改革的行动，全面深化改革的行动是否切实转化为全面深化改革的成果，需要严格、严密、公正的督促检查。“强化督促考核机制，实行项目责任制，分兵把守，守土有责，主动出击，贴身紧逼。”③

全面深化改革的全过程都需要通过狠抓改革督察，增强改革方案的严肃性和权威性，增强改革的执行力。狠抓改革督察，就是要“遵循改革规律和特点，建立全过程、高效率、可核实的改革落实机制……强化督促考核机制，建立健全改革举措实施效果评价体系”④。

---

①《习近平谈治国理政》（第2卷），外文出版社2017年版，第105页。

②《习近平谈治国理政》（第2卷），外文出版社2017年版，第106页。

③《习近平谈治国理政》（第2卷），外文出版社2017年版，第98页。

④ 中共中央宣传部：《习近平新时代中国特色社会主义思想学习纲要》，学习出版社、人民出版社2023年版，第96页。

第十二章　全面依法治国的逻辑展开

全面依法治国，是“四个全面”战略布局中的重大战略部署，是全面建设社会主义现代化国家、实现中华民族伟大复兴的重大战略举措。从历史发生学的视角看，全面依法治国作为重大战略部署必定经历了一个具体的生成过程。改革开放以来，我们党总结历史经验教训，高度重视社会主义法治建设。党的十五大明确把依法治国确立为国家治理的基本方略，把建设社会主义法治国家确定为社会主义现代化建设的重要目标。党的十八大明确提出要全面推进依法治国，加快建设社会主义法治国家。党的十八届三中全会在部署全面深化改革时，明确提出要推进法治中国建设。党的十八届四中全会则专题研究全面推进依法治国的重大问题，加强对全面依法治国的顶层设计。党的十九大明确提出，全面依法治国是中国特色社会主义的本质要求和重要保障。

全面依法治国不仅是“四个全面”战略布局中实现“两个一百年”奋斗目标的重大战略举措和重大战略部署，而且是坚持和发展中国特色社会主义、全面建设社会主义现代化国家的重要目标和重要任务。从逻辑范畴体系的角度，深入探讨全面依法治国的逻辑展开，对于准确理解全面依法治国的重大战略部署、汲取全面依法治国逻辑范畴体系的强大逻辑力量、增强全面依法治国实践中的自觉能动性，具有重要的现实意义。

一、全面依法治国的逻辑范畴体系结构

全面依法治国，作为“四个全面”战略布局的三大战略举措之一，在逻辑上，是一个由诸多逻辑范畴联结构成的严密的逻辑范畴体系。

任何一个逻辑范畴体系都不是逻辑范畴的随意堆砌，而是按照一定的逻辑结构有机结合形成的逻辑整体。全面依法治国，作为“四个全面”战略布局的一个重大战略举措，在逻辑上，它是一个由逻辑始项、逻辑

终项、逻辑基项和逻辑中项，紧密联结而成的逻辑范畴体系，其具体构成如下。

1. 全面依法治国的逻辑始项

逻辑始项，即在逻辑范畴体系中充当起点范畴的逻辑范畴。在全面依法治国的逻辑范畴体系中，社会主义法治是起点范畴和逻辑始项。

法治是人类文明的重要成果，我们要学习借鉴人类法治文明成果，但法治从来不是抽象的，而是具体的。“学习借鉴不等于是简单的拿来主义，必须坚持以我为主、为我所用，认真鉴别、合理吸收，不能搞‘全盘西化’，不能搞‘全面移植’，不能照搬照抄。”①

任何国家的法治都应该与其基本国情、历史文化传统、基本政治经济制度相适应。中华人民共和国是中国共产党领导的社会主义国家，我们建设的是而且只能是社会主义法治。“我们是中国共产党执政，各民主党派参政，没有反对党，不是三权鼎立、多党轮流坐庄，我国法治体系要跟这个制度相配套。”②全面推进依法治国，必须坚持从我国实际出发，加强社会主义法治建设。

2. 全面依法治国的逻辑终项

逻辑终项，即在逻辑范畴体系中处于终极地位的逻辑范畴。在全面依法治国的逻辑范畴体系中，全面依法治国就是终极范畴和逻辑终项。

全面依法治国作为逻辑范畴，其具体指向即实现全面推进依法治国的总目标——建设中国特色社会主义法治体系，建设社会主义法治国家。这一目标“既明确了全面推进依法治国的性质和方向，又突出了全面推进依法治国的工作重点和总抓手，对全面推进依法治国具有纲举目张的意义”③。

党的十八届四中全会对上述总目标进行了具体阐释，其中全面依法治国要建成的中国特色社会主义法治体系，由法律规范体系、法治实施体系、法治监督体系、法治保障体系和党内法规体系共同构成；全面依法治

①《习近平谈治国理政》（第2卷），外文出版社2017年版，第118页。

② 中共中央文献研究室：《习近平关于协调推进“四个全面”战略布局论述摘编》，中央文献出版社2015年版，第115页。

③《习近平谈治国理政》（第2卷），外文出版社2017年版，第119页。

国的推进路径和方式是：依法治国、依法执政、依法行政共同推进，法治国家、法治政府、法治社会一体建设；最终指向是“实现科学立法、严格执法、公正司法、全民守法，促进国家治理体系和治理能力现代化”[①]。

3. 全面依法治国的逻辑基项

逻辑基项，即贯穿逻辑范畴体系始终的基本范畴。社会主义法治现代化是全面依法治国逻辑范畴体系中的基本范畴和逻辑基项。

一个现代化国家一定是法治国家，全面建设社会主义现代化国家，必须加快社会主义法治现代化建设。“综观世界近现代史，凡是顺利实现现代化的国家，没有一个不是较好解决了法治和人治问题的。”[②]在人类现代化历史进程中，许多发展中国家曾经实现高速发展，甚至曾经短暂跨越现代化门槛，但最终却由于法治不彰、贪腐盛行而陷入类似于“中等收入陷阱”之类的泥潭中不能自拔，经济社会发展长期陷于停滞，迟迟不能真正迈入现代化国家行列。

全面推进依法治国，就是要加快社会主义法治现代化进程，建成中国特色社会主义法治体系，建成现代化的社会主义法治国家，促进国家治理体系和治理能力现代化。“我们必须把依法治国摆在更加突出的位置，把党和国家工作纳入法治化轨道，坚持在法治轨道上统筹社会力量、平衡社会利益、调节社会关系、规范社会行为，依靠法治解决各种社会矛盾和问题，确保我国社会在深刻变革中既生机勃勃又井然有序。”[③]

4. 全面依法治国的逻辑中项

贯穿全面依法治国逻辑范畴体系的逻辑基项，需要历经一系列逻辑中项，才能从逻辑始项，逐渐走向并抵达逻辑终项。具体而言，全面依法治国从起点范畴抵达终极范畴，需要经历的中介范畴包括：法制与法治；人治与法治；政治与法治；权大还是法大；法治与德治；依法治国与以德治国；国法与党规；党大还是法大；依法治国与依规治党。将全面依法治国

---

① 中共中央文献研究室：《十八大以来重要文献选编》（中），中央文献出版社 2016 年版，第 157 页。

② 中共中央文献研究室：《习近平关于协调推进“四个全面”战略布局论述摘编》，中央文献出版社 2015 年版，第 99—100 页。

③ 中共中央文献研究室：《习近平关于协调推进“四个全面”战略布局论述摘编》，中央文献出版社 2015 年版，第 98—99 页。

的上述中介范畴联结起来，则可形成环环相扣的全面推进依法治国的完整逻辑链条。

二、全面依法治国的逻辑展开过程

全面依法治国，作为“四个全面”战略布局的第二项重大战略举措，其丰富的逻辑内涵只有在由抽象上升到具体的逻辑展开过程中，才能得到清晰呈现。概括起来，全面依法治国的逻辑展开过程，大体上呈现为以下三个要点。

1. 全面依法治国的逻辑展开起点

全面依法治国逻辑展开的起点问题，即全面依法治国的逻辑范畴体系展开运动从哪里开始的问题。“我们党领导人民干革命、搞建设、抓改革，从来都是为了解决中国的现实问题。”[①]全面依法治国的逻辑范畴体系的展开，也是从问题开始，坚持问题导向与目标指向的有机统一。中国共产党把全面依法治国纳入“四个全面”战略布局，作为坚持和发展中国特色社会主义、实现中华民族伟大复兴的重大战略举措，既是解决我国改革发展稳定中的突出矛盾和问题的现实需要，也是实现“两个一百年”奋斗目标的战略需要。“我国改革发展稳定形势总体是好的，但发展中不平衡、不协调、不可持续问题依然突出，人民内部矛盾和其他社会矛盾凸显，党风政风也存在一些不容忽视的问题，其中大量矛盾和问题与有法不依、执法不严、违法不究相关。”[②]

列宁曾经指出：“在分析任何一个社会问题时，马克思主义理论的绝对要求，就是要把问题提到一定的历史范围之内。”[③]全面依法治国，是我们党在深入总结人类政治文明史的基础上，着眼于解决党和国家现代化建设事业发展面临的一系列重大问题，从而提出的重大战略部署。全面依

① 中共中央文献研究室：《习近平关于协调推进“四个全面”战略布局论述摘编》，中央文献出版社 2015 年版，第 87 页。

② 中共中央文献研究室：《习近平关于协调推进“四个全面”战略布局论述摘编》，中央文献出版社 2015 年版，第 98 页。

③《列宁选集》（第 2 卷），人民出版社 2012 年版，第 375 页。

法治国的主旨在于实现国家的长治久安，实现这一主旨的前提是解决党和国家现代化建设事业发展面临的重大问题。那么，党和国家现代化必须解决的重大问题到底是什么？经过长期求索，习近平提出的判断是："法治和人治问题是人类政治文明史上的一个基本问题，也是各国在实现现代化过程中必须面对和解决的一个重大问题。"①

法治与人治问题是我们党立足于人类政治文明史提出的重大时代问题，是全面依法治国必须解决的重大时代问题，也是全面依法治国逻辑展开的起点问题。我们党只有勇于面对并较好地解决法治与人治的问题，才能真正跳出"历史周期率"，长期得到人民的衷心拥护，从而实现长期执政；才能从根本上解决我国改革发展稳定过程中的各种突出矛盾和问题，从而实现长治久安，创造人类现代化历史进程中的发展奇迹、稳定奇迹。"综观世界近现代史，凡是顺利实现现代化的国家，没有一个不是较好解决了法治和人治问题的。"②

2. 全面依法治国的逻辑展开步骤

在全面依法治国的逻辑展开中，逻辑展开起点的确立，具有重要的前提性意义。但如果仅仅满足于逻辑展开起点的确立，则无助于解决我国法治建设面临的突出矛盾和问题。逻辑世界要对现实世界产生实际作用，必须从逻辑起点出发，按照逻辑发展的具体化过程，经过一系列密切相关、步步深化、螺旋上升的逻辑展开步骤，才能完成从抽象上升到具体的逻辑展开任务，才能为解决我国法治建设面临的突出矛盾和问题提供强大的逻辑支持。具体而言，全面依法治国的逻辑展开大致包括以下三个主要步骤。

1）第一个逻辑展开步骤

全面依法治国的逻辑展开第一步，是全面依法治国的逻辑范畴体系从抽象上升到具体的关键一步，其基本内涵集中体现为，通过深入考察法治与人治在各个领域、各个方面、各个层次、各个环节中存在的突出矛盾和问题现状，揭示法治与人治之间互相矛盾着的基本特点，从而提出重要论断：通过坚定不移地推进全面依法治国，通过国家治理的深刻革命，我们

① 中共中央文献研究室：《习近平关于协调推进"四个全面"战略布局论述摘编》，中央文献出版社2015年版，第99页。

② 中共中央文献研究室：《习近平关于协调推进"四个全面"战略布局论述摘编》，中央文献出版社2015年版，第99—100页。

一定能建成中国特色社会主义法治体系，一定能把我国建成社会主义法治国家。

2）第二个逻辑展开步骤

全面依法治国的第二个逻辑展开步骤，主要就是根据法治与人治之间矛盾运动中的基本特点及变化，来说明全面推进依法治国过程中发生的一切基本问题。

比如，为什么说“权大还是法大”是一个真命题？人治思想等封建思想意识残余在我国根深蒂固、影响深远，我们只有切实解决好权力与法律的关系问题，才能较好地解决法治与人治的问题，才能真正把全面依法治国落到实处。习近平同志的论述一语中的：“现在，一些党员、干部仍然存在人治思想和长官意识，认为依法办事条条框框多、束缚手脚，凡事都要自己说了算，根本不知道有法律存在，大搞以言代法、以权压法。”[①]现代法治，尤其是现代社会主义法治，核心在于制约和监督公权力及其运行，维护和保障人民合法权益。“纵观人类政治文明史，权力是一把双刃剑，在法治轨道上行使可以造福人民，在法律之外行使则必然祸害国家和人民。”[②]各级领导干部手中的权力是人民赋予的，能否为人民造福，关键在于能否正确处理法治与人治的关系。各级领导干部应坚决摒弃人治思想和长官意识，尊重法律、学习法律、遵守法律、运用法律，勇于担当推进社会主义法治建设的历史责任。“如果我们的领导干部不能尊法学法守法用法，不要说全面推进依法治国，不要说实现‘两个一百年’奋斗目标、实现中华民族伟大复兴的中国梦，就连我们党的领导、我国社会主义制度都可能受到严重冲击和损害。”[③]全面依法治国，就是要通过法律把权力关进制度的笼子里，切实解决“权大还是法大”的问题，从而在根本上解决法治与人治的问题。“把权力关进制度的笼子里，就是要依法设定权力、规范权力、制约权力、监督权力。”[④]

又如，为什么说“党大还是法大”是一个伪命题？习近平曾经明确指

---

① 中共中央文献研究室：《习近平关于全面依法治国论述摘编》，中央文献出版社 2015 年版，第 113 页。

② 中共中央文献研究室：《习近平关于协调推进“四个全面”战略布局论述摘编》，中央文献出版社 2015 年版，第 117 页。

③ 中共中央文献研究室：《习近平关于协调推进“四个全面”战略布局论述摘编》，中央文献出版社 2015 年版，第 110 页。

④《习近平谈治国理政》（第 2 卷），外文出版社 2017 年版，第 129 页。

出："'党大还是法大'是一个政治陷阱，是一个伪命题。对这个问题，我们不能含糊其辞、语焉不详，要明确予以回答。"[①]党和法的关系、党的领导和依法治国的关系，是推进我国社会主义法治建设的核心问题，事关我国能否坚持走中国特色社会主义法治道路，事关我国能否建成中国特色社会主义法治体系，事关我国能否成为现代化的社会主义法治国家。因此，这是全面推进依法治国必须回答的基本问题。党的十八届四中全会对此进行了明确回应："坚持党的领导，是社会主义法治的根本要求，是党和国家的根本所在、命脉所在，是全国各族人民的利益所系、幸福所系……党的领导和社会主义法治是一致的，社会主义法治必须坚持党的领导，党的领导必须依靠社会主义法治。"[②]质言之，全面推进依法治国，建设社会主义法治国家，绝不是要弱化党的领导，更不能否定党的领导。"离开了中国共产党的领导，中国特色社会主义法治体系、社会主义法治国家就建不起来。"[③]在全面推进依法治国、建设现代化的社会主义法治国家的历史进程中，坚定不移地坚持党的领导，是我国社会主义法治建设取得重大成就的基本经验。对坚持党的领导这一重大原则，我们必须理直气壮地强调、大张旗鼓地宣传。"一个政党执政，最怕的是在重大问题上态度不坚定，结果社会上对有关问题沸沸扬扬、莫衷一是，别有用心的人趁机煽风点火、蛊惑搅和，最终没有不出事的！"[④]当然，在"党大还是法大"这个重大问题上，我们也要旗帜鲜明地回应法治与人治的问题。有的人认为，强调党的领导，会助长人治，或者说不利于清除人治传统的惯性作用，从而不利于推进全面依法治国。之所以会有这种似是而非的说法，其实是因为，这些人没有真正理解党与法、党的领导与依法治国的关系，没有真正理解党与各级党政组织、党员领导干部的关系。正如习近平同志所言："我们说不存在'党大还是法大'的问题，是把党作为一个执政整体而言的，是指党的执政地位和领导地位而言的，具体到每个党政组织、每个领导干部，就必须服从和遵守宪法法律，就不能以党自居，就不

① 中共中央文献研究室：《习近平关于全面依法治国论述摘编》，中央文献出版社 2015 年版，第 34 页。

② 中共中央文献研究室：《十八大以来重要文献选编》（中），中央文献出版社 2016 年版，第 157—158 页。

③ 中共中央文献研究室：《习近平关于协调推进"四个全面"战略布局论述摘编》，中央文献出版社 2015 年版，第 115—116 页。

④《习近平谈治国理政》（第 2 卷），外文出版社 2017 年版，第 113 页。

能把党的领导作为个人以言代法、以权压法、徇私枉法的挡箭牌。”[①]只有全面、准确、完整地把握好党与法、党的领导与依法治国的辩证关系，才能有效避免掉入别人为我们精心设计的各种政治陷阱，确保我国社会主义法治建设沿着正确道路前进，确保党和国家长治久安。“党和法的关系是一个根本问题，处理得好，则法治兴、党兴、国家兴；处理得不好，则法治衰、党衰、国家衰。”[②]

同理，全面推进依法治国过程中的其他基本问题，亦可由法治与人治之间的矛盾运动进行说明。据前文可知，全面依法治国的逻辑展开过程，是通过对法治与人治之间相互矛盾着的基本特点及其变化的具体解析，不断展开“从抽象上升到具体”的运动，深入说明全面依法治国过程中发生的各种基本问题，从而合逻辑地得出结论：经过长期不懈地推进全面依法治国，我们一定能建成中国特色社会主义法治体系，一定能把我国建成社会主义法治国家。这也标志着第二个逻辑展开步骤的结束和第三个逻辑展开步骤的开启。

3）第三个逻辑展开步骤

全面依法治国的逻辑展开第三个步骤，主要内容在于将全面依法治国的推进过程具体划分为以下三个阶段。

第一个阶段，始于党的十八大。

党的十八大明确提出了“全面推进依法治国”的战略部署。党的十八大以来，以习近平同志为核心的党中央，对全面推进依法治国高度重视，把全面推进依法治国放在坚持和发展中国特色社会主义伟大事业的全局中来谋划。2012 年 12 月，习近平提出：“落实依法治国基本方略，加快建设社会主义法治国家，必须全面推进科学立法、严格执法、公正司法、全民守法进程。”[③]2013 年 2 月，在主持十八届中央政治局第四次集体学习时，习近平总书记对全面依法治国进一步提出明确要求：“我们要全面贯彻落实党的十八大精神……全面推进科学立法、严格执法、公正司法、全民守法，坚持依法治国、依法执政、依法行政共同推进，坚持法治国家、

① 中共中央文献研究室：《习近平关于协调推进“四个全面”战略布局论述摘编》，中央文献出版社 2015 年版，第 116—117 页。

② 中共中央文献研究室：《习近平关于协调推进“四个全面”战略布局论述摘编》，中央文献出版社 2015 年版，第 114 页。

③《习近平谈治国理政》（第 1 卷），外文出版社 2018 年版，第 139—140 页。

法治政府、法治社会一体建设，不断开创依法治国新局面。”①

第二个阶段，始于党的十八届四中全会。

党的十八届四中全会专题研究全面推进依法治国的若干重大问题，对全面依法治国进行了顶层设计，并制定了全面依法治国的路线图和施工图。“全面推进依法治国，总目标是建设中国特色社会主义法治体系，建设社会主义法治国家。这就是，在中国共产党领导下，坚持中国特色社会主义制度，贯彻中国特色社会主义法治理论，形成完备的法律规范体系、高效的法治实施体系、严密的法治监督体系、有力的法治保障体系，形成完善的党内法规体系……实现科学立法、严格执法、公正司法、全民守法，促进国家治理体系和治理能力现代化。”②

第三个阶段，始于党的十九大。

党的十九大对新时代全面依法治国提出了新要求、新任务，规划了到2035 年基本建成法治国家、法治政府、法治社会的宏伟蓝图。党的十九大明确要求加强党对全面依法治国的集中统一领导：“成立中央全面依法治国领导小组，加强对法治中国建设的统一领导。”③

3. 全面依法治国的逻辑展开归结

随着全面依法治国的逻辑一步步展开，全面依法治国的总体走向、总体过程和总体趋势已经清晰呈现。可以得出的逻辑结论是：在什么样的条件下，我们一定能够如期建成中国特色社会主义法治体系、一定能把我国建成社会主义法治国家？

概而言之，全面依法治国目标的胜利实现，需要具备三个方面的条件：一是我们党实现对全面依法治国的集中统一领导；二是广大人民群众热情支持并积极参与全面依法治国实践；三是搭建起完善的现代化法治体系和法治队伍。展望未来，坚持不懈推进全面依法治国的最终结果必将是，我们高质量建成中国特色社会主义法治体系，我国成为人民认可的社会主义法治国家。只不过是，我们在前进道路上付出的代价可能会大一些，经历的磨难可能会多一点。在这一过程中，我们一定要精准研判国内

① 《习近平谈治国理政》（第1卷），外文出版社2018年版，第144页。

② 中共中央文献研究室：《十八大以来重要文献选编》（中），中央文献出版社 2016 年版，第157页。

③ 习近平：《决胜全面建成小康社会 夺取新时代中国特色社会主义伟大胜利——在中国共产党第十九次全国代表大会上的报告》，人民出版社2017年版，第38页。

外形势发生的深刻复杂变化，坚持底线思维，努力防范和化解社会主义法治现代化建设中的重大政治风险，奋力向社会主义法治现代化建设既定目标破浪前行。

三、全面依法治国逻辑展开中的自觉能动要义

在理解了全面依法治国是坚持和发展中国特色社会主义的本质要求，是实现中华民族伟大复兴的重要保障之后，现在要解决的是全面依法治国“怎样做”的问题。全面依法治国“怎样做”的问题，就是全面依法治国中人的自觉能动性怎样发挥的问题，也就是全面依法治国的逻辑如何化为实践、如何成为现实的问题。

1. 全面依法治国为何要特别强调自觉能动性

全面依法治国不仅是解决改革发展稳定中现实矛盾和问题的基本方略，而且是国家治理的深刻革命，是事关党和国家事业发展的根本性、全局性、长期性社会革命。“全面推进依法治国，是我们党从坚持和发展中国特色社会主义出发、为更好治国理政提出的重大战略任务，也是事关我们党执政兴国的一个全局性问题。”[①]只有充分发挥人的自觉能动性，才能创造出全面依法治国所需要的各种主客观条件，从而确保全面依法治国目标的如期实现。

一方面，全面依法治国的现实性和紧迫性，要求我们必须高度重视并充分发挥自觉能动性。改革发展稳定中的大量矛盾和问题都与法治不彰有密切关联，迫切需要加强社会主义法治建设、加快建设社会主义法治国家。“解决制约持续健康发展的种种问题，克服部门保护主义和地方保护主义……保障人民民主、维护社会主义法制权威和尊严、克服执法不严和司法不公……克服公器私用、以权谋私、贪赃枉法等现象，克服形式主义、官僚主义、享乐主义和奢靡之风，反对特权现象、惩治消极腐败现象

① 中共中央文献研究室：《习近平关于协调推进“四个全面”战略布局论述摘编》，中央文献出版社2015年版，第96页。

等，都需要密织法律之网、强化法治之力。”[①]改革发展稳定中的突出矛盾和问题，关系盘根错节、内外交织叠加，具有很强的顽固性和反复性，解决起来，不仅难度大，而且易反弹。解决这些突出矛盾和问题，既是攻坚战，也是持久战。这些突出矛盾和问题是全面依法治国必须直面并解决的，只有高度重视并充分发挥自觉能动性，充分调动各方面的积极性、主动性和创造性，特别是要充分发挥各级领导干部的“关键少数”作用，才能攻克全面依法治国道路上的各种艰难险阻，为如期实现全面依法治国目标奠定坚实基础。“全面推进依法治国，是解决党和国家事业发展面临的一系列重大问题，解放和增强社会活力、促进社会公平正义、维护社会和谐稳定、确保党和国家长治久安的根本要求。”[②]只有充分发挥自觉能动性，全面推进依法治国，才能为妥善解决改革发展稳定中的突出矛盾和问题，提供可靠的制度化方案。

另一方面，全面依法治国的根本性和全局性，要求我们充分发挥人的自觉能动性。全面依法治国涉及经济社会结构和权力利益格局的重大调整，事关坚持和发展中国特色社会主义全局，事关中华民族伟大复兴的宏伟目标能否如期实现。“推进国家治理体系和治理能力现代化，必须坚持依法治国，为党和国家事业发展提供根本性、全局性、长期性的制度保障。”[③]尽管我国社会主义法治建设取得了历史性重大成就，但由于人治传统在我国影响深远，全面推进依法治国不可能一蹴而就，更不可能一劳永逸，需要充分发挥人的自觉能动性进行长期奋斗，需要保持战略定力，持之以恒。“必须清醒看到，同党和国家事业发展要求相比，同人民群众期待相比，同推进国家治理体系和治理能力现代化目标相比，法治建设还存在许多不适应、不符合的问题……这些问题，违背社会主义法治原则，损害人民群众利益，妨碍党和国家事业发展，必须下大力气加以解决。”[④]全面依法治国，绝非一日之功，而应久久为功。只有充分发挥人的自觉能动性，努力调动各方面的积极性，我们才能沿着正确道路，循序渐进，不断

---

① 中共中央文献研究室：《习近平关于协调推进“四个全面”战略布局论述摘编》，中央文献出版社2015年版，第98页。

② 中共中央文献研究室：《十八大以来重要文献选编》（中），中央文献出版社2016年版，第141页。

③ 中共中央文献研究室：《习近平关于协调推进“四个全面”战略布局论述摘编》，中央文献出版社2015年版，第100页。

④ 中共中央文献研究室：《十八大以来重要文献选编》（中），中央文献出版社2016年版，第156—157页。

向社会主义法治现代化目标前进。“我们提出全面推进依法治国，坚定不移厉行法治，一个重要意图就是为子孙万代计、为长远发展谋。”[①]

2. 全面依法治国如何充分发挥人的自觉能动性

在阐明“全面依法治国为何要特别强调自觉能动性”之后，现在的关键是“全面依法治国如何充分发挥人的自觉能动性”。概括起来，全面依法治国充分发挥人的自觉能动性的具体路径主要有以下几个方面。

第一，增强政治意识。

如前所述，法治与人治的问题，是全面推进依法治国必须明确回答并切实解决的基本问题，而正确把握党与法、党的领导与依法治国的关系，则是解决法治与人治问题的关键。“党和法的关系是政治和法治关系的集中反映。法治当中有政治，没有脱离政治的法治。”[②]正确把握、科学处理党与法、党的领导与依法治国的关系，全面推进依法治国，全面推进治理体系和治理能力现代化，必须保持政治定力、增强政治意识、提升政治能力。既要善于从政治上分析法治问题，从而看清法治问题本质，更要善于从政治的角度解决法治问题，从而在根本上推进法治建设。“每一种法治形态背后都有一套政治理论，每一种法治模式当中都有一种政治逻辑，每一条法治道路底下都有一种政治立场。”[③]人民是全面推进依法治国的主体。全面推进依法治国，加强社会主义法治建设，必须站稳人民立场，坚持人民主体地位，坚持以人民为中心，保证人民当家作主。“坚持人民主体地位，必须坚持法治为了人民、依靠人民、造福人民、保护人民。”[④]

正确把握党与法、党的领导与依法治国的关系，全面推进依法治国，加强社会主义法治建设，成败关键在于各级领导干部。如果领导干部高度重视并自觉增强政治意识，善于从政治上分析法治建设问题、解决法治建设问题，则可对法治建设发挥关键的推动作用；如果领导干部政治意识淡薄，不注重从政治上分析法治建设问题、推进法治建设工作，则可能对法

---

① 中共中央文献研究室：《习近平关于协调推进“四个全面”战略布局论述摘编》，中央文献出版社 2015 年版，第 100 页。

② 中共中央文献研究室：《习近平关于协调推进“四个全面”战略布局论述摘编》，中央文献出版社 2015 年版，第 114 页。

③ 中共中央文献研究室：《习近平关于协调推进“四个全面”战略布局论述摘编》，中央文献出版社 2015 年版，第 115 页。

④《习近平谈治国理政》（第 2 卷），外文出版社 2017 年版，第 115 页。

治建设起到致命的破坏作用。习近平同志明确指出："各级领导干部作为具体行使党的执政权和国家立法权、行政权、司法权的人，在很大程度上决定着全面依法治国的方向、道路、进度。"[①]各级领导干部要自觉增强政治意识，关键要增强政治规矩意识。各级领导干部自觉增强了政治规矩意识，就能带动全社会形成"讲规矩""守规矩"的良性循环。"现在，广大干部群众的民主意识、法治意识、权利意识普遍增强，全社会对公平正义的渴望比以往任何时候都更加强烈，如果领导干部仍然习惯于人治思维、迷恋于以权代法，那十个有十个要栽大跟头。"[②]

第二，强化法治思维。

全面推进依法治国，必须坚持和加强党的全面领导。实现党对全面依法治国的坚强有力领导，需要充分发挥各级党员领导干部的"关键少数"作用。在全面推进依法治国的伟大征程中，领导干部肩负着历史责任和神圣使命，直接关系着社会主义法治建设的质量和效益，直接关系着全面依法治国目标能否如期实现。领导干部发挥"关键少数"作用的关键，在于提升其运用法治思维的意识和能力。"领导干部要把对法治的尊崇、对法律的敬畏转化成思维方式和行为方式，做到在法治之下、而不是法治之外、更不是法治之上想问题、作决策、办事情。"[③]

把党的领导贯彻到全面依法治国的全过程，加强和改进党对全面依法治国的领导，都只有通过各级领导干部特别是基层党员领导干部，才能真正落到实处。"党领导立法、保证执法、支持司法、带头守法，主要是通过各级领导干部的具体行动和工作来体现、来实现。"[④]领导干部在全面推进依法治国中究竟是起关键的推动作用，还是起致命的破坏作用，关键在于其是否真正树立了法治思维。"对领导干部的法治素养，从其踏入干部队伍的那一天起就要开始抓，加强教育、培养自觉，加强管理、强化监督。"[⑤]

领导干部的法治思维和法治素养，决不能搞成"花架子"，更不能言行"两张皮"。习近平同志曾语重心长地指出，"领导干部尊不尊法、学

① 中共中央文献研究室：《习近平关于协调推进"四个全面"战略布局论述摘编》，中央文献出版社2015年版，第110—111页。

② 中共中央文献研究室：《习近平关于协调推进"四个全面"战略布局论述摘编》，中央文献出版社2015年版，第112页。

③《习近平谈治国理政》（第2卷），外文出版社2017年版，第127页。

④ 中共中央文献研究室：《习近平关于协调推进"四个全面"战略布局论述摘编》，中央文献出版社2015年版，第111页。

⑤《习近平谈治国理政》（第2卷），外文出版社2017年版，第128页。

不学法、守不守法、用不用法，人民群众看在眼里、记在心上……领导干部装腔作势、装模作样，当面是人、背后是鬼，老百姓就不可能信你那一套”[①]。自觉增强法治思维和法治素养，必须准确把握党与法、党的领导与依法治国的辩证关系，决不能把党和法对立起来，决不允许以党的领导来否定法治的极端重要性，更不允许把党的领导作为挡箭牌。“每个党政组织、每个领导干部必须服从和遵守宪法法律，不能把党的领导作为个人以言代法、以权压法、徇私枉法的挡箭牌。”[②]领导干部自觉增强法治思维，提升法治素养，是有具体要求和明确指向的。习近平同志把领导干部提高法治思维和法治素养的关键归纳为如下四个方面：一是要守法律、重程序；二是要牢记职权法定；三是要保护人民权益；四是要受监督。[③]

第三，增强大局意识。

全面推进依法治国，除了迫切需要增强政治意识、强化法治思维，还迫切需要增强大局意识。如前所述，全面依法治国是国家治理的深刻革命，是国家权力结构和社会利益的重大调整，涉及面广，敏感度高，特别需要大局意识和开阔胸怀。“法治领域改革涉及的主要是公检法司等国家政权机关和强力部门，社会关注度高，改革难度大”，“如果心中只有自己的‘一亩三分地’，拘泥于部门权限和利益，甚至在一些具体问题上讨价还价，必然是磕磕绊绊、难有作为”[④]。

增强大局意识，绝非一句口号，更不能沦为空话。全面推进依法治国，既然是国家治理的深刻变革，是国家权力结构和利益格局的重塑，必然会在各个领域、各个方面、各个环节触动很多部门的职能、权限和利益。相关部门只有增强大局意识，才能坚决服从大局，才能把刀刃向内的自我革命进行到底，才能形成强大合力。习近平总书记明确要求：“各部门各方面一定要增强大局意识，自觉在大局下思考、在大局下行动，跳出部门框框，做到相互支持、相互配合……不管遇到什么阻力和干扰，都要坚定不移向前推进，决不能避重就轻、拣易怕难、互相推诿、久拖不决。”[⑤]

---

① 中共中央文献研究室：《习近平关于协调推进“四个全面”战略布局论述摘编》，中央文献出版社 2015 年版，第 112—113 页。

②《习近平谈治国理政》（第 2 卷），外文出版社 2017 年版，第 127 页。

③ 中共中央文献研究室：《习近平关于协调推进“四个全面”战略布局论述摘编》，中央文献出版社 2015 年版，第 112 页。

④《习近平谈治国理政》（第 2 卷），外文出版社 2017 年版，第 123 页。

⑤ 中共中央文献研究室：《十八大以来重要文献选编》（中），中央文献出版社 2016 年版，第 192 页。

第十三章　全面从严治党的逻辑展开

高度重视党的建设，不断提高管党治党水平，是我们党不断发展壮大的重要法宝，也是我们党领导的伟大事业不断前进的根本保证。以毛泽东同志为核心的党的第一代中央领导集体，把党的建设作为一项伟大工程。不断加强党的建设，为取得新民主主义革命、社会主义革命的伟大胜利和社会主义建设的初步探索成果，提供了坚实的政治保证。改革开放以来，以邓小平同志为核心的党的第二代中央领导集体，适应时代要求，有力地推进了党的建设这一伟大工程。面向21世纪，以江泽民同志为核心的党的第三代中央领导集体，领导全党进一步推进了党的建设新的伟大工程。进入21世纪以后，面对新形势，以胡锦涛同志为总书记的党中央强调要坚持“两个务必”，更好、更全面、更有成效地推进党的建设新的伟大工程。

党的十八大以来，以习近平同志为核心的党中央，以坚定决心、顽强意志和空前力度推进党的建设，推动全面从严治党，推动党和国家事业取得历史性成就、发生历史性变革，对党、对国家、对民族、对世界都产生了深远影响。全面从严治党是一场伟大的自我革命，是推进伟大事业、进行伟大斗争、推动伟大社会革命的必然要求。“全面从严治党，是我们党在新形势下进行具有许多新的历史特点的伟大斗争的根本保证。”①

一、全面从严治党的逻辑范畴体系结构

全面从严治党，作为“四个全面”战略布局的三大战略举措之一，在逻辑上，是一个由诸多党建逻辑范畴联结构成的严密的党建逻辑范畴体系。

---

① 中共中央文献研究室：《习近平关于协调推进“四个全面”战略布局论述摘编》，中央文献出版社2015年版，第149页。

任何一个逻辑范畴体系都不是逻辑范畴的随意堆砌，而是按照一定的逻辑结构有机结合形成的逻辑整体。全面从严治党，作为“四个全面”战略布局中的一个重大战略举措，在逻辑上，是一个由逻辑始项、逻辑终项、逻辑基项和逻辑中项紧密联结而成的逻辑范畴体系，具体构成如下。

1. 全面从严治党的逻辑始项

把党的建设作为“伟大的工程”①，是我们党在领导新民主主义革命的过程中提出的重要范畴。党的建设新的伟大工程，则是十四届四中全会提出的重要范畴，是坚持和发展中国特色社会主义、全面建设社会主义现代化国家、实现中华民族伟大复兴的重要范畴，是全面从严治党逻辑范畴体系中的起点范畴和逻辑始项。

这一范畴的提出，经历了一个酝酿、形成、逐步深化的过程。在实行改革开放和发展社会主义市场经济的条件下，“建设一个什么样的党、怎样建设党”，是一个重大的现实问题，直接关系到我们党和国家的前途命运。十四届四中全会和十五大提出的党的建设新的伟大工程，就是回答这个问题的。②党的建设新的伟大工程，着力分析党的建设面临的新形势，聚焦研究和解决新矛盾、新问题，奋力提高党的执政水平和领导水平。十五大确立的新时期党的建设新的伟大工程的总目标是：“把党建设成为用邓小平理论武装起来、全心全意为人民服务、思想上政治上组织上完全巩固、能够经受住各种风险、始终走在时代前列、领导全国人民建设有中国特色社会主义的马克思主义政党。”③

办好中国的大事，关键在党。现在，中国特色社会主义进入新时代，坚持和发展中国特色社会主义，全面建设社会主义现代化国家，全面推进中华民族伟大复兴，使命光荣，任务艰巨，迫切需要进一步加强党的建设新的伟大工程，深入推进全面从严治党，不断提高管党治党水平。“新形势下，我们党的自身建设面临一系列新情况新问题新挑战，落实党要管党、从严治党的任务比以往任何时候都更为繁重、更为紧迫。”④

---

①《毛泽东选集》（第 2 卷），人民出版社 1991 年版，第 602 页。

② 江泽民：《论“三个代表”》，中央文献出版社 2001 年版，第 32 页。

③《江泽民文选》（第 2 卷），人民出版社 2006 年版，第 43 页。

④ 习近平：《全面贯彻落实党的十八大精神要突出抓好六个方面工作（2012 年 11 月 15 日）》，《求是》2013 年第 1 期，第 6 页。

2. 全面从严治党的逻辑终项

加强党的自身建设，推进党的建设新的伟大工程，目的在于把党建设得更加坚强有力，使党始终成为中国特色社会主义事业的坚强领导核心。在逻辑学上，这就是全面从严治党逻辑范畴体系中的终极范畴和逻辑终项。

实现伟大梦想关键在我们党。经过长期努力，我们党领导的各项事业取得了历史性成就，中国特色社会主义进入了新时代。“这个新时代……是决胜全面建成小康社会、进而全面建设社会主义现代化强国的时代……是全体中华儿女勠力同心、奋力实现中华民族伟大复兴中国梦的时代，是我国日益走近世界舞台中央、不断为人类作出更大贡献的时代。”[①]这对党的建设水平，对党的领导能力和执政能力，提出了新要求、新课题、新任务。“我们必须以更大的决心和勇气抓好党的自身建设，确保党在世界形势深刻变化的历史进程中始终走在时代前列，在应对国内外风险和考验的历史进程中始终成为全国人民的主心骨，在发展中国特色社会主义的历史进程中始终成为坚强的领导核心。”[②]

我们党在新时代要有新作为，关键在于，党的建设新的伟大工程必须开创新局面。只有深入推进党的建设新的伟大工程，不断推进全面从严治党，全面建成更加坚强有力的中国特色社会主义事业的领导核心，使我们党始终成为时代先锋、民族脊梁，同时不断增强党的政治领导力、思想引领力、群众组织力、社会号召力，才能确保我们党永葆旺盛生命力和强大战斗力。党的十九大为新时代党的建设新的伟大工程明确确立的目标是：“不断提高党的建设质量，把党建设成为始终走在时代前列、人民衷心拥护、勇于自我革命、经得起各种风浪考验、朝气蓬勃的马克思主义执政党。”[③]

① 习近平：《决胜全面建成小康社会 夺取新时代中国特色社会主义伟大胜利——在中国共产党第十九次全国代表大会上的报告》，人民出版社 2017 年版，第 10— 11 页。

② 习近平：《全面贯彻落实党的十八大精神要突出抓好六个方面工作（2012 年 11 月 15 日）》，《求是》2013 年第 1 期，第 6 页。

③ 习近平：《决胜全面建成小康社会 夺取新时代中国特色社会主义伟大胜利——在中国共产党第十九次全国代表大会上的报告》，人民出版社 2017 年版，第 62 页。

3. 全面从严治党的逻辑基项

我们党的领导地位是历史和人民的选择，党的领导是中国特色社会主义最本质的特征。坚持和完善党的领导，是贯穿全面从严治党逻辑范畴体系始终的基本范畴，是构成全面从严治党逻辑范畴体系结构的逻辑基项。

中国特色社会主义是党领导人民历经千辛万苦取得的重大成果，没有中国共产党，就没有中国特色社会主义。加强党的建设，改进和完善党的领导，不是要削弱党的领导，更不是要放弃、否定党的领导，而是要坚持和加强党的全面领导。改进党的领导，是为了更好地坚持党的全面领导；完善党的领导，是为了更好地巩固党的长期执政地位。习近平曾经特别指出：“在坚持党的领导这个重大原则问题上，我们脑子要特别清醒、眼睛要特别明亮、立场要特别坚定，绝不能有任何含糊和动摇。”①

中国特色社会主义进入新时代，坚持和发展中国特色社会主义的伟大事业面临的国内外经济政治形势正在发生极其深刻复杂的变化。新时代要有新作为，关键是党的建设要有新气象。正如党的十九大报告所指出的：“党要团结带领人民进行伟大斗争、推进伟大事业、实现伟大梦想，必须毫不动摇坚持和完善党的领导，毫不动摇把党建设得更加坚强有力。”②

4. 全面从严治党的逻辑中项

贯穿全面从严治党逻辑范畴体系的逻辑基项，需要历经一系列逻辑中项，才能从逻辑始项逐渐走向并抵达逻辑终项。具体而言，从起点范畴抵达终极范畴，需要经历的中介范畴包括：“四大考验”与“四种危险”；“打铁必须自身硬”，将自我革命进行到底；政治建设、思想建设、组织建设、作风建设和制度建设；等等。

将上述中介范畴联结起来，则可形成环环相扣的逻辑链条：新时代推进党的建设新的伟大工程所面临的“四大考验”具有长期性和复杂性，所面对的“四种危险”具有严峻性和尖锐性，为此，必须增强“四个意识”、坚定“四个自信”、做到“两个维护”，全面推进党的政治建设、思想建设、组织建设、作风建设、制度建设，真正做到“零容忍”和“全

---

① 习近平：《论坚持党对一切工作的领导》，中央文献出版社 2019 年版，第 59 页。

② 习近平：《决胜全面建成小康社会 夺取新时代中国特色社会主义伟大胜利——在中国共产党第十九次全国代表大会上的报告》，人民出版社 2017 年版，第 61 页。

覆盖”，将自我革命进行到底，这样才能最终确保我们党“始终成为风雨来袭时全体人民最可靠的主心骨”[①]。

二、全面从严治党的逻辑展开过程

全面从严治党，作为“四个全面”战略布局中的重大战略举措，其丰富的逻辑内涵只有在由抽象上升到具体的逻辑展开过程中，才能得到清晰呈现。概括起来，全面从严治党的逻辑展开过程，大体上呈现为以下三个要点。

1. 全面从严治党的逻辑展开起点

全面从严治党的逻辑展开起点问题，即全面从严治党的逻辑范畴体系展开运动从哪里开始的问题。任何逻辑都是历史的，全面从严治党的历史从哪里开始，全面从严治党的逻辑就应该从哪里开始。历史从来都是在问题中徐徐展开其生动画卷的，因而马克思主义者在逻辑思维中总是首先通过倾听时代声音，提炼时代问题，并相应地提出一个表征这个问题的抽象范畴，然后推动抽象范畴一步步具体化，从而有条不紊地实现逻辑范畴体系的逐步展开。

以习近平同志为核心的党中央之所以把全面从严治党纳入“四个全面”战略布局，是因为党的十八大以来，全党的问题意识空前增强，全党对于全面加强党的自身建设、奋力解决党内存在的突出矛盾和问题，达成了高度一致。习近平一语道出了全党的心声，“新形势下，我们党面临着许多严峻挑战，党内存在着许多亟待解决的问题。尤其是一些党员干部中发生的贪污腐败、脱离群众、形式主义、官僚主义等问题”[②]。

全面从严治党，正是中央适应时代新要求、顺应人民新期待提出的，以表征时代突出矛盾和问题的重要范畴体系。这一范畴体系是问题导向与目标指向的高度统一。这一范畴体系的核心指向在于，保持党同人民群众

① 习近平：《高举中国特色社会主义伟大旗帜 为全面建设社会主义现代化国家而团结奋斗——在中国共产党第二十次全国代表大会上的报告》，《人民日报》2022年10月26日，第1版。

② 中共中央文献研究室：《十八大以来重要文献选编》（上），中央文献出版社2018年版，第70页。

的血肉联系，确保党始终成为时代先锋和中华民族的脊梁。“一个政党，一个政权，其前途命运取决于人心向背。人民群众反对什么、痛恨什么，我们就要坚决防范和纠正什么。”①

2. 全面从严治党的逻辑展开步骤

在全面从严治党的逻辑展开中，逻辑展开起点的确立，具有重要的前提性意义。但如果仅仅满足于逻辑展开起点的确立，则无助于解决我们党面临的突出矛盾和问题。逻辑世界要对现实世界产生实际作用，必须从逻辑起点出发，按照逻辑发展的具体化过程，经过一系列密切相关、步步深化、螺旋上升的逻辑展开步骤，才能完成从抽象上升到具体的逻辑展开任务，才能为解决我们党面临的突出矛盾和问题提供强大的逻辑支持。具体而言，全面从严治党的逻辑展开大致包括以下三个主要步骤。

1）第一个逻辑展开步骤

全面从严治党的逻辑展开第一步，是全面从严治党的逻辑范畴体系从抽象上升到具体的关键一步。基本内涵集中体现为，通过深入考察新时代党群关系的各个领域、各个方面、各个层次、各个环节中存在的突出矛盾和问题现状，揭示新时代党群关系双方矛盾着的基本特点，从而提出重要论断：通过坚定不移地推进全面从严治党，通过不断推进自我革命，我们党与广大人民群众的血肉联系一定会更加密切，我们党将成为始终得到人民衷心拥护的坚强领导核心。

全面从严治党的第一个逻辑展开步骤，只是在理性具体中再现新时代党群关系双方矛盾运动中的基本特点，并没有再现双方矛盾运动的过程。党群关系双方的矛盾运动就是这些基本特点的矛盾运动。但是，党群关系的这些基本特点不是一成不变的，而是在矛盾运动过程中“各依其本性发生变化”②。从历史发生学的角度来看，党群关系双方矛盾运动中的一切问题都是从这些基本特点及其变化中“发生出来”的。全面从严治党的逻辑范畴体系运动沿着这样的逻辑展开方向，就自然而然地从第一个逻辑展开步骤确定地、有序地、必然地递进到第二个逻辑展开步骤。

① 习近平：《决胜全面建成小康社会 夺取新时代中国特色社会主义伟大胜利——在中国共产党第十九次全国代表大会上的报告》，人民出版社 2017 年版，第 61 页。

②《毛泽东选集》（第 2 卷），人民出版社 1991 年版，第 450 页。

2）第二个逻辑展开步骤

全面从严治党的第二个逻辑展开步骤，主要就是根据新时代党群关系（核心是党的领导与人民当家作主）之间矛盾运动中的基本特点及其变化，来说明全面从严治党过程中发生的一切问题。

比如，为什么说“全面从严治党永远在路上”？首先，这是因为全面从严治党关系人心向背，关系我们党能否长期得到广大人民群众的拥护，关系我们党的生死存亡。“不得罪成百上千的腐败分子，就要得罪十三亿人民。这是一笔再明白不过的政治账、人心向背的账！”[①]其次，在改革开放和发展社会主义市场经济的条件下，加强和改进党的建设，密切党群关系，面临一系列新情况、新矛盾、新问题，我们党面临的考验和危险不仅是尖锐的、严峻的，而且是长期的、复杂的。这就要求我们党勇于自我革命，不断推进自我革命，不断全面从严治党；要求全党同志在全面从严治党的问题上，坚决打消任何松口气、歇歇脚的想法。为此，党的十九大发出明确号召：“全党要清醒认识到，我们党面临的执政环境是复杂的，影响党的先进性、弱化党的纯洁性的因素也是复杂的，党内存在的思想不纯、组织不纯、作风不纯等突出问题尚未得到根本解决……坚持问题导向，保持战略定力，推动全面从严治党向纵深发展。”[②]

又如，我们党为什么要把政治建设纳入党的建设总体布局并摆在总体布局的首位？政党本质上是一种政治组织，政治属性是政党的根本属性。我们党作为马克思主义政党，必须旗帜鲜明讲政治，因为党的思想建设、组织建设、作风建设、纪律建设最终都必须落实到党的政治建设上，“政治问题，任何时候都是根本性的大问题。全面从严治党，必须注重政治上的要求”[③]。党的十九大之所以明确把党的政治建设纳入党的建设总体布局，并明确提出，新时代党的建设要“以党的政治建设为统领”“把党的政治建设摆在首位”[④]，这是对党的十八大以来全面从严治党成功经验的深刻总结。“大量事实表明，党内存在的各种问题，从根本上讲，都与政

① 中共中央文献研究室：《习近平关于协调推进“四个全面”战略布局论述摘编》，中央文献出版社 2015 年版，第 145 页。

② 习近平：《决胜全面建成小康社会 夺取新时代中国特色社会主义伟大胜利——在中国共产党第十九次全国代表大会上的报告》，人民出版社 2017 年版，第 61 页。

③ 习近平：《在第十八届中央纪律检查委员会第六次全体会议上的讲话》，人民出版社 2016 年版，第 19 页。

④ 习近平：《决胜全面建成小康社会 夺取新时代中国特色社会主义伟大胜利——在中国共产党第十九次全国代表大会上的报告》，人民出版社 2017 年版，第 62 页。

治建设软弱乏力、政治生活不严肃不健康有关。”[①]党的十八大以来，为了解决党内存在的各种突出矛盾和问题、消除党内存在的重大政治隐患，以习近平同志为核心的党中央，奋力推动全党增强政治意识，严明政治纪律和政治规矩，严肃党内政治生活，净化党内政治生态，推动党的面貌、党在人民群众中的形象发生历史性变化。党的十八大以来，全面从严治党的成功经验表明，只有从政治上分析问题才能看清问题的本质，只有从政治上解决问题才能抓住问题的根本。在党的思想建设中，衡量一个党员干部是否具有坚定的理想信念，要重点看党员干部在重大政治考验面前是否有政治定力，在政治立场上是否有坚定的人民立场、是否树立牢固的宗旨意识；在党的组织建设中，尤其是党的基层组织建设中，要以组织力为重点，突出政治功能；在党的作风建设中，要以保持和发扬我们党的最大政治优势——密切联系群众为重点。

再如，全面从严治党为什么必须持之以恒把作风建设摆在重要位置？“我们党来自人民、植根人民、服务人民，一旦脱离群众，就会失去生命力。”[②]党的作风问题是关系党的形象、关系人心向背、关系党的生死存亡的根本性大问题。“工作作风上的问题绝对不是小事，如果不坚决纠正不良风气，任其发展下去，就会像一座无形的墙把我们党和人民群众隔开，我们党就会失去根基、失去血脉、失去力量。”[③]我们党的最大政治优势在于密切联系群众，党的作风建设，核心在于保持和增强党同人民群众的血肉联系。党的十九大报告明确指出：“加强作风建设，必须紧紧围绕保持党同人民群众的血肉联系，增强群众观念和群众感情，不断厚植党执政的群众基础。”[④]群众路线是中国共产党的生命线，只有不断加强作风建设，深入开展反对和纠正“四风”（形式主义、官僚主义、享乐主义、奢靡之风）的斗争，才能始终保持党的先进性和纯洁性，才能切实巩固党执政的群众基础，才能真正增强党的号召力、生命力和战斗力。只有不断加强党的作风建设，我们党才能以优良作风赢得人民的衷心拥护和支

① 中共中央宣传部：《习近平新时代中国特色社会主义思想学习纲要》，学习出版社、人民出版社 2023 年版，第 121 页。

② 习近平：《决胜全面建成小康社会 夺取新时代中国特色社会主义伟大胜利——在中国共产党第十九次全国代表大会上的报告》，人民出版社 2017 年版，第 66 页。

③《习近平谈治国理政》（第 1 卷），外文出版社 2018 年版，第 387 页。

④ 习近平：《决胜全面建成小康社会 夺取新时代中国特色社会主义伟大胜利——在中国共产党第十九次全国代表大会上的报告》，人民出版社 2017 年版，第 66 页。

持，始终担当中国特色社会主义事业的坚强领导核心。“为政清廉才能取信于民，秉公用权才能赢得人心。”①

由上可见，全面从严治党的逻辑展开过程，是通过对党群关系之间相互矛盾着的基本特点及其变化的具体解析，不断展开“从抽象上升到具体”的运动，深入说明全面从严治党过程中发生的各种基本问题，从而合逻辑地得出结论：经过长期不懈地推进全面从严治党，我们党一定能够成为中国特色社会主义事业更加坚强有力的领导核心。这标志着第二个逻辑展开步骤的结束和第三个逻辑展开步骤的开启。

3）第三个逻辑展开步骤

针对前面所提到的问题、所进行的重要举措，按照不同节点的任务部署，又可以将全面从严治党逻辑展开的第三个步骤的具体推进过程划分为以下三个阶段。

第一阶段，始于党的十八大的召开。党的十八大旗帜鲜明地提出了“坚持党要管党、从严治党，全面加强党的思想建设、组织建设、作风建设、反腐倡廉建设、制度建设”②的要求，从而拉开了全面从严治党的序幕。

第二阶段，始于专门以全面从严治党为主题的党的十八届六中全会的召开。这次会议，提出了一系列全面从严治党的新要求和新部署，审议通过了《关于新形势下党内政治生活的若干准则》和《中国共产党党内监督条例》，标志着全面从严治党进入了新阶段。

第三阶段，始于党的十九大的召开。党的十九大系统阐述了新时代党的建设总要求：“……以党的政治建设为统领，以坚定理想信念宗旨为根基，以调动全党积极性、主动性、创造性为着力点，全面推进党的政治建设、思想建设、组织建设、作风建设、纪律建设，把制度建设贯穿其中……”③这标志着全面从严治党迈入了新时代新阶段。

3. 全面从严治党的逻辑展开归结

随着全面从严治党的逻辑一步步展开，可以得出的结论是：在什么样

---

①《习近平谈治国理政》（第1卷），外文出版社2018年版，第385页。

② 中共中央文献研究室：《十八大以来重要文献选编》（上），中央文献出版社 2014 年版，第39页。

③ 习近平：《决胜全面建成小康社会 夺取新时代中国特色社会主义伟大胜利——在中国共产党第十九次全国代表大会上的报告》，人民出版社2017年版，第62页。

的条件下，我们党一定能够如期全面成为始终得到人民拥护的中国特色社会主义事业的坚强领导核心？概括来说，全面从严治党目标的胜利实现，需要具备三个方面的条件：一是全党同志的积极性、主动性、创造性得到充分激发和调动；二是党能够得到广大人民群众的衷心拥护和热情支持；三是党内生态环境能够长期保持风清气正。如果这些条件能够扎实具备，那么全面从严治党的目标就能如期实现。相信在不懈奋斗下，我党终将成为始终得到人民拥护、经得起各种风浪考验的中国特色社会主义事业的坚强领导核心。我们应该清醒研判世情、国情、党情，坚持底线思维，努力防范和化解各类重大政治风险，奋力向既定目标破浪前行。

三、全面从严治党逻辑展开中的自觉能动要义

在理解了全面从严治党是坚持和发展中国特色社会主义、全面建设社会主义现代化国家、全面实现中华民族伟大复兴的根本政治保证之后，就要解决全面从严治党“怎样做”的问题，即怎样创造条件把全面从严治党不断向前推进？怎样争取如期实现全面从严治党目标？再好的党建部署，再好的党建蓝图，再严密的逻辑推理，都必须转化为党建实践。全面从严治党的蓝图只有转化为实践，逻辑才能转化为现实。

全面从严治党“怎样做”的问题，就是全面从严治党中人的自觉能动性怎样发挥的问题，也就是全面从严治党的逻辑如何化为实践、如何成为现实的问题。

1. 全面从严治党为何要特别强调自觉能动性

全面从严治党是我们党自主进行的自我净化、自我完善、自我革新、自我提高，是一场深刻的自我革命。我们党是由一个个鲜活的党员组成的，实现全面从严治党目标，必须特别强调人的自觉能动性的发挥。这是我们党肩负的历史使命的必然要求，也是世情、国情、党情深刻变化的客观要求。“与国内外形势发展变化相比，与党所承担的历史任务相比，党的领导水平和执政水平，党组织建设状况和党员干部素质、能力、作风都

还有不小差距。”[①]

一方面，我们党肩负着全面建设社会主义现代化国家、全面推进中华民族伟大复兴的历史使命。使命光荣，责任重大，这要求我们党必须勇于自我革命，深入推进全面从严治党。“全面建设社会主义现代化国家、全面推进中华民族伟大复兴，关键在党。”[②]深入推进党的建设，不断将自我革命进行到底，关键在人，关键在党员。只有全党高度重视起来，只有全体党员行动起来，主动把自己摆进去，不断激发和调动全党的积极性、主动性和创造性，才能形成强大的感召力、创造力和战斗力。“全党要牢记毛泽东同志提出的‘我们决不当李自成’的深刻警示，牢记‘两个务必’，牢记‘生于忧患，死于安乐’的古训，着力解决好‘其兴也勃焉，其亡也忽焉’的历史性课题，增强党要管党、从严治党的自觉，提高党的执政能力和领导水平，增强党自我净化、自我完善、自我革新、自我提高能力。”[③]只有全党不忘初心、牢记使命，只有全党高度重视并充分发挥自觉能动性，才能增强思想自觉、政治自觉和行动自觉，才能把全面从严治党不断向纵深推进，才能开创党的建设新的伟大工程新局面，才能如期高质量实现全面从严治党目标。

另一方面，全面从严治党的艰巨性和复杂性要求全党充分发挥人的自觉能动性。我们党面临的“四大考验”是长期的、复杂的，需要战胜的“四种危险”是严峻的、尖锐的。“一些人无视党的政治纪律和政治规矩，为了自己的所谓仕途，为了自己的所谓影响力，搞任人唯亲、排斥异己的有之，搞团团伙伙、拉帮结派的有之……搞收买人心、拉动选票的有之，搞封官许愿、弹冠相庆的有之，搞各行其是、阳奉阴违的有之，搞尾大不掉、妄议中央的也有之，如此等等。”[④]只有全党充分发挥自觉能动性，才能保持战略定力，坚定必胜信念，增强战略自觉，不断推动全面从严治党向纵深发展。“随着世情、国情、党情的不断变化，影响从严治党

① 中共中央文献研究室：《习近平关于全面从严治党论述摘编》，中央文献出版社 2016 年版，第 4 页。

② 习近平：《高举中国特色社会主义伟大旗帜　为全面建设社会主义现代化国家而团结奋斗——在中国共产党第二十次全国代表大会上的报告》，《人民日报》2022 年 10 月 26 日，第 1 版。

③ 中共中央文献研究室：《十八大以来重要文献选编》（上），中央文献出版社 2014 年版，第 701 页。

④ 中共中央文献研究室：《习近平关于协调推进“四个全面”战略布局论述摘编》，中央文献出版社 2015 年版，第 143 页。

的因素更加复杂，提出了很多新课题。”[①]只有全党高度重视和充分发挥自觉能动性，最大限度地激发和调动全党同志的积极性、主动性和创造性，才能增强全面从严治党的预见性、系统性和实效性。

2. 全面从严治党如何充分发挥人的自觉能动性

在阐明“全面从严治党为何要特别强调自觉能动性”之后，现在的关键是“全面从严治党如何充分发挥人的自觉能动性”。概括起来，全面从严治党充分发挥人的自觉能动性的具体路径主要有以下几个方面。

1）坚定信心

全面从严治党是我们党对人民的庄严承诺，关系人心向背，关系我们党和国家的前途命运，关系我们党的生死存亡，关系中华民族的伟大复兴。党的十八大以来，以习近平同志为核心的党中央以巨大的政治勇气和雷霆万钧的力度，深入推进全面从严治党，党的建设取得了历史性成就。2016 年 1 月，习近平曾经这样总结全面从严治党的阶段性成果：“3 年来，我们着力解决管党治党失之于宽、失之于松、失之于软的问题，使不敢腐的震慑作用充分发挥，不能腐、不想腐的效应初步显现，反腐败斗争压倒性态势正在形成。”[②]2017 年 10 月，习近平总书记在党的十九大报告中如是总结全面从严治党的历史性成就：“全党理想信念更加坚定、党性更加坚强”“选人用人状况和风气明显好转”“不敢腐的目标初步实现，不能腐的笼子越扎越牢，不想腐的堤坝正在构筑，反腐败斗争压倒性态势已经形成并巩固发展”[③]。

必须清醒看到的是，全面从严治党面临的形势依然十分严峻、高度复杂。世情、国情、党情正在发生的深刻复杂变化，党群关系、干群关系正在发生的深刻复杂变化，对全面从严治党提出了许多新挑战和新课题。“现在，社会上议论比较多、干部群众比较担心的是，作风建设已经采取的措施、形成的机制能不能扎根落地？已经取得的成效能不能巩固发

① 习近平：《在党的群众路线教育实践活动总结大会上的讲话（2014 年 10 月 8 日）》，人民出版社 2014 年版，第 29 页。

②《习近平谈治国理政》（第 2 卷），外文出版社 2017 年版，第 161 页。

③ 习近平：《决胜全面建成小康社会 夺取新时代中国特色社会主义伟大胜利——在中国共产党第十九次全国代表大会上的报告》，人民出版社 2017 年版，第 7—8 页。

展？”[①]这就是说，牢牢站稳人民立场，密切党同人民群众的血肉联系，长期得到人民的衷心拥护，永远没有止境，永远在路上。全面从严治党永远不能有停一停、歇一歇的想法。“从党的十八大以来查处的中管干部违纪违法案件看，腐败分子往往集政治蜕变、经济贪婪、生活腐化、作风专横于一身。”“有的在其主政的地方建‘独立王国’，搞小山头、拉小圈子，对党中央决策部署阳奉阴违，为实现个人政治野心而不择手段。”[②]

尽管我们党面临的执政形势严峻复杂，尽管全面从严治党任重道远，但是共产党员应该争做坚定的马克思主义者，应该有越是艰险越向前的勇气，应该对全面从严治党的光明前景充满信心。“无数事实证明，对共产党人来说，只有理论上清醒才能有政治上清醒，只有理论上坚定才能有政治上坚定。”[③]信心来自清醒的问题意识，更来自坚定的理想信念。全体共产党员都应该自觉用马克思主义理论武装自己，不断增强中国特色社会主义道路自信、理论自信、制度自信、文化自信，不断坚定对实现全面从严治党目标的信心。习近平曾经用“四个足够自信”来激励全党信心：“全党同志对党中央在反腐败斗争上的决心要有足够自信，对反腐败斗争取得的成绩要有足够自信，对反腐败斗争带来的正能量要有足够自信，对反腐败斗争的光明前景要有足够自信！”[④]全党对全面从严治党充满信心，才能汇聚强大的能量，才能保持强大的战略定力，打破“反腐会亡党，不反腐会亡国”的悖论，才能高质量实现既定目标。

2）增强自觉

全面从严治党是一场深刻的刀刃向内的自我革命，革命主体的自觉程度非常关键。全面从严治党需要全党同志不断增强思想自觉、政治自觉、行动自觉。

思想自觉是政治自觉、行动自觉的前提和基础。思想建设是党的基础性建设，其根本任务在于，为全党的思想自觉、政治自觉、行动自觉，为保持党的团结统一，为全面从严治党，奠定坚实的思想基础。“思想纯洁是马克思主义政党保持纯洁性的根本，道德高尚是领导干部做到清正廉洁的基础……我们要坚持从教育抓起，教育引导广大党员、干部坚定理想信

① 中共中央文献研究室：《习近平关于协调推进“四个全面”战略布局论述摘编》，中央文献出版社 2015 年版，第 137 页。

②《习近平谈治国理政》（第 2 卷），外文出版社 2017 年版，第 161—162 页。

③ 习近平：《办公厅工作要做到“五个坚持”》，《秘书工作》2014 年第 6 期，第 5 页。

④《习近平谈治国理政》（第 2 卷），外文出版社 2017 年版，第 161 页。

念、坚守共产党人精神家园，不断夯实党员干部廉洁从政的思想道德基础，筑牢拒腐防变的思想道德防线。”[①]思想建设的首要任务是坚定理想信念，坚定理想信念是思想自觉的根基。习近平曾指出：“形象地说，理想信念就是共产党人精神上的‘钙’，没有理想信念，理想信念不坚定，精神上就会‘缺钙’”，“现实生活中，一些党员、干部出这样那样的问题，说到底是信仰迷茫、精神迷失”[②]。全面从严治党的主体信仰迷茫、精神迷失、思想抛锚，全面从严治党的思想自觉就将失去根基，也就更谈不上政治自觉、行动自觉。全党思想上高度重视、行动上积极投入，我们党发起的群众路线教育实践活动、“三严三实”、“两学一做”、“不忘初心、牢记使命”主题教育才能从根本上取得实效，才能实现全党理想信念更加坚定、党性更加坚强、思想更加自觉的目标，才能为政治自觉、行动自觉奠定更加坚实的思想基础。

增强思想自觉是增强政治自觉的基础，政治自觉则在根本方向上统领思想自觉和行动自觉。任何政党都是政治组织，政治属性是政党的根本属性，中国共产党作为马克思主义政党，不仅从不讳言政治，而且旗帜鲜明讲政治。全面从严治党的思想自觉只有转化为政治自觉，才能真正落地落实。“全党要坚定执行党的政治路线，严格遵守政治纪律和政治规矩，在政治立场、政治方向、政治原则、政治道路上同党中央保持高度一致。”[③]增强政治自觉，首先在于坚持正确的政治方向、站稳正确的政治立场。“要把对党负责和对人民负责高度统一起来，坚持以党的旗帜为旗帜、以党的方向为方向”“坚持以人民为中心”“树立真挚的人民情怀”[④]。增强政治自觉，要提高政治能力，增强党内政治生活的政治性，防止和克服党内政治生活忽视政治、淡化政治、不讲政治的不良倾向，营造良好政治生态。“全党同志特别是高级干部要加强党性锻炼，不断提高政治觉悟和政治能力，把对党忠诚、为党分忧、为党尽职、为民造福作为根本政治担

---

① 中共中央文献研究室：《习近平关于协调推进“四个全面”战略布局论述摘编》，中央文献出版社2015年版，第127页。

②《习近平谈治国理政》（第1卷），外文出版社2018年版，第15页。

③ 习近平：《决胜全面建成小康社会 夺取新时代中国特色社会主义伟大胜利——在中国共产党第十九次全国代表大会上的报告》，人民出版社2017年版，第62页。

④ 中共中央宣传部：《习近平新时代中国特色社会主义思想学习纲要》，学习出版社、人民出版社2023年版，第122页。

当，永葆共产党人政治本色。”[①]

思想自觉是先导，政治自觉是根本，思想自觉和政治自觉最终都要落实到行动自觉上。行动自觉集中表现为责任和担当。全面从严治党任重道远，没有担当，就没有抵达胜利彼岸的可能。“关于从严治党，党中央的态度很鲜明，就是要采取一切措施，认真地而不是敷衍地、深入地而不是表皮地解决党内存在的各种矛盾和问题。”[②]我们党有 9000 多万名党员，人人都行动起来，人人都坚持从我做起、从现在做起，我们就能战胜前进道路上的各种艰难险阻，全面从严治党的目标就一定能如期实现。“对那些盘根错节的复杂问题、年代久远的遗留问题、长期形成的惯性问题，要以燕子垒窝的恒劲、蚂蚁啃骨的韧劲、老牛爬坡的拼劲，坚持不懈，攻坚克难，善作善成。”[③]全面从严治党的关键在严，要害在治，是否敢严、真严、长严，能否敢治、真治、长治，最终都要全党用实际行动来落实、用具体实践来检验。“从严治党是全党的共同任务，需要大气候，也需要小气候。各级党组织要主动思考、主动作为，通过营造良好小气候促进大气候进一步形成。”[④]全面从严治党既是我们党对人民的庄严承诺，也是我们全党立下的军令状。道长且阻，行则将至。只有全党增强责任担当意识，增强战略定力，狠抓落实，才能如期实现全面从严治党的既定目标。党的十九大号召全党：“坚持说实话、谋实事、出实招、求实效，把雷厉风行和久久为功有机结合起来，勇于攻坚克难，以钉钉子精神做实做细做好各项工作。”[⑤]

3）持之以恒

全面从严治党不仅是一场深刻的自我革命，也是一场长期的自我革命。全面从严治党面临的矛盾和问题十分复杂，绝对不可能“毕其功于一役”。在全面从严治党的伟大斗争中，要坚持做到“三个务必”——“务必不忘初心、牢记使命，务必谦虚谨慎、艰苦奋斗，务必敢于斗争、善于

① 习近平：《决胜全面建成小康社会 夺取新时代中国特色社会主义伟大胜利——在中国共产党第十九次全国代表大会上的报告》，人民出版社 2017 年版，第 63 页。

② 中共中央文献研究室：《习近平关于协调推进“四个全面”战略布局论述摘编》，中央文献出版社 2015 年版，第 149 页。

③《习近平谈治国理政》（第 2 卷），外文出版社 2017 年版，第 166 页。

④ 霍小光、王骏勇：《主动把握和积极适应经济发展新常态 推动改革开放和现代化建设迈上新台阶》，《人民日报》2014 年 12 月 15 日，第 1 版。

⑤ 习近平：《决胜全面建成小康社会 夺取新时代中国特色社会主义伟大胜利——在中国共产党第十九次全国代表大会上的报告》，人民出版社 2017 年版，第 69 页。

斗争”[①]。下面着重从党的作风建设、思想建设、廉政建设和反腐败斗争几个方面进行说明。

第一，党的作风建设必须持之以恒。

党风问题事关党的形象，事关人心向背，事关党的生死存亡，同时党风问题又具有很强的顽固性和反复性。因此，党风建设既是攻坚战，又是持久战。“作风建设永远在路上，永远没有休止符，不可蜻蜓点水，不可虎头蛇尾，不可只是一阵风，否则不仅不可能从根本上解决问题，而且会导致作风问题不断反弹、愈演愈烈，最后失信于民。”[②]作风不实、不严，必然会严重损害党群关系、干群关系，严重阻碍全面从严治党目标的实现。只有在抓常、抓长、抓细上下足功夫，才能逐渐克服不良作风、形成优良作风。“当前，‘四风’问题在面上有所收敛，但不良作风积习甚深，树倒根在，稍有松懈，刚刚压下去的问题就可能死灰复燃，防反弹、防回潮任务依然艰巨……必须保持常抓的韧劲、长抓的耐心，在坚持中见常态，向制度建设要长效。”[③]如果我们对党风问题的顽固性和反复性思想认识不足、工作准备不足、行动恒心不足，那么就无法真正解决我们党风方面的突出矛盾和问题，作风建设目标就会落空。在党的建设的过往历史上，这方面的教训不少，值得全党高度重视、牢牢记取。

第二，党的思想建设必须持之以恒。

党的思想建设在党的建设中处于基础性地位。“对党员、干部来说，思想上的滑坡是最严重的病变……思想上松一寸，行动上就会散一尺。”[④]加强党的思想建设是我们党的一项长期任务，用科学理论武装头脑是我们党的一项经常性工作。党的十九大明确提出：“要把坚定理想信念作为党的思想建设的首要任务，教育引导全党牢记党的宗旨，挺起共产党人的精神脊梁，解决好世界观、人生观、价值观这个‘总开关’问题，自觉做共产主义远大理想和中国特色社会主义共同理想的坚定信仰者和忠实实践

---

① 习近平：《高举中国特色社会主义伟大旗帜 为全面建设社会主义现代化国家而团结奋斗——在中国共产党第二十次全国代表大会上的报告》，《人民日报》2022年10月26日，第1版。

② 中共中央党史和文献研究院：《习近平关于全面从严治党论述摘编》，中央文献出版社2016年版，第162页。

③ 中共中央文献研究室：《习近平关于协调推进“四个全面”战略布局论述摘编》，中央文献出版社2015年版，第146页。

④ 习近平：《在党的群众路线教育实践活动总结大会上的讲话（2014年10月8日）》，人民出版社2014年版，第17页。

者。”[①]先进思想不可能凭空产生，也不可能轻轻松松坚守。因此，党的思想建设不可能一蹴而就，也不可能一劳永逸，必须持之以恒，久久为功。正如习近平同志所言：“思想认识问题一时解决了，不等于永远解决。就像房间需要经常打扫一样，思想上的灰尘也要经常打扫，镜子要经常照，衣冠要随时正，有灰尘就要洗洗澡，出毛病就要治治病。”[②]

第三，党的廉政建设和反腐败斗争必须持之以恒。

政治清明、政府清廉是广大人民群众的共同期盼，腐败是社会毒瘤。“人民群众最痛恨腐败现象，腐败是我们党面临的最大威胁。”[③]党的二十大报告进一步指出：“腐败是危害党的生命力和战斗力的最大毒瘤，反腐败是最彻底的自我革命。”[④]如果不下定决心，将廉政建设和反腐败斗争进行到底，如果任凭腐败问题愈演愈烈，我们就不能跳出“历史周期率”，就会重复苏共亡党亡国的悲剧，“现在，腐败和反腐败呈胶着状态……腐败活动减少了但并没有绝迹，腐败分子被震慑住了但还在窥测方向甚至困兽犹斗，反腐败体制机制建立了但还不够完善”[⑤]。人民是我们国家的主人，我们国家的一切权力属于人民，人民把权力托付给我们党，我们党就必须把廉政建设和反腐败斗争进行到底。党的十九大报告强调指出：“只有以反腐败永远在路上的坚韧和执着，深化标本兼治，保证干部清正、政府清廉、政治清明，才能跳出历史周期率，确保党和国家长治久安。”[⑥]

① 习近平：《决胜全面建成小康社会 夺取新时代中国特色社会主义伟大胜利——在中国共产党第十九次全国代表大会上的报告》，人民出版社2017年版，第63页。

② 习近平：《在党的群众路线教育实践活动总结大会上的讲话（2014年10月8日）》，人民出版社2014年版，第17页。

③ 习近平：《决胜全面建成小康社会 夺取新时代中国特色社会主义伟大胜利——在中国共产党第十九次全国代表大会上的报告》，人民出版社2017年版，第66—67页。

④ 习近平：《高举中国特色社会主义伟大旗帜 为全面建设社会主义现代化国家而团结奋斗——在中国共产党第二十次全国代表大会上的报告》，《人民日报》2022年10月26日，第1版。

⑤ 中共中央文献研究室：《习近平关于协调推进“四个全面”战略布局论述摘编》，中央文献出版社2015年版，第146页。

⑥ 习近平：《决胜全面建成小康社会 夺取新时代中国特色社会主义伟大胜利——在中国共产党第十九次全国代表大会上的报告》，人民出版社2017年版，第67页。

第四篇　“四个全面”战略布局的深化拓展

党的十八大以来，中国共产党形成并统筹推进经济建设、政治建设、文化建设、社会建设、生态文明建设“五位一体”总体布局，形成并协调推进全面建成小康社会、全面深化改革、全面依法治国、全面从严治党“四个全面”战略布局，在实现了第一个百年奋斗目标的基础上，开启全面建设社会主义现代化国家的新征程，赋予了“四个全面”战略布局新的时代内涵。“五位一体”总体布局和“四个全面”战略布局相互促进、统筹联动，从全局上确立了新时代坚持和发展中国特色社会主义的战略规划和部署。

“四个全面”战略布局，是中国共产党站在新的历史起点上把握我国发展新特征确定的治国理政新方略，是新的时代条件下推进改革开放和社会主义现代化建设、坚持和发展中国特色社会主义的战略抉择。这一战略布局，是从我国发展现实需要中得出来的，是从人民群众的热切期待中得出来的，也是为推动解决我们面临的突出矛盾和问题提出来的。党的十八届三中、四中、五中、六中全会，以及十九届五中全会相继就全面深化改革、全面依法治国、全面建成小康社会、全面从严治党、全面建设社会主义现代化国家进行了专题研究，完成了“四个全面”战略布局的顶层设计。

“四个全面”战略布局既有战略目标又有战略举措，每个“全面”之间具有紧密的内在逻辑，是一个整体战略部署的有序展开。全面建设社会主义现代化国家是战略目标，在“四个全面”战略布局中居于引领地位；全面深化改革、全面依法治国、全面从严治党是三大战略举措，为全面建设社会主义现代化国家提供重要保障。对于实现全面建设社会主义现代化国家这一战略目标来说，三大战略举措一个都不能缺。不全面深化改革，发展就缺少动力，社会就没有活力；不全面依法治国，国家生活和社会生活就不能有序运行，就难以实现社会和谐稳定；不全面从严治党，党就做不到“打铁必须自身硬”，就难以发挥好领导核心作用。要深刻认识“四个全面”之间的有机联系，将其作为具有内在理论和实践逻辑关系的统一体来把握和理解，努力做到相辅相成、相互促进、相得益彰。

面对新时代的新要求，必须坚持稳中求进的工作总基调，统筹推进“五位一体”总体布局，协调推进“四个全面”战略布局，抓住战略重点，实现关键突破。要紧紧扭住全面建设社会主义现代化国家这个战略目标不动摇，紧紧扭住全面深化改革、全面依法治国、全面从严治党三个战略举措不放松。在推动经济发展的基础上，建设社会主义民主政治、先进文化、和谐社会、生态文明，协同推进人民富裕、国家强盛、中国美丽。

第十四章　开启全面建设社会主义现代化国家新征程

从党的十九大到党的二十大，是全面建成小康社会的决胜期，是“两个一百年”奋斗目标的历史交汇期。2021 年 7 月 1 日，习近平总书记在庆祝中国共产党成立一百周年大会上庄严宣告：“经过全党全国各族人民持续奋斗，我们实现了第一个百年奋斗目标，在中华大地上全面建成了小康社会，历史性地解决了绝对贫困问题，正在意气风发向着全面建成社会主义现代化强国的第二个百年奋斗目标迈进。”[①]如期全面建成小康社会、打赢脱贫攻坚战，使中华民族伟大复兴向前迈出新的一大步，实现了从大幅落后于时代到大踏步赶上时代的新跨越。这是我们党给人民的交代，也是对世界的贡献，在中国共产党奋斗史、中华人民共和国发展史、中华民族文明史上都具有里程碑意义。

习近平总书记指出：“全面建成小康社会不是终点，而是新生活、新奋斗的起点。”[②]我们不能满足于眼前的成绩，让人民过上更好的生活，还有很长的路要走。我们要按照既定的目标坚定不移地走下去，脚踏实地、久久为功，在共同奋斗中不断创造更加多姿多彩的生活。我们今天已经全面建成小康社会，实现第一个百年奋斗目标，现在要乘势而上开启全面建设社会主义现代化国家新征程，向第二个百年奋斗目标进军。

一、全面建成小康社会伟大胜利的成功经验

全面建成小康社会，是“两个一百年”奋斗目标的第一个百年奋斗目标，是中华民族伟大复兴征程上的一座重要里程碑，是中国共产党向人

---

①《习近平谈治国理政》（第 4 卷），外文出版社 2022 年版，第 3 页。

②《习近平谈治国理政》（第 4 卷），外文出版社 2022 年版，第 61 页。

民、向历史作出的庄严承诺，是 14 亿多中国人民的共同期盼。全面建成小康社会是实现中华民族伟大复兴的重要基础、关键一步。没有全面小康的实现，民族复兴就无从谈起。现在，如期全面建成小康社会，标志着我们向着实现中华民族伟大复兴迈出了至关重要的一步。

全面建成小康社会，成效卓著、成果丰硕、成色十足。全面深化改革取得重大突破，全面依法治国取得重大进展，全面从严治党取得重大成果，国家治理体系和治理能力现代化加快推进，中国共产党领导和我国社会主义制度的优势进一步彰显；经济实力、科技实力、综合国力跃上新的大台阶，国内生产总值突破百万亿元大关；脱贫攻坚战取得全面胜利，近 1 亿农村贫困人口实现脱贫；打赢污染防治攻坚战，美丽中国建设迈出重大步伐；对外开放持续扩大，共建“一带一路”扎实推进；人民生活水平显著提高，建成世界上规模最大的教育体系、社会保障体系、医疗卫生体系；文化事业和文化产业繁荣发展；国防和军队建设水平大幅提升，军队组织形态实现重大变革；国家安全全面加强，社会保持和谐稳定。中华民族实现了小康这个千年梦想，社会主义中国以更加雄伟的身姿屹立于世界东方。①

1. 全面小康是全面发展的小康

党的十八大以来，以习近平同志为核心的党中央顺应我国经济社会新发展和广大人民群众新期待，提出了全面建成小康社会的新的目标要求，赋予了“小康”更高的标准、更丰富的内涵。全面建成小康社会，意味着经济高质量发展、人民生活水平和质量普遍提高、国民素质和社会文明程度显著提高、生态环境质量总体改善、各方面制度更加成熟更加定型。

如期全面建成小康社会，强调的不仅是建成“小康”，更重要的是要“全面”建成小康。“小康”讲的是发展水平，“全面”讲的是发展的平衡性、协调性、可持续性。全面小康，是“五位一体”全面进步的小康，覆盖的领域要全面。“千钧将一羽，轻重在平衡。”全面建成小康社会，要求经济持续健康发展，人民民主不断扩大，文化软实力显著增强，人民生活水平全面提高，资源节约型、环境友好型社会建设取得重大进展。这是一个整体性目标要求，子目标之间相互联系、相互促进、不可分割。任

① 中共中央宣传部：《习近平新时代中国特色社会主义思想学习纲要》，学习出版社、人民出版社 2023 年版，第 76—77 页。

何一个方面发展滞后，都会影响全面建成小康社会目标的实现。因此，要坚持以经济建设为中心，全面推进经济建设、政治建设、文化建设、社会建设、生态文明建设，促进社会主义现代化建设各个环节、各个方面协调发展。当时，影响全面建成小康社会目标实现的突出因素主要集中在民生领域，发展不全面的问题很大程度上也表现在不同社会群体的民生保障方面。要持续加大保障和改善民生的力度，注重机会公平，保障基本民生，不断提高人民生活水平，实现全体人民共同迈入全面小康社会。

全面小康，是惠及全体人民的小康，覆盖的人口要全面。坚持发展为了人民、发展依靠人民、发展成果由人民共享，全面小康才能真正造福全体人民。没有全民小康，就没有全面小康。打赢脱贫攻坚战，是全面建成小康社会的底线任务。全面建成小康社会，一个都不能少；共同富裕的路上，一个都不能掉队。不能一边宣布全面建成了小康社会，另一边还有几千万人口的生活水平处在扶贫标准线以下，这既影响人民群众对全面建成小康社会的满意度，也影响国际社会对我国全面建成小康社会的认可度。

全面小康，覆盖的区域要全面，是城乡区域共同发展的小康。“小康不小康，关键看老乡。”农村特别是贫困地区，是全面小康最大的短板。没有农村的全面小康和欠发达地区的全面小康，就没有全国的全面小康。要加大统筹城乡发展、统筹区域发展的力度，推进城乡发展一体化，把努力缩小城乡区域发展差距作为全面建成小康社会的一项重要任务。缩小城乡区域发展差距，不仅是缩小国内生产总值总量和增长速度的差距，而且是缩小居民收入水平、基础设施通达水平、基本公共服务均等化水平、人民生活水平等方面的差距。

全面建成小康社会，要实事求是、因地制宜。我国幅员辽阔，各地发展差距较大，生产力发展水平层次多，因此，全面小康不可能是“同一水平小康”，完全没有差距是不可能的。全面建成小康社会是针对全国讲的，不是每个地区、每个民族、每个人都达到同一个水平。因此，不能把相关指标简单套用到各省区市，那样既不科学，也不现实。如期全面建成小康社会，既要坚持一定标准，又要防止好高骛远；既要考虑 2020 年这个时间节点，又要立足于打基础、谋长远、见成效。

2. 坚决打好三大攻坚战

决胜阶段最为关键，冲锋时刻愈显奋勇。2020 年，是全面建成小康社会一鼓作气、决战决胜的历史节点。习近平总书记指出：“这个时跨本世纪头 20 年的奋斗历程到了需要一鼓作气向终点线冲刺的历史时刻。完成这一战略任务，是我们的历史责任，也是我们的最大光荣。”[①]要紧扣新时代我国社会主要矛盾变化，综合施策、精准发力，突出抓重点、补短板、强弱项，特别是要坚决打好防范化解重大风险、精准脱贫、污染防治三大攻坚战，推动经济社会持续健康发展，确保决胜全面建成小康社会完美收官。

第一，坚决打好防范化解重大风险攻坚战。“安而不忘危，存而不忘亡，治而不忘乱。”当前和今后一个时期，是我国发展面临的各方面风险不断积累，甚至集中显露的时期。我们面临的重大风险是多方面的，既包括国内经济、政治、意识形态、社会风险和来自自然界的风险，也包括国际经济、政治、战略、主权、军事等方面的风险。“各种风险往往不是孤立出现的，很可能是相互交织并形成一个风险综合体。”[②]如果发生重大风险又扛不住，国家安全就可能受到严重影响，全面建成小康社会的进程就可能被迫中断。

党的十九大把防范化解重大风险作为决胜全面建成小康社会三大攻坚战的首要战役。为此，我们要切实增强忧患意识和底线思维，坚决打好这场攻坚战。要加强风险隐患排查，摸清风险底数，坚持标本兼治，注重以完善体制机制来防范化解风险。要加强对各种风险源的调查研判，提高动态监测、实时预警、应急处置能力，有效防范“黑天鹅”事件、“灰犀牛”事件的冲击，防止小风险演化成大风险，防止外部风险演化为内部风险，防止经济金融风险演化为社会政治风险，防止个别风险演化为系统性风险，为全面建成小康社会创造良好环境。

第二，坚决打好精准脱贫攻坚战。脱贫攻坚贵在精准，重在精准，成败之举亦在于精准。开对“药方子”，才能拔掉“穷根子”。要注重“六个精准”（即扶持对象精准、项目安排精准、资金使用精准、措施到户精准、因村派人精准、脱贫成效精准），坚持因人因地施策、因贫困原因施策、因贫困类型施策，做到“对症下药”“靶向治疗”。要在精准施策上出实招，在精准推进上下实功，在精准落地上见实效。一是解决好“扶持

①《习近平谈治国理政》（第 2 卷），外文出版社 2017 年版，第 72 页。

② 中共中央文献研究室：《习近平关于社会主义社会建设论述摘编》，中央文献出版社 2017 年版，第 179 页。

谁”的问题，确保把真正的贫困人口弄清楚，把贫困程度、致贫原因等整明白，找对“穷根”，明确靶向，做到扶真贫、真扶贫，做到因户施策、因人施策。二是解决好“谁来扶”的问题，坚持中央统筹、省负总责、市县抓落实的工作机制，强化党政一把手负总责的责任制，坚持大扶贫格局，健全东西部协作和党政机关、部队、人民团体、国有企业等的定点扶贫机制，做到分工明确、责任清晰、任务到人、考核到位。三是解决好“怎么扶”的问题，按照贫困地区和贫困人口的具体情况，实施“五个一批”工程（即发展生产脱贫一批，易地搬迁脱贫一批，生态补偿脱贫一批，发展教育脱贫一批，社会保障兜底一批）。坚持“两不愁三保障”的脱贫标准，既不降低标准，也不抬高标准。四是解决好“如何退”的问题，加快建立反映客观实际的贫困县、贫困户退出机制，努力做到精准脱贫。把革命老区、民族地区、边疆地区、集中连片贫困地区作为脱贫攻坚重点，支持贫困地区加快发展。习近平总书记强调：“脱贫攻坚战进入决胜的关键阶段，打法要同初期的全面部署、中期的全面推进有所区别，最要紧的是防止松懈、防止滑坡。各地区各部门务必一鼓作气、顽强作战，不获全胜决不收兵。”[①]终于，以巨大的决心、明确的思路、精准的举措、超常规的力度，到2021年，我国成功实现了在现行标准下农村贫困人口脱贫、贫困县全部摘帽的目标，解决了区域性整体贫困，如期打赢了脱贫攻坚战，中华民族千百年来存在的绝对贫困问题历史性地得到了解决。

第三，坚决打好污染防治攻坚战。目前，我国环境形势依然严峻，大气、水、土壤等污染问题仍较突出。要贯彻绿色发展理念，坚持节约优先、保护优先、自然恢复为主，加快形成节约资源和保护环境的空间格局、产业结构、生产和生活方式。要加快产业结构优化升级，推动能源生产和消费革命，推进绿色低碳循环发展，总体改善生态环境质量，重点要打赢蓝天保卫战。强化大气、水、土壤等污染防治，着力解决损害群众健康、社会反映强烈的突出环境问题。加强环保督察，落实环保主体责任，健全环境损害赔偿和责任追究制度，形成全社会齐抓共管的生态环境保护格局和氛围，使生态环境改善与全面建成小康社会相适应。

全面建成小康社会是包括各领域全面发展进步的庞大系统工程。按照

① 中共中央党史和文献研究院：《十九大以来重要文献选编》（中），中央文献出版社 2021 年版，第7页。

党的十九大部署，要深入贯彻习近平新时代中国特色社会主义思想，统筹推进经济建设、政治建设、文化建设、社会建设、生态文明建设，努力提高社会主义物质文明、政治文明、精神文明、社会文明、生态文明的整体水平。坚定实施科教兴国战略、人才强国战略、创新驱动发展战略、乡村振兴战略、区域协调发展战略、可持续发展战略、军民融合发展战略等，使已经全面建成的小康社会得到人民认可、经得起历史检验。

二、新时代影响全面建设社会主义现代化国家的主要民生因素

新时代影响全面建设社会主义现代化国家的主要民生因素具体包括以下几个方面。

第一，从民生主体看，民生愿景期望值与现实存在一定反差。

中国特色社会主义在中国深入人心，成为当代中国快速发展的政治保证和制度性承诺，保障和改善民生是其题中应有之义。改革开放之所以能够启动，很重要的原因是设置了一个愿景和承诺，即一部分人先富起来，先富带后富，最终达到共同富裕。但当承诺兑现期越来越长，而且出现收入分配悬殊的倾向，这时候民众容易产生心理落差。如果说毛泽东时代主要解决“挨打”的问题，邓小平时代主要解决“挨饿”的问题，那么习近平时代应主要解决“挨骂”的问题。

新时代的民生建设中，我们应该比以往任何时候都更重视大众的心态建设。当前的民生建设之难，在于不仅要继续解决总量递增问题，更要解决结构优化和品质提升问题。否则，民众不满意度会提高。根据马斯洛的需求层次理论，人的心理需求层次逐步提升是必然的。因此，既不可凭空许诺，也不应寅吃卯粮，提前透支未来，而应该引导民众形成合理的心理预期，有步骤地渐次提升民众的获得感、安全感、幸福感。一个人的获得感、安全感、幸福感是多元一体的，从某一方面切入，可以激发和提高人的满足感。

第二，从民生客体看，民生问题交叉叠加，比以往更加复杂。

随着全球风险社会的来临，中国亦无法置之度外。各类安全问题凸显，人民群众的安全感要求上升。食品监管不力、过度医疗、药品价格居

高不下、医患关系紧张等问题的发生，是诱发民众不满的重要因素。其中，婴幼儿的食品药品安全等问题比较突出。如果任由这些问题持续发酵，就会导致民众对国内产品和服务信心不足，宁愿通过各种途径从国外购买产品。

民生问题在收入差距、食品安全、公共服务、公共道德、生态环境等方面都已凸显，对中国道路自信构成挑战。有网络舆论把教育、医疗、住房三大领域的问题称为“新三座大山”，这值得我们警醒。“群众利益无小事。”民生领域的问题错综复杂，呈现交叉叠加、动态多变的态势，客观上也加大了解决的难度。坚持以人民为中心的发展理念要求我们：人民群众在哪里，他们的利益就在哪里，对他们的关心和帮助就要跟进到哪里。

第三，从民生机制看，民生问题治理机制的创新性与适应性之间匹配度不够。

中国的民生建设从计划经济阶段转向市场经济阶段的过程中，有许多创新性探索，但也走了一些弯路。当民生需求梯次增长，政府压力过大，出现了过于强调市场作用的倾向，希望完全通过市场化途径解决民生难题。这种过度市场化倾向，容易导致国家公共财政与民生需求、社会保障不匹配。比如，在公共产品和服务供应不足的情况下，片面强调政府向社会购买，会导致对社会的自主性培育和扶持不足。

民生问题的全面解决，不仅要借助市场的力量，更要激发社会的力量。必须强调国家责任，但国家责任不等于直接加大财政投入，还可以发挥引领、规范和整合的作用。社会主义制度可以集中力量办大事、成要事、解难事，发挥体制力量的打基础、调结构、促改革的杠杆作用。中国特色社会主义在民生领域有不可比拟的体制优势，其潜力还需要继续充分发挥出来。

第四，从民生改革看，关键领域的民生建设与系统性民生体制改革有待形成更大的合力。

民生领域错综复杂的关系没有完全理顺，导致对民生问题的解决存在修修补补的现象。因此，问题的解决通常在技术性层面徘徊，头痛医头、脚痛医脚。这种“事后救火式”应急管理的成本很高，影响社会稳定。社会财富的二次分配机制没有形成常态，国家补偿标准不太规范。偶尔出现“会哭的孩子有奶喝”等负面情形时，反而更容易激化矛盾。出现这种情形的原因，在于民生问题解决路径的逐步突围，社会保障制度的双轨制过渡仍在进行，以至于在关键领域出现“肠梗阻”。现在到了该系统审视的时候了。

当把民生作为根本衡量标准用以审视全社会的系统性体制改革时，可以发现，我们对许多社会问题的认识会因此不同，解决问题的路径也会因此不同，视野大大打开了。例如，以政绩作为干部的考核标准、凭 GDP 指标进行排名等，都属于只对上、不对下的评价方式，没有很好地体现党“立党为公、执政为民”的执政理念。因此，紧紧扭住民生这一根本尺度，不仅可以解决姓“资”姓“社”的抽象争论，而且有利于摆脱各种无谓的纠缠，从而凝神聚力解决好最关键的社会问题。目前，关键民生领域的改革依然任重道远。只有妥善解决好教育、医疗、住房、就业等关键性、基础性民生问题，才能充分调动人民群众的积极性、主动性、创造性。

三、全面建设社会主义现代化国家的民生建设要点

在全面建成小康社会的基础上，如何通过解决民生问题夯实全面建设社会主义现代化国家的基础？

第一，要更新观念，重新审视民生问题，打开民生建设的新通道。

中国特色社会主义的民生建设之路仍在继续完善之中，正如党的十九大报告实事求是地指出，“民生领域还有不少短板”[①]。既然存在短板，那么中国的道路自信从何而来？这是由中国特色民生道路的内在逻辑决定的。因此，需要全面客观评价新时代民生问题的性质。中国当前的民生问题是发展中的问题，不仅可以解决，而且需要通过发展的办法逐步加以解决。解决时，不仅需要决心，还需要信心、耐心。虽然“发展起来以后的问题不比不发展时少”[②]，但与不发展时的问题相比，已经不是同一层次的了，不能把发展本身当成问题。同时也要看到，通过发展，中国的历史欠账越来越少，民生建设的环境和条件也因此越来越好，我们可以以全球视野更好地认识和解决本国的民生问题。

民生问题不仅是挑战，更是机遇。市场观念冲击民生领域，具体体现

①《习近平谈治国理政》（第 3 卷），外文出版社 2020 年版，第 7 页。

② 中共中央文献研究室：《邓小平年谱：1975—1997》（下），中央文献出版社 2004 年版，第 1364 页。

在民生领域存在党的领导弱化、党的宗旨观念虚化等不良倾向，一些党员领导干部缺乏对民生价值的深层次认识。社会存在决定社会意识，社会意识反过来也会影响社会存在。民生观念一旦更新，就会体现在社会建设和其他建设的方方面面，内化在社会公众心中。因此，首先亟须推动党员领导干部观念更新，以优良的党风政风带动社风民风，实现民生建设风清气正。党员领导干部必须率先垂范，继续发挥改革开放的探索精神，以实际行动让民生观念扎根。

解决民生问题，不仅仅是“分好蛋糕”，也需要继续“做大蛋糕”，立足于现代化经济体系的建设。目前，应该打破把经济发展与民生建设（做蛋糕与分蛋糕）二元对立的观念，牢固树立“民生不是负担而是资源”的思想。因此，要着眼精准，贴心地解决民生问题，催生和整合“民生经济”，实现发展目的与手段相统一、效率和公平相统一，特别是要大力发展循环经济、生态经济；要着眼于人的生产和再生产的全过程，从人口数量控制转向人口资源开发，挖掘和共享人口红利，把物的生产问题和人的自身生产问题内在统一起来，实现人口、教育、环境等的和谐互动；要从人的生老病死的各个环节着眼，进行生命健康全周期、全链条的民生规划，聚焦民生建设中的盲点、盲区，弥补民生建设的短板。

第二，要强化问题导向，实现社会风险防范与民生体制改革的有机统一。

党的十九大报告强调，要“突出抓重点、补短板、强弱项，特别是要坚决打好防范化解重大风险、精准脱贫、污染防治的攻坚战，使全面建成小康社会得到人民认可、经得起历史检验”①。因此，我们应该更加自觉地防范各种风险，注意在政治、经济、文化、社会等领域和自然界出现的困难和挑战对民生领域的冲击，特别要防范涉众型案件和群体性事件的发生，防控外部输入性风险等不稳定、不确定因素。

我们面临的社会风险是多方面的，有外部风险，也有内部风险；有小概率的“黑天鹅”事件，也有大概率的“灰犀牛”事件。为了应对难以预测的“黑天鹅”事件，必须扎紧防范风险的铁笼，提高主动防控能力，制定好预案，做到“早识别、早预警、早发现、早处置”。对存在的“灰犀牛”风险隐患，一方面，要区分轻重缓急和影响程度，做好危机排序，优

① 习近平：《论把握新发展阶段、贯彻新发展理念、构建新发展格局》，中央文献出版社 2021 年版，第 191 页。

先应对距离最近的“灰犀牛”，防范重点领域的风险，阻止风险规模进一步扩大，及时将风险损失降到最低；另一方面，要做好不同风险间的隔离，采取有效措施，避免多头“灰犀牛”一起发起进攻，造成多重风险同时爆发的危机局面。①

防范社会风险，必须抓住民生问题这个引擎，倒逼改革，使主动改革和被动改革的两种力量逐步实现配合。民生问题的实质是公共利益生产、分配和再分配问题，因此，必须高度重视发挥公权力的“守门人”“啄木鸟”作用。执政党手握国家公器，应维护公平正义，斩断不正当利益链，揭丑亮短，这是执政党充分自信的表现。合理运用网络问政、电视问政等显性监督形式，再加上纪检监察机构等常规性、强制性监督力量，各种监督由此形成合力。

防范社会风险，必须改革民生体制，实现民生机构的整合，提升为民服务的效率和质量。要把实现人民的美好生活作为党和国家机构改革的着眼点，优化顶层设计，与时俱进地实现国家上层建筑的更新。党的十九大以来，党和政府机构一体化同步改革，从中央到地方，从上到下有序稳步推进，民生水平得到了进一步提升。

第三，要突出重点，努力创新破解民生难题的途径与方法。

改革开放以来，民生建设取得巨大成就，但同时也要看到，民生建设到了爬坡上坎的阶段，必须着力破解教育、收入分配、养老等人民群众反映强烈的民生难题。

在教育方面，人民群众不仅希望实现适龄儿童和青少年“有学上”，还盼望他们“上好学”。国家要加强教育类基础设施建设，形成教育资源共建共享的机制；区别教育事业和教育产业的适用范围，激发社会力量办教育的积极性；引导教育资源的配置和区域经济社会发展保持协调互动。在教育投入方面，要按照优先急需、弥补短板、注重效益的新思维，将国家财政资金重点投向农村义务教育，加快改善偏远落后地区的办学基本条件；在师资统筹安排方面，要按照农村优先、交叉轮岗、定点帮扶的新思维，加大城乡学校教师的轮岗力度，建立城乡学校定点帮扶机制；在高校招生方面，要根据各高校招生人数占全国报考人数的比例及各地区报考人

① 万石：《既防“黑天鹅”，又防“灰犀牛”》，《当代广西》2019年第3期。

数，合理确定各高校在各地区的招生名额。[①]要着眼于教育发展的全过程，切切实实为家长和学生减负，持续推动教育公平。

在收入分配方面，必须维护分配正义，兼顾效率与公平，防止“等靠要”的懒汉思想；激活社会各阶层的活力，推动财富的生产和合理分配。具体来说，要改革人力资源使用体制和利益激励机制，以实际贡献和社会效益作为根本依据，打破职务职称、学历资历等方面的“天花板”“隐形门”，形成人尽其才、优劳优得的创新创业氛围；要建立和完善公平公开透明的收入分配体制和工资增长机制，加大对过高收入行业企业的监管和合理调控力度，从源头上缩小行业之间的收入差距；要建立特定高收入群体财产变动状况定期公布机制，从源头上缩小不同人群之间的收入差距。应特别注意的是，无论是一次分配还是二次分配，都应该注意公平，不能让一次分配的不公平挑战民生建设的底线，使民生问题积重难返。正如习近平总书记指出的：“要坚持社会主义基本经济制度和分配制度，调整收入分配格局，完善以税收、社会保障、转移支付等为主要手段的再分配调节机制，维护社会公平正义，解决好收入差距问题，使发展成果更多更公平惠及全体人民。”[②]

在养老方面，中国已经迈入高龄化社会，城乡居民的养老成为社会难题。为此，要打破区域限制，在全国范围内配置养老资源，改善城乡基层社区的人流结构、人力资源结构、社会治理结构。由于农村土地经营的市场化、规模化程度不高，“土地社保”的作用很有限，而且仅仅依靠政府财政补贴的方式也难以持续。因此，要推动农村土地公有制实现形式的创新，把农村集体经济的发展壮大和农村人口可持续发展联系起来。发挥国家政策杠杆的作用，把发达区域的人才、技术等资源优势和农村的土地、生态等特色资源优势结合起来，培植老年康养产业等新业态。发挥城乡基层已有组织的力量，把各类人群有序组织起来，创新老人服务内容，更新老人生活方式，因地因人制宜，使家庭养老、社区养老、社会机构养老等方式有机统一起来。中国有尊老孝老的优秀传统，应挖掘中华孝老文化，激发老年人的生命活力、思想活力，让老龄人口不是负担而是财富的观念深入人心。

---

① 曾建平、杨学龙：《中国特色社会主义制度自信的提升路径探析》，《中州学刊》2017 年第6期。

②《习近平谈治国理政》（第2卷），外文出版社2017年版，第214页。

四、全面建设社会主义现代化国家新征程的前瞻性安排

2022 年召开的党的二十大，是在全党全国各族人民迈上全面建设社会主义现代化国家新征程、向第二个百年奋斗目标进军的关键时刻召开的一次十分重要的大会。从现在起，中国共产党的中心任务就是团结带领全国各族人民全面建成社会主义现代化强国，实现第二个百年奋斗目标，以中国式现代化全面推进中华民族伟大复兴。

1. 全面建成社会主义现代化强国“分两步走”

改革开放之后，我们党曾提出社会主义现代化建设“三步走”战略目标，即解决人民温饱问题、人民生活总体上达到小康水平、基本实现现代化。前两个目标已提前实现。在这个基础上，我们党提出，到中国共产党成立一百年时全面建成小康社会，然后再奋斗三十年，到中华人民共和国成立一百年时，基本实现现代化，把我国建成社会主义现代化国家。

站在新的更高历史起点上，以习近平同志为核心的党中央综合分析国际国内形势和我国发展条件，对新时代推进社会主义现代化建设作出新的顶层设计，提出在全面建成小康社会的基础上，分两步走在 21 世纪中叶将我国建成富强民主文明和谐美丽的社会主义现代化强国，以中国式现代化全面推进中华民族伟大复兴。从全面建成小康社会到基本实现现代化，再到全面建成社会主义现代化强国，是新时代中国特色社会主义发展的战略安排。

第一步，从 2020 年到 2035 年基本实现社会主义现代化。到 2035 年，我国发展的总体目标是：经济实力、科技实力、综合国力大幅跃升，人均国内生产总值迈上新的大台阶，达到中等发达国家水平；实现高水平科技自立自强，进入创新型国家前列；建成现代化经济体系，形成新发展格局，基本实现新型工业化、信息化、城镇化、农业现代化；基本实现国家治理体系和治理能力现代化，全过程人民民主制度更加健全，基本建成法治国家、法治政府、法治社会；建成教育强国、科技强国、人才强国、文化强国、体育强国、健康中国，国家文化软实力显著增强；人民生活更加幸福美好，居民人均可支配收入再上新台阶，中等收入群体比重明显提

高，基本公共服务实现均等化，农村基本具备现代生活条件，社会保持长期稳定，人的全面发展、全体人民共同富裕取得更为明显的实质性进展；广泛形成绿色生产生活方式，碳排放达峰后稳中有降，生态环境根本好转，美丽中国目标基本实现；国家安全体系和能力全面加强，基本实现国防和军队现代化。

第二步，在基本实现现代化的基础上，我们要继续奋斗，到 21 世纪中叶，把我国建设成为综合国力和国际影响力领先的社会主义现代化强国。到那时，我国物质文明、政治文明、精神文明、社会文明、生态文明将全面提升，国家治理体系和治理能力现代化将实现，全体人民共同富裕亦将基本实现，我国人民将享有更加幸福安康的生活，中华民族将以更加昂扬的姿态屹立于世界民族之林。

新时代“两步走”的战略安排，把基本实现现代化的时间提前了十五年，提出了全面建成社会主义现代化强国这一更高目标，为当前和今后一个时期我国发展指明了方向、规划了蓝图。现在，我们正意气风发迈上全面建设社会主义现代化国家新征程。新征程是充满光荣和梦想的远征，我们要踔厉奋发、勇毅前行，向第二个百年奋斗目标进军，努力创造更加灿烂的明天。

全面建设社会主义现代化国家，是一项伟大而艰巨的事业，前途光明，任重道远。当前，世界百年未有之大变局加速演进，新一轮科技革命和产业变革深入发展，国际力量对比深刻调整，我国发展面临新的战略机遇。同时，世纪疫情影响深远，逆全球化思潮抬头，单边主义、保护主义明显上升，世界经济复苏乏力，局部冲突和动荡频发，全球性问题加剧，世界进入新的动荡变革期。我国改革发展稳定面临不少深层次矛盾躲不开、绕不过，党的建设特别是党风廉政建设和反腐败斗争面临不少顽固性、多发性问题，来自外部的打压遏制随时可能升级。我国发展进入战略机遇和风险挑战并存、不确定难预料因素增多的时期，各种“黑天鹅”“灰犀牛”事件随时可能发生。我们必须增强忧患意识，坚持底线思维，做到居安思危、未雨绸缪，准备经受风高浪急甚至惊涛骇浪的重大考验。

今天，我们比历史上任何时期都更接近、更有信心和能力实现中华民族伟大复兴的目标，同时必须准备付出更为艰巨、更为艰苦的努力。全党必须坚定信心、锐意进取，主动识变应变求变，主动防范化解风险，不断夺取全面建设社会主义现代化国家新胜利！

2. 全面建设社会主义现代化国家的“全面推进”

中国特色社会主义事业是一个具有协同性和联动性的有机整体。全面建设社会主义现代化国家不是单指某一方面或者哪几个方面，而是涉及经济、政治、文化、社会、生态各领域，对民生建设、军队建设及党的各方面建设等都有相应的要求。具体来说，包括以下几个方面的发展安排。

高质量发展是全面建设社会主义现代化国家的首要任务。发展是党执政兴国的第一要务。没有坚实的物质技术基础，就不可能全面建成社会主义现代化强国。必须完整、准确、全面贯彻新发展理念，坚持社会主义市场经济改革方向，坚持高水平对外开放，加快构建以国内大循环为主体、国内国际双循环相互促进的新发展格局。

全面推进乡村振兴。全面建设社会主义现代化国家，最艰巨最繁重的任务仍然在农村。坚持农业农村优先发展，坚持城乡融合发展，畅通城乡要素流动。加快建设农业强国，扎实推动乡村产业、人才、文化、生态、组织振兴。全方位夯实粮食安全根基，全面落实粮食安全党政同责，牢牢守住十八亿亩耕地红线，逐步把永久基本农田全部建成高标准农田，深入实施种业振兴行动，强化农业科技和装备支撑，健全种粮农民收益保障机制和主产区利益补偿机制，确保中国人的饭碗牢牢端在自己手中。树立大食物观，发展设施农业，构建多元化食物供给体系。发展乡村特色产业，拓宽农民增收致富渠道。巩固拓展脱贫攻坚成果，增强脱贫地区和脱贫群众内生发展动力。统筹乡村基础设施和公共服务布局，建设宜居宜业和美乡村。巩固和完善农村基本经营制度，发展新型农村集体经济，发展新型农业经营主体和社会化服务，发展农业适度规模经营。深化农村土地制度改革，赋予农民更加充分的财产权益。保障进城落户农民合法土地权益，鼓励依法自愿有偿转让。完善农业支持保护制度，健全农村金融服务体系。

教育、科技、人才是全面建设社会主义现代化国家的基础性、战略性支撑。必须坚持科技是第一生产力、人才是第一资源、创新是第一动力，深入实施科教兴国战略、人才强国战略、创新驱动发展战略，开辟发展新领域新赛道，不断塑造和发展新动能新优势。我们要坚持教育优先发展、科技自立自强、人才引领驱动，加快建设教育强国、科技强国、人才强国，坚持为党育人、为国育才，全面提高人才自主培养质量，着力造就拔尖创新人才，聚天下英才而用之。

人民民主是社会主义的生命，是全面建设社会主义现代化国家的题中应有之义。全过程人民民主是社会主义民主政治的本质属性，是最广泛、最真实、最管用的民主。必须坚定不移走中国特色社会主义政治发展道路，坚持党的领导、人民当家作主、依法治国有机统一，坚持人民主体地位，充分体现人民意志、保障人民权益、激发人民创造活力。

全面建设社会主义现代化国家，必须坚持中国特色社会主义文化发展道路，增强文化自信，围绕举旗帜、聚民心、育新人、兴文化、展形象建设社会主义文化强国，发展面向现代化、面向世界、面向未来的民族的科学的大众的社会主义文化，激发全民族文化创新创造活力，增强实现中华民族伟大复兴的精神力量。我们要始终坚持马克思主义在意识形态领域的根本指导地位，以彰显社会主义核心价值观为基本遵循，在社会文化宣传工作中发挥好主阵地、主渠道的作用，同时要坚持百花齐放、百家争鸣的文化发展方针，引导理论、文学、艺术真正为人民服务、为社会主义服务。在对中华优秀传统文化的继承和发展中，推动文化成果实现创造性转化、文化事业取得创新性发展，更好地满足人民日益增长的精神文化需求，形成具有中国特色、中国风格、中国气派的社会主义文化，不断提升中华文化的国际影响力。

中国共产党领导人民打江山、守江山，守的是人民的心。治国有常，利民为本。为民造福是立党为公、执政为民的本质要求，必须坚持在发展中保障和改善民生，鼓励共同奋斗创造美好生活，不断实现人民对美好生活的向往。我们要实现好、维护好、发展好最广大人民的根本利益，紧紧抓住人民最关心、最直接、最现实的利益问题，坚持尽力而为、量力而行，深入群众、深入基层，采取更多惠民生、暖民心的举措，着力解决好人民群众急难愁盼问题，健全基本公共服务体系，提高公共服务水平，增强均衡性和可及性，扎实推进共同富裕。

大自然是人类赖以生存发展的基本条件。尊重自然、顺应自然、保护自然，是全面建设社会主义现代化国家的内在要求。必须牢固树立和践行绿水青山就是金山银山的理念，站在人与自然和谐共生的高度谋划发展。我们要推进美丽中国建设，坚持山水林田湖草沙一体化保护和系统治理，统筹产业结构调整、污染治理、生态保护、应对气候变化，协同推进降碳、减污、扩绿、增长，推进生态优先、节约集约、绿色低碳发展。

如期实现建军一百年奋斗目标，加快把人民军队建成世界一流军队，是全面建设社会主义现代化国家的战略要求。必须贯彻新时代党的强军思想，贯彻新时代军事战略方针，坚持党对人民军队的绝对领导，坚持政治建军、改革强军、科技强军、人才强军、依法治军，坚持边斗争、边备战、边建设，坚持机械化、信息化、智能化融合发展，加快军事理论现代化、军队组织形态现代化、军事人员现代化、武器装备现代化，提高捍卫国家主权、安全、发展利益的战略能力，有效履行新时代人民军队的使命任务。

建设堪当民族复兴重任的高素质干部队伍。全面建设社会主义现代化国家，必须有一支政治过硬、适应新时代要求、具备领导现代化建设能力的干部队伍。坚持党管干部原则，坚持德才兼备、以德为先，坚持五湖四海、任人唯贤，把新时代好干部标准落到实处。树立选人用人正确导向，选拔忠诚干净担当的高素质专业化干部，选优配强各级领导班子。坚持把政治标准放在首位，做深做实干部政治素质考察，突出把好政治关、廉洁关。加强实践锻炼、专业训练，注重在重大斗争中磨砺干部，增强干部推动高质量发展本领、服务群众本领、防范化解风险本领。加强干部斗争精神和斗争本领的养成，着力增强防风险、迎挑战、抗打压能力，带头担当作为，做到平常时候看得出来、关键时刻站得出来、危难关头豁得出来。完善干部考核评价体系，引导干部树立和践行正确政绩观，推动干部能上能下、能进能出，形成能者上、优者奖、庸者下、劣者汰的良好局面。抓好后继有人这个根本大计，健全培养选拔优秀年轻干部常态化工作机制，把到基层和艰苦地区锻炼成长作为年轻干部培养的重要途径。重视女干部培养选拔工作，发挥女干部重要作用。重视培养和用好少数民族干部，统筹做好党外干部工作。做好离退休干部工作。加强和改进公务员工作，优化机构编制资源配置。坚持严管和厚爱相结合，加强对干部的全方位管理和经常性监督，落实“三个区分开来”，激励干部敢于担当、积极作为。关心关爱基层干部，特别是条件艰苦地区的干部。

团结就是力量，团结才能胜利。全面建设社会主义现代化国家，必须充分发挥亿万人民的创造伟力。全党要坚持全心全意为人民服务的根本宗旨，树牢群众观点，贯彻群众路线，尊重人民首创精神，坚持一切为了人民、一切依靠人民，从群众中来、到群众中去，始终保持同人民群众的血肉联系，始终接受人民的批评和监督，始终同人民同呼吸、共命运、心连心，不断巩固全国各族人民大团结，加强海内外中华儿女大团结，形成同心共圆中国梦的强大合力。

第十五章　将全面深化改革进行到底

党的十八大以来，习近平总书记高举改革开放旗帜，对全面深化改革提出了一系列重要论断、作出了一系列战略部署，创造性地提出了全面深化改革的总目标是完善和发展中国特色社会主义制度、推进国家治理体系和治理能力现代化。党的十九大将全面深化改革总目标作为习近平新时代中国特色社会主义思想的重要内容并载入党章，集中反映了全党全国各族人民的共同意愿，极大凝聚起共同推进改革的强大合力，引领了新时代全面深化改革更为波澜壮阔的航程。

什么是全面深化改革？一是关于“全面”的内涵。全面改革的内涵是不仅仅要进行经济体制的改革，还要进行政治、文化、社会、生态文明等领域的“五位一体”的改革，不仅仅是以经济建设为中心，而且要以人为本进行全面协调可持续发展的改革，要从过去以经济建设为中心的经济体制改革过渡到加强政治体制改革，加强国家治理体系和治理能力的改革，加强社会主义核心价值观培育等文化体制的改革，加强和谐社会的建设与生态环境的建设的改革，等等。二是关于“深化”的内涵。所谓深化改革的内涵是，从过去浅水区摸着石头过河的探索式改革，到今天的理论、道路、制度和文化自信指导下的高度自觉改革，这是从实践基础上总结正确理论过渡到由正确的理论指导改革实践的改革，是从“让一部分人先富起来”阶段到“实现共同富裕”阶段的改革。

一、改革开放是实现中华民族伟大复兴的关键一招

历史唯物主义认为，生产力和生产关系、经济基础和上层建筑相互作用、相互制约，支配着整个社会发展进程。生产关系一定要适应生产力状况，上层建筑一定要适应经济基础状况，它们的共同作用构成整个社会的矛盾运动，推动着人类社会不断由低级阶段向高级阶段发展。问题就是社

会基本矛盾运动的产物，社会基本矛盾不断发展，问题就不断产生。换句话说，每个时代的问题，从根本上说，都是因生产力和生产关系、经济基础和上层建筑之间不适应或不完全适应而产生的。解决了这些问题，社会才能更好地前进。

全面深化改革，就是要破除在生产关系、上层建筑上不利于生产力发展和经济基础变革的阻碍。比如，思想观念的僵化、体制机制的弊端、利益固化的藩篱等，从而不断解放和发展社会生产力，不断激发和释放社会活力，不断提升国家治理效能，由此推动中国特色社会主义事业不断完善和发展。

改革开放是我们党的一次伟大觉醒，正是这次伟大觉醒孕育了我们党从理论到实践的伟大创造。改革开放是中国人民和中华民族发展史上的一次伟大革命，正是这个伟大革命推动了中国特色社会主义事业的伟大飞跃。习近平总书记强调：“改革开放是决定当代中国命运的关键一招，也是决定实现‘两个一百年’奋斗目标、实现中华民族伟大复兴的关键一招。”[①]改革开放已成为当代中国最鲜明的特色、当代中国共产党人最鲜明的品格。我国 40 多年来的快速发展靠的是改革开放，全面建设社会主义现代化国家也必须坚定不移地依靠改革开放。

1978 年，以党的十一届三中全会为标志，中国开启了改革开放的历史征程。从农村到城市，从试点到推广，从经济体制改革到全面深化改革，中国人民用双手书写了国家和民族发展的壮丽史诗。回顾改革开放以来的历程，每一次重大改革都给党和国家的发展注入新的活力、给事业前进增添强大动力，党和人民的事业在不断深化改革中波浪式向前推进。改革开放的 40 多年特别是党的十八大以来的 10 多年，是全面深化改革夯基垒台、积厚成势、攻坚克难、砥砺奋进的时期，也是改革集中推进、全面深入、成果显著、积累经验的时期。广大干部群众积极投身改革，汇聚起推进全面深化改革的强大正能量，谱写了改革新篇章。实践证明，改革开放是当代中国最鲜明的特色，也是中国共产党最鲜明的旗帜。

在党的坚强领导下，改革开放取得了一系列伟大成就：从实行家庭联产承包、乡镇企业异军突起、取消农业税牧业税和特产税到农村承包地“三权”分置、打赢脱贫攻坚战、实施乡村振兴战略，从兴办深圳等经济

---

① 中共中央文献研究室：《习近平关于协调推进“四个全面”战略布局论述摘编》，中央文献出版社 2015 年版，第 52 页。

特区、沿海沿边沿江沿线和内陆中心城市对外开放到加入世界贸易组织、共建“一带一路”、设立自由贸易试验区、谋划中国特色自由贸易港、成功举办首届中国国际进口博览会，从“引进来”到“走出去”，从搞好国营大中小企业、发展个体私营经济到深化国资国企改革、发展混合所有制经济，从单一公有制到以公有制为主体、多种所有制经济共同发展和坚持“两个毫不动摇”，从传统的计划经济体制到前无古人的社会主义市场经济体制再到使市场在资源配置中起决定性作用和更好地发挥政府作用，从以经济体制改革为主到全面深化经济、政治、文化、社会、生态文明体制和党的建设制度改革、党和国家机构改革、行政管理体制改革、依法治国体制改革、司法体制改革、外事体制改革、社会治理体制改革、生态环境督察体制改革、国家安全体制改革、国防和军队改革、纪检监察制度改革等一系列重大改革扎实推进，各项便民、惠民、利民举措持续实施，使改革开放成为当代中国最显著的特征、最壮丽的气象。

改革由问题倒逼而产生，又在不断解决问题中得以深化。经过 40 多年的时间，我们用改革的办法解决了党和国家事业发展中的一系列难题，取得了举世瞩目的成就，中国的经济水平大大提高，人民生活水平大为改善。但是，随着改革的进一步发展，又有很多新矛盾、新问题涌现出来。习近平总书记指出，“同时，必须清醒看到，我们的工作还存在许多不足，也面临不少困难和挑战。主要是：发展不平衡不充分的一些突出问题尚未解决，发展质量和效益还不高，创新能力不够强，实体经济水平有待提高，生态环境保护任重道远；民生领域还有不少短板，脱贫攻坚任务艰巨，城乡区域发展和收入分配差距依然较大，群众在就业、教育、医疗、居住、养老等方面面临不少难题；社会文明水平尚需提高；社会矛盾和问题交织叠加，全面依法治国任务依然繁重，国家治理体系和治理能力有待加强；意识形态领域斗争依然复杂，国家安全面临新情况；一些改革部署和重大政策措施需要进一步落实；党的建设方面还存在不少薄弱环节。这些问题，必须着力加以解决。”①

一个时代有一个时代的问题，一代人有一代人的使命。虽然我们已走过万水千山，但仍需不断跋山涉水。我国改革开放历经 40 多年的伟大实践，走到了一个新的历史关头。随着实践发展，一些深层次体制机制问题

①《习近平谈治国理政》（第 3 卷），外文出版社 2020 年版，第 7—8 页。

和利益固化的藩篱日益显现，改革进入攻坚期和深水区，遇到的阻力越来越大，面对的暗礁、潜流、漩涡越来越多。发展中的问题和发展后的问题、一般矛盾和深层次矛盾交织叠加、错综复杂。容易的、皆大欢喜的改革已经完成了，好吃的肉都吃掉了，剩下的都是难啃的硬骨头。习近平总书记强调：“改革是由问题倒逼而产生，又在不断解决问题中而深化。我们强调，改革开放只有进行时、没有完成时。”①

改革开放中的矛盾只能用改革开放的办法来解决。新时代全面深化改革，必须自强不息、自我革新，逢山开路、遇水架桥，敢于啃硬骨头，敢于涉险滩。改革开放只有进行时，没有完成时。新时代坚持和发展中国特色社会主义，根本动力仍然是全面深化改革。前进道路上，要坚定不移推进改革，坚定不移扩大开放，进一步解放思想，进一步解放和发展社会生产力，进一步解放和增强社会活力，继续用足、用好改革开放这个关键一招，将改革开放进行到底。

2013 年 11 月，中国共产党召开了十八届三中全会，对全面深化改革进行总体擘画，强调要注重改革的系统性、整体性、协同性。这次全会对经济体制、政治体制、文化体制、社会体制、生态文明体制、国防和军队改革、党的建设制度改革作出了部署，确定了全面深化改革的总目标、战略重点、优先顺序、主攻方向、工作机制、推进方式和时间表、路线图，实现了改革理论和政策一系列新的重大突破，凝聚了全党全社会关于全面深化改革的思想共识和行动力量，有力推动了中国特色社会主义事业蓬勃发展。习近平总书记指出：“党的十一届三中全会是划时代的，开启了改革开放和社会主义现代化建设历史新时期；党的十八届三中全会也是划时代的，开启了全面深化改革、系统整体设计推进改革的新时代，开创了我国改革开放的新局面。”②

2019 年 10 月，中国共产党召开了十九届四中全会，为新时代全面深化改革勾勒出了更加清晰的顶层设计。这次全会，同党的十八届三中全会历史逻辑一脉相承、理论逻辑相互支撑、实践逻辑环环相扣，系统集成了党的十八届三中全会以来全面深化改革的理论成果、制度成果、实践成果，对坚持和完善中国特色社会主义制度、把制度优势更好地转化为国家

---

① 中共中央文献研究室：《习近平关于全面深化改革论述摘编》，中央文献出版社 2014 年版，第 13 页。

②《习近平谈治国理政》（第 3 卷），外文出版社 2020 年版，第 111 页。

治理效能产生了重大而深远的影响。

改革开放 40 多年来，从开启新时期到跨入新世纪，从站上新起点到进入新时代，我们解放思想、实事求是，大胆地试、勇敢地改，闯出了一条新路、好路，干出了一片新天地，实现了从赶上时代到引领时代的伟大跨越。特别是党的十八大以来，以习近平同志为核心的党中央以巨大的政治勇气和战略定力打响了改革攻坚战，直面解决深层次的矛盾和利益藩篱，在许多领域实现了历史性变革、系统性重塑、整体性重构，中国特色社会主义制度更加成熟、更加定型，国家治理体系和治理能力现代化水平明显提高。同时，党中央实行更加积极主动的开放战略，着力推进高水平对外开放，构建互利共赢、多元平衡、安全高效的开放型经济体系，不断增强我国国际经济合作和竞争新优势。全面深化改革不断向广度和深度进军，党和国家事业焕发出新的生机活力。

当今世界，变革创新的潮流滚滚向前。“苟利于民，不必法古；苟周于事，不必循俗。”变革创新是推动人类社会向前发展的根本动力。谁排斥改革，谁拒绝创新，谁就会落后于时代，谁就会被历史淘汰。中国改革开放给人们提供了许多弥足珍贵的启示，其中最重要的一条就是：一个国家、一个民族要振兴，就必须在历史前进的逻辑中前进、在时代发展的潮流中发展。中国进行改革开放，顺应了中国人民要发展、要创新、要美好生活的历史要求，契合了世界各国人民要发展、要合作、要和平生活的时代潮流。中国改革开放必然成功，也一定能够成功！

二、全面深化改革是有方向、有立场、有原则的

旗帜决定方向，道路决定命运。改革开放是一场深刻革命，必须坚持正确方向，沿着正确道路前进。中国特色社会主义进入新时代，要站在更高起点谋划和推进改革。坚持什么样的改革方向，决定着改革的性质和最终成败。全面深化改革的深刻性和复杂性前所未有，各种思想文化相互激荡，各种矛盾相互交织，各种诉求相互碰撞，各种力量竞相发声。在这种情况下，确保改革沿着有利于党和人民事业发展的正确方向前进就越发重要。

改革不是改向，变革不是变色。不实行改革开放死路一条，搞否定社

会主义方向的“改革开放”也是死路一条。我们要有主张、有定力。改什么、怎么改必须以是否符合完善和发展中国特色社会主义制度、推进国家治理体系和治理能力现代化的总目标为根本尺度。该改的、能改的，我们坚决改；不该改的、不能改的，我们坚决不改，决不能在根本性问题上出现颠覆性错误。在涉及道路、理论、制度、文化等根本性问题时，在大是大非面前，必须立场坚定、旗帜鲜明，不讲模棱两可的话，不做遮遮掩掩的事。习近平总书记指出：“推进改革的目的是要不断推进我国社会主义制度自我完善和发展，赋予社会主义新的生机活力。这里面最核心的是坚持和改善党的领导、坚持和完善中国特色社会主义制度，偏离了这一条，那就南辕北辙了。”①必须充分发挥党总揽全局、协调各方的领导核心作用，坚持走中国特色社会主义道路不动摇，坚持社会主义制度不动摇，坚持党的领导不动摇，确保改革开放始终沿着正确方向前进。

全面深化改革往什么方向走，这是一个带有根本性的问题。回答好这一问题，首先要完整理解和把握全面深化改革总目标。全面深化改革总目标是完善和发展中国特色社会主义制度、推进国家治理体系和治理能力现代化。习近平总书记指出：“我们推进国家治理体系和治理能力现代化，要往什么方向走呢？这是一个带有根本性的问题，必须回答好。考虑这个问题，必须完整理解和把握全面深化改革的总目标，这是两句话组成的一个整体，即完善和发展中国特色社会主义制度、推进国家治理体系和治理能力现代化。这里面有一个前一句和后一句的关系问题。前一句，规定了根本方向，我们的方向就是中国特色社会主义道路，而不是其他什么道路。也就是我经常说的，我们要坚定不移走中国特色社会主义道路，既不走封闭僵化的老路，也不走改旗易帜的邪路。后一句，规定了在根本方向指引下完善和发展中国特色社会主义制度的鲜明指向。两句话都讲，才是完整的。只讲第二句，不讲第一句，那是不完整、不全面的。”②制度是关系党和国家事业发展的根本性、全局性、稳定性、长期性问题。历史经验表明，经过长期剧烈的社会变革之后，一个政权要稳定下来，一个社会要稳定下来，必须加强制度建设。但形成一套比较完备的制度，往往需要较长甚至很长的时间。因此，巩固和发展中国特色社会主义制度，还需要

① 中共中央文献研究室：《习近平关于协调推进“四个全面”战略布局论述摘编》，中央文献出版社 2015 年版，第 68—69 页。

② 中共中央文献研究室：《习近平关于协调推进“四个全面”战略布局论述摘编》，中央文献出版社 2015 年版，第 82—83 页。

一个很长的历史阶段，需要我们几代人、十几代人甚至几十代人坚持不懈地努力奋斗。

坚持社会主义市场经济改革方向，是全面深化改革的重要依托。提出建立社会主义市场经济体制的改革目标，是中国共产党在建设中国特色社会主义进程中的重大理论和实践创新，解决了世界上其他社会主义国家长期没有解决的一个重大问题。按照党的二十大报告要求，未来五年“改革开放迈出新步伐，国家治理体系和治理能力现代化深入推进，社会主义市场经济体制更加完善，更高水平开放型经济新体制基本形成”[①]。坚持社会主义市场经济改革方向，不仅是经济体制改革的基本遵循，也是全面深化改革的重要依托。现在，我们对市场规律的认识和驾驭能力不断提高，宏观调控体系更为健全，主客观条件具备，应该在完善社会主义市场经济体制上迈出新的步伐。在全面深化改革中，要坚持以经济体制改革为重点，充分发挥经济体制改革的牵引作用。要使各方面体制改革朝着建立完善的社会主义市场经济体制这一方向协同推进，也要使各方面自身相关环节更好地适应社会主义市场经济发展提出的新要求。

必须完整、准确、全面贯彻新发展理念，坚持社会主义市场经济改革方向，坚持高水平对外开放，加快构建以国内大循环为主体、国内国际双循环相互促进的新发展格局。党的二十大报告强调：构建高水平社会主义市场经济体制。坚持和完善社会主义基本经济制度，毫不动摇巩固和发展公有制经济，毫不动摇鼓励、支持、引导非公有制经济发展，充分发挥市场在资源配置中的决定性作用，更好地发挥政府作用。深化国有资本和国有企业的改革，加快国有经济布局优化和结构调整，推动国有资本和国有企业做强做优做大，提升企业核心竞争力。优化民营企业发展环境，依法保护民营企业产权和企业家权益，促进民营经济发展壮大。完善中国特色现代企业制度，弘扬企业家精神，加快建设世界一流企业。支持中小微企业发展。深化简政放权、放管结合、优化服务改革。构建全国统一大市场，深化要素市场化改革，建设高标准市场体系。完善产权保护、市场准入、公平竞争、社会信用等市场经济基础制度，优化营商环境。健全宏观经济治理体系，发挥国家发展规划的战略导向作用，加强财政政策和货币政策的协调配合，着力扩大内需，增强消费对经济发展的基础性作用和投

① 习近平：《高举中国特色社会主义伟大旗帜　为全面建设社会主义现代化国家而团结奋斗——在中国共产党第二十次全国代表大会上的报告》，《人民日报》2022年10月26日，第1版。

资对优化供给结构的关键作用。健全现代预算制度，优化税制结构，完善财政转移支付体系。深化金融体制改革，建设现代中央银行制度，加强和完善现代金融监管，强化金融稳定保障体系，依法将各类金融活动全部纳入监管，守住不发生系统性风险的底线。健全资本市场功能，提高直接融资比重。加强反垄断和反不正当竞争，破除地方保护和行政性垄断，依法规范和引导资本健康发展。

全面深化改革必须以促进社会公平正义、增进人民福祉为出发点和落脚点。如果不能给老百姓带来实实在在的利益，不能创造更加公平的社会环境，改革就失去意义，也不可能持续。要把促进社会公平正义、增进人民福祉作为一面镜子，审视我们各方面体制机制和政策规定：哪里有不符合社会公平正义的问题，哪里就需要改革；哪个领域哪个环节问题突出，哪个领域哪个环节就是改革的重点。创新制度安排，努力克服人为因素造成的有违社会公平正义的现象，保证人民平等参与、平等发展等权利。

改革是在中国特色社会主义道路上不断前进的改革，既不能走封闭僵化的老路，也不能走改旗易帜的邪路。一些敌对势力和别有用心的人在那里摇旗呐喊、制造舆论、混淆视听，把改革定义为往西方政治制度的方向上改，否则就是不改革。他们是醉翁之意不在酒，“项庄舞剑，意在沛公”。对此，我们要洞若观火，保持政治坚定性，明确政治定位。不断推进改革，是为了推动党和人民事业更好的发展，而不是为了迎合某些人的“掌声”，不能把西方的理论、观点生搬硬套在自己身上。

全面深化改革的任务是相当艰巨和复杂的，特别是在全面深化改革进入攻坚期、深水区后，所面临的思想观念束缚、利益固化藩篱及各方面体制机制弊端都涉及深层次的矛盾，都是难啃的硬骨头。坚持和加强党对全面深化改革的集中统一领导，是艰巨复杂的改革工作得以顺利推进的根本政治保证，也是全面深化改革取得成功的关键。在全面深化政治、经济、文化、社会、生态等社会各领域改革的同时，也要持续深化纪检监察体制改革，深化党和国家机构改革，使统筹决策机制更加务实高效、督办落实机制更加有力、协调推进机制有更强的联动性，从而确保在全面深化改革的全过程、各方位、各领域，都能够充分发挥党总揽全局、协调各方的领导核心作用。

三、推进国家治理体系和治理能力现代化是全面深化改革总目标的要求

国家治理体系和治理能力是一个国家制度和制度执行能力的集中体现。国家治理体系是在党领导下管理国家的制度体系，包括经济、政治、文化、社会、生态文明和党的建设等各领域体制机制、法律法规安排，是一整套紧密相连、相互协调的国家制度；国家治理能力则是运用国家制度管理社会各方面事务的能力，包括改革发展稳定、内政外交国防、治党治国治军等各个方面。国家治理体系和治理能力是一个有机整体，两者相辅相成，有了好的国家治理体系才能提高国家治理能力，提高国家治理能力才能充分发挥国家治理体系的效能。

1. 我国国家制度和国家治理体系的显著优势

一个国家选择什么样的国家制度和国家治理体系，是由这个国家的历史文化、社会性质、经济发展水平决定的。中国特色社会主义制度和国家治理体系是在中国的社会土壤中生长起来的。中国在人类发展史上曾经长期处于领先地位，很早就形成了一整套国家制度和国家治理体系，以及与此相关的丰富思想。

纵观社会主义从诞生到现在的历史发展过程，怎样治理社会主义社会这样全新的社会，在以往的世界社会主义实践中没有得到很好的解决。在领导中国革命的进程中，中国共产党就在不断思考未来应该建立什么样的国家治理体系。中华人民共和国成立后，中国共产党深入思考和探索怎样建设社会主义、怎样治理中国的问题，在国家治理体系和治理能力上积累了丰富经验、取得了重大成果。改革开放以来，我们党团结带领人民开创和发展了中国特色社会主义，不断完善中国特色社会主义制度和国家治理体系，使当代中国焕发出前所未有的生机活力。

实践证明，中国特色社会主义制度和国家治理体系是以马克思主义为指导、植根中国大地、具有深厚中华文化根基、深得人民拥护的制度和治理体系，具有强大生命力和巨大优越性，必须倍加珍惜，并且毫不动摇地坚持、与时俱进地发展。习近平总书记强调，推进国家治理体系和治理能

力现代化，绝不是西方化、资本主义化。我们不排斥任何有利于中国发展进步的他国国家治理经验，并且积极吸收借鉴人类制度文明有益成果，但绝不照抄照搬他国制度模式，绝不放弃我国社会主义制度的根本。①

我国国家制度和国家治理体系具有多方面的显著优势，主要是：坚持党的集中统一领导，坚持党的科学理论，保持政治稳定，确保国家始终沿着社会主义方向前进的显著优势；坚持人民当家作主，发展人民民主，密切联系群众，紧紧依靠人民推动国家发展的显著优势；坚持全面依法治国，建设社会主义法治国家，切实保障社会公平正义和人民权利的显著优势；坚持全国一盘棋，调动各方面积极性，集中力量办大事的显著优势；坚持各民族一律平等，铸牢中华民族共同体意识，实现共同团结奋斗、共同繁荣发展的显著优势；坚持公有制为主体、多种所有制经济共同发展和按劳分配为主体、多种分配方式并存，把社会主义制度和市场经济有机结合起来，不断解放和发展社会生产力的显著优势；坚持共同的理想信念、价值理念、道德观念，弘扬中华优秀传统文化、革命文化、社会主义先进文化，促进全体人民在思想上、精神上紧紧团结在一起的显著优势；坚持以人民为中心的发展思想，不断保障和改善民生，增进人民福祉，走共同富裕道路的显著优势；坚持改革创新、与时俱进，善于自我完善、自我发展，使社会始终充满生机活力的显著优势；坚持德才兼备、选贤任能，聚天下英才而用之，培养造就更多更优秀人才的显著优势；坚持党指挥枪，确保人民军队绝对忠诚于党和人民，有力保障国家主权、安全、发展利益的显著优势；坚持“一国两制”，保持香港、澳门长期繁荣稳定，促进祖国和平统一的显著优势；坚持独立自主和对外开放相统一，积极参与全球治理，为构建人类命运共同体不断作出贡献的显著优势。这些显著优势，是我们坚定中国特色社会主义道路自信、理论自信、制度自信、文化自信的基本依据。

看一个制度好不好、优越不优越，要从政治上、大的方面去把握。我国国家制度和国家治理体系之所以具有多方面的显著优势，很重要的一点就在于我们党在长期实践探索中，坚持把马克思主义基本原理同中国具体实际相结合、同中华优秀传统文化相结合，把开拓正确道路、发展科学理论、建设有效制度有机统一起来，及时把成功的实践经验转化为制度成

① 中共中央宣传部：《习近平新时代中国特色社会主义思想学习纲要》，学习出版社、人民出版社 2023 年版，第 92 页。

果，使我国国家制度和国家治理体系既体现了科学社会主义基本原则，又具有鲜明的中国特色、民族特色、时代特色。

2. 推动我国法治体系和法治能力现代化的有力抓手是更加成熟更加定型的各方面制度

今天，摆在中国共产党面前的一项重大历史任务，就是推动中国特色社会主义制度更加成熟更加定型。可以说，从形成更加成熟更加定型的制度看，我国社会主义实践前半程的主要历史任务是建立社会主义基本制度，并在这个基础上进行改革，现在已经有了很好的基础。我国社会主义实践后半程的主要历史任务是完善和发展中国特色社会主义制度，为党和国家事业发展、为人民幸福安康、为社会和谐稳定、为国家长治久安提供一整套更完备、更稳定、更管用的制度体系。这项工程极为宏大，零敲碎打式调整不行，碎片化修补也不行，必须是全面系统的改革和改进，是各领域改革和改进的联动和集成，在国家治理体系和治理能力现代化上形成总体效应，取得总体效果。

推进国家治理体系和治理能力现代化，就是要适应时代变化，不断改革不适应实践发展要求的体制机制，在创新中使各方面体制机制更加科学和完善。从总体上看，我国国家治理体系和治理能力是好的，是有独特优势的，是适应国情和发展要求的。同时也要看到，相比我国经济社会发展要求，相比人民群众的期待，相比当今世界日趋激烈的国际竞争，相比实现国家的长治久安，我们在国家治理体系和治理能力方面还有许多不足，有诸多亟待改进的地方。真正实现社会和谐稳定、国家长治久安，还是要靠制度，靠我们在国家治理上的高超能力，靠高素质干部队伍。

要适应国家现代化总进程，从各个领域推进国家治理体系和治理能力现代化，既改革不适应实践发展要求的体制机制、法律法规，又不断构建新的体制机制、法律法规，使各方面制度更加科学和完善，实现党、国家、社会各项事务治理制度化、规范化、程序化。

制度更加成熟更加定型是一个动态过程，治理能力现代化也是一个动态过程，不可能一蹴而就，也不可能一劳永逸。要突出坚持和完善支撑中国特色社会主义制度的根本制度、基本制度、重要制度，着力固根基、扬优势、补短板、强弱项，构建系统完备、科学规范、运行有效的制度体系，加强系统治理、依法治理、综合治理、源头治理，把我国制度优势更好地转化为国家治理效能。切实强化制度意识，增强制度执行力，紧密结合实际推进制度创新和治理能力建设，善于运用制度和法律治理国家，提高党科学执政、民主执政、依法执政的水平，提高广大干部运用制度干事创业的能力。

党的十八大以来，以习近平同志为核心的党中央统筹推进经济、政治、文化、社会、生态文明等各领域体制机制改革，根据不同领域不同层面的问题，把脉开方、对症下药，把长远制度建设同解决当下突出问题结合起来，把整体推进同重点突破结合起来，把顶层设计同试点探路结合起来，把改革创新同法律法规的立改废释结合起来，把破除体制机制顽疾同解决新出现的矛盾问题结合起来，推动重大改革方案不断出台，重大举措有力展开。改革涉及范围之广、出台方案之多、触及利益之深、推进力度之大前所未有，主要领域改革主体框架基本确立，为构建系统完备、科学规范、运行有效的制度体系打下了坚实基础。

党的二十大围绕党和国家事业发展新要求，站在更高起点上谋划和推进全面深化改革，部署了一大批力度更大、要求更高、举措更实的改革任务。比如，健全宏观经济治理体系，发挥国家发展规划的战略导向作用，加强财政政策和货币政策的协调配合，着力扩大内需，增强消费对经济发展的基础性作用和投资对优化供给结构的关键作用；健全网络综合治理体系，推动形成良好网络生态；全面实行排污许可制，健全现代环境治理体系；等等。

党的二十大报告重点强调了“完善社会治理体系”。这需要健全共建共治共享的社会治理制度，提升社会治理效能。在社会基层坚持和发展新时代“枫桥经验”[①]，完善正确处理新形势下人民内部矛盾的机制，加强和改进人民信访工作，畅通和规范群众诉求表达、利益协调、权益保障通道，完善网格化管理、精细化服务、信息化支撑的基层治理平台，健全城乡社区治理体系，及时把矛盾纠纷化解在基层、化解在萌芽状态。加快推进市域社会治理现代化，提高市域社会治理能力。强化社会治安整体防控，推进扫黑除恶常态化，依法严惩群众反映强烈的各类违法犯罪活动。发展壮大群防群治力量，营造见义勇为社会氛围，建设人人有责、人人尽

---

① “枫桥经验”是指 20 世纪 60 年代浙江枫桥干部群众所创造的“发动和依靠群众，坚持矛盾不上交，就地解决”的经验，被毛泽东同志亲笔批示“要各地仿效，经过试点，推广去做”。后在改革开放新时期、中国特色社会主义新时代不断得到创新发展，形成了“党政动手，依靠群众，预防纠纷，化解矛盾，维护稳定，促进发展”的枫桥新经验，是党依靠群众进行创新的宝贵经验。

责、人人享有的社会治理共同体。

推进国家治理体系和治理能力现代化，是完善和发展中国特色社会主义制度的必然要求，也是建设社会主义现代化强国的题中应有之义。到2035年基本实现国家治理体系和治理能力现代化，到21世纪中叶实现国家治理体系和治理能力现代化。这是中国共产党为不断提高运用中国特色社会主义制度有效治理国家的能力作出的重要战略安排，进一步明确了实现改革总目标的时间节点和方法路径。

改革的担子越挑越重，必须准备付出更为艰巨、更为艰苦的努力。要抓紧落实全面深化改革的重点任务和举措，保持工作力度和连续性，逢山开路、遇水架桥，再接再厉、久久为功，坚定不移朝着已经确定的总目标不断奋进。新时代谋划全面深化改革，要以坚持和完善中国特色社会主义制度、推进国家治理体系和治理能力现代化为主轴，继续深化各领域各方面体制机制改革，推动各方面制度更加成熟更加定型，不断实现国家治理体系和治理能力现代化。

四、全面深化改革要坚持正确的方法论

习近平总书记指出：“改革开放是前无古人的崭新事业，必须坚持正确的方法论，在不断实践探索中推进。”[①]改革是一场全面而深刻的社会变革，也是一项复杂的系统工程，必须坚持正确方法。全面深化改革是一个涉及经济社会发展各领域的复杂系统工程，需要统筹谋划各个方面、各个层次、各个要素，注重推动各项改革相互促进、良性互动、协同配合。

以习近平同志为核心的党中央立足改革全局，深入把握改革规律和特点，系统谋划全面深化改革的科学路径和有效方法，形成改革开放以来最为丰富、全面、系统的改革方法论，为全面深化改革提供了科学指导和行动指南。

1. 坚持以问题为导向深化改革

中国共产党人干革命、搞建设、抓改革，都是为了解决中国的现实问

① 中共中央文献研究室：《习近平关于协调推进“四个全面”战略布局论述摘编》，中央文献出版社2015年版，第54页。

题。党中央在部署推进各项改革的过程中，始终秉持强烈的问题意识，无论是制订方案，还是部署推动、督促落实，都把切实解决问题作为目标指向。在制订方案上，强调改革是奔着问题去的，要解决问题就要针锋相对，拿出的方案要有棱角，提出的措施要有针对性，做到抓实问题、开实药方、提实举措。在部署推动上，强调要聚焦主要问题和关键环节，哪里矛盾和问题最突出，就重点抓哪里的改革。在督促落实上，强调要在解决突出问题、难点问题上下功夫，让实践来检验、让基层来评判、让群众来打分，确保改革落地见效。

2. 坚持以法治思维和法治方式推进改革

凡属重大改革都要于法有据。改革和法治如鸟之两翼、车之双轮，相辅相成、相伴而生。要坚持改革决策和立法决策相统一、相衔接，做到改革和法治同步推进，增强改革的穿透力。必须推进依法决策，充分运用法治思维和法治方式，积极发挥法治引导、推动、规范、保障改革的作用，加强对相关立法工作的协调，确保在法治轨道上推进改革。改革实践中，在研究改革方案和改革措施时要同步考虑所涉及的立法问题，及时提出立法需求和建议。实践证明行之有效的改革成果，要及时上升为法律。实践条件还不成熟，需要先行先试的，要按照法定程序作出授权。对不适应改革要求的法律法规，要及时修改和废止。近年来，一大批经实践证明比较成熟的改革经验通过立法程序上升为国家意志，以法治方式、法治思维推进和保障了改革。

法治思维是以法律作为判断是非曲直、塑造社会秩序、推进良法善治的逻辑化理性思维方式，与人治思维、权力思维相对立。从个体层面看，法治思维是一种理性的思维方式和办事原则；从社会层面看，法治思维要落实为一种有序的社会生活方式，表现为一整套有关权利、义务、权力、职责的制度性安排；从国家层面看，法治思维体现为一种宏观的国家治理方略，是一个国家在多种手段面前，选择以法律为主的治理手段；从精神层面看，法治思维是一种文明的国家精神，呈现出国家对人的尊严的终极关怀，对良法善治的深刻洞见与守护。①

当前，我们要着力处理好改革和法治的关系。改革和法治相辅相成、相伴而生。纵观我国历史上的历次变法，从战国时期商鞅变法、宋代王安

① 周尚君：《提高运用法治思维和法治方式的能力》，《人民周刊》2019 年第 15 期。

石变法到明代张居正变法，都是把改革和法治紧密结合在一起的。当前，我国全面深化改革的工作进入了攻坚期和深水区，改革和法治在实践中遇到了一些新矛盾、新难题，部分人对这两者关系的认识就陷入了误区。一种观点认为，现有法律的条条框框是对改革的限制，改革就是要冲破法律的禁区，法律理应为改革让路。另一种观点则认为，法律作为社会准则必须具有稳定性、权威性，不能轻易变动或者被挑战，所以法律很难引领改革。这两种看法都是不全面的，改革和法治之间不存在一方必须服从另一方或者一方必须为另一方作出牺牲的问题，而是相互促进、相辅相成的。习近平总书记把改革和法治两者的关系比喻成“鸟之两翼”“车之双轮”，强调应该在法治下推进改革，在改革中完善法治。这就要求改革和法治不能相互掣肘，更不能背道而驰，而应该在统一和协调中推进，最终达到同频共振的效果。

要坚持改革决策和立法决策相统一、相衔接，立法主动适应改革需要，并积极发挥引导、推动、规范、保障改革的作用，做到重大改革于法有据，改革和法治同步推进，增强改革的穿透力。对实践证明已经比较成熟的改革经验和行之有效的改革举措，要尽快上升为法律。对部门间争议较大的重要立法事项，要加快推动和协调，不能久拖不决。对实践条件还不成熟、需要先行先试的，要按照法定程序作出授权，既不允许随意突破法律红线，也不允许简单以现行法律没有依据为由迟滞改革。对不适应改革要求的现行法律法规，要及时修改或废止，不能让一些过时的法律条款成为改革的“绊马索”①。

3. 处理好整体推进和重点突破的关系

全面深化改革是关系党和国家事业发展全局的重大战略部署，是一个涉及经济社会发展各领域的复杂系统工程。每一项改革都会对其他改革产生重要影响，每一项改革又都需要其他改革协同配合。

注重系统性、整体性、协同性是全面深化改革的内在要求，也是推进改革的重要方法。在推动改革的过程中，要注重厘清重大改革的逻辑关系，推动有条件的地方和领域实现改革举措系统集成，在国有企业改革、科技体制改革、农村土地制度改革、生态文明体制改革、国家监察体制改

① 中共中央文献研究室：《习近平关于协调推进“四个全面”战略布局论述摘编》，中央文献出版社 2015 年版，第 16 页。

革、司法体制改革、党的建设制度改革、构建开放型经济新体制等方面集中攻坚，打出一系列改革“组合拳”，压茬推进重要改革，做到前后呼应、衔接配套、形成整体，提高改革的整体效益。坚持整体推进，统筹谋划深化改革的各个方面、各个层次、各个要素，注重推动各项改革相互促进、良性互动、协同配合，注重改革措施的整体效果，防止畸重畸轻、单兵突进、顾此失彼。改革要注意协同，既抓改革方案协同，也抓改革落实协同，更抓改革效果协同，促进各项改革举措在政策取向上相互配合、在实施过程中相互促进、在改革成效上相得益彰。

整体推进、协同改革不是平均用力、齐头并进，也要注重抓主要矛盾和矛盾的主要方面，注重抓重要领域和关键环节。重要领域“牵一发而动全身”，关系到改革大局，是改革的重中之重；关键环节“一子落而满盘活”，关系到改革成效，是改革的有力支点。以这些重要领域和关键环节为突破口，可以对全面改革起到牵引和推动作用。面对改革的复杂形势和繁重任务，既要抓重要领域、重要任务、重要试点，又要抓关键主体、关键环节、关键节点。

4. 处理好解放思想和实事求是的关系

坚持解放思想、实事求是，运用辩证唯物主义和历史唯物主义立场观点方法来观察世界、指导实践。从改革开放的实践中和人民群众的创造中总结经验、汲取营养，推进实践基础上的理论创新，为全面深化改革提供了体现时代性、把握规律性、富于创造性的理论指导和重要思想保证。解放思想和实事求是相统一的，解放思想的目的和实质都是为了做到实事求是。全面深化改革，面临的挑战和困难前所未有，必须进一步解放思想、坚持实事求是。

5. 处理好顶层设计和“摸着石头过河”的关系

“摸着石头过河”就是坚持边实践边总结，从实践中获得真知，这是富有中国特色、符合中国国情的改革方法，也是符合马克思主义认识论和实践论的方法。我国改革开放是先试验、后总结、再推广，不断积累的过程。随着全面深化改革的不断推进，其艰巨性、复杂性、系统性愈加凸显，我们要继续大胆试验，试点改革。

有人提出，“摸着石头过河”是改革开放初期提出来的，现在是不是过时了？[①]针对此问题，习近平明确回答说，不能说改革开放初期要摸着石头过河，现在再摸着石头过河就不能提了。他十分重视这个方法在全面深化改革中的作用，强调抓好试点对改革全局意义重大，还对这个方法做过详尽的讲解。他说："摸着石头过河，是富有中国特色、符合中国国情的改革方法。"[②]"摸着石头过河"就是摸规律，对必须取得突破但一时还不那么有把握的改革，可以采取试点探索、投石问路的方法，取得了经验，达成了共识，看得很准了，感觉到推开很稳当了，再推开，积小胜为大胜。[③]

"不谋全局者，不足谋一域。"随着改革不断推进，必须加强顶层设计和总体规划，提高改革决策科学性，增强改革措施协调性。所谓"顶层设计"，就是要对经济体制、政治体制、文化体制、社会体制、生态文明体制等作出统筹设计，加强对各项改革关联性的研判，努力做到全局和局部相配套、治本和治标相结合、渐进和突破相促进。摸着石头过河和加强顶层设计是辩证统一的，推进局部的阶段性改革要在加强顶层设计的前提下进行，加强顶层设计要在推进局部的阶段性改革的基础上来谋划。

6. 坚持顶层设计与基层探索良性互动

顶层设计和基层探索都是推进改革的重要方法。改革开放在认识和实践上的每一次突破和发展，无不来自人民群众的实践和创造。顶层设计是事关全局的统领，基层探索往往是在顶层设计的指导下进行的，但基层是最靠近人民的阵地，也是实践最活跃、经验最新鲜的产地，在基层搞探索就要在实践形式和方法上大胆创新、勇于实验，将探索出的经验进行抽象和总结，为顶层设计提供决策参考。党的十八大以来，以习近平同志为核心的党中央立足改革全局，统筹谋划、科学组织试点工作，在土地、科技、生态、司法、医疗卫生等方面推出了一批重大改革试点，形成了一大批可复制可推广的经验，发挥了试点对全局性改革的示范、突破、带动作

① 李琦：《把握和处理好全面深化改革的几个重大关系——深刻领会习近平相关论述》，《党的文献》2018年第6期。

② 中共中央文献研究室：《习近平关于协调推进"四个全面"战略布局论述摘编》，中央文献出版社2015年版，第54页。

③ 中共中央文献研究室：《习近平关于协调推进"四个全面"战略布局论述摘编》，中央文献出版社2015年版，第54—55页。

用。同时，强调要重视发挥地方、基层、群众的首创精神，鼓励差别化探索，及时总结典型经验，推动面上的改革，以“一马当先”带动“万马奔腾”。在全面深化改革的过程中，通过既加强宏观思考、顶层设计，又鼓励大胆试验、勇于突破，不断把改革推向深入。

7. 处理好“胆子要大”与“步子要稳”的关系

在中国这样一个拥有十四亿多人口的国家深化改革，绝非易事。全面深化改革已进入深水区。可以说，容易的、皆大欢喜的改革已经完成了，好吃的肉都吃掉了，剩下的都是难啃的硬骨头。这要求改革胆子要大、步子要稳。战略上要勇于进取，战术上则要稳扎稳打。只要经过了充分论证和评估，只要是符合实际、必须做的，该干的还是要大胆干。同时也要看到，胆子大不是蛮干，必须坚持正确方向，稳妥审慎，三思而后行。

“胆子要大”，就是改革再难也要向前推进，敢于担当，敢于啃硬骨头，敢于涉险滩。“步子要稳”，就是方向要准，行驶要稳，尤其是不能犯颠覆性错误。对一些重大改革，不可能毕其功于一役，要稳扎稳打，通过不断努力逐步达到目标，积小胜为大胜。“图难于其易，为大于其细。天下难事，必作于易；天下大事，必作于细。”搞改革不可能都是四平八稳，没有任何风险的。对于一些攻坚难度大的改革，不要想着一招制胜、立竿见影，需要久久为功，持续用力方能见效。面对繁重的改革任务，以习近平同志为核心的党中央立足全局、结合实际，坚持分阶段、有步骤地推进改革，集中力量先推具有“四梁八柱”性质的改革举措，夯基垒台、立柱架梁，做到重大改革举措系统配套，然后集中力量一项项抓好落实，确保改革稳步有序推进。

8. 处理好改革、发展、稳定的关系

改革、发展、稳定是我国社会主义现代化建设的三个重要支点。改革是经济社会发展的强大动力，发展是解决一切经济社会问题的关键。我国走到今天，发展和改革已经深度融合、高效联动，发展前进一步就需要改革前进一步，改革不断前进也能为发展提供强劲动力。稳定是改革发展的前提。只有社会稳定，改革发展才能不断推进；只有改革发展不断推进，社会稳定才能具有坚实基础。

习近平强调：“我国既处于发展的重要战略机遇期，也处于社会矛盾

凸显期，在社会稳定中推进改革发展尤为重要。我们要坚持把改革的力度、发展的速度和社会可承受的程度统一起来，把改善人民生活作为正确处理改革发展稳定关系的结合点，在保持社会稳定中推进改革发展，通过改革发展促进社会稳定。要增强改革措施、发展措施、稳定措施的协调性，把握好当前利益和长远利益、局部利益和全局利益、个人利益和集体利益的关系，既着力解决关系群众切身利益的问题，又着力引导群众正确处理各种利益关系、理性合法表达利益诉求，营造安定团结的社会氛围。”①

五、推动全面深化改革落地生根要发扬钉钉子精神

改革重在落实，也难在落实。当前我国改革到了愈进愈难、愈进愈险而又不进则退、非进不可的关键时刻。能否坚定信心、凝聚共识、攻坚克难，确保各项改革举措落地生根，直接决定着改革的成败。为此，“必须把抓落实摆上重要位置，做到落实、落实、再落实。实践表明，抓而不紧，等于不抓；抓而不实，等于白抓。抓好落实，我们的事业就能充满生机；不抓落实，再好的蓝图也是空中楼阁”②。

一分部署，九分落实。当前全面深化改革进入了一个新阶段，改革将进一步触及深层次利益格局的调整和制度体系的变革，改革的复杂性、敏感性、艰巨性更加突出。能否坚定信心、凝聚力量、攻坚克难，确保各项改革举措落地生根，打通“最后一公里”，直接决定着改革的成败。改革争在朝夕，落实难在方寸。如果不沉下心来抓落实，再好的目标、再好的蓝图，也只是镜中花、水中月。必须聚焦聚神聚力抓落实，抓铁有痕、踏石留印，盯住抓、反复抓，直到抓出成效。

改革推进到今天，比认识更重要的是决心，比方法更关键的是担当。牵头部门和地方是抓改革的责任主体，要强化责任担当，拧紧责任螺丝，增强推进改革的思想自觉和行动自觉。领导干部要把抓改革作为一项重大

① 中共中央文献研究室：《习近平关于全面深化改革论述摘编》，中央文献出版社 2014 年版，第 36 页。

② 习近平：《干在实处 走在前列——推进浙江新发展的思考与实践》，中共中央党校出版社 2006 年版，第 47 页。

政治责任，争当改革促进派、实干家，以钉钉子精神抓好改革落实，扭住关键、精准发力。什么是改革促进派、实干家？拥护改革、支持改革、敢于担当的就是促进派，把改革抓在手上、落到实处、干出成效的就是实干家。

抓改革落实，“一把手”的决心最为重要，特别是主要领导干部，既要带领大家一起定好盘子、理清路子、开对方子，又要做到重要任务亲自部署、关键环节亲自把关、落实情况亲自督察，勇于挑最重的担子、啃最硬的骨头，不能高高在上、凌空蹈虚，不能只挂帅不出征。主要负责同志抓和不抓大不一样，虚抓和实抓大不一样。各级领导干部特别是主要负责同志要把抓改革作为一项重大政治责任，把改革放在更加突出的位置来抓，做到重要改革亲自部署、重大方案亲自把关、关键环节亲自协调、落实情况亲自督察，越是难度大、见效慢的越要抓在手上，不弃微末，不舍寸功。要健全正向激励体系，着力强化敢于担当、攻坚克难的用人导向，把那些想改革、谋改革、善改革的干部用起来。加大改革创新在干部考核和提拔任用中的权重，培养一大批想干事、能干事、干成事的“狮子型”干部，推动形成允许改革有失误但不允许不改革的鲜明导向。

全面深化改革既要“取势”，更要“取实”。要把实干要求贯穿改革全过程，引导广大党员干部弘扬实事求是、求真务实的精神，理解改革要实，谋划改革要实，落实改革也要实，既当改革促进派又当改革实干家。要拿出实实在在的举措克服形式主义问题，不能“只见改革的车子左右晃动，不见改革的车子前行”。习近平总书记强调：“研究、思考、确定全面深化改革的思路和重大举措，刻舟求剑不行，闭门造车不行，异想天开更不行，必须进行全面深入的调查研究。”[①]要尽可能多听一听基层和一线的声音，尽可能多接触第一手材料，做到重要情况、矛盾问题、群众期盼心中有数，特别是出台了这么多改革举措后，成效到底如何，要刨根问底，掌握实情。

遵循改革规律和特点，建立全过程、高效率、可核实的改革落实机制，实现精确改革。要把解决实际问题作为出发点，把关系经济社会发展全局的改革、涉及重大制度创新的改革、有利于提升群众获得感的改革放在突出位置，优先抓好落实。在精准谋划、精准实施上下足功夫，改革解

① 中共中央文献研究室：《习近平关于全面建成小康社会论述摘编》，中央文献出版社 2016 年版，第 191 页。

决什么问题、什么时候推出、对制度建设有什么作用都要做到心中有数。掌握节奏和步骤，搞好统筹协调，使相关改革协同配套、整体推进，强化督促考核机制，建立健全改革举措实施效果评价体系。

在机制建设上，要突出抓主体责任、抓督办协调、抓督察落实、抓完善机制、抓改革成效、抓成果巩固，形成全过程、高效率、可核查的改革落实机制。确保党中央确定的改革方向不偏离、党中央明确的改革任务不落空，使改革精准对接发展所需、基层所盼、民心所向。推动改革落实，要善于发现问题、解决问题。要深入实际、深入基层，抓好改革督察工作，认真研究和梳理解决改革落实中出现的问题。督察过程中发现的问题，要一竿子插到底，列出问题和责任清单，明确时限要求，坚持有什么问题就整改什么问题，是谁的问题就由谁来负责整改，同时举一反三、由点及面，推动更大范围整改。要盯责任主体，抓“关键少数”，既听其言，也观其行、查其果，对敷衍塞责、拖延扯皮、落实不力、整改不到位的，要严肃追责问责。要把是否促进经济社会发展，是否给人民群众带来实实在在的获得感，作为改革成效的评价标准。

干工作、抓落实，最终要见成效。中国共产党推进全面深化改革的根本目的就是要解放和发展社会生产力，促进社会公平正义，让改革发展成果更多、更公平地惠及全体人民。在 2016 年 2 月召开的中央全面深化改革领导小组第二十一次会议上，习近平总书记明确提出要把是否促进经济社会发展、是否给人民群众带来实实在在的获得感作为改革成效的评价标准。①改革要让人民群众满意认可，就要把住方向和源头，坚持从人民利益出发谋划改革思路。人民群众关心什么、期盼什么，改革就抓住什么、推进什么。人民有所呼、改革有所应，使改革符合广大人民群众意愿、得到广大人民群众拥护。

改革是亿万人民自己的事业。改革创新最大的活力蕴藏在基层和群众中间。要尊重和发挥地方、基层、群众的首创精神，既鼓励创新、表扬先进，也允许试错、宽容失败。坚持眼睛向下、脚步向下，了解基层群众所思所想所盼，使改革更接地气。注重加强对改革的正面宣传和舆论引导，为顺利推进改革营造良好环境。

---

① 陈曙光等：《改革开放改变中国——中国改革的成功密码》，人民出版社 2018 年版，第 88 页。

六、中国开放的大门只会越开越大

开放也是改革。以开放促改革、促发展，是我国发展不断取得新成就的重要法宝。改革不停顿，开放不止步。习近平总书记强调：“中国开放的大门不会关闭，只会越开越大。”①

开放带来进步，封闭必然落后。开放是当代中国的鲜明标识。改革开放以来，我们坚持对外开放基本国策，打开国门搞建设，实现了从封闭半封闭到全方位开放的伟大历史转折。中国在对外开放中展现大国担当，成为世界经济增长的主要稳定器和动力源，促进了人类和平与发展的崇高事业。中国不断扩大对外开放，不仅发展了自己，也造福了世界。过去中国经济的发展是在开放条件下取得的，未来中国经济的发展必将在更加开放的条件下进行。这是根据中国改革发展客观需要作出的自主选择，有利于推动经济高质量发展，有利于满足人民对美好生活的向往，有利于世界和平、稳定、发展。

当今世界，开放融通的潮流滚滚向前，融入世界经济是历史大方向，经济全球化是人类社会发展的必经之路。历史地看，经济全球化是社会生产力发展的客观要求和科技进步的必然结果，为世界经济增长提供了强劲动力，促进了商品和资本流动、科技和文明进步、各国人民交往。同时，经济全球化是一把双刃剑。当世界经济处于下行期的时候，全球经济“蛋糕”不容易做大，甚至变小了，效率和公平等矛盾就会更加突出，经济全球化就会遭遇更多不确定性。

近年来，单边主义、保护主义、孤立主义上升，世界经济低迷，国际贸易和投资大幅萎缩，给人类生产生活带来了前所未有的挑战和考验。但世界决不会退回到相互封闭、彼此分割的状态，开放合作仍然是历史潮流，互利共赢依然是人心所向。大江奔腾向海，总会遇到逆流，但任何逆流都阻挡不了大江东去。习近平总书记指出：“面对经济全球化大势，像鸵鸟一样把头埋在沙里假装视而不见，或像堂吉诃德一样挥舞长矛加以抵

①《习近平谈治国理政》（第3卷），外文出版社2020年版，第202页。

制，都违背了历史规律。”[①]中国经济要发展，我们决不能被逆风和回头浪所阻，要敢于到世界市场的汪洋大海中去游泳，经风雨、见世面。如果不敢到大海中去经风雨、见世面，总有一天会在大海中溺水而亡。只有主动参与、推动引领经济全球化进程，发展更高层次的开放型经济，才能为我国开拓广阔发展空间，为共建开放型世界经济作出更大贡献。中国扩大高水平对外开放的决心不会变，同世界分享发展机遇的决心不会变，推动经济全球化朝着更加开放、包容、普惠、平衡、共赢方向发展的决心也不会变。

新形势下，必须树立全球视野，坚持实施更大范围、更宽领域、更深层次的对外开放，建设更高水平的开放型经济新体制。要依托我国超大规模市场优势，增强国内国际两个市场两种资源的联动效应，提升贸易投资合作的质量和水平。稳步扩大规则、规制、管理、标准等制度型开放，营造市场化、法治化、国际化一流营商环境。推动共建“一带一路”高质量发展，优化区域开放布局，加快建设海南自由贸易港，实施自由贸易试验区提升战略。有序推进人民币国际化。深度参与全球产业分工和合作，维护多元稳定的国际经济格局和经贸关系。

中国坚定奉行互利共赢的开放战略，不断以中国新发展为世界提供新机遇，推动建设开放型世界经济，更好地惠及各国人民。坚持经济全球化正确方向，推动贸易和投资自由化、便利化，推进双边、区域和多边合作，促进国际宏观经济政策协调，共同营造有利于发展的国际环境，共同培育全球发展新动能，反对保护主义，反对“筑墙设垒”“脱钩断链”，反对单边制裁、极限施压。

推动全面开放，要以“一带一路”建设为重点，坚持“引进来”和“走出去”并重，遵循共商共建共享原则，加强创新能力开放合作，形成陆海内外联动、东西双向互济的开放格局。坚持公平开放、共赢开放、包容开放，构建公平竞争的内外资发展环境，推动经济全球化朝着普惠共赢方向发展，探索求同存异、包容共生的国际合作新途径。“中国对外开放，不是要一家唱独角戏，而是要欢迎各方共同参与；不是要谋求势力范围，而是要支持各国共同发展；不是要营造自己的后花园，而是要建设各

① 中共中央党史和文献研究院：《十九大以来重要文献选编》（中），中央文献出版社 2021 年版，第 712 页。

国共享的百花园。”[1]

开放型世界经济的首要之义是反对保护主义。搞保护主义如同把自己关进黑屋子，看似躲过了风吹雨打，但也隔绝了阳光和空气。打贸易战的结果只能是两败俱伤。习近平总书记指出：“世界经济的大海，你要还是不要，都在那儿，是回避不了的。想人为切断各国经济的资金流、技术流、产品流、产业流、人员流，让世界经济的大海退回到一个一个孤立的小湖泊、小河流，是不可能的，也是不符合历史潮流的。”[2]

中国的发展离不开世界，世界的繁荣也需要中国。今日之中国，不仅是中国之中国，而且是世界之中国。未来之中国，必将以更加开放的姿态拥抱世界，必将同世界形成更加良性的互动，带来更加进步和繁荣的中国与世界。

---

①《习近平谈治国理政》（第 2 卷），外文出版社 2017 年版，第 42 页。

②《习近平谈治国理政》（第 2 卷），外文出版社 2017 年版，第 478 页。

第十六章　深入推进全面依法治国

法律是治国之重器，良法是善治之前提。何为“良法”？首先，良法的本质在于体现先进的立法理念。立法是服务于立法理念的活动，立法理念是统领和指引立法活动和立法制度设计的核心价值。适应现代社会的立法理念应当包括公平正义、自由平等、以人为本、公开透明、公众参与等核心价值。其次，良法应体现立法调整对象本身发展的客观规律。马克思曾说过：“立法者应该把自己看作一个自然科学家。他不是在创造法律，不是在发明法律，而仅仅是在表述法律，他用有意识的实在法把精神关系的内在规律表现出来。”[①]法律要真正发挥作用，必须客观真实地反映经济社会发展规律，反映社会实际需要。最后，良法要体现人民的意愿。只有体现人民意愿的法律，才能得到公众的普遍认可和拥护。这样的法律至少应当满足以下几个条件：同一主体及不同群体、不同个体之间的权利义务配置要大体对等、相当、均衡；法律设定的权利具有可救济性，没有救济保障的权利形同虚设；法律提供的服务具有可及性，在实践中能为公众切实获得和享受，不单单是“看上去很美”；法律需要明确、具体、凝练的表达，条款含义清晰，同一表达前后意思一致，权利义务、法律责任指向明确，可鉴别、可衡量、可执行、可操作。[②]

善治源于英语中的“good governance”。从汉语构词和语义角度来分析，“善”作为形容词，本义是“良”“好”的意思，代表的是一种价值判断；“治”可以是名词、动词或者形容词，有“治理、管理”及“安定、太平”等多种意思。从词语搭配角度考虑，“善治”最直接的意思就是“良好的管理”。从这个意义上说，将“善治”理解为国家、政府、社会及其中的各方主体的利益协调均处于一种比较良好或者理想的状态，更为妥帖、适当。从党的十九大报告描绘的建成社会主义现代化强国的蓝图来看，法治国家、法治政府、法治社会的建成，国家治理能力现代化的实

---

①《马克思恩格斯全集》（第1卷），人民出版社1995年版，第347页。

② 李富莹：《良法善治：社会主义法治的核心要义》，《学习时报》2019年7月10日，第A3版。

现，现代社会治理格局的形成，人民对美好生活的需要得到基本满足，等等，这些都是“善治”图景下不可或缺的元素。[①]

全面依法治国是关系中国共产党执政兴国、人民幸福安康、党和国家长治久安的重大战略问题，是“四个全面”战略布局的重要组成部分。全面依法治国是中国特色社会主义的本质要求和重要保障。必须把党的领导贯彻落实到依法治国全过程和各方面，坚定不移走中国特色社会主义法治道路，完善以宪法为核心的中国特色社会主义法律体系，建设中国特色社会主义法治体系，建设社会主义法治国家，发展中国特色社会主义法治理论，坚持依法治国、依法执政、依法行政共同推进，坚持法治国家、法治政府、法治社会一体建设，坚持依法治国和以德治国相结合、依法治国和依规治党有机统一，深化司法体制改革，提高全民族法治素养和道德素质。

一、坚持把全面依法治国作为国家治理的一场深刻革命

全面依法治国是中国特色社会主义的本质要求和重要保障，是国家治理的一场深刻革命，关系中国共产党执政兴国，关系人民幸福安康，关系党和国家长治久安。习近平总书记指出，“全面推进依法治国总目标是建设中国特色社会主义法治体系、建设社会主义法治国家”[②]。这个总目标，既明确了全面推进依法治国的性质和方向，又突出了工作重点和总抓手，具有纲举目张的意义。

中华人民共和国刚成立时，中国共产党在废除旧法统的同时，积极运用新民主主义革命时期根据地法制建设的成功经验，抓紧建设社会主义法治，初步奠定了社会主义法治的基础。后来，社会主义法治建设走过一段弯路，付出了沉重代价。进入改革开放历史新时期之后，中国共产党把依法治国确定为党领导人民治理国家的基本方略，把依法执政确定为党治国理政的基本方式，推动依法治国取得重大成就。

党的十八大以来，习近平总书记围绕全面依法治国提出了一系列新理念、新思想、新战略，涵盖了新时代我国法治建设的性质和方向、根本保

① 李富莹：《良法善治：社会主义法治的核心要义》，《学习时报》2019年7月10日，第A3版。

②《习近平谈治国理政》（第3卷），外文出版社2020年版，第15页。

障、总目标、总路径、总任务、总布局等各个方面，深刻回答了中国特色社会主义法治建设的一系列重大问题，为新时代深化依法治国实践，加快建设社会主义法治国家提供了根本遵循。由此，中国共产党对社会主义法治的理论认识和实践探索达到了新的历史高度。

以习近平同志为核心的党中央从关系党和国家长治久安的战略高度来定位法治、布局法治、厉行法治，把全面依法治国放在党和国家事业发展全局中来谋划、来推进，社会主义法治国家建设取得历史性成就。党的十八届四中全会对全面依法治国作出顶层设计和重大部署，明确全面推进依法治国总目标是建设中国特色社会主义法治体系、建设社会主义法治国家；党的十九大提出到 2035 年基本建成法治国家、法治政府、法治社会；党的二十大强调在法治轨道上全面建设社会主义现代化国家。在新时代，法治中国建设迈出坚实步伐，全面依法治国总体格局基本形成，法治固根本、稳预期、利长远的保障作用进一步发挥，党运用法治方式领导和治理国家的能力显著增强。

历史经验和教训使中国共产党深刻认识到，法治是治国理政不可或缺的重要手段。对于中国这样一个大国来说，要实现经济发展、政治清明、文化昌盛、社会公正、生态良好，必须把全面依法治国坚持好、贯彻好、落实好。

全面依法治国是国家治理的一场深刻革命，关系党执政兴国，关系人民幸福安康，关系党和国家长治久安。必须更好地发挥法治固根本、稳预期、利长远的保障作用，在法治轨道上全面建设社会主义现代化国家。我们要坚持走中国特色社会主义法治道路，建设中国特色社会主义法治体系、社会主义法治国家，围绕保障和促进社会公平正义，坚持依法治国、依法执政、依法行政共同推进，坚持法治国家、法治政府、法治社会一体建设，全面推进科学立法、严格执法、公正司法、全民守法，全面推进国家各方面工作法治化。

当前，我国改革发展稳定形势总体是好的，但发展不平衡不充分的一些突出问题尚未解决，人民内部矛盾和其他社会矛盾凸显，党风政风也存在一些不容忽视的问题，其中大量矛盾和问题与有法不依、执法不严、违法不究有关。人民群众对法治建设的要求越来越高，依法治国在党和国家工作全局中的地位更加突出、作用更加重大。全面依法治国，既是立足于解决我国改革发展稳定中的矛盾和问题的现实考量，也是着眼于长远的战略谋划。必须坚定不移推进全面依法治国，筑法治之基、行法治之力、积法治之势，促进各方面制度更加成熟更加定型，为党和国家事业发展提供长期性的制度保障，确保我国社会在深刻变革中既生机勃勃又井然有序。

二、坚定不移走中国特色社会主义法治道路

中国特色社会主义法治道路，本质上是中国特色社会主义道路在法治领域的具体体现。全面推进依法治国必须走对路。中国特色社会主义法治道路，是社会主义法治建设成就和经验的集中体现，是建设社会主义法治国家的唯一正确道路。习近平总书记指出：“如果路走错了，南辕北辙了，那再提什么要求和举措也都没有意义了。”[①]中国特色社会主义法治道路是管总的。正如习近平总书记所强调的：“具体讲我国法治建设的成就，大大小小可以列举出十几条、几十条，但归结起来就是开辟了中国特色社会主义法治道路这一条。”[②]因此，道路问题丝毫不能含糊。在坚持和拓展中国特色社会主义法治道路这个根本问题上，要树立自信、保持定力。

中国特色社会主义法治道路是最适合中国国情的法治道路。“为国也，观俗立法则治，察国事本则宜。”走什么样的法治道路、建设什么样的法治体系，是由一个国家的基本国情决定的。正确的法治道路书上抄不来，别人送不来，只能靠自己走出来。“中国特色社会主义法治道路，是社会主义法治建设成就和经验的集中体现，是建设社会主义法治国家的唯一正确道路。在走什么样的法治道路问题上，必须向全社会释放正确而明确的信号，指明全面推进依法治国的正确方向，统一全党全国各族人民认识和行动。”[③]

中国特色社会主义法治道路的核心要义，就是要坚持党的领导，坚持中国特色社会主义制度，贯彻中国特色社会主义法治理论。党的领导是中国特色社会主义最本质的特征，是社会主义法治最根本的保证。坚持中国

① 中共中央文献研究室：《习近平关于协调推进“四个全面”战略布局论述摘编》，中央文献出版社2015年版，第100页。

② 中共中央文献研究室：《习近平关于社会主义政治建设论述摘编》，中央文献出版社 2017 年版，第85页。

③ 中共中央文献研究室：《习近平关于协调推进“四个全面”战略布局论述摘编》，中央文献出版社2015年版，第94—95页。

特色社会主义法治道路，最根本的是坚持党的领导。中国特色社会主义制度是中国特色社会主义法治体系的根本制度基础，是全面推进依法治国的根本制度保障。中国特色社会主义法治理论是中国特色社会主义法治体系的理论指导和学理支撑，是全面推进依法治国的行动指南。这三个方面规定和确保了中国特色社会主义法治体系的制度属性和前进方向。

全面依法治国最广泛、最深厚的基础是人民。我国社会主义制度保证了人民当家作主的主体地位，也保证了人民在全面推进依法治国中的主体地位。要始终坚持以人民为中心，坚持法治为了人民、依靠人民、造福人民、保护人民，积极回应人民群众的新要求、新期待，把体现人民利益、反映人民愿望、维护人民权益、增进人民福祉落实到全面依法治国各领域全过程。

坚持中国特色社会主义法治道路的根本目的是保障人民权益。中国共产党全心全意为人民服务的根本宗旨决定了必须始终把人民作为一切工作的中心。人民是依法治国的主体和力量源泉。我国社会主义制度保证了人民当家作主的主体地位，也保证了人民在全面推进依法治国中的主体地位。只有坚定不移走中国特色社会主义法治道路，才能真正实现法治保障人民权益的根本目的。习近平总书记明确指出："坚持人民主体地位，必须坚持法治为了人民、依靠人民、造福人民、保护人民。"①加强人权法治保障，保证人民依法享有广泛权利和自由，要把体现人民利益、反映人民愿望、维护人民权益、增进人民福祉落实到依法治国全过程，使法律及其实施充分体现人民意志。要保障公民人身权、财产权、人格权、基本政治权利等不受侵犯，保证公民的经济、文化、社会等方面权利得到落实，努力维护最广大人民根本利益，保障人民群众对美好生活的向往和追求。

发展人民民主对依法治国的新期待，不仅表现或者停留在公民享有选举权与被选举权，依法享有管理权、知情权、参政议政权、监督权等政治民主和政治权利方面，而且更多的是表现在社会民主与社会权利方面，如自我管理、社会保障、医疗养老、住房就业、教育卫生、公共服务等，以及经济民主与经济权利方面，如参与经济决策和管理、获得财产或企业股份、参加工会、同工同酬、带薪休假、适当生活水准权、安全生产等。广大人民群众不仅需要抽象的民主政治权利、民主政治参与，更需要具体实在可参与、被尊重、平等公正的民主政治权利；不仅需要玻璃天花板上可

①《习近平谈治国理政》（第 2 卷），外文出版社 2017 年版，第 115 页。

望而不可即的民主政治权利，更需要兑现实在实惠实用的人身财产权利、经济社会权利、环境生态权利、食品安全权利等具体权益。[①]

全面推进依法治国是深化市场经济体制改革的内在需要。市场经济本质上是法治经济。市场经济强调市场机制在资源配置中的决定性作用，通过社会分工、公平竞争和自由等价交换，实现市场资源的有效合理配置。因此，要充分发挥市场功能，必须规范政府行为，将权力关进法律和制度的笼子里，防止政府对经济活动的不当干预、过分干预，依法保证市场主体自主决策、分散决策；必须保护财产权利与人身自由，保证市场主体平等地位，实现公平竞争；必须贯彻诚实信用原则，降低交易成本；必须严格执法、公正司法，有效解决争议，维护市场秩序。要使市场在资源配置中起决定性作用，进一步推动经济发展，必须全面推进依法治国，完善法治体系，形成良好法治环境，实现权利平等、机会平等、规则平等和法律面前人人平等；要通过民主科学立法，实现初始环节资源配置的分配正义；通过严格执法和公正司法，实现法律执行正义和矫正正义的功能。司法作为社会的“稳定器”，可以为市场经济改革提供一种缓和机制。[②]

平等是社会主义法律的基本属性，公平正义是社会主义法治的根本价值取向。法律面前人人平等，任何组织和个人都必须尊重宪法法律权威，都必须在宪法法律范围内活动，都必须依照宪法法律行使权力或权利、履行职责或义务，都不得有超越宪法法律的特权。全面依法治国就是要在立法、执法、司法、守法各个环节实现公平，让人民群众在社会生活的各个方面都能切实感受到正义。要通过不懈努力，在全社会宣扬法治观念、维护法律权威，让广大人民都能够拿起法律的武器行使自己的权利，依照法律的规定承担自己的义务。政法部门要守好公正司法的最后防线，牢记“100-1＝0”，在每一个诉讼案件、每一次利益纠纷中把平等原则落实到位，维护一切法律赋予人民的权利，保护和救济一切被损害的权利，惩罚和制裁一切违法犯罪活动。

坚持依法治国和以德治国相结合，是中国特色社会主义法治道路的鲜明特点。法律是成文的道德，道德是内心的法律。法律和道德都具有规范社会行为、调节社会关系、维护社会秩序的作用，在国家治理中都有其地

---

① 李林：《全面推进依法治国具有重大战略意义》，《法制日报》2014年10月25日，第3版。

② 李林：《全面推进依法治国具有重大战略意义》，《法制日报》2014年10月25日，第3版。

位和功能。法安天下，德润人心。法治和德治不可分离、不可偏废，必须一手抓法治，一手抓德治。要发挥法治对道德的保障作用，运用法治手段解决道德领域突出问题；强化道德对法治的支撑作用，把道德要求贯彻到法治建设中，实现法律和道德相辅相成、法治和德治相得益彰。

法治与德治之间是一种互补的关系，每一方都必须把另一方有机地看作其本来的协同者而构成统一的秩序。不仅如此，法治的建立与维护离不开道德的基础。所谓法治的道德基础，至少包括以下两个方面的含义：其一，作为社会调控主导性手段的法律必须以道德为基础，并与道德要求相一致；其二，法治要建立起来，必须得到道德的支撑与配合。①法治和德治都有各自的功能优势与局限，并且法治的优势即为德治的局限，德治的优势即为法治的局限，因此必须进行法治与德治的最佳配置，使两者的功能得到最大程度的发挥，局限得到最大程度的克服。②

走什么样的法治道路、建设什么样的法治体系，是由一个国家的基本国情决定的。全面推进依法治国，必须从我国实际出发，同推进国家治理体系和治理能力现代化相适应，既不能罔顾国情、超越阶段，也不能因循守旧、墨守成规。要突出中国特色、实践特色、时代特色，走适合自己的法治道路。

坚持从我国实际出发，要注重传承中华法律文化精华。自古以来，我国形成了世界法制史上独树一帜的中华法系，积淀了深厚的法律文化。“出礼入刑、隆礼重法”的治国策略，“民惟邦本，本固邦宁”的民本理念，“天下无讼、以和为贵”的价值追求，“德主刑辅、明德慎罚”的慎刑思想，“援法断罪、罚当其罪”的平等观念，“保护鳏寡孤独、老幼妇残”的恤刑原则等，都彰显了中华优秀传统法律文化的智慧。这些优秀的思想和理念值得我们传承，从中汲取营养、择善而用。

坚持从我国实际出发，不等于关起门来搞法治。对世界上的优秀法治文明成果，要积极学习借鉴，有选择地吸收和转化，以我为主、为我所用。但是，我们决不能照搬别国模式和做法，决不搞“全盘西化”“全面移植”。

① 郁建兴：《法治与德治衡论》，《哲学研究》2001 年第 4 期。

② 应飞虎、戴劲松：《法治与德治——基于伦理学、经济学和法学的比较分析》，《深圳大学学报（人文社会科学版）》2001 年第 3 期。

三、坚持依宪治国、依宪执政

宪法是国家的根本法，是治国安邦的总章程，是党和人民意志的集中体现，具有最高的法律地位、法律权威、法律效力。我国宪法以国家根本法的形式，确认了中国共产党的领导，确立了人民民主专政的国体和人民代表大会制度的政体。坚持依宪治国、依宪执政，就必须坚持宪法确定的中国共产党领导地位不动摇，坚持宪法确定的人民民主专政的国体和人民代表大会制度的政体不动摇。

我们坚持的依宪治国、依宪执政，与西方所谓的“宪政”本质上是不同的。有一些人打出“宪政”牌，目的是拿“西方宪政”框住我们，用所谓“宪政”否定中国共产党的领导。必须明确，我们坚持的依宪治国、依宪执政依据的是《中华人民共和国宪法》，而不是其他国家的宪法。要深刻认识当代中国宪法制度是我们党领导人民长期奋斗的必然结果，必须坚定宪法自信、增强宪法自觉，不断提高依宪治国、依宪执政的能力和水平。

宪法的生命在于实施，宪法的权威也在于实施。全国各族人民、一切国家机关和武装力量、各政党和各社会团体、各企业事业组织，都必须以宪法为根本活动准则，都负有维护宪法尊严、保证宪法实施的职责。维护宪法权威，就是维护党和人民共同意志的权威；捍卫宪法尊严，就是捍卫党和人民共同意志的尊严；保证宪法实施，就是保证人民根本利益的实现。

宪法乃九鼎重器。2018 年 3 月，十三届全国人大一次会议通过《中华人民共和国宪法修正案》，把党的十九大确定的重大理论观点和重大方针政策，特别是习近平新时代中国特色社会主义思想载入国家根本法，将党的主张上升为国家意志。这充分体现了以习近平同志为核心的党中央对依宪治国、依宪执政的坚定信念，反映了我国各族人民的共同意志和根本利益，促进了全面依法治国迈出坚实步伐。

宪法是国家的根本法。法治权威能不能树立起来，首先要看宪法有没有权威。必须把宣传和树立宪法权威作为全面推进依法治国的重大事项抓紧抓好，切实在宪法实施和监督上下功夫。

十八届四中全会通过的《中共中央关于全面推进依法治国若干重大问

题的决定》（以下简称十八届四中全会《决定》）提出建立宪法宣誓制度。这是世界上大多数有成文宪法的国家所采取的一种制度。在142个有成文宪法的国家中，规定相关国家公职人员必须宣誓拥护或效忠宪法的有97个。关于宪法宣誓的主体、内容、程序，各国做法不尽相同，一般都在有关人员开始履行职务之前或就职时举行宣誓。十八届四中全会《决定》规定，凡经人大及其常委会选举或者决定任命的国家工作人员正式就职时要公开向宪法宣誓。这样做，有利于彰显宪法权威，增强公职人员宪法观念，激励公职人员忠于宪法、维护宪法，也有利于在全社会增强宪法意识、树立宪法权威。①

要完善以宪法为核心的法律体系，所有法律法规都必须以宪法为直接或间接依据制定，不能与宪法精神相抵触。就规范性文件的审查监督而言，目前存在法律规定不完善、备案审查力度不够等问题。与宪法法律相抵触的规范性文件，目前多是采取由全国人大常委会的工作机构与制定机关沟通协调，然后制定机关自行纠正的方式解决，但效果并不是很好。部门利益法制化、地方保护主义等问题突出。

落实十八届四中全会《决定》，必须加强备案审查制度，强化违宪纠错机制，应当把所有规范性文件都纳入规范审查范围。通过备案审查依法撤销或纠正违宪违法的规范性文件。同时，要禁止地方制定带有立法性质的所谓“红头文件”，避免部门利益和地方保护主义，维护法治的统一。有关备案审查制度，宪法已有原则性规定，但在实施中目前依据的仅是全国人大常委会通过的两个规范性文件②，法律效力不强，应将其提升为法律规定，进一步强化纠错机制的刚性要求。③

党的十九大报告指出：“加强宪法实施和监督，推进合宪性审查工作，维护宪法权威。”④党的二十大报告指出：“完善以宪法为核心的中国特色社会主义法律体系。坚持依法治国首先要坚持依宪治国，坚持依法执政首先要坚持依宪执政，坚持宪法确定的中国共产党领导地位不动摇，坚持宪法确定的人民民主专政的国体和人民代表大会制度的政体不动摇。

---

① 中共中央文献研究室：《习近平关于全面依法治国论述摘编》，中央文献出版社 2015 年版，第48页。

② “两个规范性文件”，分别指《行政法规、地方性法规、自治条例和单行条例、经济特区法规备案审查工作程序》和《司法解释备案审查工作程序》。

③ 汪红：《地方红头文件需违宪审查》，《法制晚报》2014年11月4日，第A3版。

④《习近平谈治国理政》（第3卷），外文出版社2020年版，第30页。

加强宪法实施和监督，健全保证宪法全面实施的制度体系，更好发挥宪法在治国理政中的重要作用，维护宪法权威。”[①]这些重要论述表明宪法地位的重要性不言而喻，但更重要的是为我们指明了一条重要的司法道路，即通过合宪性审查进行宪法监督，以此保证宪法的实施、维护宪法的稳定，进一步推进“依宪治国”“依法治国”。“合宪性审查”，就是由有关权力机关依据宪法和相关法律规定，对可能存在违反宪法规定的法律法规、规范性文件及国家相关机关履行宪法职责的行为进行审查，并对发现的违反宪法的问题进行纠正。[②]

长期以来，我国针对规范性文件的审查存在三种模式，即合宪性审查、合法性审查、适当性审查。从审查实践来看，三者界限的模糊已经严重影响了合宪性审查功能的发挥，因此有必要厘清三者的区别。合宪性审查、合法性审查、适当性审查最主要的不同，体现在审查内容上。一方面，合宪性审查是对下位的初级规则是否违反次级规则（初级规则效力基础）进行审查，合法性审查的本质则是审查下位的初级规则是否抵触上位的初级规则；另一方面，合宪性审查是审查下位法是否违反宪法中规定的“什么是有效的立法”的标准，包括形式标准和实质标准，而合法性审查则主要审查下位法是否符合上位法的立法目的。同时，与合宪性审查和合法性审查都针对下位法是否超越上位法设定的框架不同，适当性审查是在上位法的框架内针对下位法的立法裁量是否适当进行审查，过度禁止、不足禁止和恣意禁止分别构成了立法裁量权行使的上限、下限和边限。合宪性审查、合法性审查、适当性审查三者虽然存在不同，但也具有联系。在实际操作中，应当遵循“先合法性审查、再合宪性审查、最后适当性审查”的阶层性审查次序。[③]

四、建设中国特色社会主义法治体系

中国特色社会主义法治体系是一个内容丰富的有机整体，是我国法治

① 习近平：《高举中国特色社会主义伟大旗帜 为全面建设社会主义现代化国家而团结奋斗——在中国共产党第二十次全国代表大会上的报告》，《人民日报》2022年10月26日，第1版。

② 胡懿萌：《论中国合宪性审查》，《法制与社会》2019年第30期。

③ 王锴：《合宪性、合法性、适当性审查的区别与联系》，《中国法学》2019年第1期。

建设的“纲”，是国家治理体系的骨干工程。习近平总书记指出：“全面推进依法治国涉及很多方面，在实际工作中必须有一个总揽全局、牵引各方的总抓手，这个总抓手就是建设中国特色社会主义法治体系。”[①]加快建设中国特色社会主义法治体系，就要加快形成完备的法律规范体系、高效的法治实施体系、严密的法治监督体系、有力的法治保障体系，以及完善的党内法规体系。

1. 加快形成完备的法律规范体系

良法是善治的前提。“立善法于天下，则天下治；立善法于一国，则一国治。”建设中国特色社会主义法治体系，要完善以宪法为核心的中国特色社会主义法律体系。目前，我国有法律 250 多部、行政法规 700 多部、地方性法规 9000 多部、行政规章 11 000 多部，中国特色社会主义法律体系已经形成，但还需适应中国特色社会主义进入新时代的要求，进一步完善。要继续完善以宪法为统帅的中国特色社会主义法律体系，把国家各项事业和各项工作纳入法制轨道。要坚持立法先行，加快完善法律、行政法规、地方性法规体系，完善社会规范体系，为全面依法治国提供基本遵循。要紧紧围绕提高立法质量和立法效率，继续加强和改进立法工作，坚持科学立法、民主立法、依法立法，坚持立改废释并举，增强法律法规的及时性、系统性、针对性、有效性，提高法律法规的可执行性、可操作性。要加强重点领域立法，及时反映新时代党和国家事业发展要求，回应人民群众的关切期待。要健全完善立法体制。2016 年，中共中央印发《关于加强党领导立法工作的意见》，完善党对立法工作中重大问题决策的程序。要依法赋予设区的市地方立法权。2015 年立法法修改后，享有地方立法权的主体增加了 274 个。

人民群众对立法的期盼，已经不是有没有，而是好不好、管用不管用、能不能解决实际问题；不是什么法都能治国，不是什么法都能治好国；越是强调法治，越要提高立法质量。这些话是有道理的。习近平总书记强调：“我们要完善立法规划，突出立法重点，坚持立改废并举，提高立法科学化、民主化水平，提高法律的针对性、及时性、系统性。要完善立法工作机制和程序，扩大公众有序参与，充分听取各方面意见，使法律

① 中共中央文献研究室：《习近平关于协调推进“四个全面”战略布局论述摘编》，中央文献出版社 2015 年版，第 95 页。

准确反映经济社会发展要求，更好协调利益关系，发挥立法的引领和推动作用。”①

习近平总书记语重心长地指出，各有关方面都要从党和国家工作大局出发看待立法工作，不要囿于自己那些所谓利益，更不要因此对立法工作形成干扰。要想明白，国家和人民整体利益再小也是大，部门、行业等局部利益再大也是小。彭真同志说立法就是在矛盾的焦点上“砍一刀”，实际上就是要统筹协调利益关系。如果有关方面都在相关立法中掣肘，都抱着自己那些所谓利益不放，或者都想避重就轻、拈易怕难，不仅实践需要的法律不能及时制定和修改，就是弄出来了，也可能不那么科学适用，还可能造成相互推诿扯皮甚至“依法打架”。这个问题要引起我们高度重视。②

特别值得一提的是，2020 年 5 月 28 日，十三届全国人大三次会议表决通过了《中华人民共和国民法典》。这部法律自 2021 年 1 月 1 日起施行。这是中华人民共和国第一部以法典命名的法律，是截至目前我国体量最为庞大的法律，被誉为社会生活的百科全书。民法典是保护私权利的法律汇总，某种意义上讲，民法典是民事权利的宣言书和保障书，也是公民社会生活的百科全书。民法典的编纂与出台是新时代中国特色社会主义法治进程中科学立法、民主立法、依法立法的重要里程碑，也是全面推进依法治国、加快建设社会主义法治国家，不断提升国家治理体系和治理能力现代化的重大举措。

党的十八大以来，我国在“一国两制”的法治实践方面也有了更积极的成效。2020 年 6 月 30 日，十三届全国人大常委会第二十次会议通过了《中华人民共和国香港特别行政区维护国家安全法》，填补了香港回归 23 年以来在国家安全立法上的空白。这是党和国家在“一国两制”模式下探索法治建设所迈出的坚实步伐，是对“修例风波”以来猖狂作乱的“港独”分子及企图动摇我国根基的境外势力的一次有力震慑，为实现香港长期繁荣稳定提供了坚强的制度保障。在祖国统一和“一国两制”的法制化建设不断发展的历史进程中，所有意图分裂中国、抹黑中国共产党集中统一领导的言论终将被实践否定。

---

① 中共中央文献研究室：《习近平关于全面深化改革论述摘编》，中央文献出版社 2014 年版，第 72 页。

② 中共中央文献研究室：《习近平关于全面依法治国论述摘编》，中央文献出版社 2015 年版，第 44 页。

2. 加快形成高效的法治实施体系

法律的生命力在于实施，法律的权威也在于实施。“天下之事，不难于立法，而难于法之必行。”法律的有效实施，是全面依法治国的重点和难点。建设中国特色社会主义法治体系，要建立高效的法治实施体系。宪法是治国安邦的总章程，是全面依法治国的总依据。坚持依法治国首先要坚持依宪治国，坚持依法执政首先要坚持依宪执政。坚持依宪治国、依宪执政，就要坚持宪法确定的中国共产党领导地位不动摇，坚持宪法确定的人民民主专政的国体和人民代表大会制度的政体不动摇。必须明确，我们坚持的依宪治国、依宪执政，与西方所谓的“宪政”本质上是不同的。全面依法治国，要用科学有效、系统完备的制度体系保证宪法实施，维护宪法尊严，把宪法实施提高到新水平。按照有法必依、执法必严、违法必究的要求，要加快完善执法、司法、守法等方面的体制机制，坚持严格执法、公正司法、全民守法，切实维护法律尊严和权威，确保法律得到全面有效实施。

以最高人民法院的最新工作成绩为例。最高人民法院坚决贯彻习近平总书记重要指示精神和党中央决策部署，在中央政法委的领导下，认真落实依法防控要求，单独或会同有关单位制定依法惩治妨害疫情防控犯罪和妨害国境卫生检疫犯罪、保障复工复产等意见，完善服务“六稳”“六保”的司法举措，发布 57 个惩处涉疫犯罪和服务复工复产的典型案例，努力为抗疫护航、为大局服务。各级法院统筹做好疫情防控和维护稳定等工作，审结各类涉疫案件 2736 件，促进涉疫矛盾纠纷源头预防化解；严惩侵害医务工作者人身安全和人格尊严犯罪，保护抗疫中负重前行的“最美逆行者”；坚持审慎善意文明司法，积极为中小微企业纾困解难；运用远程立案、网上审判、智慧执行及时定分止争。智慧法院在疫情防控期间大显身手，全国法院网上立案 136 万件、开庭 25 万次、调解 59 万次，电子送达 446 万次，网络查控 266 万件，司法网拍成交额 639 亿元，执行到位金额 2045 亿元。①

① 2020 年 5 月 25 日，最高人民法院院长周强在第十三届全国人民代表大会第三次会议上作的报告——《最高人民法院工作报告》，http://www.scio.gov.cn/ztk/dtzt/42313/43090/43092/Document/1681523/1681523.htm。

3. 加快形成严密的法治监督体系

纵观人类政治文明史，权力是一把双刃剑，在法治轨道上行使可以造福人民；在法律之外行使则必然祸害国家和人民。权力不论大小，只要不受制约和监督，都可能被滥用。没有监督的权力必然导致腐败，这是一条铁律。建设中国特色社会主义法治体系，要以规范和约束公权力为重点，构建党统一指挥、全面覆盖、权威高效的监督体系，把党内监督同国家机关监督、民主监督、司法监督、群众监督、舆论监督等贯通起来，增强监督合力，强化监督责任，提高监督实效，做到有权必有责、有责要担当、失责必追究。公权力腐败的表现形式五花八门，公权力腐败的原因也不尽相同，但归根结底是权力寻租，是掌握和行使公权力的各类主体的腐败，而这些主体基本上都是政府官员和公职人员。所以，各法治国家不仅要依法治权，而且要依法治官、从严治吏。在我国，依法治权、依法治官是全面推进依法治国、依法执政和依法行政的必然要求，是法治思维下反腐治权的必然要求。反腐必须治权，治权必靠法治。[①]

4. 加快形成有力的法治保障体系

“徒善不足以为政，徒法不能以自行。”完善有力的法治保障对全面推进依法治国至关重要。如果没有一系列相配套的保障条件，全面依法治国就难以实现。切实加强和改进党对全面依法治国的领导，提高依法执政能力和水平，为全面依法治国提供了有力的政治和组织保障；加强法治队伍建设，为全面依法治国提供了有力的队伍保障和坚实的物质经费保障；改革和完善不符合法治规律、不利于依法治国的体制机制，为全面依法治国提供了完备的制度保障。

5. 加快形成完善的党内法规体系

治国必先治党。建设中国特色社会主义法治体系，就要形成完善的党内法规体系。党内法规既是全面从严治党的重要依据，也是全面依法治国的有力保障。依规治党深入党心，依法治国才能深入民心。要坚持依法治国与制度治党、依规治党统筹推进、一体建设，完善党内法规制定的体制机制，注重党内法规同国家法律的衔接和协调，构建以党章为根本，以民

---

① 李林：《全面推进依法治国具有重大战略意义》，《法制日报》2014 年 10 月 25 日，第 3 版。

主集中制为核心，以准则、条例等中央党内法规为主干，由各领域各层级党内法规制度组成的党内法规制度体系，切实提高党内法规执行能力和水平。

五、健全社会公平正义法治保障制度

公平正义是中国共产党追求的一个非常崇高的价值。中国共产党全心全意为人民服务的宗旨决定了我们必须追求公平正义，保护人民权益。全面依法治国，必须紧紧围绕保障和促进社会公平正义来进行。

法治不仅要求完备的法律体系、完善的执法机制、普遍的法律遵守，更要求公平正义得到维护和实现。“理国要道，在于公平正直。”老百姓讲“一碗水端平”。如果不端平、端不平，老百姓就会有意见，就会有怨气，久而久之社会和谐稳定就难以实现。因此，习近平总书记强调：“必须牢牢把握社会公平正义这一法治价值追求，努力让人民群众在每一项法律制度、每一个执法决定、每一宗司法案件中都感受到公平正义。”①

公正是司法的灵魂和生命。公正司法是维护社会公平正义的最后一道防线。所谓公正司法，就是受到侵害的权利一定会得到保护和救济，违法犯罪活动一定要受到制裁和惩罚。

公正司法对社会公正具有重要引领作用，而司法不公对社会公正具有致命破坏作用。如果人民群众通过司法程序不能保证自己的合法权利，那司法就没有公信力，人民群众也不会相信司法。人民群众每一次求告无门、每一次经历冤假错案，损害的都不仅仅是他们的合法权益，更是法律的尊严和权威，是他们对社会公平正义的信心。习近平总书记强调：“要懂得‘100−1＝0’的道理，一个错案的负面影响足以摧毁九十九个公正裁判积累起来的良好形象。执法司法中万分之一的失误，对当事人就是百分之百的伤害。”②

推进公正司法，要坚持司法为民，维护人民权益。重点解决好损害群众权益的突出问题，决不允许对群众的报警求助置之不理，决不允许让普

①《习近平谈治国理政》（第3卷），外文出版社2020年版，第284页。

② 中共中央文献研究室：《习近平关于全面依法治国论述摘编》，中央文献出版社2015年版，第96页。

通群众打不起官司，决不允许滥用权力侵犯群众合法权益，决不允许执法犯法造成冤假错案。要构建开放、动态、透明、便民的阳光司法机制，以公开促公正、以透明保廉洁。增强主动公开、主动接受监督的意识，依法及时公开执法司法依据、程序、流程、结果和裁判文书，让暗箱操作没有空间，让司法腐败无法藏身，让公平正义的阳光照耀人民的心田。

推进公正司法，必须深化司法体制改革。要按照权责统一、权力制约、公开公正、尊重程序的要求，从确保依法独立公正行使审判权和检察权、健全司法权力运行机制、完善人权司法保障制度三个方面，着力破解体制性、机制性、保障性障碍，不断提高司法公信力。各级党组织和领导干部要旗帜鲜明支持司法机关依法独立公正行使职权，绝不容许利用职权干预司法。司法人员要刚正不阿，勇于担当，敢于依法排除来自司法机关内部和外部的干扰，坚守公正司法的底线。

总之，应当通过法律和法治来表达和实现可操作的公平正义。一要充分发挥法治的功能，重构我国社会公平正义的基本评判体系，把公众对于公平正义的利益诉求纳入法治轨道。例如，通过科学立法，把抽象合理的公平正义诉求转化为具体明确的法定权利或权益；通过严格执法和公正司法，保障公众的合法权益。公众通过法治方式，依法维护和实现自己表现为法定权利或权益的公平正义。二要通过公平公正的实体法，合理规定公民的权利与义务，合理分配各种资源和利益，科学配置各类权力与责任，实现实体内容上的分配正义。三要通过民主科学的程序法，制定能够充分反映民意并为大多数人接受的程序规则，从程序法上来配置资源、平衡利益、协调矛盾、缓解冲突、规范行为，实现程序规则上的公平正义。四要在发生矛盾纠纷等利益冲突问题时，通过包括司法程序在内的各种法治程序、法治机制来解决，实现法治实体与程序的公正，至少是法治程序的公正。①

六、加强党对全面依法治国的领导

1. 坚持党的领导是中国特色社会主义法治之魂

坚持党的领导，是社会主义法治的根本要求，是党和国家的根本所

① 李林：《全面推进依法治国具有重大战略意义》，《法制日报》2014年10月25日，第3版。

在、命脉所在，是全国各族人民的利益所系、幸福所系，是全面推进依法治国的题中应有之义。党的领导和社会主义法治是一致的，社会主义法治必须坚持党的领导，党的领导必须依靠社会主义法治。在我国，法是党的主张和人民意愿的统一体现，党领导人民制定宪法法律，党领导人民实施宪法法律，党自身必须在宪法法律范围内活动，这就是党的领导力量的体现。党和法、党的领导和依法治国是高度统一的。只有在党的领导下依法治国、厉行法治，人民当家作主才能充分实现，国家和社会生活法治化才能有序推进。

坚持“党的领导是中国特色社会主义法治之魂”[①]。党的领导是实现全面推进依法治国总目标的最根本保证，必须始终坚持党总揽全局、协调各方的领导核心地位不动摇。新时代我国法治建设之所以能迅速开创新局面、谱写新篇章，最根本的就是有以习近平同志为核心的党中央的坚强领导，有习近平新时代中国特色社会主义思想的科学指导。全面依法治国，要有利于加强和改善党的领导，有利于巩固党的执政地位、完成党的执政使命，决不是要削弱党的领导。党中央作出成立中央全面依法治国委员会的重大决策，这是加强党对法治中国建设统一领导的一项重大举措，对于更好地坚持党对全面依法治国的领导意义十分重大、作用十分关键。

坚持党的领导，不是一句空洞的口号，必须具体体现在党领导立法、保证执法、支持司法、带头守法上。要加强党对全面依法治国的集中统一领导，确保党的领导贯彻到依法治国全过程和各方面，不断提高党领导依法治国的能力和水平。新时代推进全面依法治国，必须把习近平新时代中国特色社会主义思想作为科学指南，把牢固树立“四个意识”作为根本原则，把坚定维护以习近平同志为核心的党中央权威和集中统一领导作为根本要求，把坚持和加强党的全面领导作为根本保证。

健全党领导依法治国的制度和工作机制，要完善党确定依法治国方针政策和决策部署的工作机制和程序，加强党对全面依法治国的统一领导、统一部署、统筹协调。要把依法治国、依法执政、依法行政统一起来，把党总揽全局、协调各方同人大、政府、政协、监察机关、审判机关、检察机关依法依章程履行职能、开展工作统一起来，把党领导人民制定和实施宪法法律同党坚持在宪法法律范围内活动统一起来。要善于使党的主张通

① 中共中央文献研究室：《习近平关于全面依法治国论述摘编》，中央文献出版社 2015 年版，第 35 页。

过法定程序成为国家意志，善于使党组织推荐的人选通过法定程序成为国家政权机关的领导人员，善于通过国家政权机关实施党对国家和社会的领导，善于运用民主集中制原则维护党和国家权威、维护全党全国的团结统一。要充分发挥各级党委的领导核心作用，把法治建设真正摆在全局工作的突出位置，与经济社会发展工作同部署、同推进、同督促、同考核、同奖惩。要进一步完善党委统一领导和各方分工负责、齐抓共管的责任落实机制，强化全面依法治国方针政策和决策部署的有效贯彻执行。

2. 党和法的关系是一个根本问题

全面推进依法治国这件大事能不能办好，最关键的是方向是不是正确、政治保证是不是坚强有力。这其中最重要的，就是要正确认识、把握党和法的关系。习近平总书记指出：“党和法的关系是一个根本问题，处理得好，则法治兴、党兴、国家兴；处理得不好，则法治衰、党衰、国家衰。”①抓住了这个根本问题，就抓住了中国特色社会主义法治的本质和核心。社会主义法治必须坚持党的领导。改革开放以来我国社会主义法治建设的各项成就，都是在党的领导下、在党的正确路线方针政策指引下取得的。可以说，没有党的领导，就没有中国特色社会主义法治道路。什么时候党的领导弱化了，什么时候党领导法治建设的能力和水平下降了，中国的法治发展就会举步维艰、徘徊不前。②

党和法的关系问题是一个重大政治问题。针对国内外一些居心叵测的人企图把党的领导和法治割裂开来、对立起来，最终达到否定、取消党的领导的目的，习近平总书记一针见血地指出：“‘党大还是法大’是一个政治陷阱，是一个伪命题。对这个问题，我们不能含糊其辞、语焉不详，要明确予以回答。”③

在我国，依宪治国、依宪执政同西方所谓“宪政”有着本质区别。任何人以任何借口否定中国共产党领导和我国社会主义制度，都是错误的、

① 中共中央文献研究室：《习近平关于全面依法治国论述摘编》，中央文献出版社 2015 年版，第 33 页。

② 莫纪宏：《党的领导是鲜明优势》，《人民日报》2018 年 8 月 31 日，第 7 版。

③ 中共中央文献研究室：《习近平关于全面依法治国论述摘编》，中央文献出版社 2015 年版，第 34 页。

有害的，都是违反宪法的，都是绝对不能接受的。①

当然，我们说不存在“党大还是法大”的问题，是把党作为一个执政整体、就党的执政地位和领导地位而言的，具体到每个党政组织、每个领导干部，就是必须服从和遵守宪法法律。有些事情要提交党委把握，但这种把握不是私情插手，不是包庇性的干预，而是一种政治性、程序性、职责性的把握。这个界线一定要划分清楚。②

3. 全面依法治国必须抓住领导干部这个“关键少数”

全面依法治国必须抓住领导干部这个“关键少数”。中国共产党领导立法、保证执法、支持司法、带头守法，主要是通过各级领导干部的具体行动和工作来体现、来实现的，他们的信念、决心、行动，对全面推进依法治国具有十分重要的意义。

对各级党政组织、各级领导干部来说，真正要解决的是“权大还是法大”的问题，这是一个真命题。我们说要把权力关进制度的笼子里，就是要依法设定权力、规范权力、制约权力、监督权力。如果法治的堤坝被冲破了，权力的滥用就会像洪水一样成灾。各级党政组织、各级领导干部手中的权力是党和人民赋予的，是上下左右有界受控的，不是可以为所欲为、随心所欲的。要把厉行法治作为治本之策，把权力运行的规矩立起来、讲起来、守起来，真正做到谁把法律当儿戏，谁就必然要受到法律的惩罚。③

领导干部做尊法学法守法用法的模范，是实现全面依法治国目标和任务的关键所在。每个领导干部都要牢固树立宪法法律至上、法律面前人人平等、权由法定、权依法使等基本法治观念，提高运用法治思维和法治方式深化改革、推动发展、化解矛盾、维护稳定的能力。一个人纵有天大的本事，如果没有很强的法治意识、不守规矩，那么也不能当领导干部，这个关首先要把住。决不能让那些法治意识不强、无法无天的人一步步升上来，这种人官当得越大，对党和国家的危害也就越大。要把能不能遵守法律、依法办事作为考察干部的重要内容。在相同条件下，优先提拔和使用

---

① 中共中央文献研究室：《习近平关于全面依法治国论述摘编》，中央文献出版社 2015 年版，第 36—37 页。

②《习近平谈治国理政》（第 4 卷），外文出版社 2022 年版，第 288 页。

③ 中共中央纪律检查委员会、中共中央文献研究室：《习近平关于严明党的纪律和规矩论述摘编》，中央文献出版社、中国方正出版社 2016 年版，第 59 页。

法治素养好、依法办事能力强的干部。

要把权力关进制度的笼子里，把厉行法治作为根本之策，解决好权大还是法大这个真命题。党纪国法不能成为“橡皮泥”“稻草人”。法治之下，没有免罪的“丹书铁券”，也没有“铁帽子王”。一把手抓法治，是全面依法治国关键中的关键。党政主要负责人要亲力亲为，不能当甩手掌柜，不搞花架子、做表面文章，不能一年开一两次会、讲一两次话了事。为了把“一把手抓法治”落到实处，中央制定实施了《党政主要负责人履行推进法治建设第一责任人职责规定》，明确了县级以上地方党委和政府主要负责人在推进法治建设中应当履行的主要职责，在制度上夯实筑牢了推进法治建设的一把手责任。

第十七章 全面从严治党永远在路上

习近平总书记指出："中国共产党是世界上最大的政党。大就要有大的样子。实践充分证明，中国共产党能够带领人民进行伟大的社会革命，也能够进行伟大的自我革命。我们要永葆蓬勃朝气，永远做人民公仆、时代先锋、民族脊梁。"①"办好中国的事情，关键在党，关键在坚持党要管党、全面从严治党。我们党只有在领导改革开放和社会主义现代化建设伟大社会革命的同时，坚定不移推进党的伟大自我革命，敢于清除一切侵蚀党的健康肌体的病毒，使党不断自我净化、自我完善、自我革新、自我提高，不断增强党的政治领导力、思想引领力、群众组织力、社会号召力，才能确保党始终保持同人民群众的血肉联系。"②

全面从严治党是新时代党的自我革命的伟大实践，开辟了百年大党自我革命的新境界。党的十八大以来，以习近平同志为核心的党中央把全面从严治党作为新时代党的建设的鲜明主题，将这一战略方针贯穿中国特色社会主义事业全过程和党的建设各方面，以前所未有的勇气和定力推进党风廉政建设和反腐败斗争，刹住了一些长期没有刹住的歪风，纠治了一些多年未除的顽瘴痼疾，消除了党、国家、军队内部存在的严重隐患，管党治党宽松软状况得到根本扭转。没有全面从严治党的革命性锻造，就不会有今天这样一个高度团结、坚强有力的中国共产党，就不会有在困难面前万众一心、众志成城的党群关系，就不可能在国际风云变幻中赢得历史主动。

治国必先治党，治党务必从严。全面从严治党，核心是加强党的领导，基础在全面，关键在严，要害在治。"全面"就是管全党、治全党，面向全体党员、党组织，覆盖党的建设的各个领域、各个方面、各个部门，重点是抓住"关键少数"。"从严"就是用更严格的标准管党治党，对党员的要求比对普通群众的要求更严格，党规党纪严于国家法律。"世

---

①《习近平谈治国理政》（第 3 卷），外文出版社 2020 年版，第 67 页。

②《习近平谈治国理政》（第 3 卷），外文出版社 2020 年版，第 188 页。

间事，做于细，成于严。”共产党人最讲认真，全面从严治党讲认真，就是坚持严字当头。总之，“全面”二字“强调了工作范畴的周密性、主体对象的完整性和功能目的的全局性”；“从严”是指要求上从严、措施上从严、查处上从严和过程上从严；“治党”则是国家治理体系和治理能力现代化的自然展开。①

一、依靠党的自我革命跳出历史周期率

跳出历史周期率的问题是关系党千秋伟业的一个重大问题，关系党的生死存亡，关系我国社会主义制度的兴衰成败。如何跳出历史周期率？党始终在思索、一直在探索。毛泽东同志在延安的窑洞里给出了第一个答案，这就是“让人民来监督政府”；经过百年奋斗特别是党的十八大以来新的实践，党又给出了第二个答案，这就是自我革命。

中国共产党是马克思主义执政党，同时是马克思主义革命党。勇于自我革命，是我们党最鲜明的品格，也是我们党最大的优势。自我革命就是补钙壮骨、排毒杀菌、壮士断腕、去腐生肌，不断清除侵蚀党的健康肌体的病毒，不断提高自身免疫力，防止人亡政息。一百多年来，我们党外靠发展人民民主、接受人民监督，内靠全面从严治党、推进自我革命，勇于坚持真理、修正错误，勇于刀刃向内、刮骨疗毒，保证了党长盛不衰、不断发展壮大。要把新时代坚持和发展中国特色社会主义这场伟大社会革命进行好，中国共产党必须勇于进行自我革命。

打铁必须自身硬。办好中国的事情，关键在党，关键在坚持党要管党、全面从严治党。习近平总书记指出：“党和人民事业发展到什么阶段，全面从严治党就要跟进到什么阶段，坚持严字当头，把严的要求贯穿管党治党全过程，以自我革命的政治勇气着力解决党内存在的突出问题，做到管党有方、治党有力、建党有效。”②

中国共产党之所以有自我革命的勇气，是因为中国共产党始终不忘初心、牢记使命，坚持为中国人民谋幸福、为中华民族谋复兴。除了国家、

① 崔玉晓：《中国共产党全面从严治党的经验研究》，《青年时代》2017 年第 29 期。

② 中共中央文献研究室：《习近平关于全面从严治党论述摘编》，中央文献出版社 2016 年版，第 13 页。

民族、人民的利益，中国共产党没有任何自己的特殊利益。不谋私利，才能谋根本、谋大利，才有资格、有底气敢于直面问题，勇于自我革命。在领导中国革命、建设、改革一个多世纪的奋斗历程中，中国共产党为什么能够在现代中国各种政治力量的反复较量中脱颖而出？为什么能够始终走在时代前列、成为中国人民和中华民族的主心骨？根本原因在于中国共产党始终保持了自我革命精神，一次次拿起手术刀革除自身的病症，一次次依靠自身力量和与群众结合的力量解决自身问题，攻克了一个又一个看似不可攻克的难关。习近平总书记指出："勇于自我革命，是我们党最鲜明的品格，也是我们党最大的优势。中国共产党的伟大不在于不犯错误，而在于从不讳疾忌医，敢于直面问题，勇于自我革命，具有极强的自我修复能力。"①实践证明，中国共产党每一次自我革命，都不是简单的自我修复，而是从里到外的深刻改造、深度重塑，使中国共产党能够一次次转危为安、化危为机，不断由小到大、由弱变强，带领中国人民从胜利走向新的胜利。

历史深刻地昭示我们，必须不断进行自我革命，同一切影响党的先进性、弱化党的纯洁性的问题作坚决斗争，实现自我净化、自我完善、自我革新、自我提高。这"四个自我"形成了依靠党自身力量发现问题、纠正偏差、推动创新、实现执政能力整体性提升的良性循环。

中国特色社会主义进入新时代，党的建设面临艰巨任务。一方面，全面建设社会主义现代化国家、实现中华民族伟大复兴，对中国共产党提出了前所未有的新挑战和新要求。另一方面，影响党的先进性、弱化党的纯洁性的各种因素具有很强的危险性和破坏性，党面临的执政考验、改革开放考验、市场经济考验、外部环境考验是长期的、复杂的，面临的精神懈怠危险、能力不足危险、脱离群众危险、消极腐败危险是尖锐的、严峻的。

习近平总书记指出："以史为鉴可以知兴替。功成名就时做到居安思危、保持创业初期那种励精图治的精神状态不容易，执掌政权后做到节俭内敛、敬终如始不容易，承平时期严以治吏、防腐戒奢不容易，重大变革关头顺乎潮流、顺应民心不容易。我们党要始终成为时代先锋、民族脊

① 中共中央党史和文献研究院：《十八大以来重要文献选编》（下），中央文献出版社 2018 年版，第 589 页。

梁，始终成为马克思主义执政党，自身必须始终过硬。”[①]怎样才算过硬？就是要勇于进行自我革命，勇于刀刃向内，勇于刮骨疗毒，勇于壮士断腕。中国共产党只有勇于直面问题，消除一切损害党的先进性和纯洁性的因素，清除一切侵蚀党的健康肌体的病毒，不断增强党自我净化、自我完善、自我革新、自我提高的能力，才能确保党拥有旺盛的生命力和强大的战斗力，为党和国家事业发展提供坚强的政治保证。中国特色社会主义进入新时代后，中国共产党一定要有新气象新作为，关键是党的建设新的伟大工程要开创新局面。

全面从严治党是党永葆生机活力、走好新的赶考之路的必由之路。必须持之以恒推进全面从严治党，深入推进新时代党的建设新的伟大工程，以党的自我革命引领社会革命。

勇于自我革命、全面从严治党，是党的建设的一贯要求和根本方针。党的十九大明确提出了新时代党的建设总要求，对推进党的建设新的伟大工程作了顶层设计和战略部署，进一步丰富发展了马克思主义建党学说，标志着中国共产党对执政党建设规律的认识达到了新的高度，为新时代推进党的建设新的伟大工程，继续推进党的自我革命指明了前进路径和努力方向。

全面从严治党永远在路上。中国共产党面临的“四大考验”是长期的、复杂的，面临的“四种危险”是尖锐的、严峻的，党内存在的思想不纯、政治不纯、组织不纯、作风不纯等突出问题尚未得到根本解决。还要看到，“四风”问题树倒根存，形式主义、官僚主义问题依然突出。[②]全面从严治党永远在路上，不能有任何喘口气、歇歇脚的念头。必须始终保持思想上的冷静清醒，增强行动上的勇毅执着，坚定全面从严的政治自觉，不断推动全面从严治党向纵深发展。

党的十八大以来，以习近平同志为核心的党中央把“从严治党”提升到“全面”的高度，从“什么是全面从严治党”“为什么要全面从严治党”“怎样做到全面从严治党”等方面，提出了许多新观点、新思想和新要求，以全面深化改革的思维，以全新的视角对党的建设重大现实问题作了系统而全面的阐述，形成了较为完整的全面从严治党思想体系和制度体

①《习近平谈治国理政》（第3卷），外文出版社2020年版，第71页。

② 习近平：《在“不忘初心、牢记使命”主题教育工作会议上的讲话》，人民出版社 2019 年版，第3页。

系，丰富了马克思主义建党治党理论。

二、时刻保持解决大党独有难题的清醒和坚定

治国必先治党，党兴才能国强。我们党作为世界上最大的马克思主义执政党，要始终赢得人民拥护、巩固长期执政地位，必须时刻保持解决大党独有难题的清醒和坚定。这是我们党从所处的历史方位、肩负的使命任务、面临的复杂环境出发，深刻把握党的根本性质和党情国情发展变化，对新时代新征程全面从严治党提出的新的重大命题。

我们党是在马克思主义建党学说指导下、按照民主集中制原则建立起来的政党，在世界上人口最多的国家长期执政，既有办大事、建伟业的巨大优势，也面临治党治国的难题。如何始终不忘初心、牢记使命，如何始终统一思想、统一意志、统一行动，如何始终具备强大的执政能力和领导水平，如何始终保持干事创业的精神状态，如何始终及时发现和解决自身存在的问题，如何始终保持风清气正的政治生态，都是我们这个大党必须解决的独有难题。解决这些难题，是实现新时代新征程党的使命任务必须迈过的一道坎，是全面从严治党适应新形势新要求必须啃下的硬骨头。

解决大党独有难题，是一个长期而艰巨的过程。要清醒看到，党内一些深层次问题尚未根本解决，一些老问题反弹回潮的可能始终存在，稍有松懈就会死灰复燃，新的问题还在不断出现，党面临的执政考验、改革开放考验、市场经济考验、外部环境考验将长期存在，精神懈怠危险、能力不足危险、脱离群众危险、消极腐败危险将长期存在。习近平总书记指出："全面从严治党永远在路上，党的自我革命永远在路上，决不能有松劲歇脚、疲劳厌战的情绪，必须持之以恒推进全面从严治党，深入推进新时代党的建设新的伟大工程，以党的自我革命引领社会革命。"[①]要站在事关党长期执政、国家长治久安、人民幸福安康的高度，把全面从严治党作为党的长期战略、永恒课题，始终坚持问题导向，保持战略定力，发扬彻底的自我革命精神，永远吹冲锋号，把严的基调、严的措施、严的氛围长期坚持下去，把党的伟大自我革命进行到底，确保党永远不变质、不变色、不变味。

---

① 习近平：《高举中国特色社会主义伟大旗帜　为全面建设社会主义现代化国家而团结奋斗——在中国共产党第二十次全国代表大会上的报告》，《人民日报》2022年10月26日，第1版。

健全全面从严治党体系，是加强新时代党的建设、解决大党独有难题的重大举措。构建全面从严治党体系是一项具有全局性、开创性的工作。新时代以来，我们党不断深化对自我革命规律的认识，不断推进党的建设理论创新、实践创新、制度创新，初步构建起全面从严治党体系。全面从严治党体系是一个内涵丰富、功能完备、科学规范、运行高效的动态系统。健全这个体系，要坚持制度治党、依规治党，更加突出党的各方面建设有机衔接、联动集成、协同协调，更加突出体制机制的健全完善和法规制度的科学有效，更加突出运用治理的理念、系统的观念、辩证的思维管党治党建设党。要坚持内容上全涵盖、对象上全覆盖、责任上全链条、制度上全贯通，使全面从严治党各项工作更好地体现时代性、把握规律性、富于创造性。

全面从严治党和鼓励担当作为是内在统一的，不是彼此对立的。严并不是要把大家管死，而是要通过明方向、立规矩、正风气、强免疫，营造积极健康、有利于干事创业的政治生态和良好环境。同时，要坚持“三个区分开来”，坚持严管和厚爱结合、激励和约束并重，更好地激发广大党员干部的积极性、主动性、创造性，形成奋进新征程、建功新时代的浓厚氛围和生动局面。

三、把政治建设作为党的根本性建设

旗帜鲜明讲政治，是中国共产党作为马克思主义政党的根本要求。列宁指出，“一个阶级如果不从政治上正确地看问题，就不能维持它的统治”①。毛泽东指出，“没有正确的政治观点，就等于没有灵魂”②。邓小平指出，“到什么时候都得讲政治”③。马克思主义政党具有崇高政治理想、高尚政治追求、纯洁政治品质、严明政治纪律。如果马克思主义政党政治上的先进性丧失了，党的先进性和纯洁性就无从谈起。党的十九大把党的政治建设纳入党的建设总体布局并摆在首位，明确了政治建设在新时代党的建设中的战略定位，抓住了全面从严治党的根本性问题。

①《列宁专题文集·论辩证唯物主义和历史唯物主义》，人民出版社2009年版，第302页。
②《毛泽东文集》（第7卷），人民出版社1999年版，第226页。
③《邓小平文选》（第3卷），人民出版社1993年版，第166页。

政治属性是政党第一位的属性，政治建设是政党建设的内在要求。习近平总书记强调："党的政治建设是党的根本性建设，决定党的建设方向和效果。"①党的思想建设、组织建设、作风建设、纪律建设等最终必须落实到政治建设上。政治建设抓好了，对党的其他建设可以起到纲举目张的作用。不抓党的政治建设或背离党的政治建设指引的方向，党的其他建设就难以取得预期成效。大量事实表明，党内存在的各种问题，从根本上讲，都与政治建设软弱乏力、政治生活不严肃不健康有关。必须加强党的政治建设，增强"四个意识"、坚定"四个自信"、做到"两个维护"，进一步坚定政治信仰，强化政治领导，提高政治能力，净化政治生态，实现全党团结统一、行动一致。

中国共产党作为马克思主义执政党，讲政治是一以贯之的要求。讲政治是中国共产党补钙壮骨、强身健体的根本保证，是中国共产党培养自我革命勇气、增强自我净化能力、提高排毒杀菌政治免疫力的根本途径。②实践证明，中国共产党之所以能够始终保持团结和集中统一，始终保持进取精神和强大力量，历经磨难而不衰、千锤百炼更坚强，同中国共产党始终注重讲政治是密不可分的。进入新时代，面对错综复杂的国际形势和艰巨繁重的改革发展任务，只有旗帜鲜明地加强党的政治建设，才能保证党的政治方向对头、政治原则坚定、政治路线正确，才能统一全党意志、凝聚全党力量，为实现党的纲领和目标而共同奋斗。

政治方向是党生存发展第一位的问题。我们要坚守的政治方向，就是共产主义远大理想和中国特色社会主义共同理想、"两个一百年"奋斗目标，就是党的基本理论、基本路线、基本方略。加强党的政治建设，就是要发挥政治指南针作用，引导全党把智慧和力量凝聚到新时代坚持和发展中国特色社会主义伟大事业中来，推动全党把坚持正确政治方向贯彻到谋划重大战略、制定重大政策、部署重大任务、推进重大工作的实践中去，确保党和国家各项事业始终沿着正确政治方向前进。

政治立场事关党的政治建设的根本。全党必须始终坚定马克思主义立场，坚决站稳党性立场和人民立场。要把对党负责和对人民负责高度统一起来，坚持以党的旗帜为旗帜、以党的方向为方向、以党的意志为意志，

---

①《习近平谈治国理政》（第3卷），外文出版社2020年版，第48页。

② 甄占民等：《自我革命：跳出历史周期率的第二个答案》，人民出版社 2022 年版，第 213—214 页。

始终做到在党言党、在党忧党、在党为党，任何时候都与党同心同德；同时坚持以人民为中心，践行全心全意为人民服务的根本宗旨，树立真挚的人民情怀，崇尚实干，勤政为民。

营造良好政治生态是一项长期任务，必须作为党的政治建设的基础性、经常性工作。政治建设要解决三个关键问题：相信不相信的问题，团结不团结的问题，忠诚不忠诚的问题。要严格执行新形势下党内政治生活若干准则，增强党内政治生活的政治性、时代性、原则性、战斗性，自觉抵制商品交换原则对党内生活的侵蚀，坚决防止和克服党内政治生活忽视政治、淡化政治、不讲政治的倾向。加强党内政治文化建设，弘扬忠诚老实、公道正派、实事求是、清正廉洁等价值观，以良好政治文化涵养风清气正的政治生态。加强党的政治建设，要做到“心往一处想，劲往一处使”。要解决“心往一处想”的问题，需要明确组织性质、奋斗目标和行动方略等关键问题。要解决“劲往一处使”的问题，一方面需要建立组织体系，从正向保证组织力量；另一方面需要进行纪律约束，从反向保证组织力量[①]。

加强党的政治建设，首要任务就是保证全党服从中央，坚决维护党中央权威和集中统一领导。牢固树立“四个意识”，坚定执行党的政治路线，严格遵守政治纪律和政治规矩，在政治立场、政治方向、政治原则、政治道路上同以习近平同志为核心的党中央保持高度一致。党的任何组织和成员，无论处在哪个领域、哪个层级、哪个单位，都要维护党中央权威和集中统一领导；凡属部门和地方职权范围内的工作部署，都要以坚决贯彻党中央决策部署为前提，做到令行禁止，决不允许背着党中央另搞一套。

加强党的政治建设，要严肃党内政治生活。尊崇党章，严格执行党章关于党内政治生活的各项规定，敢于坚持原则，勇于开展批评和自我批评，带头弘扬正气、抵制歪风邪气，营造风清气正的良好政治生态。完善和落实民主集中制的各项制度，坚持民主基础上的集中和集中指导下的民主相结合，既充分发扬民主，又善于集中统一。注重加强党内政治文化建设，坚决防止和反对个人主义、分散主义、自由主义、本位主义、好人主义，坚决防止和反对宗派主义、圈子文化、码头文化，坚决反对搞两面

① 唐爱军：《“使命型政党”正在奋勇前行》，2016 年 10 月 23 日，http://news.cctv.com/2016/10/23/ARTIBoFFky CIUuAF0IoewoRY161023.shtml。

派、做两面人。

加强党的政治建设，要求全党同志特别是高级干部必须不断提高政治能力。政治能力，就是把握方向、把握大势、把握全局的能力，就是保持政治定力、驾驭政治局面、防范政治风险的能力。在领导干部的所有能力中，政治能力是第一位的，起着领头和管总的作用。提高政治能力，很重要的一条就是要善于从政治上分析问题、解决问题。只有从政治上分析问题才能看清本质，只有从政治上解决问题才能抓住根本。要不断提高党员领导干部把握方向、把握大势、把握全局的能力，辨别政治是非的能力。加强政治能力训练和政治实践历练，把对党忠诚、为党分忧、为党尽职、为民造福作为根本政治担当，永葆共产党人政治本色。全党同志特别是高级干部必须牢固树立政治理想，提高政治觉悟，加强政治历练，把政治能力训练贯穿党性锻炼全过程，努力做到信念过硬、政治过硬、责任过硬、能力过硬、作风过硬，使自己的政治能力与担当的领导职责相匹配，确保党的事业始终沿着正确政治方向胜利前进。

四、把思想建设作为党的基础性建设

思想建设是党的基础性建设，坚定理想信念是党的思想建设的首要任务。革命理想高于天。中国共产党的理想信念，就是马克思主义真理信仰、共产主义远大理想和中国特色社会主义共同理想。这是中国共产党人的精神支柱和政治灵魂，也是保持党团结统一的思想基础。加强党的思想建设，必须坚定党员干部的理想信念。

坚定理想信念，坚守共产党人精神追求，始终是共产党人安身立命的根本。习近平总书记指出：“理想信念是共产党人精神上的‘钙’，没有理想信念，或者理想信念不坚定，精神上就会‘缺钙’，就会得‘软骨病’，就可能导致政治上变质、经济上贪婪、道德上堕落、生活上腐化。坚定的信仰始终是党员、干部站稳政治立场、抵御各种诱惑的决定性因素。”[①]一百多年来，共产主义远大理想激励了一代又一代共产党人英勇奋斗，成千上万的烈士为了这个理想献出了宝贵生命。历史和实践都充分

① 中共中央文献研究室：《习近平关于协调推进“四个全面”战略布局论述摘编》，中央文献出版社2015年版，第131页。

证明，有了坚定的理想信念，站位才能高，眼界才能宽，心胸才能开阔，才能始终坚持正确政治方向，在胜利和顺境时不骄傲不急躁，在困难和逆境时不消沉不动摇，经受住各种风险和困难考验，自觉抵制各种腐朽思想的侵蚀，永葆共产党人政治本色。每一名在党旗下宣过誓的共产党员都必须铭记，为了理想信念，就应该去拼搏、去奋斗、去献出全部精力乃至生命。

当前大多数党员干部理想信念是坚定的，政治上是可靠的。但同时也要看到，在党员干部队伍中，小部分成员信仰缺失是一个需要引起我们高度重视的问题。在这小部分成员中，有的对共产主义心存怀疑，认为那是虚无缥缈、难以企及的幻想；有的不信马列信鬼神，从封建迷信中寻找精神寄托，热衷于算命看相、烧香拜佛；有的是非观念淡薄、原则性不强、正义感退化；有的甚至向往西方社会制度和价值观念，对社会主义前途命运丧失信心；有的在涉及党的领导和中国特色社会主义道路等原则性问题的政治挑衅面前态度暧昧、消极躲避、不敢亮剑；等等。事实一再表明，“理想信念动摇是最危险的动摇，理想信念滑坡是最危险的滑坡”①。一些党员干部出这样那样的问题，说到底是信仰迷茫、精神迷失。

衡量一名党员干部是否具有坚定的理想信念，是有客观标准的。革命战争年代，检验一名干部理想信念坚定不坚定，就看他能不能为党和人民事业舍生忘死，能不能冲锋号一响立即冲上去，这样的检验很直接。毛泽东一家为革命牺牲了 6 位亲人，贺龙元帅的贺氏宗亲中有名有姓的烈士就有 2050 人，徐海东大将的家族牺牲了 70 多人，他们为的都是信仰。②革命先烈在生死考验面前之所以能够赴汤蹈火、视死如归，就是因为他们对崇高的理想信念坚贞不渝、矢志不移。和平建设时期，生死考验有，但毕竟不多。“检验一个干部理想信念是否坚定确实比较难，X 光、CT、核磁共振成像也没有办法。当然，也不是不能检验。那就主要看干部是否能在重大政治考验面前有政治定力，是否能树立牢固的宗旨意识，是否能对工作极端负责，是否能做到吃苦在前、享受在后，是否能在急难险重任务面前勇挑重担，是否能禁得起权力、金钱、美色的诱惑。这样的检验需要一个过程，不是一下子、经历一两件事、听几句口号就能解决的，要看长

---

① 中共中央文献研究室：《习近平关于全面从严治党论述摘编》，中央文献出版社 2016 年版，第 59 页。

②《习近平讲党史故事》编写组：《习近平讲党史故事》，人民出版社 2021 年版，第 31 页。

期表现，甚至看一辈子。”①

理想信念不可能凭空产生，也不可能轻而易举坚守。要炼就“金刚不坏之身”，必须用科学理论武装头脑，不断培植我们的精神家园。要深入学习马克思主义基本理论，深入学习习近平新时代中国特色社会主义思想，把理想信念建立在对科学理论的理性认同上，建立在对历史规律的正确认识上，建立在对基本国情的准确把握上。教育引导全党牢记党的宗旨，挺起共产党人的精神脊梁，解决好世界观、人生观、价值观这个“总开关”问题。弘扬马克思主义学风，以县处级以上领导干部为重点，在全党开展“不忘初心、牢记使命”主题教育，不断筑牢理想信念，真正做到虔诚而执着、至信而深厚，让理想信念的明灯永远在心中闪亮，推动全党更加自觉地为实现新时代党的历史使命不懈奋斗。

五、坚持制度治党、依规治党

制度事关根本，且关乎长远。习近平总书记强调，推进全面从严治党，既要解决思想问题，也要解决制度问题。全面推进党的各项建设，必须坚持思想建党和制度治党同向发力，全方位扎牢制度的笼子，推动党的制度优势更好地转化为治国理政的实际效能。②以制度建设推进党的治理，可以从以下几个方面协同发力。

（1）把权力关进制度的笼子里。公权力姓公，也必须为公。只要公权力存在，就必须受到制约，否则就会被滥用。要合理确定权力归属，划清权力边界，厘清权力清单，扎细扎密扎牢制度的笼子。以党章为根本遵循，本着于法周延、于事有效的原则，制定新的法规制度，完善已有的法规制度，废止不适应的法规制度，加快形成覆盖党的领导和党的建设各方面的党内法规制度体系。制度建设重在管用、有效，“牛栏关猫是不行的”。制度建设是全面从严治党的重要保障。党的十八大以来，以习近平同志为核心的党中央坚持依法依规治党，一方面坚持党领导人民制定宪法法律、执行宪法法律，党自身必须在宪法法律内活动，真正做到党领导立

①《习近平谈治国理政》（第1卷），外文出版社2018年版，第415页。

② 中共中央宣传部：《习近平新时代中国特色社会主义思想学习纲要》，学习出版社、人民出版社2023年版，第126页。

法、保证执法、支持司法、带头守法；另一方面与时俱进深化党的建设制度改革，注重党内法规同国家法律的衔接和协调，不断把管党治党创新成果固化为法规制度，管党治党的"螺丝"越拧越紧。中国共产党已初步形成了以党章为根本，以民主集中制为核心，以准则、条例等党内法规为主干的党内法规制度体系，做到前后衔接、左右联动、上下配套、系统集成，党内生活主要领域实现了有章可循、有规可依。

（2）健全党和国家监督体系。习近平总书记指出："自我监督是世界性难题，是国家治理的哥德巴赫猜想。我们要通过行动回答'窑洞之问'，练就中国共产党人自我净化的'绝世武功'。"[①]增强党自我净化的能力，根本靠强化党的自我监督和群众监督。要加强对权力运行的制约和监督，让人民监督权力，让权力在阳光下运行。党的执政地位决定了党内监督在党和国家各种监督形式中是最基本的、第一位的。要坚持党内监督没有禁区、没有例外，强化自上而下的组织监督，改进自下而上的民主监督，同时发挥同级相互监督作用，让日常管理监督与党员领导干部如影随形、不留空当。要深化政治巡视，坚持发现问题、形成震慑不动摇，建立巡视巡察上下联动的监督网，切实发挥监督"利剑"和巡视"千里眼"的作用。要继续健全派驻机构领导体制和工作机制，实现中央和地方纪委向同级党和国家机关派驻纪检机构全覆盖，切实把制度优势转化为治理效能。要构建党统一指挥、全面覆盖、权威高效的监督体系，把党内监督同国家机关监督、民主监督、司法监督、群众监督、舆论监督等贯通起来，增强监督合力。

完善我国监督体系，既要加强党内监督，又要加强国家监察。国家监察体制改革是事关全局的重大政治体制改革，是强化党和国家自我监督的重大决策部署。党的十九大对推进国家监察体制改革作出了重要部署。十三届全国人大一次会议审议通过了《中华人民共和国监察法》，设立国家监察委员会。监察委员会与党的纪律检查机关合署办公，代表党和国家行使监督权和监察权，履行纪检、监察两项职责，加强对所有行使公权力的公职人员的监督，从而在党和国家机构内形成巡视、派驻、监察三个全覆盖的统一的权力监督格局，形成发现问题、纠正偏差、惩治腐败的有效机制，为实现党和国家长治久安走出了一条中国特色监察道路。

（3）制度的生命力在于执行。贯彻执行法规制度关键在真抓，靠的是严管。加强党内法规制度建设，必须一手抓制定完善，一手抓贯彻执行，

① 《习近平谈治国理政》（第3卷），外文出版社2020年版，第511页。

制度执行到人到事，坚决纠正随意变通、恶意规避、无视制度等现象。要坚持制度面前人人平等、制度执行没有特权、制度约束没有例外，坚决维护制度的严肃性和权威性，坚决纠正有令不行、有禁不止的行为，使制度成为硬约束而不是橡皮筋。对违规违纪和破坏法规制度的，如踩“红线”、越“底线”、闯“雷区”的，要坚决严肃查处。不以权势大而破规，不以问题小而姑息，不以违者众而放任，不留“暗门”、不开“天窗”。坚决防止“破窗效应”，真正让铁规发力、让禁令生威，确保各项法规制度落地生根。

六、贯彻新时代党的组织路线

正确的政治路线要靠正确的组织路线来保证。“秉纲而目自张，执本而末自从。”习近平总书记指出：“组织路线对坚持党的领导、加强党的建设、做好党的组织工作具有十分重要的意义。”[①]

新时代党的组织路线是：“全面贯彻新时代中国特色社会主义思想，以组织体系建设为重点，着力培养忠诚干净担当的高素质干部，着力集聚爱国奉献的各方面优秀人才，坚持德才兼备、以德为先、任人唯贤，为坚持和加强党的全面领导、坚持和发展中国特色社会主义提供坚强组织保证。”新时代党的组织路线是理论的也是实践的，要在推进党的建设新的伟大工程、落实全面从严治党的实践中切实贯彻落实。[②]

党的力量来自组织。党的全面领导、党的全部工作要靠党的坚强组织体系去实现。中国共产党是按照马克思主义建党原则建立起来的，形成了包括党的中央组织、地方组织、基层组织在内的严密组织体系。这是世界上任何其他政党都不具有的强大优势。

“基础不牢，地动山摇。”党的基层组织是确保党的路线方针政策和决策部署贯彻落实的基础。基层党组织是党执政大厦的地基，地基固则大厦坚，地基松则大厦倾。针对一些基层党组织弱化、虚化、边缘化等问题，要切实在打基础、补短板上下功夫。着力增强党的意识、党员意识，持续整顿软弱涣散的基层党组织；着力抓好基层组织设置和活动方式创新，推动基层党建传统优势与信息技术深度融合，不断扩大基层党组织教育和管理的覆盖面；着

① 《习近平谈治国理政》（第 3 卷），外文出版社 2020 年版，第 517 页。
② 《习近平谈治国理政》（第 3 卷），外文出版社 2020 年版，第 517 页。

力抓好党的组织生活制度落实，认真执行“三会一课”、组织生活会等，严把发展党员“政治关”，稳妥有序开展不合格党员组织处置工作。以提升组织力为重点，突出政治功能，真正把基层党组织建设成为宣传党的主张、贯彻党的决定、领导基层治理、团结动员群众、推动改革发展的坚强战斗堡垒。

贯彻新时代党的组织路线，建设高素质干部队伍是关键。要建立素质培养体系、知事识人体系、选拔任用体系、从严管理体系、正向激励体系等，做好干部培育、选拔、管理、使用等工作。坚持党管干部原则，坚持德才兼备、以德为先，坚持五湖四海、任人唯贤，坚持事业为上、公道正派，把“信念坚定、为民服务、勤政务实、敢于担当、清正廉洁”的好干部标准落到实处，培养造就一支具有铁一般信仰、铁一般信念、铁一般纪律、铁一般担当的干部队伍。把严管和厚爱、激励和约束结合起来，为那些敢于负责、善于作为、实绩突出的干部撑腰鼓劲，坚决纠正“劣币驱逐良币”的逆淘汰现象。关心爱护基层干部，注重在基层一线和困难艰苦的地方培养锻炼年轻干部。

坚持正确选人用人导向。用一贤人则群贤毕至，见贤思齐就蔚然成风。严格执行《党政领导干部选拔任用工作条例》，匡正选人用人风气，突出政治标准，培养选拔牢固树立“四个意识”、坚定“四个自信”、做到“两个维护”、全面贯彻执行党的理论和路线方针政策、忠诚干净担当的干部；培养选拔具有专业能力专业精神、适应新时代中国特色社会主义发展要求的干部；培养选拔在基层扎实历练、在“吃劲”岗位和艰苦地区经受磨炼、业绩突出的干部，优化干部成长路径，拓宽选人视野，统筹干部资源，把党和人民需要的好干部精心培养起来、及时发现出来、合理使用起来。强化党组织领导和把关作用，对政治上不合格的要“一票否决”，把廉洁作为底线要求，有问题的坚决不用；要着力破解“唯票取人”“唯分取人”“唯 GDP 取人”“唯年龄取人”的问题，不搞“海推”“海选”；坚决查处说情打招呼、跑官要官、买官卖官、拉票贿选等行为，以用人环境的风清气正促进政治生态的山清水秀。①

坚持党管干部原则。党要管党，首先是管好干部。习近平总书记指出：“我们党之所以坚强有力，党管干部原则是很重要的原因，要自觉坚持党管干部原则。”②从严治党的重点，在于从严管理干部，要做到管理

① 中共中央宣传部：《习近平新时代中国特色社会主义思想三十讲》，学习出版社 2018 年版，第 316 页。

②《习近平谈治国理政》（第 2 卷），外文出版社 2017 年版，第 190 页。

全面、标准严格、环节衔接、措施配套、责任分明。[①]把从严管理干部贯彻落实到干部队伍建设全过程，坚持从严教育、从严管理、从严监督，让每一个干部都深刻懂得，当干部就必须付出更多辛劳、接受更严格的约束。坚持严管和厚爱结合、激励和约束并重，完善干部考核评价机制，建立激励机制和容错纠错机制，旗帜鲜明为那些敢于担当、踏实做事、不谋私利的干部撑腰鼓劲，调动广大干部的积极性、主动性、创造性。

人才是实现民族振兴、赢得国际竞争主动的战略资源。要坚持党管人才原则，聚天下英才而用之，加快建设人才强国，努力建设一支矢志爱国奉献、勇于创新创造的优秀人才队伍。实行更加积极、更加开放、更加有效的人才政策，以识才的慧眼、爱才的诚意、用才的胆识、容才的雅量、聚才的良方，把党内和党外、国内和国外各方面优秀人才集聚到党和人民的伟大奋斗中来。深化人才发展体制机制改革，完善人才培养机制、改进人才评价机制、创新人才流动机制、健全人才激励机制，最大限度把广大人才的报国情怀、奋斗精神、创造活力激发出来。

群团事业是党的事业的重要组成部分。必须从巩固党执政的阶级基础和群众基础的政治高度，加强对群团工作的领导，坚定不移走中国特色社会主义群团发展道路。要切实保持和增强党的群团工作的政治性，把群团组织所联系的群众最广泛最紧密地团结在党的周围。切实保持和增强群团组织的先进性，确保群团组织能够在思想、实践、宣传等各项工作中有效发挥动员作用，真正成为经得住考验、能得到响应的坚实力量。切实保持和增强群团组织的群众性，努力为群众排忧解难，成为群众信得过、靠得住、离不开的知心人、贴心人。

七、以严的基调强化正风肃纪

1. 作风建设永远在路上

党的作风就是党的形象，关系人心向背，关系党的生死存亡。习近平总书记指出，中国共产党“作为马克思主义执政党，不但要有强大的真理

① 中共中央文献研究室：《习近平关于协调推进“四个全面”战略布局论述摘编》，中央文献出版社 2015 年版，第 144 页。

力量，而且要有强大的人格力量；真理力量集中体现为我们党的正确理论，人格力量集中体现为我们党的优良作风”[①]。中国共产党要在中国长期执政，对作风问题就任何时候都不能掉以轻心。

作风建设的核心问题是党同人民群众的关系问题。中国共产党来自人民、植根人民、服务人民，一旦脱离人民，就会失去生命力。加强作风建设，必须紧紧围绕和保持党同人民群众的血肉联系，增强群众观念和群众感情，不断厚植党执政的群众基础。始终坚持人民立场，坚持人民主体地位，虚心向人民学习，倾听人民呼声，汲取人民智慧，把人民拥护不拥护、赞成不赞成、高兴不高兴、答应不答应作为衡量一切工作得失的根本标准，凡是群众反映强烈的问题都要严肃认真对待，凡是损害群众利益的行为都要坚决纠正。始终坚持走群众路线，增强群众观念和群众感情，锲而不舍地落实中央八项规定精神，持之以恒正风肃纪，让干部知敬畏、群众有信心，以优良党风凝聚党心民心。

要始终坚持走群众路线，坚决反对形式主义、官僚主义、享乐主义和奢靡之风。特别要看到，形式主义、官僚主义是目前党内存在的突出矛盾和问题，是阻碍党的路线方针政策和党中央重大决策部署贯彻落实的大敌。形式主义背后是功利主义、实用主义作祟，政绩观错位，责任心缺失。官僚主义背后是官本位思想，严重脱离实际、脱离群众。要把力戒形式主义、官僚主义摆在突出位置来抓，教育引导党员干部牢记党的宗旨，坚持实事求是的思想路线，树立正确政绩观，真抓实干，转变作风。

习近平总书记指出，还要注意一个问题，就是要把干部从一些无谓的事务中解脱出来。现在，“痕迹管理”比较普遍，但重“痕”不重“绩”、留“迹”不留“心”；检查考核名目繁多、频率过高、多头重复；“文山会海”有所反弹。这些事情既占用干部大量时间、耗费大量精力，又助长了形式主义、官僚主义。过去常说“上面千条线、下面一根针”，现在基层干部说：“上面千把锤、下面一根钉”“上面千把刀、下面一颗头”。这种状况必须改变！

习近平总书记进一步指出：党中央已经对纠正这些问题提出了要求，各地区各部门各方面要抓好落实。要加强信息资源共享，不能简单以留痕多少、上报材料多少来评判工作好坏。能利用现有数据材料的就不要基层

---

① 中共中央文献研究室：《习近平关于协调推进“四个全面”战略布局论述摘编》，中央文献出版社 2015 年版，第 132 页。

反复提供，不要为了图自己方便，同样的材料反复要、次次要、年年要，不要每个部门都去要同样的材料，不要什么人都去要材料。这方面要有个章法，把基层从提供材料的忙乱中解放出来。要控制各级开展监督检查的总量和频次，同类事项可以合并的要合并进行，减轻基层负担，让基层把更多时间用在抓工作落实上。①

党的作风建设关键在于解决问题、务求实效。党的十八大以来，以习近平同志为核心的党中央把加强党的作风建设紧紧抓在手上，制定和落实中央八项规定，作为解决党的作风问题的切入口、动员令。党中央连续开展了党的群众路线教育实践活动，着力解决“四风”问题，并取得了重大成果；开展了“三严三实”专题教育，对县处级以上领导干部在思想、作风、党性上进行了又一次集中“补钙”和“加油”；推进“两学一做”学习教育常态化制度化，进一步解决了党员队伍在思想、组织、作风、纪律等方面存在的问题。党中央以踏石留印、抓铁有痕的劲头狠抓作风建设，推动党风政风为之一新，党心民心为之一振。

根据党的十九大部署，以县处级以上领导干部为重点，在全党开展“不忘初心、牢记使命”主题教育。要牢牢把握守初心、担使命，找差距、抓落实的总要求，牢牢把握深入学习贯彻习近平新时代中国特色社会主义思想、锤炼忠诚干净担当的政治品格、团结带领全国各族人民为实现伟大梦想共同奋斗的根本任务，努力实现理论学习有收获、思想政治受洗礼、干事创业敢担当、为民服务解难题、清正廉洁作表率的具体目标。

作风建设永远在路上，永远没有休止符。作风问题具有顽固性和反复性，形成优良作风不可能一劳永逸，克服不良作风也不可能一蹴而就。泰山半腰有一段平路叫“快活三里”，有经验的挑山工一般不在此久留，因为休息时间长了，腿就会“发懒”，再上“十八盘”就更困难了。作风建设同样如此，越到紧要关头越不能有丝毫松懈，不能有任何喘口气、歇歇脚的念头。作风建设是攻坚战、持久战，既要以滚石上山的劲头、爬坡过坎的勇气，深化整治、见底见效，又要坚持抓常、抓细、抓长，锲而不舍、持之以恒。坚持从领导干部抓起，带头转变作风，身体力行，以上率下，形成“头雁效应”。在党的历次主题教育中，都反复强调力戒形式主义，以好的作风确保好的效果，自觉接受群众评议和社会监督，为作风建设提供长效保障。

---

①《习近平谈治国理政》（第3卷），外文出版社2020年版，第501—502页。

2. 用铁的纪律管党治党

加强纪律建设是全面从严治党的治本之策。习近平总书记强调：“党面临的形势越复杂、肩负的任务越艰巨，就越要加强纪律建设，越要维护党的团结统一，确保全党统一意志、统一行动、步调一致前进。严明党的纪律，首要的就是严明政治纪律。严明政治纪律就要从遵守和维护党章入手。”[①]党的十九大把纪律建设纳入党的建设总体布局，在党章中充实完善了纪律建设相关内容，推动实现了党建理论、实践和制度的重大创新。

党的纪律和规矩是党的各级组织、全体党员必须遵守的行为准则。纪律是成文的规矩，一些未明文列入纪律的规矩是不成文的纪律；纪律是刚性的规矩，一些未明文列入纪律的规矩是自我约束的纪律。党的规矩，总的包括：①党章，这是全党必须遵循的总章程，也是总规矩；②党的纪律特别是政治纪律，这是全党必须遵守的刚性约束；③国家法律，这是党员干部必须遵守的规矩，全党必须模范执行；④党在长期实践中形成的优良传统和工作惯例，这些传统和惯例经过实践检验，约定俗成、行之有效，需要全党长期坚持并自觉遵循。

中国共产党是靠革命理想和铁的纪律组织起来的马克思主义政党，纪律严明是党的光荣传统和独特优势。[②]习近平总书记强调：“党要管党、从严治党，靠什么管，凭什么治？就要靠严明纪律。”[③]在一个幅员辽阔、人口众多的发展中大国执政，如果没有铁的纪律，就没有党的团结统一，党的凝聚力和战斗力就会大大削弱，党的领导能力和执政能力就会大大削弱。只有把纪律挺在前面，坚持纪严于法、纪在法前，才能用纪律管住全体党员，激发出全党步调一致向前进的气势。

严明党的纪律，首先要严格遵守党章。党章是党的根本大法，是全党必须遵循的总规矩。认真学习党章、严格遵守党章，是全党同志的应尽义务和庄严责任。每一个共产党员都要牢固树立党章意识，自觉用党章规范自己的一言一行，在任何情况下都要做到政治信仰不变、政治立场不移、政治方向不偏。党员领导干部要把学习党章作为必修课，自觉学习党章、遵守党章、贯彻党章、维护党章，真正使党章内化于心、外化于行。加强

---

①《习近平谈治国理政》（第 1 卷），外文出版社 2018 年版，第 386 页。

②《习近平谈治国理政》（第 1 卷），外文出版社 2018 年版，第 386 页。

③ 中共中央纪律检查委员会、中共中央文献研究室：《习近平关于严明党的纪律和规矩论述摘编》，中央文献出版社、中国方正出版社 2016 年版，第 4—5 页。

对遵守党章、执行党章情况的督促检查，对党章意识不强、不按照党章规定办事的要及时提醒，对严重违反党章规定的行为要坚决纠正，全党共同维护党章的权威性和严肃性。

政治纪律是中国共产党最根本、最重要的纪律，是净化政治生态的重要保证。要把坚决做到“两个维护”作为首要政治纪律，决不允许在重大政治原则问题上、大是大非问题上同党中央唱反调，搞自由主义。坚持“五个必须”，必须维护党中央权威，决不允许背离党中央要求另搞一套；必须维护党的团结，决不允许在党内培植个人势力；必须遵循组织程序，决不允许擅作主张、我行我素；必须服从组织决定，决不允许搞非组织活动；必须管好领导干部亲属和身边工作人员，决不允许他们擅权干政、谋取私利。严肃查处“七个有之”问题，坚决防止党内形成利益集团攫取政治权力、改变党的性质，坚决防止山头主义和宗派主义危害党的团结、破坏党的集中统一。

不能否认，社会上存在各种利益群体。利益群体与利益集团既有联系又有区别。前者是松散自在的利益共同体，后者是有组织的利益共同体。利益群体是利益集团形成的基础，具备向利益集团转化的潜在能力和现实可能性。中国共产党是一个有远大政治抱负的马克思主义政党，从不允许党内形成利益集团。如果党内形成利益集团，将严重损害党的先进性、纯洁性和党的凝聚力、战斗力。[①]

坚持党纪和国法一体建设，以法治方式确保风清气正的党内政治生态。考虑到我国公职人员大多也是党员的现实情况，有必要将防止党内利益集团的形成作为党纪和国法的共同之治，推动党纪和国法双管齐下，通过法治手段最大限度遏制不合理的特殊利益在党和政府内部出现。从当前的情况看，党纪与国法、行政规定与法律条文之间还存在一些缝隙，突出表现为针对结成利益集团这一行为的法律漏洞和刚性不足等问题。就党内法规而言，应立足于党员领导干部的从政道德底线，将相关道德规范上升为纪律规范，加强党员特别是作为公职人员的党员的纪律意识，使党纪更好地发挥“惩前毖后”“治病救人”的作用。就国家立法而言，可考虑明确有关利益集团的法律法规，将现行由党纪政纪规制的部分政治纪律问题上升到法律规制，构建刑事法治与非刑事法治紧密衔接的、体现利益集团发展规律和马克思主义政党执政规律的专门法律制度。实行法治

① 黄红平、王明华：《坚决防止党内形成利益集团》，《检察日报》2019 年 5 月 28 日，第 8 版。

建设，加强对党员领导干部特别是“关键少数”的法治引导，使广大党员能够明辨利益集团的本质属性，从法治建设入手夯实防治利益集团的观念和文化土壤。[①]

严明党的纪律，增强纪律教育针对性。开展经常性纪律教育，把党章党规党纪作为党校、干部学院和党委（党组）理论学习中心组的必修课，增强教育实效性，让党员干部知敬畏、存戒惧、守底线，习惯在受监督和约束的环境中工作生活。发挥先进典型引领作用，让党员干部学有榜样、行有示范、赶有目标。提高警示教育的政治性，凡查结的党员领导干部违纪违法案件，都要在本地区本部门本单位开展警示教育，以案明纪、引为镜鉴，使铁的纪律转化为党员干部的日常习惯和自觉遵循。

制定纪律是要执行的，必须使纪律真正成为带电的高压线。习近平总书记指出：“遵守党的纪律是无条件的，要说到做到，有纪必执，有违必查，而不能合意的就执行，不合意的就不执行，不能把纪律作为一个软约束或是束之高阁的一纸空文。”[②]对违规违纪、破坏法规制度，如踩“红线”、越“底线”、闯“雷区”的，要坚决严肃查处，不以权势大而破规，不以问题小而姑息，不以违者众而放任，不留“暗门”、不开“天窗”，坚决防止“破窗效应”。[③]

惩前毖后、治病救人是中国共产党的一贯方针，也是党加强自身建设的历史经验。要把维护党的纪律严肃性和信任爱护干部统一起来，体现严管就是厚爱、治病为了救人。严明党的纪律，要深化运用监督执纪“四种形态”。党的十九大把运用监督执纪“四种形态”写入党章，这是全面从严治党的重大举措。“禁微则易，救末者难。”坚持惩前毖后、治病救人方针，坚持严管和厚爱结合，在早发现上深化，把纪律挺在前面，提高发现违纪问题的能力，抓早抓小、防微杜渐；在分类处置上深化，强化分析研究，提高精准把握执纪标准和运用政策的能力，防止出现适用不当、尺度不准、畸轻畸重现象；在用好“第一种形态”上深化，下更大功夫加强日常管理和监督，使批评教育成为常态，关口前移、防患未然；在谈话函

---

① 王尘子：《坚决防止党内形成利益集团——命题的应然逻辑与现实启示》，《党政研究》2020年第1期。

② 中共中央纪律检查委员会、中共中央文献研究室：《习近平关于严明党的纪律和规矩论述摘编》，中央文献出版社、中国方正出版社2016年版，第76页。

③ 中共中央文献研究室：《习近平关于全面从严治党论述摘编》，中央文献出版社 2016 年版，第205页。

询上深化，被谈话函询的党员干部要在民主生活会上作出说明，发挥采信告知的教育激励作用和抽查核实的监督作用，防止敷衍塞责、欺骗组织，对边谈边犯、边询边犯的从严从重处理。强化日常监督执纪，做到真管真严、敢管敢严、长管长严，使纪律始终成为带电的高压线。

八、坚决打赢反腐败斗争攻坚战持久战

腐败是社会毒瘤，是中国共产党面临的最大威胁。人民群众最痛恨腐败现象。“如果任凭腐败问题愈演愈烈，最终必然亡党亡国。”[①]习近平总书记指出：民心是最大的政治，人民群众最痛恨腐败，“不得罪成百上千的腐败分子，就要得罪十三亿人民。这是一笔再明白不过的政治账、人心向背的账”[②]，必须坚持以正风肃纪反腐凝聚党心军心民心，厚植党执政的政治基础。

党的十八大以来，中国共产党以猛药去疴、重典治乱的决心，以刮骨疗毒、壮士断腕的勇气，坚定不移“打虎”“拍蝇”“猎狐”，不敢腐的目标初步实现，不能腐的笼子越扎越牢，不想腐的堤坝正在构筑，反腐败斗争已经取得压倒性胜利。但反腐败斗争还没有取得彻底胜利。反腐败斗争形势依然严峻复杂，零容忍的决心丝毫不能动摇，打击腐败的力度丝毫不能削减，必须以永远在路上的坚韧和执着，坚决打好反腐败斗争攻坚战持久战。[③]现实一再表明，反腐败斗争不能退，也无处可退，必须坚定不移向纵深推进。反腐败斗争要持续保持高压态势，巩固和发展压倒性胜利。

必须正确处理干净和担当的关系，决不能把反腐败当成不担当、不作为的借口。要把干净和担当、勤政和廉政统一起来，勇于挑重担子、啃硬骨头、接烫手山芋。要践行新时代好干部标准，不做政治麻木、办事糊涂的昏官；不做饱食终日、无所用心的懒官；不做推诿扯皮、不思进取的庸官；不做以权谋私、蜕化变质的贪官。必须坚持无禁区、全覆盖、零容

① 中共中央宣传部：《习近平新时代中国特色社会主义思想学习纲要》，学习出版社、人民出版社2023年版，第137页。

② 中共中央文献研究室：《习近平关于协调推进“四个全面”战略布局论述摘编》，中央文献出版社2015年版，第145页。

③《习近平谈治国理政》（第4卷），外文出版社2022年版，第507页。

忍，坚持重遏制、强高压、长震慑。习近平总书记指出，“我们党反腐败不是看人下菜的‘势利店’，不是争权夺利的‘纸牌屋’，也不是有头无尾的‘烂尾楼’”[①]。

必须深化标本兼治，着力构建不敢腐、不能腐、不想腐的体制机制。不敢腐，侧重于惩治和威慑，让意欲腐败者在带电的高压线面前不敢越雷池半步；不能腐，侧重于制约和监督，让胆敢腐败者在严格监督中无机可乘；不想腐，侧重于教育和引导，着眼于产生问题的深层原因，让人从思想源头上消除贪腐之念。不敢腐、不能腐、不想腐是一个有机整体，要打通三者内在联系，一体推进不敢腐、不能腐、不想腐，通过不懈努力换来海晏河清、朗朗乾坤。习近平总书记指出：“从严治党是全党的共同任务，需要大气候，也需要小气候。各级党组织要主动思考、主动作为，通过营造良好小气候促进大气候进一步形成。”[②]

打铁必须自身硬，全面从严治党，是中国共产党立下的军令状。习近平总书记指出：“中国共产党是世界上最大的政党。大就要有大的样子。”[③]中国共产党要承担起新时代坚持和发展中国特色社会主义的历史使命，确保党始终走在时代前列，始终成为领导核心，始终成为中国人民和中华民族的主心骨，就必须一以贯之、坚定不移把全面从严治党向纵深推进，不断提高党的执政能力和领导水平。领导 14 亿多人的社会主义大国，中国共产党各级领导干部既要政治过硬，也要本领高强。要适应党和国家工作的新进展，以时不我待的精神，一刻不停地增强学习本领、政治领导本领、改革创新本领、科学发展本领、依法执政本领、群众工作本领、狠抓落实本领、驾驭风险本领。只有全面增强执政本领，把自身建设好、建设强，中国共产党才能赢得主动、赢得优势、赢得未来，才能不负人民重托、无愧历史选择，团结带领全国人民在新时代中国特色社会主义的伟大实践中，奋力实现“两个一百年”奋斗目标，实现中华民族伟大复兴中国梦。

---

① 中共中央文献研究室：《习近平关于全面从严治党论述摘编》，中央文献出版社 2016 年版，第 195 页。

② 中共中央文献研究室：《习近平关于协调推进“四个全面”战略布局论述摘编》，中央文献出版社 2015 年版，第 144 页。

③《习近平谈治国理政》（第 3 卷），外文出版社 2020 年版，第 67 页。

第五篇　“四个全面”战略布局的深远意义

马克思指出：“理论在一个国家实现的程度，总是取决于理论满足这个国家的需要的程度。”[①]根据时代变化与实践需要，大力发展“21 世纪中国的马克思主义”，是不断推进理论创新的必然要求。党的十八大以来，以习近平同志为核心的党中央在坚持和发展中国特色社会主义、实现中华民族伟大复兴的进程中，相继提出一系列治国理政的新理念、新思想、新战略，推动并渐次形成了“四个全面”战略布局。“四个全面”战略布局既是建设中国特色社会主义的战略布局，又是坚持和发展中国特色社会主义道路、理论、制度的战略抓手。作为历史逻辑与时代逻辑、思想逻辑与现实逻辑、问题逻辑与规律逻辑相结合的产物，“四个全面”战略布局以其时代性、实践性和创新性，赋予了中国特色社会主义道路新的科学内涵，创建了中国共产党治国理政的升级版，开辟了运用发展中的马克思主义指导中国实践的新思路，是新时期统一全党思想、指导建设实践和推进各项工作的科学指南，具有极为重大的理论和现实意义。

①《马克思恩格斯选集》（第 1 卷），人民出版社 2012 年版，第 11 页。

第十八章 “四个全面”战略布局开启了中国特色社会主义新时代

坚持和发展中国特色社会主义，是改革开放以来党全部理论和实践的鲜明主题。“四个全面”战略布局的提出和实施，并非一味求新、求特的产物，而是基于历史逻辑与时代逻辑、思想逻辑与现实逻辑、问题逻辑与规律逻辑基础之上提出的。“四个全面”战略布局的背后，是一以贯之的“问题导向”和“科学思维”，集中体现了时代和实践发展对党和国家工作的新要求，同时标志着中国特色社会主义制度成熟化定型化进入新阶段，书写了中国特色社会主义理论体系的新篇章，反映了党中央战略思维和战略眼光的高度成熟。

一、标志着中国特色社会主义制度成熟化定型化进入新阶段

制度影响着行政系统的稳定性和完善程度，是关系党和国家事业发展的根本性、全局性问题。“制度，从本质上说是一种国家形式，是国家本质的根本体现。”[①]纵观人类社会走向现代化的演进历程可知，成功的现代化无不是以一整套成熟、定型的制度体系为标志。形成一整套更完备、更稳定、更管用的现代化制度体系是社会主义的内在要求，也是中国共产党人一直在努力解决的重大实践课题。从制度建立走向制度定型、从制度不成熟走向制度成熟，党领导人民进行了长期接力探索，并逐步形成了中国特色社会主义国家制度和法律制度。

中华人民共和国成立后，以毛泽东同志为核心的党的第一代中央领导

① 包心鉴：《中国制度的本质、特色、优势》，《理论导报》2015年第5期，第19页。

集体，从中国实际出发，运用马克思主义基本原理，创造性地确立了社会主义基本制度体系，为中国进行社会主义现代化建设创造了制度条件。在完成对社会主义“基本制度选择”之后，毛泽东便展开了对“制度完善”的艰辛探索。《论十大关系》中“十大关系”的提出表明我们党开始找到一条适合中国发展的道路。1957 年，毛泽东在《关于正确处理人民内部矛盾的问题》一文中，从“完善”（社会主义基本制度）和“不完善”（社会主义具体制度）方面率先阐释了社会主义制度的“自我完善”理论，为正确处理社会主义社会各种矛盾提供了基本理论依据，也为后来者对中国特色社会主义制度的改革和探索奠定了理论基础。但遗憾的是，由于受主客观因素的影响，毛泽东并没有对“基本制度”与“具体制度”之间的关系进行很好的区分，也未能找到解决社会主义基本矛盾的正确方法和途径。

改革开放以后，以邓小平同志为核心的党的第二代中央领导集体，坚持从中国国情出发，从实际出发，开始了对建设有中国特色社会主义理论的探索，把党和人民事业继续推向前进。这一时期，邓小平明确提出了“什么是社会主义、怎样建设社会主义”的重大命题，并从制度创新入手就如何巩固和发展社会主义进行了顶层设计，为中国特色社会主义制度的发展与完善奠定了巩固的基础，确立了正确的方向。在对这个命题的回答上，邓小平不仅继承了毛泽东关于社会主义社会基本矛盾的理论，还引导我们党在深刻反思和总结历史经验教训的基础上，对社会主义的“基本制度”和“具体制度”作了区分，强调“过去行之有效的东西，我们必须坚持，特别是根本制度，社会主义制度，社会主义公有制，那是不能动摇的”[①]，而社会主义的具体体制机制，即经济体制、政治体制和其他方面的体制，其中有不少是需要改革的。进而邓小平明确提出“改革是社会主义制度的自我完善”的科学论断[②]，从而把“社会主义制度自我完善”与“改革”结合起来，推动社会主义社会不断向前发展。在此后的中国改革进程中，正是得益于中国共产党人自觉将坚守道路与自我完善结合起来，既始终坚持社会主义制度的优势，又坚决破除一切不合时宜的思想观念和体制机制弊端，才在我国形成了一整套由根本层面制度、基本层面制度、重要层面制度及各方面体制机制等具体层面制度构成的多层次、复合型制

①《邓小平文选》（第 2 卷），人民出版社 1994 年版，第 133 页。

②《邓小平文选》（第 3 卷），人民出版社 1993 年版，第 142 页。

度体系。这些制度不仅有宏观上的总体设计，也有细微处的统筹考虑，直接推动了我国经济社会大发展，保障了现代化朝着既定价值目标推进，也推动了国家治理水平的提升。

中国社会主义制度的基本成型，表明我国改革已经从“摸着石头过河”进入把握规律、逐步实现制度化的新阶段，反映了我们党对坚持和发展中国特色社会主义制度的理论自信和自觉，但并不意味着社会主义制度化的完成。早在 1992 年，邓小平就指出：“恐怕再有三十年的时间，我们才会在各方面形成一整套更加成熟、更加定型的制度。”[①]虽然，在不断探索、不断实践中，中国特色社会主义制度不断完善和发展，制度的活力和潜能也日益得到彰显与释放，但必须清醒地认识到，“中国特色社会主义制度……还不是尽善尽美、成熟定型的”[②]，还需要在改革创新、与时俱进中不断整固，不断优化，才能在发展中国特色社会主义的伟大实践中进一步展现出巨大优势和功效，才能永葆中国梦的政治本色和中国特色。鉴于此，“摆在我们面前的一项重大历史任务，就是推动中国特色社会主义制度更加成熟更加定型”[③]。

党的十八大以来，面对纷繁复杂的国内外形势，以习近平同志为核心的党中央面对“发展起来以后的问题不比不发展时少”[④]的突出矛盾和问题，坚持问题导向和科学思维，站在党和国家发展全局的高度，把推动各项制度的更加成熟更加定型视为完善国家治理体系和治理能力现代化的重要目标，这标志着中国特色社会主义制度定型化被提升到新的战略高度。自此，中国特色社会主义进入寻求建立“各方面形成一整套更加成熟、更加定型的制度”的新阶段，各种制度之间的整体性大大加强。事实上，综观习近平总书记十八大以来的治国理政的重大安排，都是把制度建设摆在突出的位置。继党的十八大强调必须坚持和完善中国特色社会主义制度，并提出要全面改革“五位一体”的制度后，十八届三中全会紧紧围绕“把制度建设摆在突出位置”的思路，把完善和发展中国特色社会主义制度诠释为推动新时代国家发展与社会进步的关键环节，并进一步聚焦为国家治

①《邓小平文选》（第 3 卷），人民出版社 1993 年版，第 372 页。

②《习近平谈治国理政》（第 1 卷），外文出版社 2018 年版，第 10 页。

③ 中共中央文献研究室：《习近平关于社会主义政治建设论述摘编》，中央文献出版社 2017 年版，第 6 页。

④ 中共中央文献研究室：《邓小平年谱：1975—1997》（下），中央文献出版社 2004 年版，第 1364 页。

理体系和治理能力现代化，确定了到 2020 年“使各方面制度更加成熟更加定型”[①]的战略任务，进而提出了协调推进“四个全面”战略布局。从顶层设计和具体部署上规定国家治理现代化的实现途径，必将对中国特色社会主义的制度定型与完善产生深远影响。

首先，把全面建设社会主义现代化国家确立为党在现阶段的主要任务，要求不仅要达到人民生活更加宽裕、国民经济更加发展的阶段性发展目标，更要在经济、政治、文化、社会和生态等领域形成一整套系统完备、运转有效的制度系统，从而为下一阶段持续发展提供持久的制度基础。就目前而言，全面建设社会主义现代化国家仍面临一些短板弱项，需要克服许多困难挑战，群众在就业、教育、医疗、居住、养老等方面还面临不少难题，解决这些难题需要有具体的抓手，但要突破瓶颈、解决深层次矛盾和问题，根本出路在于体制机制改革和制度创新。离开一系列科学规范制度体系的保驾护航，即使小康社会建成了也不可能持续。这就是说，形成更加成熟、更加定型的制度体系，更好地发挥中国特色社会主义制度的优越性，既是全面建设社会主义现代化国家战略目标中的一个重要目标，更是确保在全面小康社会建成之后，中国特色社会主义在改革开放和现代化建设的伟大实践中仍能葆有勃勃生机和强大生命力，从而为不断推进党和国家伟大事业、为持续开辟中华民族伟大复兴中国梦的新征程提供更加坚强稳固的制度保障的要求。

其次，把全面深化改革作为新时代坚持和发展中国特色社会主义的根本动力，对进一步统筹推进重点领域与关键环节的改革作出全面部署，强调既要促进中国特色社会主义制度的自我完善与发展，赋予中国特色社会主义新的生机活力，又要推进国家治理体系和治理能力现代化，使制度优势更好地转化为国家治理效能——这是中国特色社会主义制度成熟定型的基础性要求。全面深化改革是一场深刻的制度革命，既包括对束缚生产力发展的旧体制机制的反思、扬弃，也包括对各种新体制机制的试点、推广。这一过程充满了复杂性、多样性与艰巨性。尤其是改革到今天，需要解决的问题格外艰巨，都是难啃的“硬骨头”，都涉及深层次的矛盾，包括转变政府职能、缩小收入差距、打破垄断、改革户籍制度、改革土地制度、改革金融体系等方方面面。要啃掉这些“硬骨头”，靠政策上

---

① 中共中央文献研究室：《十八大以来重要文献选编》（上），中央文献出版社 2014 年版，第 514 页。

的修修补补已经无法实现，必须通过全面协同的系统性制度改革，才能完成整体性、全局性、深层次的改革目标。全面深化改革重大而深远的价值意义就在于为整个社会现代化建构起优质的制度架构，即在立足我国长期处于社会主义初级阶段这个最大实际的基础上，通过推进国家治理体系和治理能力现代化，为国家长治久安“提供一整套更完备、更稳定、更管用的制度体系”[①]，从而在更高起点上开辟当代中国政治现代化的新境界。

再次，把全面依法治国确定为党领导人民治理国家的基本方略，对如何进一步完善法治规范、法治实施、法治监督、法治保障和党内法规等作出了详细部署。立足于党和国家未来发展，推动法治队伍建设，通过健全党领导全面依法治国的制度和工作机制，把党的领导贯彻到全面推进依法治国全过程，坚持法治刚性约束与道德柔性调节相统一，确保社会既充满活力又和谐有序——这是社会主义制度定型成熟的重要标志和基石。进一步说，中国特色社会主义政治制度的系统化与完备化程度，是衡量中国特色社会主义制度成熟和定型的关键标准，也是衡量现代社会文明进步的重要标尺。这是因为，政治制度是用来调节政治关系、建立政治秩序、推动国家发展的，处于关键的环节。因此，“衡量国家和社会成熟与完善程度的关键标准”是“制度完善与成熟的程度”[②]，而对于政治制度的成熟和定型，依法治国就是一个重要标志。

最后，把全面从严治党确定为全面建设社会主义现代化国家的关键抉择和根本保障，着力净化党内政治生态，以“零容忍”的态度惩治腐败，一体推进不敢腐、不能腐、不想腐的体制机制。强化对权力运行的制约和监督，扎紧制度的笼子，让权力在制度规范内运行，推动党内法规体系不断健全完善。把政治纪律和政治规矩挺在前面，不断提高党员干部的政治觉悟和政治能力，增强党的凝聚力和战斗力，永葆党的纯洁性、先进性，努力“打造”能引领中国特色社会主义制度不断走向成熟与完善的“坚强核心”——这是中国特色社会主义制度成熟和定型的根本前提和保证。

①《习近平谈治国理政》（第1卷），外文出版社2018年版，第105页。

② 包心鉴：《制度现代化：国家治理现代化的实质与指向》，《社会科学研究》2015年第2期，第7页。

二、书写了中国特色社会主义理论体系的新篇章

恩格斯曾经指出：“社会主义自从成为科学以来，就要求人们把它当做科学来对待，就是说，要求人们去研究它。”[①]中国特色社会主义作为适应中国和时代发展进步要求的科学社会主义，其开创于改革开放的新时期，而其思想、理论和实践的源头，则可追溯到更远。它是伴随中华民族的三个“起来”而不断向前推进的，是中国共产党带领亿万中国人民在长期革命、建设与改革的实践历程中对各种探索方案反复比较之后的一种自觉选择。

中国特色社会主义作为今天中国人民的最大共识和共同理想，作为对科学社会主义的理论思考、经验总结，需要我们以科学的态度去研究它，并在推进理论与实践的创新中不断赋予其新的时代内涵，不断使其在指导实践、推动实践的发展中展现出更加强大、更有说服力的真理力量、思想力量和实践力量。正如习近平总书记曾指出的那样，“坚持和发展中国特色社会主义是一篇大文章”[②]，虽然我们“对中国特色社会主义规律的把握，已经达到了一个前所未有的新的高度”，但同时“也要看到，我国社会主义还处在初级阶段，我们还面临很多没有弄清楚的问题和待解的难题”[③]。所以，现在“我们这一代共产党人的任务，就是继续把这篇大文章写下去”[④]。中国特色社会主义作为当代中国发展进步的旗帜，是贯穿改革开放以来党的全部理论和实践的主题，也是贯穿“四个全面”战略布局的主题。

“四个全面”以其国际视野、人本理念、创新实践，实现了对西方发展模式与发展道路的超越，揭示了中国特色社会主义建设的动力源泉、内在规律与科学选择，并以其体现的问题意识、为民情怀和系统思维，使中

---

①《马克思恩格斯文集》（第2卷），人民出版社2009年版，第219页。

② 习近平：《毫不动摇坚持和发展中国特色社会主义 在实践中不断有所发现有所创造有所前进》，《人民日报》2013年1月6日，第1版。

③ 中共中央文献研究室：《习近平关于协调推进“四个全面”战略布局论述摘编》，中央文献出版社2015年版，第4页。

④ 习近平：《毫不动摇坚持和发展中国特色社会主义 在实践中不断有所发现有所创造有所前进》，《人民日报》2013年1月6日，第1版。

国特色社会主义的实践特色和时代特色更加鲜明，使中华民族伟大复兴的时间表愈发精准、路线图愈发清晰。它集中体现了科学社会主义理论逻辑和中国社会发展历史逻辑的辩证统一。“四个全面”战略布局，就发展方向看，始终坚定不移高举中国特色社会主义伟大旗帜，进一步坚定了中国共产党在新的历史时期举什么旗帜、走什么道路、朝什么目标继续前进的根本态度；就发展目标看，始终贯穿着马克思主义人民至上的政治立场和价值取向，它以促进社会公平正义为责任担当，体现了当代中国发展的主体规律；就发展的动力看，始终坚持改革开放是激发中国经济社会发展的不竭动力，是不断推进中国特色社会主义制度自我完善和发展的重要法宝；就主体力量看，始终将马克思主义群众观贯穿于中国特色社会主义伟大事业的各个方面和各个环节，高度重视“行动着的群众”在推动社会进步中所起的决定性作用，同时发挥马克思主义执政党的领导核心作用，把从严治党贯穿于党的建设的各领域全过程，永葆党的先进性与纯洁性，确保全面建设社会主义现代化国家战略目标的实现。

“四个全面”战略布局是对中国特色社会主义的理论续写。这种续写不仅体现在宏观整体上，还体现在每一个全面上。“全面建成小康社会”是中国特色社会主义发展历史进程中的一个重大战略目标，然而也是一个阶段性目标，即第一个百年奋斗目标，在此基础上还要乘胜前进，继而以永不懈怠的精神状态和一往无前的奋斗姿态，向第二个百年奋斗目标进军，即到 21 世纪中叶把我国建成富强民主文明和谐美丽的社会主义现代化强国。“全面深化改革”既脱胎于“改革开放是决定当代中国命运的关键抉择”和我国社会主义事业发展的强大动力，又在“全面”和“深化”上作了新部署，是改革开放的继续、拓展和深化，不仅深化了改革的内涵、扩大了改革的范围，更重要的是阐明了改革的性质和根本任务。“全面推进依法治国”作为国家治理领域的一场深刻革命，既体现了制度文明的发展，更彰显了把法治思维和法治方式运用到改革发展全过程和各方面的治理智慧，这无疑是社会主义政治文明发展的新的里程碑。“全面从严治党”抓住了“根本在全”“关键在严”“要害在治”的党的建设根本要求，解决管党治党失之于宽、失之于松、失之于软的问题，为推进党的建设新的伟大工程指明了方向，其创新也是全面重大和具体扎实的。

三、反映了党中央战略思维和战略眼光的高度成熟

“四个全面”战略布局作为统领中国发展的总纲，是党中央从实现中华民族伟大复兴的战略高度，在治国理政方面作出的顶层设计。它既明确展示了党在新的历史起点上治国理政的总方略，也清晰地彰显了以习近平同志为核心的党中央不断坚持和发展中国特色社会主义的理论自觉，这主要体现在以下三个方面。

首先，是对战略难题破解的理论自觉。恩格斯曾经在 1859 年指出：我们党有个很大的优点，就是有一个新的科学的世界观作为理论的基础。这既是马克思主义的一个突出特征和理论优势，也是无产阶级政党与其他政党相区别的根本标志。同样，我们也可以说，中国特色社会主义事业在当代之所以能显示出强大的生命力和旺盛的发展动力，之所以能获得巨大成功，其优势在于拥有科学的世界观作为理论基础。习近平总书记把党的理论建设总结为党的理论优势，并以此为指导揭示中国特色社会主义建设的客观规律，不断破解改革发展中出现的现实难题。新的历史起点上，以习近平同志为核心的党中央，在新时代坚持和发展中国特色社会主义的伟大实践中，以卓绝的使命担当、强烈的问题意识和高远的战略思维，不断完善治国理政方略，提出了以“四个全面”战略布局引领中华民族伟大复兴中国梦的战略构想，不断推动着马克思主义中国化的伟大历史进程。“四个全面”战略布局作为我们党在新形势下治国理政的总方略，以科学的战略布局抓住了当今中国发展需要解决的一系列理论和实践问题，不仅指出了前进道路上遇到的各种风险与挑战，而且在实践与理论的伟大创新中找到了解决问题的科学方案：通过全面建成惠及十几亿人口的更高水平的小康社会，实现了从中等收入阶段向高收入阶段的迈进，跨越了所谓的“贫困陷阱”与“民生陷阱”；通过全面深化改革跨越了“中等收入陷阱”；通过全面从严治党，巩固了党的群众基础，提升了党的执政公信力，防止落入“塔西佗陷阱”；通过全面依法治国，既确保了社会在深刻变革中生机勃勃且井然有序，又促进了中国共产党执政方式的重大转变。总之，“四个全面”战略布局把党和人民事业放到历史长河和全球视野中来谋划、推进，坚持统筹国内发展和参与全球治理相互促进，积极争取良

好的外部条件，为我国发展和世界和平创造了更加有利的条件。

其次，是对战略方位判断的理论自觉。坚定的理论自觉与理论自信，是真正的马克思主义政党应有的品质。作为一个由科学理论孕育催生的马克思主义政党，中国共产党一直高度重视理论建设和理论指导，这也是我们党区别于其他一切政党的鲜明特征和根本优势。依靠高度的理论自觉与理论自信，我们党积极推动实践基础上的理论创新，不断开辟马克思主义中国化的新境界。“四个全面”战略布局是新的历史条件下我们党基于对世情、国情、党情的变与不变的深刻认识和正确判断而产生的重大理论成果。其中蕴含的“我们比历史上任何时期都更接近中国梦的实现”这一历史方位与历史阶段的总体研判，是激励中国共产党人以更大的信心和热情去争取民族复兴、不至于“妄自菲薄”的事实根据。然而，尽管 40 多年的改革开放实践造就了中国特色社会主义事业翻天覆地的变化，推动了党和国家事业取得历史性成就，使中国成为“人类发展史上最激动人心的例子”“世界最成功的发展样板”，但是我们面临的风险和挑战依然严峻，这是我们决不能“妄自尊大”的事实根据。这种战略方位判断的理论自觉，既体现在对中国国情和时代特征的总体把握中，又体现在对中国经济社会发展阶段性具体特征的深刻判断中：我国全面建设社会主义现代化国家目前正处于起步关键期，同时全面深化改革已进入攻坚期和深水区，需要解决的问题格外艰巨，面临的都是日益复杂的矛盾问题、日益固化的利益藩篱、日益凸显的体制机制弊端；在法治建设转入精细化发展阶段、呼唤增强民主性的背景下，推动国家治理体系和治理能力现代化水平的进一步提高依然任重道远，亟须更好地发挥法治固根本、稳预期、利长远的保障作用；全面从严治党取得了重大理论成果、制度成果、实践成果和文化成果，但面对“精神懈怠、能力不足、脱离群众、消极腐败”等危险，党的建设新的伟大工程仍须向纵深推进。可见，“四个全面”战略布局的提出，体现了以习近平同志为核心的党中央在新形势下对党和国家事业发展大格局的深刻谋划，对全面建设社会主义现代化国家成为引领中国特色社会主义实践的阶段性总体目标的自觉认识，对全面深化改革成为破除体制机制障碍、激发经济社会发展动力的自觉认识，对全面依法治国成为推动建设中国特色社会主义法治体系、建设社会主义法治国家，促进中国特色社会主义制度更加成熟、更加定型的自觉把握，对全面从严治党成为执政党保持组织肌体的先进性和纯洁性，赢取广大人民群众执政信任的自觉体认。

最后，是对战略道路选择的理论自觉。道路决定命运，道路就是党的生命。面对中国特色社会主义道路给中国社会发展带来的巨大进步，中国共产党和中国人民对坚持这条道路充满了前所未有的信念和信心。当然，我们还要继续坚持、开拓、完善、发展这条道路。“四个全面”战略布局正是中国共产党人从坚持和发展中国特色社会主义全局出发，以高度的政治自觉和强烈的政治担当，在深刻把握当代中国的历史坐标和发展大势的基础上形成的理论成果。“四个全面”战略布局思想向世界昭示：尽管中国在实现社会主义现代化和民族复兴的伟大征程中仍然面临着诸多的风险与挑战，但我们仍坚定不移高举中国特色社会主义伟大旗帜。这条战略道路的确是近代以来中国人民长期奋斗历史逻辑与现实逻辑的必然结果，是引领中国走向繁荣富强的必由之路。一方面，中国特色社会主义道路是时代变迁的产物，它体现着近代以来中国社会经济结构的变迁，具有深厚的历史渊源和历史底蕴。“四个全面”正是在把握中国特色社会主义道路历史逻辑的基础上形成的治国理政方略。它从国家战略的高度继承了优秀传统文化，从推动中华民族现代化进程的角度创新发展了优秀传统文化，提供了实现中华民族伟大复兴的行动指南。它警醒我们在改革开放前进道路上应保持政治定力，更加坚定道路自信。另一方面，“四个全面”又与中国道路发展的现实逻辑高度契合，这就是：始终以时代和实践发展对党和国家工作的新要求为遵循，以解决人民群众反映最强烈、最现实的问题为突破口。这表明作为世界社会主义运动的特殊形态，中国特色社会主义也是由各个不同的发展阶段所构成，其在不同历史时期会呈现出不同的阶段性特征，有不同的具体任务和要求。因此，我们必须保持战略定力，不为任何风险所惧，不为任何干扰所惑，始终坚持道路自信，防止在改革中落入“西化分化陷阱”、在发展中落入“中等收入陷阱”，以“有方向、有立场、有原则”的改革坚定不移地推进中国特色社会主义道路向纵深发展。“四个全面”战略布局完整地展现出新一届中央领导集体以高度的理论自觉继续升华中国道路，更加坚定、更加自觉地增强道路自信，立足治国理政全局，抓住了关系国家未来发展的重大战略问题，为我们继续拓展中国道路指明了方向。

第十九章 “四个全面”战略布局为中国式现代化注入新内涵

作为由传统农业社会向现代工业社会转变的过程，现代化既是人类文明发展的动力和手段，又是人类整体发展的价值取向和理性追求。致力于实现中国式现代化是中国共产党历经革命、建设和改革各个历史阶段一以贯之的理论和实践主题。中华人民共和国成立以后，经过几代中国共产党人的接续奋斗，特别是新时代以来的创造性、开拓性发展，中国共产党成功开辟出了一条既契合中国实际、体现社会主义发展规律，又紧跟时代潮流、体现世界现代化规律和人类社会发展规律的中国式现代化道路，创造了人类文明新形态，拓展了发展中国家走向现代化的途径。“中国式现代化，是中国共产党领导的社会主义现代化，既有各国现代化的共同特征，更有基于自己国情的中国特色。”[①]中国式现代化是全体人民共同富裕的现代化，其价值取向既代表了民心，又体现了目标价值。“四个全面”从中国实际出发，在科学总结改革开放新的历史时期和新的历史阶段治国理政实践经验的基础上，确立了中华民族伟大复兴道路上重大的阶段性战略目标，抓住了现代化发展的关键，提供了实现现代化的根本保障，契合了中国人民对美好生活的向往和追求，契合了新时代我国社会主要矛盾的新特点，符合了“中国之治”的发展趋势与深层规律，为中国式现代化理论注入了新的内涵。

一、全面建设社会主义现代化国家彰显“人的现代化”

党的二十大系统阐述了“中国之理”，鲜明宣誓了“中国之路”，科

① 习近平：《高举中国特色社会主义伟大旗帜 为全面建设社会主义现代化国家而团结奋斗——在中国共产党第二十次全国代表大会上的报告》，《人民日报》2022年10月26日，第1版。

学回答了“中国之问”。当前和今后一个时期，以全面建设社会主义现代化国家为战略引领，把新发展理念完整、准确、全面贯穿发展全过程和各领域，切实推动实现更高质量、更有效率、更加公平、更可持续、更为安全的发展，是新时代解决发展不平衡不充分问题、满足人民日益增长的美好生活需要的重要途径，是中国式现代化的显著特征和内在要求，也是全面建设社会主义现代化国家的首要任务。

1. 兼顾大国战略与大国心态的协调发展是中国式现代化的重要体现

在“两个一百年”奋斗目标的时空交汇处，党的十九届五中全会明确将战略目标由“全面建成小康社会”提升为“全面建设社会主义现代化国家”，确立了全面建设社会主义现代化国家在“四个全面”战略布局中的引领地位，这不仅彰显出中国共产党推进马克思主义中国化历史进程中与时俱进的理论品格，更蕴含着与中国式现代化相适应的新时代中国特色大国心态。治理现代化不仅是中国式现代化的组成部分，更是中国式现代化其他目标实现的重要依托。只有实现了治理现代化，才能推动全面建设社会主义现代化国家的各项事业健康有序地向前发展，以中国式现代化推进中华民族的伟大复兴才具有坚实的制度保障。中国特色社会主义是物质文明和精神文明全面发展的社会主义，治理现代化凸显为物质文明和精神文明相协调的现代化。发展是中国共产党执政兴国的第一要务，是解决中国所有问题的关键。只有以经济建设为中心，大力发展生产力，才能夯实共同富裕的物质基础，现代化进程中的发展不平衡不充分问题才能得到根本解决。改革开放 40 多年来，虽然我国经济社会发展取得了举世瞩目的成就，但与发达国家的距离仍然很大，中国在相当长时间内仍只是世界上最大的发展中国家，仍处于并将长期处于社会主义初级阶段。

在现代化导向的社会主义初级阶段，要想在日趋复杂严峻且充满不确定性的环境中突围，并有效化解新时代我国社会主要矛盾，更好地满足人民日益增长的美好生活需要，就必须以最广大人民的根本利益为根本坐标，从解决人民“急难愁盼”的问题入手，不仅要在共享发展中实现治理现代化，更要在治理水平提升的过程中不断增强人民群众的获得感、幸福感、安全感，促进人的全面发展和社会的全面进步。

2. 增强意识形态建设的主动性、引导性和持久性是新发展阶段的关键要点

当前我国社会正处于快速转型时期，每个个体亦生活在一个快速多变的环境中。在社会转型的过程中，社会结构改变、利益关系调整必然会引起人们价值观念的变化。与此同时，随着我国社会利益多元化，社会心态作为一种内在的“精神存在”也随之发生深刻变化。在全面开启社会主义现代化建设的新发展阶段，既要看到我国经济社会发展基本面长期向好的态势，也要深刻认识我国社会主要矛盾变化带来的新特征新要求：社会利益关系日趋复杂，社会矛盾和问题交织叠加，社会治理面临的形势更为严峻。

党的二十大报告在总结了过去五年和新时代十年辉煌成就和经验的基础上，再次对新时代的美好生活予以描绘。美好生活构建与良好社会心态培育之间具有多重内在关联：美好生活构建是培育良好社会心态的前提条件，良好社会心态是增强人们建设美好生活的内生动力。鉴于此，要增强人民的幸福感与获得感，提升人民对美好生活的感知力，就必须激发主体潜在的正能量，涵养积极向上的心态。正因为如此，面对当前思想意识多元多样多变的新特点，我们更要大力加强社会主义核心价值观宣传教育，以社会主义核心价值观引领文化建设、引领社会思潮、凝聚社会共识，强化民族向心力和凝聚力，从而充分发挥文化育人化人的重要功能，促进全体人民在思想上、精神上团结一致，以坚定的信仰力量和高尚的精神追求，助推国家治理现代化实践。

3. 培育“自立自强”的社会心态是新时代美好生活引领社会发展的必然要求

随着经济社会的快速发展和科学技术的不断进步，信息的传递和获取越来越方便快捷。处在意识形态前端的社会心态在国家的政治、经济、文化和社会生活中扮演着越来越重要的角色，对实现“治理现代化”和全面建设社会主义现代化国家具有重大影响。

党和政府调适社会心态的能力正在经受全新的考验，迫切需要不断强化对社会心态的调整优化能力。调整优化社会心态的有效路径之一即深化对新发展阶段、新发展理念、新发展格局的认识，特别是深化对“四个全

面”战略布局作为“中国之治”的根本实践的认识。没有“自立自强”的社会心态，就难以冲破束缚发展的体制机制障碍，就会影响“四个全面”战略布局的协调推进，阻碍全面建设社会主义现代化国家的实践进程。因此，全面建设社会主义现代化国家，必须充分发挥“自立自强”的社会心态在国家治理实践中的驱动引领作用，要全面分析国家治理实践的演变历程，更加精准地贯彻新发展理念，引导人们从理论与实践、历史与现实、个体与国家相结合的高度准确把握和积极培育全方位建构美好生活的大国心态。

二、全面深化改革彰显“民生现代化”的“人民至上”

民生连着民心，民心是最大的政治。“民生现代化”不仅关系着人民群众最直接、最现实的切身利益，还关系着党和政府在人民群众中的形象。只有把握好人民群众的利益和福祉，让改革发展成果更多更公平地惠及全体人民，才能最大限度地汇聚起全面深化改革的强大正能量。

1.“民生现代化”是对新时代社会美好生活的能动反映

习近平总书记指出：“我们的目标很宏伟，但也很朴素，归根结底就是让全体中国人都过上更好的日子。”[①]这个奋斗目标，体现了我们党对初心和使命的守护与担当。不断满足人民日益增长的美好生活需要，让发展成果更多更公平地惠及全体人民离不开全面深化改革，而全面深化改革必须彰显“民生现代化”的“人民至上”心态。伴随着新时代的到来，当代中国改革所面临的任务和挑战更加艰巨，而这也标志着我国全面深化改革中的改革已进入攻坚期、步入深水区。尤其是近几年，伴随着中国经济增速逐渐放缓，国家把推行新型城镇化建设作为保持经济持续健康发展的强大引擎。新型城镇化的一个重要载体就是土地。新型城镇化进程中的农民拆迁和政府征地问题，以及新型城镇化以后农民的户籍和医疗问题等，已成为我国推进新型城镇化过程中的难点问题，也日益成为群众关切、社会关注、党和政府关心的焦点问题。新型城镇化发展是解决中国农业、农

① 《习近平谈治国理政》（第3卷），外文出版社2020年版，第134页。

村和农民问题的必然选择，也是我国最大的内需潜力和发展动能所在，必须加快实施创新驱动发展战略，全面塑造发展新优势、充分挖掘内需潜力，让改革释放更多红利。推进“民生现代化”必须从人民群众最关心最直接最现实的利益出发，以满足人民日益增长的美好生活需要为出发点和落脚点，着力维护和促进社会公平正义，不断增进民生福祉，提高人民生活品质，不断增强人民群众的获得感、幸福感、安全感。民生是暖心的工程，民心是最大的政治。越是在中国特色社会主义处于爬坡过坎的紧要关口，越是在各种困难和矛盾相互交织和叠加的关键时期，越需要汇集闯关夺隘、推进改革的智慧和力量，越需要以忧患之心在初心使命的引导下坚持“人民至上”的价值取向，用心用情用力解决群众关切的实际问题，努力增强人民群众的获得感、幸福感和安全感，续写百年大党不断走向胜利的时代新篇章。

2.“民生现代化”要助力人民群众获得感、幸福感和安全感的不断提升

人民立场是中国共产党的鲜明底色与价值依归，也是中国共产党人勇担历史责任的不竭动力和最大底气。一百多年来，中国共产党历经磨难与挑战、不断走向胜利与辉煌的精神密码，就是中国共产党能牢牢站稳以人民为中心的根本立场，始终把人民和实现人民利益作为“源”和“本”。正如习近平总书记强调的，民心是最大的政治，正义是最强的力量，“我们要认真回顾走过的路，不能忘记来时的路，继续走好前行的路”[①]，走得再远也不能忘记为什么出发[②]。“民生现代化”事关人民群众切身利益，是打造高品质生活的基础性工程。全面深化改革，主题词是“改革”，通过全面深化改革的办法，进一步保障民生领域均衡公正，让人民真正共享经济社会发展成果。在全面深化改革问题上，习近平总书记多次强调指出，要“善于从群众关注的焦点、百姓生活的难点中寻找改革切入点”[③]，“要像抓经济建设一样抓民生保障，像落实发展指标一样落实民

①《中共中央国务院举行春节团拜会》，《人民日报》2021年2月11日，第1版。

② 中共中央党史和文献研究院、中央“不忘初心、牢记使命”主题教育领导小组办公室：《习近平关于“不忘初心、牢记使命”论述摘编》，中央文献出版社2019年版，第6页。

③ 习近平：《鼓励基层群众解放思想积极探索 推动改革顶层设计和基层探索互动》，《人民日报》2014年12月3日，第1版。

生任务”[①]。党的十八大以来，以习近平同志为核心的党中央，顺应人民对美好生活的新期待，把改革的重头戏放在教育、就业、社会保障、医疗、住房、环境治理、养老、食品药品安全等“关系群众切身利益”的方面。随着党和国家一系列惠民举措的逐步落地，我国民生发展逐渐向质量型转化，人民群众的获得感、幸福感和安全感不断提升，一个更加注重生活质量的新阶段已经开始。

3.“民生现代化”要在全面深化改革的实践中化解社会主要矛盾

民生问题是中国改革最大的问题，保障和改善民生问题是全面深化改革的重要价值导向。习近平总书记指出：“如果不能给老百姓带来实实在在的利益，如果不能创造更加公平的社会环境，甚至导致更多不公平，改革就失去意义，也不可能持续。”[②]这一论述提出了全面深化改革的总目标，明确了新时代全面深化改革的根本方向和价值依归。全面解决日益复杂的民生问题是倒逼改革发展的重要载体，又是推动改革全面深化的重要助力。改善民生是全面深化改革的强大动力和目标，而全面深化改革是改善民生的根本方法。“改革是由问题倒逼而产生，又在不断解决问题中得以深化。”[③]民生问题的凸显是一系列不合理的体制机制产生的结果与表现。所以，以问题倒逼改革，以改革激发创新，以创新促进发展，这既是新时代全面深化改革的价值依据，也能为全面深化改革注入强大的生机和活力。正如习近平总书记所指出的，“面对‘倒逼’的客观现实，唯有变压力为动力，深刻认识，尽早觉悟，抓紧行动，才能从‘倒逼’走向主动，形成可持续的发展机制”[④]。中国特色社会主义进入新时代，随着社会主要矛盾的转变，中国特色社会主义民生建设在理念、实践、价值层面也体现出新的时代特点，并呈现出目标高阶化、体验差异化和需求结构多元化的新特征。社会民生发展呈现出多元化态势，说明人民对美好生活的向往与现实之间还存在一定差距，这就要求我们必须将以人民为中心的价值原则始终贯穿于全面深化改革的总目标、具体目标和各个环节之中。只

① 《要像抓经济建设一样抓民生保障》，《中国青年报》2014 年 12 月 15 日，第 2 版。

② 中共中央文献研究室：《习近平关于协调推进“四个全面”战略布局论述摘编》，中央文献出版社 2015 年版，第 68 页。

③ 中共中央文献研究室：《习近平关于全面深化改革论述摘编》，中央文献出版社 2014 年版，第 8 页。

④ 习近平：《之江新语》，浙江人民出版社 2007 年版，第 133 页。

有全面深化改革，才能实现“民生现代化”，才能使人民的切身利益同改革的命运紧密联系在一起，使改革得到人民的广泛认同、拥护和支持。

三、全面依法治国彰显“法治现代化”的愿景

“法治现代化”作为中国式现代化在法治领域的具体体现，体现了社会主义现代化国家在社会建设领域的价值诉求，既是弘扬社会主义核心价值观的基本要素，又是社会主义核心价值观的实现载体，也是中国式现代化实践进程中健全共建共治共享的社会治理格局的重要保障。

1. 以更加公平正义的法治环境营造更加安全稳定的社会环境

当前，中国社会正处在从传统向现代的急剧转型时期，面临的可以预见和难以预见的挑战和问题复杂多变。“社会快速转型期的一个鲜明特点，是社会进步与社会代价共存、社会优化与社会弊病并生、社会协调与社会失衡同在、充满希望与饱含痛苦相伴。”[①]除了经济运行中一些突出问题和深层次矛盾依然凸显外，还存在社会经济体制转轨带来的价值观念上的冲突，以及科技高速发展对伦理道德底线的冲击等问题。过多社会问题的积累和加重，必然会催生各种各样的不确定的社会风险，这给国家治理现代化实践带来了巨大挑战。为了确保中国现代化进程的顺利推进，必须“提高防范和抵御安全风险能力”[②]。面对新挑战，党的二十大报告原创性地提出“在法治轨道上全面建设社会主义现代化国家”[③]的重大战略思想。法治是实现社会和谐治理的最基本保障和根本途径，法治思维和法治方式是深化改革、化解矛盾、推动发展、维护稳定的有力抓手，是我们党治国理政的基本方式，也是我国国家制度和国家治理体系的一个显著优势。转型期，社会矛盾具有复杂多样、错综交织、扩张速度快的特征。要维护社会和谐稳定，必须把全面建设社会主义现代化国家的各项深层次问

① 郑杭生：《改革开放三十年：社会发展理论和社会转型理论》，《中国社会科学》2009 年第 2 期，第 18 页。

② 习近平：《决胜全面建成小康社会 夺取新时代中国特色社会主义伟大胜利——在中国共产党第十九次全国代表大会上的报告》，人民出版社 2017 年版，第 49 页。

③ 习近平：《高举中国特色社会主义伟大旗帜 为全面建设社会主义现代化国家而团结奋斗——在中国共产党第二十次全国代表大会上的报告》，《人民日报》2022 年 10 月 26 日，第 1 版。

题纳入中国特色社会主义法治轨道，更好地发挥法治对社会主义现代化国家建设的规范、引领、保障作用。

2. 以法治的引领和规范作用保证良好的政治生态

良好的政治生态，既来自中国共产党人对从政品德的坚守，也离不开健全的法治体系。目前，我国正处在体制转轨和社会结构转型的关键时期。随着我国转型期社会矛盾的日益复杂化和多样化，政治秩序不稳定已经成为影响改革和发展的重要因素。对于发展中国家来说，政治发展“首要的问题不是自由，而是建立一个合法的公共秩序”①。所以，营造良好的政治生态系统，必须更好地发挥法治的引领和规范作用。如果把政治比作一种生态系统，那么法治建设既是政治文明建设的重要内容，也能为政治文明建设的健康发展提供有力保障。换句话说，法治本身就是一种良好的政治生态。良好政治生态的营造，既来自中国共产党人对从政品德的坚守，也离不开健全的法治体系。党的十八大以来，以习近平同志为核心的党中央，既高度重视德治，强调把社会主义核心价值观建设作为凝魂聚气、强基固本的基础工程，又高度重视法治，把依法行政、依法执政和依法治党结合起来，开启净化政治生态的实践篇章。随着改革进入攻坚期和深水区，净化党内生态成为新时代推进党的建设新的伟大工程的关键。党的十八大以来，随着党中央标本兼治地持续推进全面从严治党建设，党内政治生态获得较大改善，但我国目前的政治生态和我们所期盼的政治生态还有一定的距离。重构党内政治生态，必须坚持全面依法治国和全面从严治党的协同推进，“把严的要求贯彻全过程，做到真管真严、敢管敢严、长管长严”②。

3. 以更高质量、更高水平的法治建设让人民群众感受到公平正义

公平正义是衡量社会文明程度的重要标尺，是法治社会的核心价值。贯彻落实全面依法治国基本方略所要达到的根本目的，就是要秉持以人民为中心的核心理念，就是要把社会公平正义这一法治价值追求贯穿于立

---

① [美]塞缪尔·亨廷顿：《变化社会中的政治秩序》，王冠华、刘为等译，生活·读书·新知三联书店 1989 年版，第 7 页。

② 习近平：《在庆祝中国共产党成立 95 周年大会上的讲话》，《人民日报》2016 年 7 月 2 日，第 2 版。

法、执法、司法、守法的全过程和各方面，让公平正义惠及人民群众的工作和生活，让人民群众拥有更多的安全感。正如习近平总书记明确指出的：“要把促进社会公平正义、增进人民福祉作为一面镜子，审视我们各方面体制机制和政策规定”，“如果不能给老百姓带来实实在在的利益，如果不能创造更加公平的社会环境，甚至导致更多不公平，改革就失去意义，也不可能持续”①。我国的发展已经迈入了新时代，随着社会生产力的发展和人民生活水平的提高，人民对美好生活的期待日益提高，“不仅对物质文化生活提出了更高要求，而且在民主、法治、公平、正义、安全、环境等方面的要求日益增长”②。这就需要实现人民群众对美好生活的法治需求与公检法司系统维护公平正义的供给的有效衔接。全面依法治国是以保证人民充分行使当家作主的权利，维护人民当家作主的地位为旨归的，它的落实须围绕“让人民群众感受到公平正义”这一目标。只有这样，才能真正实现宪法所规定的人民当家作主的各项权利和自由。只有法治成为全社会普遍的生活方式、思维方式时，全面依法治国才可能同时被作为一种治理方式得到全面贯彻。社会治理作为国家治理的重要方面，本质是人在认识自然的规律和人的本性的基础上调整人与自然、人与人的关系，并建立和维持秩序的过程，是一个需要用法治思维进行战略规划的有机系统。法治现代化是当代中国人追求的社会文明进步的重要目标。当前，我国深化司法体制改革正围绕“努力让人民群众在每一个司法案件中感受到公平正义”的目标破浪前行，体现了“法治现代化”的“社会文明”心态。

四、全面从严治党彰显“政党现代化”的“自我革命”警醒

“大浪淘沙，洗净铅华无数。”一个政党的命运和前途，归根结底取决于政党自身的品格。环顾全球，世界上的政党数目庞大，但历史超过百年的仅有数十个，能像中国共产党这样拥有百年多历史仍能不断革新的少

① 习近平：《切实把思想统一到党的十八届三中全会精神上来》，《人民日报》2014年1月1日，第2版。

②《习近平谈治国理政》（第3卷），外文出版社2020年版，第9页。

之又少。一百多年来，中国共产党之所以能够在近代中国 300 多个形形色色的政党组织中脱颖而出，其根本原因就在于党始终保持了先进性与纯洁性。正如习近平总书记在庆祝中国共产党成立 100 周年大会上所指出的：“勇于自我革命是中国共产党区别于其他政党的显著标志。我们党历经千锤百炼而朝气蓬勃，一个很重要的原因就是我们始终坚持党要管党、全面从严治党，不断应对好自身在各个历史时期面临的风险考验，确保我们党在世界形势深刻变化的历史进程中始终走在时代前列，在应对国内外各种风险挑战的历史进程中始终成为全国人民的主心骨！”①

1. 自我革命是我们党一百多年来艰苦奋斗心路历程的经验总结

列宁曾指出：“一个政党对自己的错误所抱的态度，是衡量这个党是否郑重，是否真正履行它对本阶级和劳动群众所负义务的一个最重要最可靠的尺度。”②作为世界上最大的马克思主义执政党，我们党之所以伟大、之所以成功、之所以充满奋进力量，不在于不犯错误，而在于始终保持了自我革命精神，保持了承认并改正错误的勇气。习近平总书记说：“我们党作为世界第一大党，没有什么外力能够打倒我们，能够打倒我们的只有我们自己。”③站在新时代的起点上，我们党必须始终牢记“打铁必须自身硬”的道理，必须把坚守初心使命作为自我革命的永恒课题。自我革命说到底是要解决党自身的问题，意味着党员干部主动接受无产阶级政治思想的教育和洗礼。一百多年来，中国共产党之所以能够历经挫折而不断奋起，靠的就是敢于以最彻底“改造政党”的勇气割除毒瘤、清除毒源、肃清流毒。但要将“改造政党”的自我革命真正地、持久地贯彻下去，更需要刀刃向内的非凡勇气和一如既往的从严要求。从这一角度来讲，我们在继续推进新时代党的建设新的伟大工程中，在坚持自我革命中要把党锻造得更加坚强有力，就是要不断强化“自我”意识和内在自觉。

2.“领导现代化”是推进党的建设新的伟大工程的必然要求

党的二十大报告指出，“中国式现代化，是中国共产党领导的社会主

---

① 习近平：《在庆祝中国共产党成立 100 周年大会上的讲话》，人民出版社 2021 年版，第 19 页。

②《列宁全集》（第 39 卷），人民出版社 1986 年版，第 37 页。

③ 习近平：《牢记初心使命，推进自我革命》，《思想政治工作研究》2019 年第 9 期，第 5 页。

义现代化”[①]。中国共产党对中国式现代化的领导力来自广大人民，来自伟大的学习传统，来自深刻的自我革命。中国共产党在推进社会革命的历程中坚持自我革命心态，既是党性修养的重要内容和全面从严治党的应然要求，更是我们党心怀人民、主动担当作为的实然要求。从中华人民共和国成立到现在，中国共产党执政已经七十余年的事实证明，中国共产党作为中国执政党的执政能力和水平是当之无愧的。但是，党的执政本领是具体的、历史的，需要在实践中不断磨炼和提升。当前，中国特色社会主义正处于爬坡过坎的紧要关口，各种困难和矛盾相互交织和叠加。同时，伴随着世界百年未有之大变局的加速演进，我国发展面临的环境更复杂，不确定性更大，风险挑战更多，使我们党在维护和巩固执政地位时所面对的斗争的难度、广度和深度也与日俱增。面对新时代新征程上的新挑战和新考验，全党同志特别是各级领导干部绝不能“躺在过去的功劳簿上”[②]，必须时刻保持本领恐慌意识，不仅要在政治上具备硬实力，而且本领也要够强，“如果不抓紧增强本领，久而久之，我们就难以胜任领导改革开放和社会主义现代化建设的繁重任务”[③]。所以，前景越是光明、目标越是宏伟，越是要增强忧患意识，越是要提高执政本领，这不仅是党领导人民以中国式现代化全面推进中华民族伟大复兴的现实需要，也是推进党的建设新的伟大工程的内在要求。党的十八大以来，习近平总书记多次用“赶考”精神来警醒和激励全党，提醒全党要增强忧患意识，告诫全党我们面临的改革发展稳定任务之重、矛盾风险挑战之多、治国理政考验之大都前所未有。要赢得人民衷心拥护，必须时刻保持解决大党独有难题的清醒和坚定。只有这样，才能“确保党永远不变质、不变色、不变味”[④]，使党始终成为中国特色社会主义事业的坚强领导核心。

3. 以“自我革命”的心态领导和推动社会革命，把严的主基调长期坚持下去

当前，中国共产党正站在“两个一百年”奋斗目标的历史交汇点上，

① 习近平：《高举中国特色社会主义伟大旗帜　为全面建设社会主义现代化国家而团结奋斗——在中国共产党第二十次全国代表大会上的报告》，《人民日报》2022年10月26日，第1版。

②《习近平谈治国理政》（第1卷），外文出版社2018年版，第4页。

③《习近平谈治国理政》（第1卷），外文出版社2018年版，第402页。

④ 习近平：《高举中国特色社会主义伟大旗帜　为全面建设社会主义现代化国家而团结奋斗——在中国共产党第二十次全国代表大会上的报告》，《人民日报》2022年10月26日，第1版。

面对的是一张随着社会发展而不断延展的“考卷”。加之“四种危险”“四大考验”的长期存在，决定了新时代的“考题”难度更大。治国必先治党，治党务必从严。中国共产党要担当起时代和人民赋予的使命任务，需要在与时俱进推动“领导现代化”的过程中始终保持“自我革命”的清醒和坚定。正如习近平总书记所指出的，使命越光荣，形势越复杂，任务越艰巨，越要增强“全面从严治党永远在路上，党的自我革命永远在路上”的政治自觉。这不仅是党领导人民以中国式现代化全面推进中华民族伟大复兴的现实需要，也是推进党的建设新的伟大工程的内在要求。当前全面深化改革已经进入深水区，各种矛盾和问题交织叠加、错综复杂，利益博弈此消彼长，中国不仅要解决“发展问题”，还要解决“发展中的问题”。为了应对可以预见和难以预见的各种风险挑战，必须拥有一支勇于自我革命、理想信念坚定的领导力量。这就要求中国共产党必须“坚持底线思维，做到居安思危”①，常怀“赶考”之心，常念人民之托，常备应急之法，以忧患之心在初心使命的引导下始终坚持“人民至上”的价值取向，用心用情用力解决群众关切的实际问题，努力增强人民群众的获得感、幸福感和安全感，努力在新的“赶考”道路上继续谱写百年大党不断走向胜利的时代新篇章。

① 习近平：《坚持从严治党落实管党治党责任 把作风建设要求融入党的制度建设》，2014 年 7 月 1 日，http://cpc.people.com.cn/n/2014/0701/c64094-25221029.html。

第二十章 “四个全面”战略布局发展了马克思主义的科学世界观与方法论

运用马克思主义立场、观点和方法分析解决中国的实际问题，是中国共产党的优良传统。“四个全面”战略布局是最新版的中国特色社会主义理论，是以习近平同志为核心的党中央将辩证唯物主义和历史唯物主义的世界观和方法论精髓运用于治国理政顶层设计的鲜明体现，是对马克思主义活的灵魂的自觉实践和发展。

一、“四个全面”战略布局深刻体现了唯物史观的本质要求

唯物史观是马克思主义关于人类社会发展一般规律的理论，其所揭示的生产力和生产关系、经济基础和上层建筑矛盾运动的规律，为中国共产党人认识世界与改造世界提供了强大思想武器和行动指南。历史与现实都表明，“只有坚持历史唯物主义，我们才能不断把对中国特色社会主义规律的认识提高到新的水平”[①]。从群众中来的理论才是彻底的理论，才能真正“掌握群众”[②]，才能最大限度地激发人民群众推动社会发展的创造活力。“四个全面”战略布局作为我们党把马克思主义基本原理和中国实际相结合的又一次重大创新成果，为实现中华民族伟大复兴中国梦提供了强大精神动力和价值引领。

---

①《习近平在中共中央政治局第十一次集体学习时强调：推动全党学习和掌握历史唯物主义 更好认识规律更加能动地推进工作》，《人民日报》2013年12月5日，第1版。

②《马克思恩格斯文集》（第1卷），人民出版社2009年版，第11页。

1. "四个全面"战略布局坚持和发展了马克思主义社会史观基本原理

"全部哲学，特别是近代哲学的重大的基本问题，是思维和存在的关系问题。"[①]思维和存在的关系问题，是哲学的基本问题，也是我们在实际工作中要作出回答的首要问题。马克思主义哲学以科学的实践观为基础，创立世界物质统一性原理，认为世界的真正统一性在于其物质性。这一原理要求我们在实际工作中必须把客观存在的实际事物作为根本出发点，做到主观和客观具体的历史的统一。习近平总书记也强调："要学习掌握世界统一于物质、物质决定意识的原理，坚持从客观实际出发制定政策、推动工作。"[②]从社会史观的层面看，"四个全面"战略布局作为马克思主义唯物史观的当代的出场形态，在对"社会存在"的正确认识方面坚持了唯物史观的基本原理。"四个全面"战略布局着眼于新时代中国特色社会主义的发展实际，充分体现了实事求是的辩证唯物主义思想路线，是我们党坚持一切从实际出发，不断进行理论创新的产物。正如习近平总书记所说，"四个全面"战略布局"是从我国发展现实需要中得出来的，从人民群众的热切期待中得出来的，也是为推动解决我们面临的突出矛盾和问题提出来的"[③]。经过四十多年的改革开放，我国社会生产力得到极大发展，综合国力不断增强，人民生活水平显著提高，但在经济和社会的快速发展过程中，还存在发展质量和效益不够高，创新能力不够强、体制机制不完善及生态环境保护任重道远等问题。

全面建设社会主义现代化国家的目标设定以增进人民福祉、促进人的全面发展为导向，是在深刻把握新时代我国社会主要矛盾和我国基本国情的基础上对发展不平衡不充分的直接回应。改革是社会主义制度的自我完善与发展。目前我国改革已经进入深水区，当下的改革除了仍有思想阻力外，还面临利益固化藩篱，只有以更大的政治勇气和智慧全面深化各领域改革，冲破思想观念的束缚，突破利益固化的藩篱，才能为全面建设社会主义现代化国家提供动力源泉。在依法治国方面，虽然我国已经形成以宪法为统领的中国特色社会主义法律体系，实现了社会各领域有法可依，但

---

①《马克思恩格斯文集》（第4卷），人民出版社2009年版，第277页。

② 习近平：《坚持运用辩证唯物主义世界观方法论 提高解决我国改革发展基本问题本领》，《人民日报》2015年1月25日，第1版。

③《习近平谈治国理政》（第2卷），外文出版社2017年版，第24页。

对照中国特色社会主义进入新时代的要求来看，仍存在一些薄弱环节，尚需进一步完善。“全面依法治国”是针对我国法治建设的薄弱环节和实际问题而提出的。党的十八大以来，全党上下在惩治腐败和纠正“四风”方面取得重大成效，从严治党取得重要阶段性成果，“不敢腐”的目标初步完成，但党员干部“不能腐”的防范机制还没有健全，“不想腐”的思想防线还没有筑牢。诚如习近平总书记所坦言的：“新形势下，我们党面临着许多严峻挑战，党内存在着许多亟待解决的问题。”[①]全面从严治党针对党内出现的负面问题，以作风建设为主线，以反腐肃纪为重要任务，以提高党的执政能力为主要目标，为新时代管党治党指明了方向。

恩格斯指出：“为了使社会主义变为科学，就必须首先把它置于现实的基础之上。”[②]“四个全面”战略布局的展开是以我国基本国情和发展要求为生成点的，具有从实际出发的理论品质，与现实的社会存在和广大人民的意愿完全契合，也是对唯物史观之社会存在决定社会意识这一首要观点深刻把握与灵活运用的生动体现。

2.“四个全面”战略布局坚持社会基本矛盾原理，深化了社会基本矛盾运动推动社会发展规律的认识

历史唯物主义之所以能够实现对以往历史观的超越，在于它首次明确提出了“物质生活的生产方式”是人类社会存在和发展的基础，同时把社会基本矛盾运动作为整个人类社会前进的根本动力，从而为人们认识社会历史的发展、考察社会发展的进程、揭示人类社会发展的一般规律提供了科学的指导。

社会主义社会的基本矛盾仍然是生产力和生产关系、经济基础和上层建筑之间的矛盾，但社会主义社会基本矛盾与以往社会的基本矛盾相比，具有不同的性质和特点，突出表现在这种矛盾是非对抗性的，可以通过社会主义制度本身得以解决。“四个全面”战略布局是当前我国社会基本矛盾发展变化的产物，是以习近平同志为核心的党中央在治国理政的伟大实践中，依据社会基本矛盾理论，立足于当代中国最大国情、最大实际而提出来的。

历史唯物主义认为：“物质生活的生产方式制约着整个社会生活、政

①《习近平谈治国理政》（第1卷），外文出版社2018年版，第4页。

②《马克思恩格斯文集》（第9卷），人民出版社2009年版，第22页。

治生活和精神生活的过程。”[①]经过改革开放以来的快速发展，我国经济取得了长足的进展，人民生活水平已经达到总体小康水平，中国特色社会主义发展进入了新时代。但由于我国正处于并将长期处于社会主义初级阶段，在许多领域的发展仍然存在这样或那样的短板和不足、困难和挑战，因此，解决中国所有问题的关键在于进一步发展生产力。全面建设社会主义现代化国家正是我们党着眼于当代中国特色社会主义发展的阶段性特征，依据社会主义社会基本矛盾没有改变所做的科学判断。随着生产力的不断发展，原来适应生产力发展的各种体制就会暴露出新的弊病，同生产力之间就会呈现出不适应状态，甚至会严重阻碍生产力的发展。这就需要对生产关系和上层建筑中不适应生产力发展的方面和环节进行改革，需要全党上下要“敢于啃硬骨头，敢于涉险滩”“做到改革不停顿、开放不止步”。全面深化改革从根本上说就是为了改变束缚生产力发展的体制，使我们各方面制度更加成熟，更能促进生产力的发展。“我们提出进行全面深化改革，就是要适应我国社会基本矛盾运动的变化来推进社会发展。”[②]所以，“全面深化改革”是解决我国社会主要矛盾的根本路径。“全面依法治国”是从规范制度等上层建筑层面，为适应生产关系（经济基础）的改革而作出的调整变革，目的是通过法治思维和法治方式确保现代化进程中的各种矛盾有序可控。“全面从严治党”则是通过加强和改善党的领导，让党的领导更加适应实践、时代、人民的要求，更好地发挥党总揽全局、协调各方的领导核心作用，以确保全面建设社会主义现代化国家、全面深化改革和全面依法治国取得成功。总之，“四个全面”战略布局自觉坚持社会主义社会基本矛盾原理，主动适应我国社会基本矛盾运动变化来推进社会发展，深化了对当前我国社会主要矛盾问题的认识。

3. “四个全面”战略布局坚持人民创造历史的基本原理，深化了对马克思主义群众史观的认识

早在一百多年前，马克思、恩格斯就指出：“过去的一切运动都是少数人的，或者为少数人谋利益的运动。无产阶级的运动是绝大多数人的，

①《马克思恩格斯选集》（第2卷），人民出版社2012年版，第2页。

②《习近平在中共中央政治局第十一次集体学习时强调：推动全党学习和掌握历史唯物主义 更好认识规律更加能动地推进工作》，《人民日报》2013年12月5日，第1版。

为绝大多数人谋利益的独立的运动。”①在马克思主义唯物史观的视域中，“历史活动是群众的事业”②，人民群众既是社会历史的实践主体，也是社会历史的价值主体，“整个所谓世界历史不外是人通过人的劳动而诞生的过程”③。党的十八大以来，以习近平同志为核心的党中央反复强调群众史观，指出要把以人民为中心的发展思想“体现在经济社会发展各个环节”④。他告诫全党：“群众是真正英雄的历史唯物主义观点不能丢”⑤，否则，“我们党就会失去根基、失去血脉、失去力量”⑥。

“四个全面”战略布局以实现人民幸福作为根本的价值旨归，内在地贯穿着我党一以贯之的马克思主义群众观点和人民立场，深刻回答了中国“发展起来以后”的“我是谁、为了谁、依靠谁”这个根本问题，闪耀着人民性的思想光辉，彰显了我们党立党为公、执政为民的核心价值要义。正如习近平总书记所说，“四个全面”战略布局是“从人民群众的热切期待中得出来的”⑦。全面建设社会主义现代化国家凝聚为全社会的“最大公约数”，承载着广大人民群众对美好生活的向往。全面建设社会主义现代化国家的人民性集中体现在“全面”二字上。一是覆盖人群的全面性，即它是不分地域、不分群体、不分层级、不分民族，不使一个人掉队的小康。二是涉及领域的全面性，即它是既坚持以经济建设为中心，在保持经济又好又快、健康发展的同时，又全面推进经济、政治、文化、社会及生态文明建设；既不断解放和发展社会生产力，又逐步实现全体人民共同富裕，促进人的全面发展。全面深化改革着眼于破解经济社会发展中的深层次矛盾和问题，剑指“难啃的硬骨头”和“利益固化的藩篱”，旨在通过促进公平正义、增进人民福祉，进而把广大人民群众改革发展的积极性充分调动起来，以强大的动力推动经济社会向着更加合理更加公平的方向发展，这正是我们党践行群众史观的具体体现。全面依法治国就是要通过反腐治权、依法治官和监督制约公权力，消除有权乱为、有权不为的行为，

---

①《马克思恩格斯选集》（第1卷），人民出版社2012年版，第411页。

②《马克思恩格斯全集》（第2卷），人民出版社1957年版，第104页。

③《马克思恩格斯文集》（第1卷），人民出版社2009年版，第196页。

④ 中共中央宣传部：《习近平总书记系列重要讲话读本》，学习出版社、人民出版社 2016 年版，第129页。

⑤《习近平谈治国理政》（第1卷），外文出版社2018年版，第367页。

⑥《习近平谈治国理政》（第1卷），外文出版社2018年版，第387页。

⑦ 中共中央文献研究室：《习近平关于协调推进“四个全面”战略布局论述摘编》，中央文献出版社2015年版，第161页。

“让人民群众切实感受到公平正义就在身边”①，使人们的各种权益得到充分体现和保障。同时，通过全面推进依法治国，保证人民依法享有广泛的权利和自由。全面从严治党旨在通过密切党同人民群众的血肉联系，进一步筑牢党的宗旨意识、提高党的执政能力、夯实党的群众基础，打造“党离不开人民、人民离不开党”的命运共同体。只有全面从严治党，才能有效应对“四大考验”、化解“四种危险”，才能使我们党始终走在时代前列，创造出经得起实践、人民和历史检验的实绩。全面从严治党，是我们党所坚持的马克思主义唯物史观在当前最生动的体现。

总之，“四个全面”战略布局是在坚持群众史观的前提下形成和发展的，充分彰显了我们党把群众路线作为根本工作路线的根本要求，是党的根本宗旨在新时代的具体体现。贯彻落实“四个全面”战略布局的过程，就是密切党同人民群众的血肉联系和增进人民福祉的过程，就是践行党的根本宗旨的过程。

4.“四个全面”战略布局坚持社会有机体理论，深化了对社会整体发展观问题的认识

马克思在创立历史唯物主义的过程中，始终把社会结构视为一个能够变化且经常处于变化过程中的有机整体，反对脱离社会的整体性、系统性来孤立地考察和分析社会结构、社会系统和人类社会发展。正如马克思所说：“社会——不管其形式如何——是什么呢？是人们交互活动的产物。”②正因为社会是“一切关系在其中同时存在而又互相依存的社会机体”③，所以我们必须立足于系统结构和整体结构的视角来认识社会内部各构成要素在社会发展中的有机统一。“四个全面”战略布局是以习近平同志为核心的党中央站在时代发展和战略全局的高度，基于现阶段我国经济社会发展的总体格局和人民群众的热切期盼而提出来的马克思主义中国化的最新理论成果。

作为马克思主义在当代中国的出场形态，“四个全面”战略布局既凝结着马克思社会有机体理论的基本观点，又开辟了运用马克思社会有机体理论把握社会主义现代化建设规律的新境界。

①《习近平谈治国理政》（第1卷），外文出版社2018年版，第148页。
②《马克思恩格斯文集》（第10卷），人民出版社2009年版，第42—43页。
③《马克思恩格斯选集》（第1卷），人民出版社2012年版，第223页。

首先，“四个全面”战略布局体现的是社会系统内部诸要素的有机统一。从整体上看，“四个全面”战略布局具有鲜明的系统性和战略性，它既包括战略目标，又包括战略举措，且构成了“战略目标—强大动力—法治保障—政治保证”四位一体的不可分割的有机整体。任何一个“全面”的滞后，都会制约其他“全面”的发展。全面建设社会主义现代化国家作为包括政治、经济、文化、社会与生态环境，以及人的全面发展在内的目标系统，在“四个全面”战略布局中居于引领地位，规定着其他三个子系统的发展方向；全面深化改革和全面依法治国目标方向一致、相辅相成、并行不悖，合力推动全面建设社会主义现代化国家的目标如期实现和全面从严治党向纵深发展，共同承载着实现中华民族伟大复兴的百年梦想；全面从严治党作为社会内部四个子系统中最为关键的核心系统，与其他三个“全面”的关系是主要支柱和重要支撑的关系，它体现了伟大事业与伟大工程的统一。

其次，“四个全面”战略布局中的每一个“全面”都是一个大系统，都具有丰富的内涵。全面建设社会主义现代化国家是一个集宏观与微观、城市与农村、“五位一体”及人的全面发展在内的综合性目标体系，其核心就在全面。全面建设社会主义现代化国家的“全面”，既体现在覆盖人群的全面性上，即要求以实现“共同富裕”和“惠及全体”为目标指向，又体现在衡量指标的全面性上，即要求从数量指标和质量指标相统一、政治指标和民生指标相统一、经济指标和生态指标相统一来引导全面建设社会主义现代化国家，还体现在战略举措的全面性上，即要求从系统动力的角度来保障全面建设社会主义现代化国家。全面深化改革虽然以经济体制为中心，但同时强调协同推进其他领域的改革。习近平总书记也指出，全面深化改革“不是推进一个领域改革，也不是推进几个领域改革，而是推进所有领域改革”①。全面依法治国是一项宏大的社会系统工程，包括国家和政党制度层面、社会和公民法治文化层面。全面依法治国在目标上的全面性，不仅体现在要“形成完备的法律规范体系、高效的法治实施体系、严密的法治监督体系、有力的法治保障体系，形成完善的党内法规体系”②，还体现在要形成高效的法治运行机制，包括法治监督、法治保障

---

①《习近平谈治国理政》（第1卷），外文出版社2018年版，第90页。

②《中共中央关于全面推进依法治国若干重大问题的决定》，《人民日报》2014年10月29日，第1版。

等。习近平总书记指出：“全面从严治党是我们立下的军令状”，“核心是加强党的领导，基础在全面”[①]。“全面”体现在范围上，包括思想、组织、作风、制度、反腐倡廉等方方面面。“全面”体现在手段上，不仅需要发挥硬手段（党纪、国法）的功能，还要重视软约束（伦理、道德）的作用。“全面”体现在主体对象上，既涉及党的中央领导机构，又涉及党的基层组织，还涉及各个机关、企业、事业单位及社会团体的党组织；既涉及党的各级领导干部，又涉及广大普通党员；既涉及国内各级党组织，还涉及被派驻的国外各级党组织。

总之，“四个全面”战略布局相互联系、相互促进、相互支撑，共同构成“战略目标—强大动力—法治保障—政治保证”四位一体的不可分割的有机整体，共同支撑起中国特色社会主义事业全局，是马克思主义社会有机体理论和中国特色社会主义实践相结合的新飞跃。

二、“四个全面”战略布局牢牢把握了唯物辩证法的思想精髓

辩证法“即最完备最深刻最无片面性的关于发展的学说”[②]，它深刻揭示了自然、人类社会和思维运动、变化和发展的最一般规律，为人类科学地认识世界和革命地改造世界提供了根本的观点和方法。善于运用辩证法来指导前进道路上出现的各种新情况、新问题，善于“按照辩证法办事”，是中国革命、建设和改革开放事业从胜利走向新的胜利的宝贵经验。“四个全面”战略布局着眼于实现“两个一百年”奋斗目标和中华民族伟大复兴中国梦，不仅彰显了关于经济社会发展和人的全面发展辩证统一的根本价值取向，而且创造性地运用了唯物辩证法，是唯物辩证思维的理论结晶。这突出表现在这一战略布局以科学思维、全局视野和战略眼光来考察、分析和解决我国经济社会发展中的一系列重大问题，带有很强的问题导向，实现了中国特色社会主义理论体系的新飞跃。

---

① 习近平：《在第十八届中央纪律检查委员会第六次全体会议上的讲话》，《思想政治工作研究》2016年第6期，第5、8页。

②《列宁选集》（第2卷），人民出版社2012年版，第310页。

1.“四个全面”战略布局坚持和发展了唯物辩证法的发展观

事物之间普遍联系和相互作用，必然导致事物的运动、变化、发展。发展观是唯物辩证法的一个根本观点，是唯物辩证法的总特征之一。唯物辩证法认为，从自然界到人类社会再到人的认识都是永恒发展的，整个世界就是一个无限变化和永恒发展的物质世界。这一唯物辩证法的基本观点，要求我们必须学会用发展的观点看问题。

考察“四个全面”战略布局形成和发展的历史脉络，可以更为清楚地廓清其内在蕴含的过程哲学思想。

“四个全面”战略布局发端于十六大的“一个全面”奋斗目标，即“全面建设惠及十几亿人口的更高水平的小康社会”。十七大在重申并凝练这一奋斗目标的基础上，把“建设”改为“建成”。十八大在阐释这一目标后，继而提出了“全面深化改革开放”的目标。至此，“一个全面”扩展为“两个全面”。根据十八大精神，2014 年党的十八届四中全会提出“全面推进依法治国”。这样，就把“两个全面”进一步扩展为“三个全面”。2014 年 10 月，在党的群众路线教育实践活动总结大会上，进一步明确提出了“全面从严治党”的要求并作出了具体部署。通过上述考察，我们发现，作为整体的“四个全面”的形成、确立及定型与定位，经历了先从“一个全面”到“两个全面”“三个全面”，再到“四个全面”的过程。这一过程充分体现了马克思主义的“过程观”，即任何事物都是作为过程而存在的，都会经历一个不断继承、不断与时俱进、不断丰富和成熟的发展过程。

具体到“四个全面”战略布局中的各个“全面”而言，也都呈现出清晰的发展逻辑和科学的演进过程。恩格斯曾有过精辟的论述，“世界不是既成事物的集合体，而是过程的集合体”[①]。全面建设社会主义现代化国家作为中国共产党向人民、向历史作出的庄严承诺，最早可追溯到 1954 年第一届全国人民代表大会明确提出的“四个现代化”。改革开放之后，其演进大致经历了从“小康之家”到“小康社会”，从“大三步走”到“小三步走”，从温饱到宽裕再到殷实的发展过程。全面深化改革是改革开放三十多年后的“再出发”，经历了从农村到城市，从试点到推广，从经济体制改革到全面深化改革的演进过程。全面依法治国作为邓小平同志

---

①《马克思恩格斯文集》（第 4 卷），人民出版社 2009 年版，第 298 页。

提出的“有法可依、有法必依、执法必严、违法必究”这“十六字方针”的拓展，经历了由“法制”和“法治”到“依法治国”和“建设社会主义法治国家”，再到“全面依法治国”的演进过程。全面从严治党作为对毛泽东同志“两个务必”思想的进一步深化，其提出、形成和确立经历了由“治党”到“从严治党”再到“全面从严治党”的演进过程。因此，“四个全面”战略布局不是理论突变，也不是教条组合，其形成与发展体现了深刻的历史逻辑、现实逻辑、理论逻辑和思维逻辑，蕴藏着丰富的唯物辩证法思想。我们只有用发展的马克思主义眼界来理解它，才可以抓住其本质的一面。这充分印证了恩格斯所深刻阐释的，每一个时代的理论思维“都是一种历史的产物，它在不同的时代具有完全不同的形式，同时具有完全不同的内容”①。

2.“四个全面”战略布局坚持和发展了唯物辩证法的联系观

唯物辩证法认为，“世界是一个有联系的整体”②。任何事物都是作为系统而存在的，世界上根本没有不依赖于周围其他事物而孤立存在的事物。恩格斯在《反杜林论》中指出，“当我们通过思维来考察自然界或人类历史或我们自己的精神活动的时候，首先呈现在我们眼前的，是一幅由种种联系和相互作用无穷无尽地交织起来的画面”③。通观“四个全面”战略布局，最鲜明的就是蕴含其中的全面系统思想和普遍联系观点。要准确把握“四个全面”战略布局所体现的事物普遍联系的哲学原理，可以从宏观和微观两个层面对其进行解读。

“四个全面”战略布局在宏观层面既提出了战略目标（全面建设社会主义现代化国家），又提出了与之相匹配的三大战略举措（全面深化改革、全面依法治国、全面从严治党），这就是“一个目标系统、三个支撑系统”；既注重抓住关键问题，又强调以点带面，实现整体突破。任何一个“全面”不协调或滞后，“四个全面”的整体发展就会受挫，这充分体现出辩证唯物主义事物普遍联系的思维。

在微观层面，“四个全面”战略布局内涵丰富、逻辑严密，每一个“全面”都是一个独立成系统的动态有机体，具有整体性，并且每一个子

①《马克思恩格斯选集》（第3卷），人民出版社2012年版，第873页。
②《马克思恩格斯文集》（第9卷），人民出版社2009年版，第346页。
③《马克思恩格斯全集》（第26卷），人民出版社2014年版，第23页。

系统相互联系、相互依存、相互制约，其内涵的具体方面都是社会发展不可或缺的组成部分，需要统筹兼顾地处理整体与部分的关系，在实践中有序、协调地推进。如全面建设社会主义现代化国家这个目标子系统就是一个目标集群，具体体现在内容上发展的综合性、覆盖对象上的全面性、方法上发展的统筹性等方面，具有明显的相关性。面对这样一个由多样化的复杂关系纵横交织所构成的联系网络，只有遵循唯物辩证法的普遍联系规律，通盘考虑、统筹安排，才能避免顾此失彼和相互掣肘，才能实现既定目标。全面深化改革是“各领域改革和改进的联动和集成”①，包括改革主体、改革对象、改革手段和改革载体等多个层面，其要素复杂繁多，涉及面广，必须高瞻远瞩，统筹兼顾。全面依法治国是依法治国、依法执政、依法行政共同推进的系统工程，其主要内容包括法治主体、法治目标、制度安排、效果评估等，需要统筹规划，合理布局，协同发力。全面从严治党也是一项系统工程，涵盖多个领域，不仅要从思想、组织、作风、反腐倡廉和制度等方面整体推进，还要处理好“全面治党”和“关键少数”、“伟大事业”与“伟大工程”之间的辩证关系。总之，只有着眼于唯物辩证法的普遍联系思想，主动树立系统思维，增强系统谋划，全面从严治党的“全面”和“从严”才能真正落到实处。

3.“四个全面”战略布局坚持和发展了唯物辩证法的矛盾观

矛盾的观点是辩证法的根本观点。唯物辩证法认为，矛盾存在于一切事物之中，并贯穿于事物发展的全过程，即是说矛盾无处不在。同时，矛盾的存在和发生是推动事物不断由低级向高级变化发展的根本动力。马克思说：“两个相互矛盾方面的共存、斗争以及融合成一个新范畴，就是辩证运动。”②

矛盾是普遍存在的，但在事物的发展过程中，矛盾群中的不同矛盾在事物运动过程中的地位、作用是不同的，即在矛盾群中既存在处于支配地位、规定事物性质和发展方向的主要矛盾，也存在处于从属地位，对事物发展不起决定作用的次要矛盾。矛盾的不平衡性原理要求我们在认识问题、解决问题时必须坚持“两点论”和“重点论”的统一，也就是坚持全

① 赵凌云、苏娜：《习近平同志关于全面深化改革的十个重要论点》，《红旗文稿》2014 年第 23 期，第 16 页。

②《马克思恩格斯文集》（第 1 卷），人民出版社 2009 年版，第 605 页。

局和重点的统一。正如习近平总书记所言，“我们既要注重总体谋划，又要注重牵住‘牛鼻子’。在任何工作中，我们既要讲两点论，又要讲重点论”①。

“四个全面”战略布局的运行机制，在方法论上就体现了唯物辩证法两点论和重点论的辩证统一。首先，“四个全面”战略布局不回避矛盾。增强问题意识，强化问题导向，以解决突出矛盾和问题为工作方向的思维方法，是习近平总书记治国理政的重要特点。“四个全面”战略布局就是针对小康有短板、改革不彻底、法治不健全、腐败没根除等这些重大问题提出来的。其次，“四个全面”战略布局里有重点和两点。全面建设社会主义现代化国家回答了社会主义初级阶段我国社会主要矛盾的“重点论”，在“四个全面”战略布局中具有统帅的地位，另外三个“全面”则是战略举措，是解决我国社会主要矛盾的方法论的“两点论”。再次，“四个全面”战略布局中的每一个“全面”里也有重点和两点。全面建设社会主义现代化国家要求在社会生产生活的各领域各方面实现广泛而深刻的变革，但首要任务是高质量发展，关键在于党的领导。全面深化改革是包含政治、经济、文化等各方面内容在内的全方位的系统的改革，是各领域改革和改进的联动和集成，但即便是全方位、各领域的改革仍有侧重点领域，即要坚持以经济体制改革为重心，抓住了经济体制改革的重点，也就牵住了经济改革的“牛鼻子”，但经济体制改革的关键是要更好地处理市场与政府的关系。全面依法治国强调坚持依法治国、依法执政、依法行政共同推进，同时也指出，核心问题是处理好党的领导和依法治国的关系。全面从严治党既强调全力、全面抓好政治、思想、组织、纪律、作风、制度等方面的建设，又突出强调要通过“思想建党与制度治党相结合”这一重点达到全面从严治党的知行合一，在思想建党中把重点放在领导干部的理想信念上，在制度治党中又强调把党风廉政建设作为突破口。

“不谋全局者，不足谋一域。”“四个全面”战略布局具有鲜明的问题导向，在目标上抓住了当前党和国家各项事业发展中的“重点”，在方法上又兼顾了“全面”，是一个逻辑严密、辩证统一的完整思想体系，充分体现了唯物辩证法的两点论和重点论相统一的理论思维。

① 习近平：《坚持运用辩证唯物主义世界观方法论 提高解决我国改革发展基本问题本领》，《人民日报》2015年1月25日，第1版。

三、“四个全面”战略布局彰显了辩证唯物主义认识论的时代内涵

实践的观点是辩证唯物主义哲学首要的和基本的观点。马克思主义实践观认为，人类认识过程是一个充满“否定之否定”不断循环变化的过程，是一个其根本任务就是从感性认识上升到理性认识，再从理性认识回到实践，进而能动地指导实践的循环往复过程。社会实践是不断发展的，科学理论也要随之而不断发展和创新。这就要求我们在推进中国特色社会主义的伟大实践中，善于运用科学的理论分析问题和解决问题，不断在理论创新和实践创新的良性互动中实现创新发展的规律性。“四个全面”战略布局着眼于马克思主义理论的实际运用，其形成与提出的过程正是理论与实践的创新、发展过程，体现了辩证唯物主义认识论的核心要义。

1.“四个全面”战略布局坚持实践与认识的有机统一原理，深化了对辩证唯物主义的实践观认识

“全部社会生活在本质上是实践的。”①马克思主义哲学之所以是革命的，就在于它是“改变世界”的科学，即它以实践为基础去解决思维和存在的关系问题。

作为马克思主义中国化的最新理论成果，“四个全面”战略布局来源于改革创新的伟大实践，植根于人民群众的伟大实践。因此，其形成与发展体现了马克思主义认识来源于实践又指导实践的基本观点，具体表现在：第一，“四个全面”战略布局是根植于实践的科学理论。“四个全面”战略布局来自新形势下我国发展的实践要求，是党中央在实践基础上对我国社会总体发展的客观和能动反映。以时间轴为参照来关照“四个全面”，从 2002 年党的十六大明确提出“全面建设惠及十几亿人口的更高水平的小康社会”，到 2014 年习近平总书记在江苏调研时，明确肯定“四个全面”是“战略布局”，其间共历时 12 年。这体现出战略布局的形成、发展与完善，是在对社会实践进行探索的基础上形成的，是一个循序渐进、日臻完善的过程。再综观“四个全面”中的每一个“全面”，都是

①《马克思恩格斯文集》（第 1 卷），人民出版社 2009 年版，第 501 页。

围绕中国“发展起来以后”如何更好地坚持和发展中国特色社会主义为实践基础展开的。第二，“四个全面”战略布局是在实践中不断发展和完善的科学理论。“四个全面”战略布局是立足中国社会主义建设实际而凝练出的战略选择，再加上我国社会在不同的发展阶段会呈现出新的特点，因此，“四个全面”战略布局的内涵必然会在实践中不断得到充实、完善与发展。而且，“四个全面”战略布局只有在实践中不断深化和拓展，才能做到理论联系实际，更好地发挥指导实践的作用，才能转化为群众的行动，转化为现实的物质力量。第三，“四个全面”战略布局是到实践中进行指导的科学理论。恩格斯曾说：“一个民族要想站在科学的最高峰，就一刻也不能没有理论思维。”[①]“四个全面”战略布局作为我们党在探索“什么是民族复兴、怎样实现民族复兴”这一基本问题上的新创造，作为马克思主义与中国实践相结合的新飞跃，它使我们党和国家各项工作的关键环节、重点领域、主攻方向更加明确，蕴含着丰富的辩证思维和创新思维，既有真理规律的强大力量，又有价值引领的巨大魅力。党的十八大以来，在“四个全面”战略布局形成与推开的过程中，其在实现中华民族伟大复兴中国梦进程中的凝聚力、整合力、支撑力与规范力已得到充分显示，赢得了人民群众的高度赞誉。

2.“四个全面”战略布局坚持真理与价值的有机统一原理，深化了对社会发展“两种尺度”统一问题的认识

马克思在《1844 年经济学哲学手稿》中明确提出了人类劳动“两个尺度”（即真理尺度和价值尺度）的思想，揭示了基于实践的人的本质力量对象化的发展历程。遵循真理尺度要求人们必须按照世界的本来面目去认识和改造世界，亦即我们通常所说的“按客观规律办事”；遵循价值尺度要求人们必须按照主体自身的目的和需求去认识和改造世界，亦即我们通常所说的“满足人的需要”。马克思认为：“人双重地存在着：从主体上说作为他自身而存在着，从客体上说又存在于自己生存的这些自然无机条件之中。”[②]这一论述告诉我们，人类在处理自身与外部世界关系的活动时，只有把物的外在尺度和人的内在尺度统一起来，才能达到目的，才能获得实践的成功。

---

①《马克思恩格斯文集》（第 9 卷），人民出版社 2009 年版，第 437 页。

②《马克思恩格斯全集》（第 30 卷），人民出版社 1995 年版，第 484 页。

“四个全面”战略布局坚持了主观与客观、理论与实践具体的历史的统一，体现了实现真理尺度与价值尺度、物的尺度与人的尺度的一致。

马克思说过，“人们为之奋斗的一切，都同他们的利益有关”[①]，“‘思想’一旦离开‘利益’，就一定会使自己出丑”[②]。“四个全面”战略布局坚持了马克思主义的立场、观点和方法，把实现人民群众对美好生活的向往、让人民群众有更多的获得感作为自己的出发点和落脚点，这实际上体现了我们党立党为公、执政为民的价值追求，是共产主义信念的当代表述。尤为重要的是，“四个全面”战略布局中的每一个“全面”都彰显着以人民为中心的基本逻辑，都注重群众最根本最长远的利益与最直接最现实的利益的科学结合。全面建设社会主义现代化国家着眼于改善民生、增进人民福祉，旨在通过经济的增长和物质财富的增加，促进人的全面发展；全面深化改革着眼于阻碍经济社会发展的体制性，旨在通过改革生产关系和上层建筑中不适应生产力发展的环节，让发展成果更多更公平地惠及全体人民；全面依法治国着眼于建设社会主义法治国家，旨在通过促进社会公平正义，充分保障人民的基本权益，维护人民的根本利益；全面从严治党着眼于党和人民的血肉联系，旨在通过思想建党与制度治党相结合的管党治党方略，进一步保持党的先进性和纯洁性，确保党始终代表和维护人民群众的根本利益。从这个意义上讲，“四个全面”战略布局内含着马克思主义的价值立场，具有引领现实的真理价值。

马克思曾指出：“理论一经掌握群众，也会变成物质力量。理论只要说服人，就能掌握群众；而理论只要彻底，就能说服人。所谓彻底，就是抓住事物的根本。”[③]“四个全面”战略布局真理性的彰显，不仅仅在于它具有严密的逻辑体系，还在于它抓住了“事物的根本”，遵循了“建设和发展什么，怎样建设和发展的”价值尺度，找到了实现中华民族伟大复兴中国梦的科学路径，从而引领中国特色社会主义更加符合规律地向前发展。面对我国生产力水平还比较低、地区发展不平衡的现状，坚持发展仍是解决我国所有问题的关键这个重大战略判断，致力于推动全面建设社会主义现代化国家事业的发展。全面深化改革和全面依法治国从破与立相结合的双重维度，抓住了生产关系和上层建筑领域的关键问题，破除了阻碍

---

①《马克思恩格斯全集》（第1卷），人民出版社1995年版，第187页。

②《马克思恩格斯文集》（第1卷），人民出版社2009年版，第286页。

③《马克思恩格斯文集》（第1卷），人民出版社2009年版，第11页。

生产力发展的各种不合理因素，形成了适应生产力发展的制度和氛围，进一步推动了社会主义制度的自我完善和发展。当今中国，面对重大的治理责任和变革难度，面对抵御重大风险、克服重大阻力的挑战比任何时候都需要发挥党的统帅作用，进一步从严治党与增强“核心意识”正顺应了这一趋势和要求。

理论在一个国家实现的程度，总是取决于理论满足这个国家的需要的程度。[①]“四个全面”既把满足人自身的生存与发展需要作为根本归宿，具有价值性的一面；又抓住了党和国家事业发展中的突出问题，真实反映了当代中国经济社会发展的本来面目，这使其又具有真理性的一面，从而成功地把价值理性与工具理性融通起来，在价值尺度与真理尺度的完美统一中托举起实现“两个一百年”奋斗目标的宏伟蓝图。

①《马克思恩格斯选集》（第1卷），人民出版社2012年版，第11页。

第二十一章　“四个全面”战略布局为全球治理提供新方案

现行的全球治理体系主要是在第二次世界大战后美国“霸权模式”下建立起来的，该体系基本上是西方发达国家价值观的逻辑反映，并呈现出明显的“中心—外围”结构，即发达国家是“治理者”和治理体系的“中心”，而发展中国家则处于“被治理者”的“外围”地位。冷战结束后，随着全球化的深入发展与全球性问题的凸显，由霸权国家主导设计的单中心全球治理体系及制度在价值、程序、结构和效率等方面暴露出种种弊端和缺陷，难以恰当并及时地应对层出不穷的全球性挑战。21 世纪以来尤其是 2008 年全球金融危机以来，西方国家疲于国内事务的“急救”，拿不出应对重大、关键的全球性问题的有效方案。全球治理危机四伏的现状催生出全球治理改革诉求。在国际社会对变革全球治理体系呼声越来越高之际，“四个全面”战略布局构建起以执政党治理为牵引，以推进国家治理体系和治理能力现代化为中枢，以参与全球治理为载体的“三位一体”融合治理格局，体现出鲜明的问题导向意识，包括陷阱问题导向、治理问题导向、短板问题导向等，具有推动世界治理体系变革的重大意义。

一、为避免落入“民生陷阱”提供理论指导和实践指南

民生发展是现代化成长的必经阶段。世界各国在推进民生改善的进程中，既积累了许多成功的经验，也遭遇了“民生陷阱”，其教训极为深刻。《2012 中国民生发展报告》指出，世界面临着三大“民生陷阱”：发展中国家的“民生缺失陷阱”、发达国家的“高福利陷阱”和“贫富分

化陷阱”。[①]详言之：要么是有些国家在追寻现代化的过程中，只顾片面追求经济增长，忽视民生发展和民生制度建设，因此陷入了“民生缺失陷阱”；要么是有些国家在实现现代化的过程中，不顾经济发展实际，推出层出不穷的民生福利政策，搞非理性的超前民生，为此陷入了难以为继的“高福利陷阱”；要么是有些国家没有处理好经济增长（做大民生蛋糕）和社会公正（切好民生蛋糕）的关系，陷入了民生发展的“贫富分化陷阱”。中国作为世界上人口最多的后发国家，在追求现代化的过程中，既要充分借鉴世界各国的民生发展经验，更需吸取变革世界中的“民生陷阱”教训，切实处理好保障民生与经济增长之间的关系。

马克思曾说：“问题就是时代的口号，是它表现自己精神状态的最实际的呼声。”[②]“四个全面”战略布局作为应对当下中国特色社会主义发展事业现实问题的总体规划，是立足中国发展实际、坚持问题导向逐步提出并推进的，具有鲜明的民生指向和民生逻辑。

在“四个全面”战略布局中，全面建设社会主义现代化国家的战略目标起着统帅和引领作用。这一目标聚焦了我国当前经济社会发展中的突出问题，尤其是民生领域存在的供给不均衡和质量不高等明显短板，契合了我国的发展需要和人民期待，同时进一步突出了人民群众普遍关心的教育、医疗、住房等民生指标。诸如，格外关注困难群众，兜住困难群众的生存底线；加大公共资源向农村、中西部贫困地区的倾斜，努力实现基本公共服务全覆盖；扎实推进生态文明建设，实施“蓝天碧水净土”工程，提升城乡宜居水平；等等。这些新举措政策导向明确，聚焦了人民最关心、最需要解决的现实问题，提升了人民群众的获得感、幸福感、安全感，也为我们今后继续做好民生工作指明了方向。

全面深化改革是促进经济发展和增进民生福祉的动力源泉，是“解决中国现实问题的根本途径”[③]。全面深化改革就是“要把促进社会公平正义、增进人民福祉作为一面镜子”[④]，就是要通过对收入分配制度的改

---

① 北京师范大学管理学院、北京师范大学政府管理研究院：《2012 中国民生发展报告》，北京师范大学出版社 2012 年版，第 9 页。

②《马克思恩格斯全集》（第 40 卷），人民出版社 1982 年版，第 289—290 页。

③ 中共中央宣传部：《习近平总书记系列重要讲话读本》，学习出版社、人民出版社 2016 年版，第 69 页。

④ 中共中央宣传部：《习近平总书记系列重要讲话读本》，学习出版社、人民出版社 2016 年版，第 77 页。

革，让更多的人实现收入增长，为老百姓带来看得见、摸得着的实惠；通过对教育、医疗、住房等领域的改革，让更多的人实现生活成本降低，从而让发展成果更多、更公平地惠及全体人民。习近平总书记多次强调，要坚持民生优先的方针，加大民生改善的力度，“善于从群众关注的焦点、百姓生活的难点中寻找改革切入点”[①]，要将改革的重头戏放在“关系群众切身利益”的民生问题方面，要通过改革“让人民群众有更多获得感”[②]，“如果不能给老百姓带来实实在在的利益……改革就失去意义，也不可能持续”[③]。正是在这一思想的正确指引下，全面深化改革才在教育、医疗卫生、收入分配、社会保障、脱贫攻坚等关乎民生的各个领域，都取得了新进展。

法治的核心是促进社会公平正义。改善民生是任何国家和政党都必须履行的基本职责，但民生问题的解决、体制困境的突破及社会满意度的提升均需要法治的保障和推进。全面依法治国是维护人民权益，增进人民福祉的重要保障，“人民的福祉是制定一切法律的立足点和出发点，也是一切司法活动的主轴”[④]。党的十八大以来，以习近平同志为核心的党中央在推进全面依法治国的进程中，既注重坚持人民主体地位，更注重回应人民群众期待，切实发挥了法治在国家治理和社会管理中的重要作用。这具体表现在：在立法方面，突出强调把群众民生诉求强烈的领域（如食品安全、征地补偿、社会救助、水土和大气污染防治等）列为立法重点；在执法方面，强调要“重点解决好损害群众权益的突出问题”，要“从让人民群众满意的事情做起，从人民群众不满意的问题改起”[⑤]，从而使公民的民生权益诉求和国家对民生建设的态度能够真正得到表达；在司法方面，强调“决不能让不公正的审判伤害人民群众感情、损害人民群众权益”[⑥]。民生改善是衡量现代化成熟度的核心指标，也是中国共产党不懈的价值追求。保障和改善民生既是广大人民群众的殷切期盼和诉求表达，也是我们党性质和宗旨的具体体现。我们需要在加强和改善党的领导的前

①《鼓励基层群众解放思想积极探索 推动改革顶层设计和基层探索互动》，《人民日报》2014年12月3日，第1版。

②《习近平谈治国理政》（第2卷），外文出版社2017年版，第102页。

③ 中共中央文献研究室：《习近平关于全面深化改革论述摘编》，中央文献出版社 2014 年版，第96页。

④ 王利明：《人民的福祉是最高的法律》，《法制日报》2012年6月27日，第9版。

⑤《习近平谈治国理政》（第1卷），外文出版社2018年版，第148页。

⑥《习近平谈治国理政》（第1卷），外文出版社2018年版，第141页。

提下，正确处理好经济发展和民生改善的关系，实现两者良性循环。民之所望，施政所向。面对民生领域尚存的诸多短板，面对群众的民生诉求与期盼，全面从严治党就是要通过自我净化、自我完善、自我革新和自我提高，把党的伟大自我革命进行到底，不断提高党的执政能力，增强党的执政本领，为各项惠民政策和民生举措真正落地提供坚强的政治和组织保障。

二、为跨越"中等收入陷阱"提供科学路径

"中等收入陷阱"最早出现在《东亚经济发展报告（2006）》中，原本是世界银行在总结拉美一些国家经济发展经验时提出的一个概念。"中等收入陷阱"的突出特征主要表现为收入分配失衡、腐败现象蔓延、社会动荡加剧及环境恶化严重等。"中等收入陷阱"表面看是速度问题，实质上却是经济结构、增长动力、体制机制的问题。

当前中国正处于全面建设社会主义现代化国家起步开局的关键阶段，也是跨越"中等收入陷阱"的关键时期。"四个全面"战略布局就是要发现中国特色社会主义事业发展进程中的各种潜在陷阱，并通过制定相应对策跨越陷阱。习近平总书记指出："对中国而言，'中等收入陷阱'过是肯定要过去的，关键是什么时候迈过去、迈过去以后如何更好向前发展。"①"中等收入陷阱"从根本上说是发展问题。全面建设社会主义现代化国家牢牢扭住发展这一中心任务，把继续推动经济社会可持续发展作为各项工作的统领，这就为跨越"中等收入陷阱"提供了坚实的物质基础。全面深化改革既是驱动力，也是凝聚力；既是对社会生产力的解放，也是对社会活力的释放。在"四个全面"战略布局指引下的全面深化改革，着力推动解决我国经济社会发展面临的体制机制障碍，必将为全面建设社会主义现代化国家、成功跨越"中等收入陷阱"提供不竭动力。避开"中等收入陷阱"的唯一出路就是全面深化改革，不断增强经济发展的创新能力和内生动力。但改革总会有阻力存在，这就需要法律的保护和约束。所以，"在整个改革过程中，都要高度重视运用法治思维和法治方

① 中共中央文献研究室：《习近平关于社会主义经济建设论述摘编》，中央文献出版社 2017 年版，第 8 页。

式，发挥法治的引领和推动作用”[①]。同时，改革中成功的政策和措施可以通过法治的方式固定下来，加以实施和推广。从这个意义上说，全面推进依法治国既是我国经济社会发展的驱动力，也是我国顺利跨越“中等收入陷阱”的重要保障。

办好中国的事情，关键在党，关键在坚持党要管党、全面从严治党。对于像中国这样的现代化国家来说，强有力的政治领导是制胜的决定性因素。再加上现代化启动条件和社会历史环境的独特性，决定了中国在跨越“中等收入陷阱”的道路上会遇到其他现代化国家所不曾遇到过的挑战。所以，在改革开放和市场经济条件下，更需要党来凝聚社会的总体利益，聚合最广泛的人民意愿。习近平总书记指出，“党和人民事业发展到什么阶段，全面从严治党就要跟进到什么阶段”[②]。只有全面从严治党，才能有勇气突破既得利益固化藩篱的阻挠，才能为跨越“中等收入陷阱”提供方向指引和政治保障。总之，“四个全面”战略布局不仅指出了前进道路上的种种陷阱，而且找到了解决问题的科学路径，还为世界各国尤其是广大发展中国家成功跨越“中等收入陷阱”，实现经济社会持续发展，提供了有效管用的“中国方案”。

三、为有效避免“塔西佗陷阱”提供基本思路

“塔西佗陷阱”源自古罗马史学家塔西佗的一句执政感言，意即当政府不受欢迎的时候，好的政策与坏的政策都会得罪人民。“塔西佗陷阱”在现代社会给我们的启示就是：一个政权的合法性程度取决于多数公民对政权的认可程度，一旦公权力遭遇信任危机，其执政的合法性将陷入总体的危机中。“塔西佗陷阱”是国际流行病，也是中国经济社会发展中无法回避的一个现实问题。“问题是时代的声音”，“推进党和国家各项工作，必须坚持问题导向”[③]。因此，习近平总书记一方面强调“我们当然没有走到这一步”，但同时也警告全党“如果真的到了那一天，就会危及

① 中共中央文献研究室：《习近平关于全面深化改革论述摘编》，中央文献出版社 2014 年版，第 153 页。

② 中共中央文献研究室：《习近平关于全面从严治党论述摘编》，中央文献出版社 2021 年版，第 12 页。

③ 习近平：《在全国政协新年茶话会上的讲话》，《人民日报》2015 年 1 月 1 日，第 2 版。

党的执政基础和执政地位”①。这反映出习近平总书记强烈的“忧患意识”“问题意识”，以及对人心向背问题的重大思考。

“四个全面”战略布局是一个具有内在逻辑联系的整体，内蕴着对正确处理党群关系、权法关系、发展与治理关系的理性思考，为有效避免“塔西佗陷阱”提供了基本思路。这主要体现在以下几个方面。

第一，站稳人民立场。公权力在现实生活中遭遇信任危机的深层根源在于人民主体地位的边缘化，党和政府在人民心中的地位和形象受损。马克思认为，历史活动中重要的是“行动着的群众”②。中国共产党继承并弘扬了这一“人民主体性”思想，形成了以人民为本位和以人民利益的实现作为评判标准的价值观，并贯穿于中国革命、建设和改革的全过程。中国共产党是用马克思主义先进理论武装起来的政党，人民性是中国共产党最鲜明的底色，“是马克思主义政党区别于其他政党的显著标志”③。对于中国共产党而言，党的公信力就是指人民群众对党及党的思想主张（即价值立场、价值承诺和价值追求）的情感认同，这种认同可以在生产生活中转化为巨大的物质力量，是党的事业蓬勃发展的力量源泉。十八大以来，党中央在协调推进“四个全面”战略布局的进程中，秉承“人民是创造历史的动力”这一基本原理，把人民利益摆在至高无上的地位，这一做法蕴含着丰富的人民主体性的价值意蕴。全面建设社会主义现代化国家，以不断增强人民群众的获得感和幸福感为根本价值取向；全面深化改革，以着力增进民生福祉与切实回应群众关切为出发点和落脚点；全面依法治国，以保障人民合法权益和维护社会公平正义为职责使命；全面从严治党，以全心全意为人民服务为根本宗旨。总之，“四个全面”战略布局鲜明体现了人民立场的价值取向。

第二，坚定不移地推进全面从严治党。综观世界上一些国家和地区的主要政党之所以会失去政权，其深刻教训就在于失去了群众信任，丧失了民意基础。公信力丧失的重要原因则源于领导干部的腐化堕落、严重脱离群众。改革开放以来，中国共产党面临的执政环境和执政条件发生了很大的变化，在新的历史条件下坚持发展中国特色社会主义，需要清醒认识执政环境变化带来的风险和挑战。一段时间以来，由于各种主客观因素，党

---

① 习近平：《做焦裕禄式的县委书记》，中央文献出版社 2015 年版，第 35 页。

②《马克思恩格斯文集》（第 1 卷），人民出版社 2009 年版，第 287 页。

③ 习近平：《在庆祝中国共产党成立 95 周年大会上的讲话》，《人民日报》2016 年 7 月 2 日，第 2 版。

风廉政建设问题凸显，腐败问题、官僚主义、形式主义、享乐主义和奢靡之风一度呈不断蔓延的趋势，严重败坏了党在人民群众心目中的形象，降低了人民对党的信任度，削弱了党同人民群众的血肉关系。党的十八大以来，以习近平同志为核心的党中央站在新的历史起点上，既强调中国共产党的领导是“中国特色社会主义制度的最大优势”[①]，又强调打铁必须自身硬，自觉担负起党要管党、全面从严治党的战略任务，并将全面从严治党纳入了“四个全面”战略布局。随着十八大以来全面从严治党的逐步深入，反腐败斗争压倒性态势已经形成，党内政治生态出现了许多新气象，党心民意为之一振，党风政风为之一新，人民群众也在全面从严治党的实践中进一步增强了对党和政府的认同和信任。总之，中国共产党用全面从严治党的实际行动，坚持走群众路线，不断提升党和政府的公信力，为当今世界备受“塔西佗陷阱”困扰的国家实现对其的成功跨越提供了有益借鉴。

第三，健全权力运行的制约与监督体系。公信力受到公众质疑的重要原因还在于权力运行流程的不规范，缺乏硬性的制约与监督。权力的支配性和强制性决定了任何权力都存在着变异的可能，“一切有权力的人都容易滥用权力，这是万古不易的一条经验”[②]。归根结底，就是权力运行缺乏规矩意识。因此，加强对执政党干部的制约与监督极为重要，而解决该问题的关键只能靠制度建设，用制度管权管事管人。全面从严治党的要害在“严”，就是要“把守纪律讲规矩摆在更加重要的位置”[③]，就是要“把权力关进制度之笼”，使权力主动接受民众的监督，以“三不腐”（不敢腐、不能腐、不想腐）机制把公共资源中的权力支配限制在“规矩”之内，充分发挥规矩在管党治党中的“高压线”作用，利用制度规则和法治思维来促进国家治理体系和能力现代化的改革。所以，全面从严治党绝不仅仅是加强和规范新形势下党内政治生活、加强党内监督的政治举措，更是一项带有全局性的国家治理战略。可见，健全权力制约与监督体系能降低国家治理的成本，能增强人民群众对我们党执政体制的制度认同。

---

① 中共中央宣传部：《习近平总书记系列重要讲话读本》，学习出版社、人民出版社 2016 年版，第 102 页。

② [法]孟德斯鸠：《论法的精神》（上册），张雁深译，商务印书馆 1961 年版，第 154 页。

③ 中共中央文献研究室：《习近平关于全面从严治党论述摘编》，中央文献出版社 2021 年版，第 324 页。

四、为识破“党大还是法大”的政治陷阱提供不二法宝

党与法的关系不仅是一个法律问题，更是一个政治问题。科学认知和正确处理好二者的关系，事关依法治国大业的兴衰成败，事关改革开放和社会主义现代化建设大业的前途命运。习近平总书记指出：“党和法的关系是一个根本问题，处理得好，则法治兴、党兴、国家兴；处理得不好，则法治衰、党衰、国家衰。”①对于党和法的认知和处理，应当体现为：“党的主张通过法定程序成为国家意志”②，“党自身必须在宪法法律范围内活动……一切违反宪法法律的行为都必须予以追究”③。西方国家有人故意把党和法对立起来，宣扬“党、法不能两立”。诘问“党大还是法大”，这其实是一个别有用心的伪命题，甚至是一个政治陷阱。“党大还是法大”的命题背离我国法治实践的基本事实和内在要求，它没有看到深厚而广泛的群众基础是中国共产党永葆执政地位的力量源泉，没有看到中国共产党与最广大人民根本利益的一致性，其真实用意很明确，就是以“宪法”为武器，以“宪政”为目标，企图从“法治”问题上打开缺口，通过大肆渲染西方法治理念和法治模式，把中国引上西方“宪政”的道路，进而达到否定党的领导和社会主义制度的目的。

习近平同志明确指出：“‘党大还是法大’是一个政治陷阱，是一个伪命题。对这个问题，我们不能含糊其辞、语焉不详，要明确予以回答。”④在当代中国，要回答和解决好这个问题，就必须处理好党的领导、人民当家作主与依法治国三者的关系。全面推进依法治国强调三者的有机统一。党的领导是中国特色社会主义法治之魂，是人民当家作主和依法治国的根本保证。党的领导不是自封的，是历史和人民的选择，是社会主义法治国家的根本要求，是党和国家的根本所在。我们强调新时代进一步加强党对全面依法治国领导的极端重要性，强调把党的领导贯彻到依法

① 中共中央文献研究室：《习近平关于全面依法治国论述摘编》，中央文献出版社 2015 年版，第 33 页。

② 习近平：《论坚持全面依法治国》，中央文献出版社 2020 年版，第 71 页。

③ 习近平：《论坚持全面依法治国》，中央文献出版社 2020 年版，第 230 页。

④ 中共中央文献研究室：《习近平关于全面依法治国论述摘编》，中央文献出版社 2015 年版，第 34 页。

治国的全过程和各方面，在坚持和加强党的全面领导中推进全面依法治国，绝不是强调“党大”，而是强调党的领导和建设法治中国之间具有内在高度一致性。所谓“领导”是引领和指导，而“党是领导一切的”是指大政方针、政策、规划上的领导，不是具体事务上的包揽一切，更不是“取代一切”。全面依法治国就是要全面确立宪法和法律的权威，发挥法律在规范社会行为、引领社会发展中的作用，努力实现党、国家、社会各项事务治理的制度化、规范化、程序化。当然，我们宣誓要把全面推进依法治国融入党治国理政的每一个环节、每一个过程、每一个领域，绝不是强调“法大”，“绝不是要虚化、弱化甚至动摇、否定党的领导”①，而是要实现和改善党的领导，增强党的执政能力和执政合法性。

由此可见，党和法、党的领导和依法治国之间具有高度严密的内在关联性，都以维护人民的根本利益为旨归，我们决不能把坚持党的领导与依法治国孤立起来，更不能把二者截然对立起来。

① 中共中央文献研究室：《习近平关于全面依法治国论述摘编》，中央文献出版社 2015 年版，第35页。

参考文献

一、中文著作

《邓小平文选》（第1—2卷），人民出版社1994年版。
《邓小平文选》（第3卷），人民出版社1993年版。
《胡锦涛文选》（第1—3卷），人民出版社2016年版。
《江泽民文选》（第1—3卷），人民出版社2006年版。
《列宁专题文集》，人民出版社2009年版。
《刘少奇选集》（上卷），人民出版社1981年版。
《马克思恩格斯文集》（第1—10卷），人民出版社2009年版。
《毛泽东文集》（第1—2卷），人民出版社1993年版。
《毛泽东文集》（第3—5卷），人民出版社1996年版。
《毛泽东文集》（第6—8卷），人民出版社1999年版。
《毛泽东选集》（第1—4卷），人民出版社1991年版。
《斯大林选集》（上、下卷），人民出版社1979年版。
《习近平谈治国理政》（第1卷），外文出版社2018年版。
《习近平谈治国理政》（第2卷），外文出版社2017年版。
《习近平谈治国理政》（第3卷），外文出版社2020年版。
《习近平谈治国理政》（第4卷），外文出版社2022年版。
《周恩来选集》（上卷），人民出版社1980年版。
《周恩来选集》（下卷），人民出版社1984年版。
本书编写组：《党的十九大报告辅导读本》，人民出版社2017年版。
陈先达：《马克思主义基础理论若干重大问题研究》，经济科学出版社2009年版。
陈学明：《中国正道》，人民出版社2015年版。
当代中国研究所：《中华人民共和国史稿》（序卷、第1—4卷），人民出版社、当代中国出版社2012年版。
韩保江：《中国奇迹与中国发展模式》，四川人民出版社2008年版。
韩庆祥：《强国时代》，红旗出版社2018年版。
何毅亭：《新时代、新思想》，人民出版社2020年版。
侯少文：《中国特色社会主义理论体系精读》，红旗出版社2013年版。
胡绳：《中国共产党的七十年》，中共党史出版社1991年版。
金冲及：《生死关头：中国共产党的道路抉择》，生活·读书·新知三联书店2016年版。

靳辉明、李崇富：《马克思主义若干重大问题研究》，社会科学文献出版社2011年版。
李捷：《毛泽东对新中国的历史贡献：典藏版》，社会科学文献出版社2015年版。
李君如：《中国特色社会主义道路研究》，人民出版社2012年版。
李林、莫纪宏：《全面依法治国、建设法治中国》，中国社会科学出版社2019年版。
李慎明：《全球化背景下的中国大党建》，人民出版社2010年版。
李忠杰：《走向未来的中国与世界》，中共党史出版社2012年版。
《梁家河》编写组：《梁家河》，陕西人民出版社2018年版。
刘建武：《中国特色与中国模式：邓小平社会主义特色观研究》，人民出版社2006年版。
罗文东、陈建波：《中国特色社会主义道路——走向中华民族伟大振兴的崭新道路》，中共中央党校出版社2013年版。
"马克思主义中国化的历史进程和基本经验"课题组：《马克思主义中国化研究——历史进程和基本经验》（上、下卷），北京出版集团公司、北京人民出版社2009年版。
玛雅：《道路自信：中国为什么能》，北京联合出版公司2013年版。
梅荣政：《马克思主义中国化史》，中国社会科学出版社2010年版。
潘维：《中国模式：解读人民共和国的60年》，中央编译出版社2009年版。
秦刚：《中国特色社会主义理论体系研究》，中共中央党校出版社2014年版。
《人民日报》评论部：《习近平用典》，人民日报出版社2015年版。
沙健孙：《毛泽东思想通论》，人民出版社2013年版。
石仲泉：《我观党史二集》，中共党史出版社2008年版。
王伟光：《开辟当代马克思主义哲学新境界》，中国社会科学出版社2019年版。
王伟光：《中国道路与马克思主义中国化》，合肥工业大学出版社、人民出版社2012年版。
习近平：《论坚持党对一切工作的领导》，中央文献出版社2019年版。
习近平：《知之深 爱之切》，河北人民出版社2015年版。
习近平：《摆脱贫困》，福建人民出版社2014年版。
习近平：《之江新语》，浙江人民出版社2007年版。
习近平：《干在实处 走在前列——推进浙江新发展的思考与实践》，中共中央党校出版社2006年版。
辛鸣：《道理：中国道路中国说》，中共中央党校出版社2011年版。
辛向阳：《治国理政新布局："四个全面"托起中国梦》，中国人民大学出版社2016年版。
新华社总编室：《治国理政新实践：习近平总书记重要活动通讯选》，新华出版社2019年版。
张维为：《中国超越》，上海人民出版社2014年版。
张维为：《中国触动》，上海人民出版社2012年版。
张维为：《中国震撼》，上海人民出版社2011年版。
张英伟：《全面从严治党永远在路上》，中国社会科学出版社2019年版。
章传家：《真理之光：马克思主义时代化》，解放军出版社2013年版。

郑永年：《中国模式：经验与挑战》，中信出版社 2016 年版。
中共中央党史和文献研究院：《十九大以来重要文献选编》（中），中央文献出版社 2021 年版。
中共中央党史和文献研究院：《十九大以来重要文献选编》（上），中央文献出版社 2019 年版。
中共中央党史和文献研究院：《十八大以来重要文献选编》（下），中央文献出版社 2018 年版。
中共中央党史研究室：《中国共产党的九十年》，中共党史出版社、党建读物出版社 2016 年版。
中共中央文献研究室：《习近平关于社会主义经济建设论述摘编》，中央文献出版社 2017 年版。
中共中央文献研究室：《习近平关于社会主义社会建设论述摘编》，中央文献出版社 2017 年版。
中共中央文献研究室：《习近平关于社会主义生态文明建设论述摘编》，中央文献出版 2017 年版。
中共中央文献研究室：《习近平关于社会主义文化建设论述摘编》，中央文献出版社 2017 年版。
中共中央文献研究室：《习近平关于社会主义政治建设论述摘编》，中央文献出版社 2017 年版。
中共中央文献研究室：《十八大以来重要文献选编》（中），中央文献出版社 2016 年版。
中共中央文献研究室：《习近平关于全面从严治党论述摘编》，中央文献出版社 2016 年版。
中共中央文献研究室：《习近平关于全面建成小康社会论述摘编》，中央文献出版社 2016 年版。
中共中央文献研究室：《习近平关于全面依法治国论述摘编》，中央文献出版社 2015 年版。
中共中央文献研究室：《习近平关于协调推进“四个全面”战略布局论述摘编》，中央文献出版社 2015 年版。
中共中央文献研究室：《邓小平传》（上、下卷），中央文献出版社 2014 年版。
中共中央文献研究室：《十八大以来重要文献选编》（上），中央文献出版社 2014 年版。
中共中央文献研究室：《习近平关于全面深化改革论述摘编》，中央文献出版社 2014 年版。
中共中央文献研究室：《毛泽东年谱》（1—6 册），中央文献出版社 2013 年版。
中共中央文献研究室：《习近平关于实现中华民族伟大复兴的中国梦论述摘编》，中央文献出版社 2013 年版。
中共中央文献研究室：《建国以来重要文献选编》（1—20 册），中央文献出版社 2011 年版。
中共中央文献研究室：《毛泽东传》（1—6 卷），中央文献出版社 2011 年版。

中共中央文献研究室：《邓小平年谱》（上、下卷），中央文献出版社 2004 年版。
中共中央文献研究室：《周恩来年谱（1949—1976）》（上、中、下卷），中央文献出版社 1997 年版。
中共中央文献研究室：《刘少奇年谱》（上、下卷），中央文献出版社 1996 年版。
中共中央文献研究室：《周恩来传》，人民出版社、中央文献出版社 1989 年版。
中共中央宣传部：《习近平新时代中国特色社会主义思想学习纲要》，学习出版社、人民出版社 2023 年版。
中共中央宣传部：《习近平新时代中国特色社会主义思想三十讲》，学习出版社 2018 年版。
中共中央宣传部：《习近平总书记系列重要讲话读本》，学习出版社、人民出版社 2016 年版。
中共中央宣传部：《中国特色社会主义学习读本》，学习出版社 2013 年版。
中央党校采访实录编辑室：《习近平在正定》，中共中央党校出版社 2019 年版。
中央党校采访实录编辑室：《习近平的七年知青岁月》，中共中央党校出版社 2017 年版。
中央档案馆、中共中央文献研究室：《中共中央文件选集》（1—50 册），人民出版社 2013 年版。
朱云汉：《高思在云：中国兴起与全球秩序重组》，中国人民大学出版社 2015 年版。

二、外文译著

[美]傅高义：《邓小平时代》，冯克利译，生活·读书·新知三联书店 2013 年版。
[美]亨利·基辛格：《论中国》，胡利平等译，中信出版社 2012 年版。
[美]劳伦·勃兰特、[美]托马斯·罗斯基：《伟大的中国经济转型》，方颖等译，格致出版社、上海人民出版社 2009 年版。
[美]罗伯特·劳伦斯·库恩：《中国 30 年：人类社会的一次伟大变迁》，吕鹏、李荣山、徐辰等译，上海人民出版社 2008 年版。
[英]马丁·雅克：《当中国统治世界：中国的崛起和西方世界的衰落》，张莉、刘曲译，中信出版社 2010 年版。
[德]皮尔尼：《印度中国如何改变世界》，陈黎译，国际文化出版公司 2007 年版。
[法]托马斯·皮凯蒂：《21 世纪资本论》，巴曙松等译，中信出版社 2014 年版。
[美]熊玠：《大国复兴：中国道路为什么如此成功》，李芳译，湖北教育出版社 2016 年版。
[法]伊兹拉莱维奇：《当中国改变世界》，姚海星等译，中信出版社 2005 年版。
[美]约翰·奈斯比特、[德]多丽丝·奈斯比特：《中国大趋势：新社会的八大支柱》，魏平译，中华工商联合出版社 2009 年版。

后　记

本书是国家社科基金重大项目"'四个全面'战略布局研究"（15ZDA006）的最终成果，获得了苏州大学人文社科优秀学术专著出版资助项目、江苏省优势学科第三期项目的资助。

本书是"'四个全面'战略布局研究"课题组成员的集体研究成果。朱炳元作为课题组首席专家，对书稿进行了具体规划、设计和指导，课题组其他成员分别撰写了相关篇章。具体分工如下：朱炳元撰写了导论、第一篇；张李军撰写了第二篇；赖风撰写了第三篇；张兴亮撰写了第四篇；王帆宇撰写了第五篇。全书由朱炳元、张雪薇进行了统一修改和整理。

朱炳元

2023 年 10 月